英学者
本田増次郎の
生涯

信仰・博愛と広報外交

長谷川勝政

教文館

立教女学校校長時代（本田家所蔵）

まえがき

ここに一冊の本がある。一九〇四（明治三七）年、ロンドンのマクミラン社（Macmillan and Co., Limited）から出版された、マシュー・アーノルド（Matthew Arnold）選の『ワーズワース詩集』（*Poems of Wordsworth*）である。初版は一八七九（明治一二）年に刊行され、本書は第一七版に当たる。

深緑色の表紙に金箔押しでアーツ・アンド・クラフツ運動を彷彿とさせる規則的な植物文様がデザインされ、小口は「三方金」（天・地・前小口がすべて金箔張り）で、文庫本サイズながら重厚かつ豪華な愛蔵版である。そして額縁仕上げの表紙の次にくる布張りの扉を一枚めくると、見開きとなった右側の頁に赤鉛筆で薄く、次のような走り書きがなされている。

A Parting Present from Mr. Crewdson[1] Vice-President of the Japan Society,
London.　M. H.

（ロンドン日本協会副会長クルードソン氏からの餞別の品　M・H）

この詩集を贈られた人物、すなわちイニシャル「M・H」の人物こそ、本書でその生涯を辿る本田増《ます》次郎《じろう》（一八六六〔慶応元〕年〜一九二五〔大正一四〕年）である。

本田は明治時代後半から大正時代にかけ活躍した日本を代表する英学者の一人である。一四年間にわたり英語教育界に身を置き、高等師範学校と東京外国語学校を主体に多数の学校で教鞭を執った。ところが一九〇五（明治三八）年、長年にわたりこの教育界で築き上げてきた安定した地位を捨てて、平和運動に身を投じるため、東京高等師範学校[2]を休職し渡米するのである。こうして本田は、米国を足場に英米を行き来しながら、国家的使命を帯びた仕事に携ることになる。この詩集はロンドンを去る時贈られた餞別の品である。

さらに頁をめくると、Golden Treasury Series: POEMS OF WORDSWORTH（ゴールデン・トレジャリー・シリーズ：『ワーズワース詩集』）と書かれた扉の裏面に、有名な詩“MY HEART LEAPS UP.”（「虹」）の最後の三行がイタリック体を使って、またクォーテーション・マークを付して印字されている。

“The Child is Father of the Man;
And I could wish my days to be
Bound each to each by natural piety.”

「子供は大人の父なり。
願わくばわがいのちの一日《ひとひ》一日《ひとひ》は、
自然の愛により結ばれんことを」　（田部重治訳）

本田は生まれてから亡くなるまで、ここにいう大人の父たる子供の心——それは好奇心を核とするが——にあくまでも忠実であった。この詩が望んだ通り、老いても子供の頃と同じく、新しいものや美しいものに対する純粋な心を失わなかった。

彼を岡山県の山間部から東京へ、さらに東京から英米へと導いたのは、この好奇心のなせる業だったと言ってよい。本田が地元の岡山県を後にしたのは、旺盛な好奇心から憧れを抱いた西洋文明を学ぶには東京へ行くのが一番だと考えたからであったし、日本を去って米国に旅立ったのは、憧れる平和運動の聖地米国に行き、その運動に身を投じ戦争のない世界を実現したい一心からであった。

本田の行動の核には確固たるキリスト教信仰が据えられている。隣人を愛し、同胞を愛し、人類を愛する気持ちを本田は人生の最上位に置いた。人生の岐路に差しかかった時も、この「愛」を優先させる本田の行動原理が揺らぐことはなかった。この「愛」の前では物事の損得勘定や論理の整合性などは劣後する。本田は終始一貫、博愛の精神を思想の中核に置き生涯を全うした。

熊本でハンナ・リデルによるハンセン病患者救済のための回春病院設立に準備段階からかかわったのも、動物虐待防止会の運動に力を注ぎ『驪語《くろうまものがたり》』（『黒馬物語』）を邦訳し、またニューヨークから『フランダースの犬』の原書を日本に送ったのも、教会関係の青年を集めて寄宿舎兼伝道所「弗《ふ》蠟《ろう》館」を自ら運営したのも、そして人類愛の究極に位置する戦争のない平和な世界を実現するため渡米し「広報外交」（一国が他国民に対し行う宣伝活動）に専心したのも、すべては本田が心に刻み込んだ博愛の精神を発揮した結果であった。

八年間に及ぶ英米でのこの「広報外交」は言うに及ばず、本田が「陰の外交官(3)」と呼んだ、帰国後に日本国内で手がけた外交の仕事も、実はこの博愛の精神と、嘉納《かのう》治《じ》五郎《ごろう》と宣教師達から学んだ優れた英語力が相俟って、はじめて可能になったものである。本田はキリスト教信仰を心の芯に据え、日本人離れした実践的な英語力を「武器」として、日清戦争、日露戦争、第一次世界大戦と、一〇年毎に戦争が繰り返された明治・大正という戦乱の時代を、平和の実現に苦闘しながら戦い抜いたと言ってよい。

管見によれば、本田の生涯を最も正確かつ端的に伝えているのは、『ジャパン・タイムズ』（*The Japan Times*）で活躍し辞書編纂でも功績のあった武信《たけのぶ》由《よし》太郎《たろう》の *The Japan Year Book 1923*（『日本年鑑一九二三年』）の巻末付録Aにある **"Who's Who in Japan"**（『日本紳士録』）の記述である。

本田増次郎　一九二二年より宮内省〔大臣官房文書課〕で英文を担当：一八六六年美作《みまさか》に生まれる。一八八三年から一八九〇年は、嘉納治五郎の英語学校〔弘文館〕と柔道場〔講道館〕で学び、一八九〇〔正しくは一八九一〕年から一九〇五年は、熊本の第五高等中学校、大阪の高等英学校、東京高等師範学校、東京外国語学校、早稲田大学、津田〔梅子〕女史の女子英学塾で教鞭を執った。一九〇五年から一九一三年は、英米で日本に関する講演と執筆活動に当たり、『オリエンタル・レビュー』（ニューヨーク）の編集長を務めた。一九一〇年米国人道協会より名誉証状を、一九一一年コネチカット州ハートフォードのトリニティ・カレッジから名誉人文学博士号[4]を授与された。一九一三年の帰国後は中国旅行に、一九一九年には三回目の欧米旅行[5]に赴いた。一九一四年から一九二二年は、『ジャパン・タイムズ』『ジャパン・アドバタイザー』等に寄稿した。著作・訳書として、*Human Bullets*,「欧州女徳変遷史」〔雑誌『おんな』の連載翻訳記事〕、*Black Beauty* の邦訳等がある。住所は東京市外大森不入斗《いりやまず》三一七[6]。

この紳士録が書かれたのは本田が亡くなる二年前の一九二三（大正一二）年であり、宮内省の嘱託だった最晩年に当たる。従って本田の生涯の大部分が記述されている。また、内容に関しても第五高等中学校への赴任年の誤りを除いて正確である。しかし、事実がそうであるからと言って、それが本田の生涯の本質を表し得ているとは言えない。

実は本田は、世間に、いや親族にさえ言えない秘密の仕事をしていた。『英語青年』[7]の本田追悼号に、元『ソウル・プレス』（*The Seoul Press*）主筆で本田を身近に知る山県《やまがた》五《い》十《そ》雄《お》が書いた次の一文が、それを示唆している。

> 君は交際、殊に culture のある外国の紳士貴婦人との交際に長けて居られた。それは君自身が culture のある true gentleman であったからである。（中略）君は談話に巧に、humour に富み、珍らしい facts に豊かであった。其 talks は多くの人を惹きつけ、茶話会晩餐会等に於て君はいつも中心であった。
>
> 本田君のように博識な人は多くない。文学美術は元より殆どすべての事にわたって、君の知って居られ

ない事は殆どないといってもよい程に君は物知りであった。国士〔国を思う優れた人物〕であり、学者であり、gifted writer であった君が外務省の嘱託として、又は宮内省の御用掛として我国の為めに貢献した功は世にはよく現われては居ないが頗る大なるものがある。君の永眠は国家にとり大なる損失である。(8)

追悼の辞でもあり、割り引いて考える必要はあるが、前半に書かれている、本田が博識かつ幅広い教養を持ち、話上手で交際上手だったという点は、他にも同様の証言があり妥当な指摘と認めるとしても、「君が外務省の嘱託として」以降の記述は、褒め言葉であることはわかっても、具体的に本田のどのような業績を指しているのか明確ではない。

結局、山県はこの一文で本田の隠れた功績に言及はしたが、本田の死が「国家にとり大なる損失である」とまで自身が言う、その肝心な仕事の中身については明かさなかった。

本書は本田増次郎という一英学者の伝記である。筆者はこの書で、本田の全生涯を辿ってゆきながら、山県の言う「我国の為めに貢献した」が「世にはよく現われては居ない」功績を解明することを試みる。

それでは、キリスト教信仰を人格の核に据え、好奇心を糧に努力と経験を積み重ね、卓抜な英語力を駆使して、広報外交の黎明期に先駆的足跡を残した一英学者の、およそ六〇年に及ぶ生涯を辿ってゆくことにしよう。

注

（1）ウィルソン・クルードソン（Wilson Crewdson）は、当時ロンドン日本協会の理事長兼副会長（会長は日本大使）であった。
（2）本田が教授に就任した時は高等師範学校。一九〇二年三月二八日、広島に高等師範学校ができたため、以降校名に東京が冠せられた。
（3）本田は「僕は正式の外交官ではなく、いわば陰の外交官だ。だから、側面から日本の外交を推進するのだ」と一人娘の華子に漏らしたという（勝浦吉雄「本田増次郎とマーク・トウェイン（上）」『現代英米研究』第六号、一九七一年、六頁）。
（4）原文はL. H. D.（Litterarum Humaniorum Doctor）であり、「人文学博士」の訳語を宛てたが、本田自身は、肩書を付して寄稿する場合、このL. H. D.とLitt. D.（Litterarum Doctor）、すなわち「文学博士」も用いている。
（5）一回目が一九〇九年の米国から英国、フランス、ドイツへの旅行。二回目が一九一一年の米国からスイス、ドイツ、フランスなどへの出張である。三回目に当たるこの一九一九年の旅行は、パリ講和会議に際してのフランスをメインに据えた取材旅行であるが、往路・復路ともに米国を経由しているので、欧米旅行と言える。
（6）Y. Takenobu, "Appendix A. Who's Who in Japan," *The Japan Year Book 1923*（英文日本年鑑社、一九二三年）、二二頁。
（7）『ジャパン・タイムズ』の武信由太郎の発案で一八九八年四月に創刊された英語雑誌。当初の誌名は『青年』。一九〇五年一〇月より『英語青年』に名称を変更。
（8）山県五十雄「A Tribute to Late Dr. Honda」『英語青年』第五四巻第九号（一九二六年二月一日）、二八三（一九）頁。

英学者　本田増次郎の生涯
——信仰・博愛と広報外交

目次

凡例

1、一八七二（明治五）年以前の月表示は旧暦によった。

2、引用に際し、明らかな誤記・誤植・脱字と思われるものは適宜訂正し、変体仮名や特殊な踊り字は平仮名に、漢字は新字体のあるものは新字体とした。また、読みやすさを考慮し、歴史的かなづかいは新かなづかいに改め、適宜句読点を補った。

3、引用文の強調（傍点等）で不要と思われるものは割愛した。また、ふりがなは適宜追加・削除した。

4、引用文中の〔　〕は引用者による補記であり、正誤、内容説明などを施した。

5、引用文が訳文の場合、訳者名が明記されていないものはすべて筆者による訳である。

6、引用文中に、現在では差別的とされる表現や、現在の人権思想等に照らして不適切な表現が見られるが、歴史的資料であり、そのままとした。

第一部

青雲の志

1866-1891

岡山県北の小学校を卒業した本田増次郎は、福渡村での医学修行を経て、憧れの西洋文明に触れたい一心で上京する。いったん西新橋の開業医に入門するが、目指した海軍医務局学舎の入試科目に英語があり、本格的に学ぶ必要に迫られ嘉納治五郎の英学塾弘文館に転じる。二年半後教える立場となるが、その頃には医学ではなく英語を専門とする道に進む気持ちに心変わりする。嘉納の下を離れた本田は、ヘアー主教の秘書兼通訳として職業人のスタートを切る。

二上山遠望。右下に見えるのが本田生家の屋根（2014年6月9日筆者撮影）

第一部
青雲の志（1866-1891）

第1章　国宗谷

幕末の動乱期に生まれる

本田増次郎は、一八六六年一月一五日（慶応元年一一月二九日）、美作国《みまさかのくに》久米《くめ》北条郡上打穴里《かみうたのさと》村八四三番屋敷（現、岡山県久米郡美咲町打穴里七九一）で、世々農業を営む本田杢蔵《もくぞう》・やえ（戸籍上は「ゑ」）夫婦の間に生まれた。上には長女まさ、長男竹四郎（筆者母方の曽祖父）、次男房吉《ふさきち》、次女あさの四人の兄弟がおり、三男で末子であった。戸籍上は「増治郎」であるが、「治」ではなく「次」を用いたのは、次男の房吉が一八七四（明治七）年四月一四日に太田栄三郎へ、その三年後の四月二六日に萩原杢太郎へ送籍となり、本田が実質的に次男になったためだと思われる。[1]

竹四郎の長女いわによれば、本田の父杢蔵は本好きで物知りであり、村でも一目置かれる存在であった。自らを黙翁と呼ぶほど寡黙であったが、孫達が騒ぎすぎると雷を落とすこともあった。厠《かわや》には、杢蔵の作った「急ぐともよく気を付けて用を足せ。心静かに真ん中に足せ」の標語が掲げられ、ちょっと怖い存在だったという。[2]

蔵書印の押された書物も残っていることから、杢蔵にはある程度の学問的素養があったと思われる。本田はこの父から訓育を受けた。[3] 授業料の負担（当時の小学校教育は義務制ながら有料）や働き手を取られることから小学校の焼き討ち事件まであった時代に、本田を小学校に通わせたのは杢蔵であり、本田が小学校時代から助教（無資格の代用教員）を務め才能を顕わし得たのもこの父のお陰があったと思われる。

本田の生家がある打穴里は中国山地の深奥にあり、鉄道が通う今でも交通の便に恵まれているとは言い難い。岡山方面から向かう場合、岡山駅からディーゼル機関車に牽引される津山線（単線）に乗り亀甲《かめのこう》駅で下車、西側に一山越えなければならない。バスの便もあるにはあるが一日数便であり、時刻が合わなければタクシーや自家用車に頼るしかない。中国鉄道本線の岡山・津山間（現、JR西日本津山線）が開通したのは一八九八（明治三一）年一二月のことであり、本田が三〇歳代になるまで鉄道の便はなく、備前方面に出るには陸路と旭川の高瀬舟に頼るしかなかったのである。

一九二三（大正一二）年発行の久米郡教育会編纂『久米郡誌』（一頁）は次のように同郡の地勢を記述している。

概ね山地で中央部高く南北に向って漸次低く、山脈が各所に起伏して居る。東西に二大川〔吉井川・旭川〕があって細流を集め、平野は僅に北部及南部にある。

久米郡の位置する中国山地は、地形学的には隆起準平原である。平原という名が冠されてはいるものの、現実にはまとまった平地は津山盆地がある程度で、凹凸の激しい地形が太宗を占める。崩れやすい花崗岩質の山塊を雨水が穿った谷は左右に狭くかつ急峻な斜面を形成する。本田の生家がある国宗《くにむね》谷もその例外ではない。吉井川の支流である打穴川に流れ込む小さな沢を懐に抱くように山上に向かって立ち上がる急勾配の谷であり、この沢を中心に、石積により造られた棚田が左右所狭しと並び、石垣で支えられた狭小な敷地の上に家屋は建てられ、各農家は斜面に張り付くように点在している。

この谷の中腹にある生家からは打穴川越えに二上山《ふたかみさん》が遠望されるが、晩年本田は、雅号の「二峰《じほう》」を用いて俳句を詠んだ[4]。これは山頂にある二つの峰、弥山《みせん》と城山《しろやま》を指しており、故郷の二上山は本田の脳裏に焼き付いて離れない原風景であった。

本田が生まれた慶応元年は、徳川最後の将軍徳川慶喜《よしのぶ》が将軍の座に着いた年である。徳川幕府はすでに末期的症状を呈し、日本はその姿を大きく変えようとしていた。

本田が六歳になるまでにも、第二次長州征討、王政復古、鳥羽・伏見の戦い、五箇条の御誓文、明治改元、版籍奉還、廃藩置県、散髪脱刀令、学制頒布、徴兵告諭など、政権や国の枠組みを大きく変える出来事が踵《きびす》を接しており、日本全体が騒然とした状態に陥っていた。かかる辺鄙な山間の打穴里でも、これらの歴史の変革と無縁ではいられなかった。

1905年頃の国宗谷

「血税一揆」の鮮烈な記憶

農耕の民は何百年にもわたって日々土地を耕し続けてきた。労働は厳しかったが、四季が巡り、日照に恵まれ、雨さえ降れば秋の実りがもたらされる。慣れ親しんだやり方で、日々仕事をこなしてゆくことが、彼等にとっては最大の関心事であった。農民は元来保守的な人々であり、五箇条の御誓文の「旧来の陋習《ろうしゅう》を破り、天地の公道に基くべし」の趣旨からはほど遠い所にいた。『久米郡誌』が当時の雰囲気を伝えている。

学制頒布されて各地に学校が出来だすと
「子供は皆学校へ出さねばならんということだ。誠にけしからん圧制だ。」

と怒る。

徴兵令が出ると
「若い者は厭でも応でも鎮台にとられるそうな。鎮台に行ったら懲役へ行ったと同じでとても生きては帰れないそうだ。」

というような流言が行われる。

四民平等の制度が定められると元来人間扱いにしていなかった穢多非人が我々と同等になるとは以ての外の事だ。こんなことになったら彼奴等がきっと増長するにちがいないといって憤慨する。(5)

要するに、新政府が矢継ぎ早に放つ諸施策は、彼等農民の眼には、ことごとく迷惑な悪政だと映ったのである。施策の良し悪しを大所高所から論ずるなどどだい無理な話だった。封建の世に余りにも長く慣れ親しんできた農民にとっては、これまで通りの世の中が続けばそれで事足りたのである。

こうした美作の農民達の積もりに積もった鬱憤が爆発したのが、一八七三(明治六)年五月二六日に勃発した「血税一揆《けつぜい》」である。前年一一月に布告された徴兵告諭は「凡そ天地の間一事一物として税あらざるはなし。以て国用に充つ。然らば則ち人たるもの、固より心力を尽し、国に報ぜざるべからず。西人之を称して血税と云う。其生血を以て国に報ずるの謂なり」と、「生血」の比喩を用いて徴兵制の重要性を国民に解りやすく説いたはずであった。ところがそれは「生血を吸われる」との流言飛語に繋がり、これが大規模な一揆の発火点の一つとなった。

本田七歳の時、国宗谷にこの一揆が押し寄せる。当時は庄屋・名主・年寄の制度は廃され、戸長・副戸長の制度に取って代わられていた。布告の回達、土地や戸籍の取りまとめ等、新政府の施策を矢面に立って実施したのは戸長や副戸長だったため、彼等が主に一揆の攻撃対象となった。西西条郡貞永寺村《ていえいじ》(現、苫田《とまた》郡鏡野町)に発した一揆は、津山、久米郡、英田《あいだ》郡等北条県一帯に拡大した。それは本田が幼少時に経験した最も恐ろしい出来事であった。本田はこの一揆の様子を次のように述懐している。

ある暗い晩のこと、松明《たいまつ》をかざし、竹槍を肩に担いだ男達が長い隊列を組んでやってきた。着物の袖を行動しやすいよう紐で捲《まく》り上げ、頭には鉢巻きを堅く結わえていた。まるで流れ落ちる汗や血が眼に入らないようにするためのようだった。小さな山の麓にそって、こちらに向かって半ばまで登ってきて、我が家の所で彼等は立ち止まった。当時は細流を挟んだ狭いこの谷に、一五軒〔青木・国宗・菅・津田・時沢・友定《ともさだ》・本田等〕が暮らしていたが、それらは日当たりの良い斜面のあちらこちらに点在しており、一揆の人々が襲おうとしていた村の長〔副戸長国宗唯八〕の家は、我が家から五分位登った所にあった。竹法螺を吹いている者もおり、中の数人が戦える年齢に達している者がいたら出てくるように、また、新しい松明と握り飯を出すようにと、大声で呼びかけてきた。一番上の兄〔竹四郎〕は別の暴徒の群れに加わっており、父は父で食料を別の暴徒の拠点に届けに出かけていた。我々幼い者達は母と家に残っていたが、恐怖で声も出ず、ただただ歯をがたつかせるばかりだった。ところが気丈な母は、村の長とその財産以外危害を加えられることはないと信じており、要求された物を手渡しに農道を降りて行った。(6) 一〇分ほど後、書類等の燃える臭いがしてきた。翌日見に行くと、村の長達は危うく難を逃れたとのことだったが、建物は竹で突かれ蜂の巣状態だった。(7)

『久米郡誌』は「四（正しくは五）月二十六日[8]に至り、二宮附近の群衆は吉井川を渡って一方に来り、元大庄屋植月氏を襲い大に家屋を破壊してあらゆる狼藉を逞うした。山脊《さんせき》を越して里公文《さとくもん》に出た一隊は、同地の副戸長井上氏を襲い、続いて桑村に出て学校を焼き、打穴筋に上った一隊は元庄屋国宗氏、盗賊目附福井氏、角石《ついし》祖母《そぼ》元庄屋佐藤氏等を襲って鶴田方面に向った」[9]と伝えている。

「打穴筋に上った一隊」こそ本田が目撃した一揆の人々である。引用した文中に「母は、村の長とその財産以外危害を加えられることはないと信じており」とあるが、これには訳がある。同引用文中の「一番上の兄は別の暴徒の群れに加わっており、父は父で食料を別の暴徒の拠点に届けに出かけていた」と一対で考えると、その理由が明らかになる。実は本田の生家が襲われずに済んだのは、杢蔵が別の一隊に食糧を届けに行き、竹四郎がまた別の一隊に暴徒の一人として加わっていたからであった。

当時を知る老人達が、「村の長をしているものが随行せぬと群衆は其村へ来て暴行するというので、副戸長なども皆出かけて行った。そして『私は何村の副戸長でござる。村の者一同残りなく出揃いました。皆々お早々とお出ましになりましてご苦労様でござる。』と首領連のところを挨拶してまわったものだ[10]」「出ねば殺されるというのであるから苟《いやしく》も男とある以上、十五六歳以下の子供、足腰の利かぬ老人、やまいもちの外は皆出た[11]」「それら多くの者は決して弁当持で出かけたわけではない。途中の接待で酒なら呑み放題、飯なら食い放題であった。沿道の村々は何れもあばれられては困ると思って、出来るだけ御機嫌をとって盛んに酒食を饗したのである[12]」と語った話を『久米郡誌』が伝えている。

六月に入ると県や大阪鎮台の援軍により一揆は鎮圧されたが、その後一揆参加者の詮議が行われた。死刑一五名、懲役刑六四名、杖罪等で二七〇〇余名が刑を受けたとされる[13]。本田によれば竹四郎は一円二五銭の贖《しょく》罪（罰金刑）で済んでいる[14]。首謀者とされた筆保卯太郎《ふでやすうたろう》は「近来御布令恐れながら何事に依らず心に慊《あきた》らず[15]」とし、特に「徴兵・地券・学校・屠牛《とぎゅう》・斬髪《ざんぱつ》・えたの称呼御廃止等[16]」を旧に復すよう強訴に至ったと自供している。

このように不穏な事件もあったが、その年の一〇月、打穴里に初めて小学校の共立校（翌年、共立小学校に改称）ができる。それは前年八月三日の文部省布達第一三号、すなわち学制頒布に呼応して作られた急作りの小学校であった。

明治政府はフランスの学校制度を範として学制頒布を行った。全国を八大学区、各大学区を三二中学区、各中学区を二一〇小学区に分かち、各学区にそれぞれ一校ずつ、大学、中学、小学を設けるという内容であった。この考え方によれば、小学校は全国に五万三七六〇[17]校作らねばならない。それは現在の小学校数[18]のおよそ二・七倍の規模であり、維新後の財政状態でそれを実現することは到底無理だった。それでも全国の小学校数は、共立校創設の年に一万二五五八校[19]だったものが、二年後には二万四三〇三校[20]へと倍増している。当時は戸長等地元の有力者が中心となり、学校設立に尽力したのである。共立校も地元有志により作られた小学校の一つであった[21]。

当時の小学校は下等と上等に分かれ、就学期間は各四年、六歳入学、一四歳卒業の八年制、義務制かつ有料であった。共立校創設時、本田はすでに七歳で学齢に達していたが、さらに一年遅れて八歳で入学している。病弱だったため、一年間様子を見たからである。当初訓導は元鶴田《たづた》藩士、熊谷・武田・近藤の三名で、主に漢学を教授したとされる[22]。

本田入学の翌年、共立小学校には師範学校出の平民の訓導が加わり、態勢も整備された。同級生には年上の元藩士の子弟が二名いたが、負けず嫌いの本田は常に一番で通したという。そのため、年下でしかも平民の子である本田が成績優秀であることを妬んだこの二人から、平民の先生に依怙贔屓されていると揶揄される経験もしている[23]。

一三歳からは生徒のまま助教を務め、二、三のクラスも担当したが、生徒の中には三歳年上の姉あさもいた。また卒業の翌年には、助教諭の免許試験に合格、その後昇給もし二円八五銭の月給を取るまでになった。当時の師範学校出の教師の最低賃金は三円であり、本田はこの小学校教師の仕事をそのまま続けようと考えていた。(24)

第2章 「百姓道」

士族への反感と憐憫の情

前章で地元の小学校の訓導が元鶴田藩士であり、また、同級生にも元藩士の子弟がいたことに触れたが、大名の居城もない村に、士族達が住んでいたのには訳がある。

鶴田藩の前身浜田藩は、藩主が松平武聡《たけあきら》の一八六六（慶応二）年六月、第二次長州征討に際し、長州藩の返り討ちで敗北を喫する。

征討は長州藩領大島（周防）への幕府軍艦による砲撃で口火が切られた。しかし幕府軍が華々しかったのは初めの一週間ほどで、すぐに劣勢に回る。薩長同盟の密約により最新鋭の武器を調達し近代的な軍隊を組織していた長州藩は、幕府側に対し反撃を開始した。京都を目指して進軍し、津和野、益田へと侵攻する。武聡は水戸藩主徳川斉昭《なりあき》の一〇男であり、当然、幕府側に立たざるを得ない。勝ち目はなくとも迎え撃つしか方策はなかった。長州藩の強力な火力を前に奮戦はするが、結局は援軍の他藩共々敗走することになる。最新装備の長州藩兵と、旧式の火縄銃を主体とする鎧兜の浜田藩兵とでは、そもそも勝負にはならなかった。極まった浜田藩は長州藩と和平交渉を試みるものの決裂し、やむなく自ら浜田城や武家屋敷に火を放ち敗走する。

元々打穴里近辺はこの浜田藩の飛び地であった。こうして藩主以下浜田藩士がこの飛び地に逃れてくる。武聡は里公文中村の大庄屋福山元太郎邸に入り、そこを本陣とし、[1]藩名を浜田藩から鶴田藩に変え再起を図った。以上のような経緯があり、士卒達は自宅ができあがるまでの一時期、一般の農家に寄寓したのである。このことを、本田増次郎は次のように書き残している。

私の生まれた地方〔美作国〕は、海のない山ばかりの狭い地域だった。一二の地域、つまり「郡」〔英田、吉野、勝南、勝北、東北条、東南条、西北条、西西条、久米南条、久米北条、大庭、真島〕に分かれていたが、私が生まれた郡〔久米北条〕は「大名」、つまり地元の封建領主の直轄地ではなく、遠隔の領主が治める飛び地にすぎなかった。この領主は反徳川の雄藩〔長州藩〕と誼《よしみ》を通じていたが、他の藩が追撃を受けなかった[2]にもかかわらず、自身の居城〔浜田城〕のある町から逃れねばならなかった。そして我が村がこの不幸な逃亡者とその家族の住む所となった。彼等は村に家を建てる間、余剰部屋の多くある農家に間借りをした。近くの村に住んでいた叔父〔本田芳五郎〕には子供がなく、私の一番上の姉〔まさ〕を養女にとっていた。そんなことでそこが四人の「侍」一家の隠れ家となった。[3]

こうして幼いながら、本田は自身の目で士族達の行動や生活を観察することになる。実はこの経験が本田の思想形成に大きな影響を与える。そこで本田の小学校卒業後に話を進める前に、武士に対する幼少期の実体験と、その経験がいかに本田の思想に影響を与えたかを見ておきたい。

私が幼い頃のこと、「大名」が住む町〔里公文〕から数人の大工と木挽き職人がやって来て我が家に数週間滞在したことがある。これは郡役所のある町〔桑下村《くわしも》〕に城主の邸宅〔西御殿〕を建てる目的で、父の山から木を切り出すためだった。父が持っている木の中でも最上の数本、その中には数百年経ったものもあり、また地域の目印になっている木もあったが、それらは無慈悲にも切り倒され、三マイル先の町に運ばれた。そして対価としては、ほんの名目的な代金が支払われたにすぎなかった。日本ではどこでも、建物が完成した時は高い足場の上から餅を投げて祝うのが習わしである。見物の人混みに紛れて私を背負って来ていた父は、堂々とした黒門を指さした。その門は事実上徴用されたに等しいあの木でできていた。その後「大名」が首都東京に住むようになると、まさに踏んだり蹴ったりで、その門は売られ町の商家を飾ることになった。[4]

「無慈悲にも切り倒され」と書いている通り、本田はこの出来事を否定的に捉えたが、杢蔵はむしろ名誉なことと受け止めた。一九〇〇(明治三三)年春、旧浜田藩士の親睦団体「浜田会」の大会で「一平民の眼に映じたる旧浜田藩」と題し講演した本田は、「彼〔杢蔵〕は己が所有山林中の巨擘《きょはく》、即ち方言「山王《やまおう》」と称する松樹を君公に献ずるを以て非常の名誉とし、そが桑村城〔西御殿〕の正門として巍然《ぎぜん》として立てるを無上の光栄としたり[5]」と語るとともに、西御殿竣工[6]のおよそ一ヶ月後、廃藩置県で武聡が東京に移ると、主を失った城門が一商家の門に成り下がったことで「父の嘆息一再ならず[7]」と、意気消沈する父の様子を語っている。

父子にかかる思いの違いはあったにせよ、武聡一家が住んだのは一ヶ月ほどにすぎないので、本田家から持ち出された貴重な木々が、その役目を十分に果たすことはなかった。「朝命により東京に陟居《ちょっきょ》し邸宅は毀《こぼ》たれた[8]」との記録があるので、御殿に用いられた木々は朽ち果てるに任されたのである。世が変転する時、往々にして起こる不幸な出来事といえばそれまでだが、本田はこの一連の出来事を、武士階級の理不尽で冷たい仕打ちと受け止めた。一方、武士の中にはこの体制激変の中で悲惨な境遇に陥る者も出た。

明治政府から年金を支給されて退職したものの、収入が少ない部類の侍の家族達は、商売や慣れない事業で有り金をすっかり使い果たしてしまった。中には極貧に追い込まれ、頼み込んで農家の手伝いをする者すらあった。二本差しの高貴な侍が、ほんの一、二年前には無礼をすれば即刻打ち首だと、がさつで無垢な農民を脅していたのに、夏の日差しをもろに浴び、腰をかがめて、膝まで泥と水につかり、田を打ち、草むしりをしたのだ。それは今まで彼等が軽蔑していたその相手から、わずかばかりの日銭と食事をもらうためだった。この有様を想像してみてほしい。これはもう滑稽さを通り越して、痛ましい限りの光景だった。[9]

本田は士族から受けた仕打ちに切歯扼腕していただけではない。時代の荒波に翻弄され、生活の糧を失った武士階級の悲惨な生活を目の当たりにし、その姿に憐みの目も向けている。それゆえ本田は自身が平民であることを、むしろ幸せだと感じた。「『侍』の美徳や封建時代の日本の良さを声高に力説する輩がいるかも知れない。しかし、私も父も平民であることを、残念に思うよりむしろ喜んだ[10]」のである。

「武士道」から「百姓道」へ

このおよそ三〇年後、三七歳となった本田は『中央公論』一九〇三（明治三六）年一〇月号及び一一月号に「百姓道（士族の称号を廃すべし）」と題する論考を連載した。それによれば、「声を大にして力説する輩」の「輩」の筆頭に、本田は新渡戸稲造を思い描いていたことがわかる。

括弧書きの副題から推測されるように、本田は士族の称号を廃止しこれからは武士道ではなく百姓道を目指すべきだと主張する。

新渡戸が一九〇〇（明治三三）年一月に出版した *Bushido: The Soul of Japan*（『武士道——日本の魂』）は、外国人に向けて日本人の道徳観念がいかに形成されたかを武士道の分析を通して披歴するものだったが、翌年には日本でも出版され、英文の著作[11]であるにもかかわらず知識層を中心に広く読まれた。本田もこれに目を通し触発されて「百姓道」を執筆したのであろう。

冒頭で本田は「我邦今日の進歩には鞏固《きょうこ》なる基礎深遠なる淵源があって、白人の組織せる某々国〔アメリカ合衆国等〕がまだ形をも成さぬ先きから、東洋文化の精髄を聚《あつ》めて修養練磨した結果が、凝《こ》って武士道という実践倫理の華を開いて居たのだと、西洋人の蒙を啓く為めに欧文で武士道の解釈を公にしたなども結構な事である[12]」と書き、新渡戸の『武士道』の意義や功績は認めている。

しかし本田は、新渡戸の『武士道』が巷間に流布されるにつれ、世の中が武士道の過去の成功体験に浮かれ騒いでいることに腹を立てる。「しかし物には程度がある。権衡を考えねばいかぬ[13]」として、次のような論を展開する。

> 武士道を担ぎ廻してお祭りの太鼓を叩くのが至極不都合だと思う。今日の日本に武士道がどれ程実行し得るべきか、又実行して無害有益であるべきか、武士道に固着して居る弊害欠点は何であるか。是等の問題を慎重公平に研究する事と、武士道の過去に於ける成立を説明し功果を賞揚する事とは全然別事に属するを忘れてはならぬ[14]。

新渡戸が『武士道』で述べたように「武士道の過去に於ける成立を説明し功果を賞揚する」のは良いが、武士道がそのまま現在でも有効であると考えてはならない。武士道の有効性の判断は、その実行可能性と長所・短所をしっかりと把握した上でなされるべきだと本田は言う。

封建時代、武士道には仁義忠孝を根本に置いた武勇、清廉、礼節、義侠等の徳があり、また「好んで忠孝武勇の談を聴き、又任俠を尊ぶ気風が農工商の間にも見えた[15]」ことから、広く封建の世に流布された美風であることは本田も認める。しかし現在にあっては武士道には根本的な欠点がある。それは武士道を支えてきた封建制度、すなわち世襲俸禄の制度がすでに崩壊しているという点である。この厳然たる事実を無視してはならないと本田は主張する。

日本は明治維新を経て「立憲政治が行わるる法治国[16]」となった。一朝有事の時「働かせる為めに養って置くという事が、養って貰うから忠義をするという事になる[17]」といった仕組みで成り立つ封建の世はもはや存在しない。今や、個人個人が切磋琢磨し、生活の糧は自らが稼がねばならない。今は自立した個人による自由競争の時代であると、本田は言い切る。

どれ程武士道に心酔し之を謳歌する論者でも、武士道が力行自営額に汗して己が労働に衣食するという、極めて平凡にして極めて神聖なる理想を教えたと回護する事はよも出来まい。世襲の俸禄という温室の中に養われた仁義忠孝の花は、朝、夕を知らず、今、来年を期する能わざる（中略）武士の精神には如何にも奥床かしい高尚な処があるが、此美花を今後世襲俸禄という樹木に咲かせる事は出来ぬ[18]。

本田も武士道が奥ゆかしい高尚な封建時代の花だとは認める。しかし、その土台となっていた世襲俸禄の制度はもはや存在しないのである。ならば古の武士道の花をそのまま咲かせることなどできないではないかと。それならばその立憲政治という新しい土台の上で新たに咲かせる花はいかなるものであるべきか。それを本田は「百姓道」だとする。なぜなら武士道が教えなかった「力行自営額に汗して己が労働に衣食する」を実践しているのが百姓だからである。自由競争の上に咲く新しい花は、この自ら額に汗して働くことを美徳とする道でなければならないと。

新渡戸も武士道を支えてきた封建制が崩壊していることは認識している。それは『武士道』の最終章で「母制度たる封建制の去りたる時、武士道は孤児として遺され、自ら赴くところに委ねられた[19]」としていることからも明らかである。しかし、その消えゆく運命にある「武士道」を新渡戸は「武士道は一の独立せる倫理の掟としては消ゆるかも知れない、しかしその力は地上より滅びないであろう。（中略）その象徴《シンボル》とする花のごとく、四方の風に散りたる後もなおその香気をもって人生を豊富にし、人類を祝福するであろう[20]」と、その存続に希望をかける。恐らく、武士階級を出自とする新渡戸が幼少時から慣れ親しんできた武士道に抱く愛着の思いが、そう言わしめたのであろう。ところが平民を出自とする本田は、武士道には一切未練がない。従って、本田が導き出す結論は次のようになる。

士族の称呼は全く有名無実なもので、祖先の光栄か汚辱かを標榜する具に過ぎない。今日士族平民の名称を存置するは繁文縟礼《はんぶんじょくれい》の一項を加うる外何の用をもなさぬ。（中略）日本の現状では政治上にも社会上にも士族という階級名は何等の意義をも持って居ない。無用の長物は速に廃するに若かずである[21]。

こうして本田は士族の名称を廃止し[22]、これからは武士道ではなく百姓道を目指すべきだと訴える。これらの本田の主張の背景に、前述した打穴里での自身の体験があったことは言うまでもないであろう。

零落した武士達の有様を目の当たりにした本田は、封建制度が崩壊した現実の意味を、幼いながらその時理解した。本田少年が脳裏に焼き付けたのは、自由競争の世に放擲され必死に適応しようとする士族達の哀れな姿であった。

本田が「百姓道」を書いた時点で、新渡戸と面識があったかどうか定かではない。もっともその後、本田と新渡戸が近しい関係を持ったことは間違いない。一九二〇（大正九）年の段階で、本田は自身を「新渡戸博士の性格や能力を親しく知る日本人[23]」と明言している。ところが「親しく知る」はずの二人は、肝胆相照らすといった関係にはなかったようである。

国際連盟事務局事務次長に内定しロンドンに滞在中だった新渡戸が、地元紙の『ウエストミンスター・ガゼット』（*The Westminster Gazette*）のインタビューに応じたことを伝える記事が、一九二〇（大正九）年一月二三日付で『ジャパン・アドバタイザー』（*The Japan Advertiser*）に報じられた。本田はそれを読み、"Dr. Nitobe Abroad: Some Comments on His London Remarks"（「新渡戸博士の洋行――ロンドンでの発言に関する若干のコメント」）と題した一文を、二月一〇日付で同紙に寄せた。

前述の「百姓道」が新渡戸の『武士道』の功績をまず認め、その後に武士道の批判に転じた筆法同様、この記事も本田はその冒頭で新渡戸の連盟事務次長就任が「まさに適材適所[24]」であり、「日本の当局にとって、まさに慶賀の至りだと言うべきだ[25]」と高く評価することから始める。ところがそれは冒頭のみで、以降は、このインタビューでの新渡戸の発言を手始めとして、植民地政策に関する見解、ロンドンの日本協会での講演内容等について、歯に衣を着せず批判を展開してゆく。

本田が批判を向けた新渡戸の発言とは、英人記者の「若き日本はいかにしているか？」との質問に対する次の返答であった。

我が国民は、他国のことを、全力を尽くして学んでいるところです。中等教育では英語が必須科目になっています。ただし、学生が学ぶのは会話ではなく読解です。読まれているのは、例えば、マコーリーの『エッセイ』、『ラセラス』〔サミュエル・ジョンソンの小説〕、ロングフェローの詩――これは若者の間で好評です――、ジェローム・K・ジェロームや英国の他の小説家の著作です。そして成長するにつれ、多くの日本人は、H・G・ウエルズ、ジョージ・バナード・ショー、アーノルド・ベネット等の著書に興味を向けます。日本人の講演者は度々英国の諺を引用し、あなた方の英国史や米国史上の出来事に言及します。ロンドン在住の私の若い友人などは、ジョン・ドリンクウォーターの『エイブラハム・リンカーン』の上演を、何と二〇回以上も観ています！ リンカーンは日本人にとって偉大なヒーローなのです。[26]

新渡戸のこの発言の趣旨は、いかに日本人が西洋の文化・文明を取り入れることに熱心であり、それをいかに深く理解し実践しているかを、英国人に伝える点にある。ここに挙げられた著作は、『エッセイ』『ラセラス』及びロングフェローを除けば一九世紀終わり頃から二〇世紀初頭のものばかりである。最新の英米の文学まで日本人は熟知していると新渡戸は強調したかったのであろう。もちろん、上から下まで日本人のすべてがかかる教養を持ち、英米の著作物を読みこなしていたはずもないので、かなり誇張した表現ではある。しかし、英国人の記者を前にしたリップサービスだと捉えれば、特に問題のある発言とも思えない。ところが本田は新渡戸のこの発言に対して、次のように異議を唱える。

政府に非ざる日本、言い換えれば代表者である衆議院議員に非ざる一般大多数の日本人は、今や、博士が考えておられるよりも、もっと崇高な兄弟愛や人類愛のレベルで物事を考えている。献身的に真理を追求し、民主主義を専門としてこられた博士であっても、その侍としての資質とドイツでの学問研究の影響から、知らず知らずのうちにご自身を裏切っておられるように思う。[27]

この反論は新渡戸の発言とは一見無関係なようにも見える。しかし読み進めると、新渡戸が日本の青年について、英書を読みこなし最新の英米文学を理解する近代的な国民として、その上辺だけを述べるに留まっていることに、本田は歯がゆさと物足りなさを感じ、新渡戸の物の見方に貴族主義的な武士階級独特の匂いを嗅ぎ取ったことがわかる。

本田には、新時代の日本人（本田自身を含む）が明治という国民国家による新しい教育（それは武士道教育ではない）を受け、世界全体を見る大きな目を持つ愛国者に育ってきている事実こそ語るべきだとの強い思いがあった。それゆえ、新渡戸の発言に失望し、不快の念を表明したのである。本田は続ける。


私の経験では封建時代の残滓はトラブルメーカー以外の何物でもなかった。私がまだ幼かった時、父が所有していた地所にある最も良い材木を供出させられたが、それは逃れてきた侍の家を建てるためだった。無知な百姓達が、避難してきた侍に、作法を知らないと責められ、虐げられるのも見た。日露戦争後アメリカ合衆国に行った時、大多数の若い大将や将軍は侍ではなく平民だと説明しても、善良なアメリカ人には信じてもらえなかった。もし私が自分が百姓の息子であることを誇りに思うとでも言おうものなら、親日派のアメリカ人でさえ、私をダメ人間だと見下しただろう。それは新渡戸博士の『武士道――日本の心』が津々浦々で読まれていたからであり、また日露戦争での我が国の勝利が、封建的訓練の賜であると信じられていたからだ。[28]

ここでも、自身の子供時代の木材切り出しの逸話が語られる。要するに本田は封建制度を忌み嫌っていた。この感情は自身の実体験によって醸成されたものだったから、揺らぐことのない確信にまで育っていたのであろう。それゆえ「武士道」を称揚した新渡戸の著作『武士道』が世に与えた影響を忌み嫌ったのである。その嫌悪が本田の「百姓道」の一文を生み、この新渡戸発言への反駁となったといえよう。

狂信的愛国主義と区別される真の愛国心は、政治家でもなければ、政党員でもない誠実な市民階級にこそ最も普遍的なのである。これは高等教育によって実現したもので、侍的教育によったものではない[29]。

本田には、明治以降の歴史を作ってきたのは平民階級だとの自負があった。その平民は明治以降の新しい教育により育てられ、国を愛し人を愛する人々である。彼等が日清・日露を戦い、日本の新しい歴史を切り拓いたのだと。

本田は新渡戸に面と向かって、次のように語りかけたことがあるという。

侍の伝統を理論的に理解しないわけではないが、私は平民階級だから、官僚制度と軍国主義とは正反対の大義である民主主義を、よりたやすく支持できるのです[30]。

こう本田が話しかけた時、「博士の態度には、暗示的なあるいは意図的な変化は全く見られなかった[31]」という。新渡戸は本田のこの挑戦的な物言いを平静を装ってやりすごしたのであろうか、あるいは気にさえ留めなかったのであろうか。

要するに、打穴里での少年時代の実体験は、「よりたやすく」本田を民主主義の支持者に変え、同時に封建制度嫌いにさせた。新渡戸は武士階級だったがゆえに「武士道」に未練を残したが、本田は平民階級だったがゆえにきっぱりと「武士道」に別れを告げることができた。この記事を書いた時本田はすでに五四歳となっていたが、この時でさえ少年時代から抱いてきたこの嫌悪の気持ちに忠実であった。

第3章　二年間の医学修行

政治への関心

一八八一（明治一四）年六月一四日、本田増次郎は医学を志し福渡《ふくわたり》村（現、岡山市北区建部《たけべ》町福渡）在住の蘭方医吉岡寛斎《かんさい》の門に入る。父が食い扶持として米三俵を提供した。

第1章で触れたように、本田は小学校を卒業した後は助教諭として給料も得ており、教職で生計の道を立てることも可能であった。しかし、以前世話になった訓導で青雲の志を抱いて大阪に出ていた人物に連絡をとり相談したところ、君なら後世に名を残すほどの立派な人物になるよう努力すべきであり、助教諭の試験に受かったくらいで満足していてどうするのかと諭される。そこで、上位の学校を目指すため、授業料が官費で賄われる岡山師範学校(1)へ入学しようと、長兄の竹四郎と川船や人力車を用いて岡山まで出るが、そもそも入学年齢に達していないことが判明し、方針転換のやむなきに至る。そして、母のやえが病気がちであり、自身も虚弱な体質だったことから、医業の道を選ぶことにした。

福渡村は美作国の中心地津山と備前国岡山のほぼ中間に当たり、打穴里が属する美作国の南端に位置した。鉄道のない時代は、ここから高瀬舟に乗って旭川を下るか、陸路を取るなら八幡の渡しを使い備前国に入った。

ここで寛斎は手広く医業を手がけており、名医として知られる人望の厚い地元の名士であった。当時弟子が六名おり、その一人として本田は調剤の仕事や往診の手伝いをしながら医業を学んだ。

この当時、日本の政治体制は維新の功労者が名を連ねる太政官制の下にあり、憲法も国会もまだなかった。一八七五（明治八）年布告の立憲政体の詔書は、「茲《ここ》に元老院を設け、以て立法の源を広め、大審院を置き、以て審判の権を鞏《かた》くし、又地方官を召集し、以て民情を通し、公益を図り、漸次に国家立憲の政体を立て、汝衆庶《しゅうしょ》と倶《とも》に、其慶に頼んと欲す」とし、「元老院」により立法を、「大審院」により司法を、地方官の召集に議会的機能を担わせようとの目論見であり、最終的な立憲体制の実現はあくまで「漸次に」であり、時間をかけて実施に移してゆく計画であった。

ところが当時の為政者の意に反して、西南戦争での西郷隆盛の敗北以降、板垣退助を中心とする自由民権運動が燎原の炎のごとく全国に広まり、国会開設はもはや一刻の猶予も許されない喫緊の課題になってゆく。吉岡医院に置かれた新聞は、東京の新聞も地方紙も政治記事で溢れ返っていた。社会に目を向ける年頃になっていた本田は、それらを読み政治に関心を抱くようになる。東京から政治雑誌を取り寄せて投稿することもあったという。この頃、民権家達が次々とこの地方に来訪し、国会開設を求める演説会を開いたことも大きな刺激になった。

本田は晩年の一九二四（大正一三）年三月から五月にかけ大磯で静養したが、この時『ジャパン・アドバタイザー』に“Oiso Sketches”（「大磯スケッチ」）と題する連載記事を書いた。その中で政治と初めて向き合った福渡村時代に思いを馳せている。

> そこ〔大磯の大運寺〕には二つの四角い墓石があり、初代衆議院議長の故中島〔信行〕男爵と才媛の奥方〔俊子〕が眠っている。二人はここ大磯でそれぞれ一八九九年と一九〇一年に亡くなった。中島男爵は

板垣〔退助〕伯爵が自由民権を誕生させた地である土佐の出身であり、一方奥方は一八八一年に国会の早期開設を要求する演説の旅で頭角を顕した。当時は岸田俊子という名前だったが、今でもその名が記憶に刻み込まれている。女史が私の生まれ故郷の県庁所在地津山で演説した記事を地方紙で読み、若かった私は深い感銘を受けたからだ。[2]

中島（旧姓岸田）俊子は優美で華やかな文金高島田に、目にも鮮やかな緋縮緬《ひぢりめん》の着物姿で演説することで知られていた。一八八二（明治一五）年五月に岡山と津山で演説会を開いている。本田はそれを新聞で読み、当時最先端の政治思想に触れ衝撃を受けたのである。また、寛斎の門下生や村の青年達が宿屋の畳敷きの大広間に集い、寛斎を座長に政治討論会を行うこともあった。[3] 福渡村にも政治の新風が渦巻いていたのである。

前述した東京の政治雑誌への投稿は、調査したが確認することはできなかった。本田も投稿したと書いているだけで、実際に掲載されたかどうかは明言していない。そこで、判明しているものの中で最も古く、かつ若き日の本田の性格や文章力が垣間見える『読売新聞』への投稿記事をここで紹介しておきたい。後述する通り本田は、この福渡村の後東京に出るが、その直後の一七歳の時書いたもので、洋学の必要性を訴える「余感」と題した一文である。

僕の貴社新紙上に於て諸君に相見ゆるは今日が初めなれば、何とやらん最《い》と面はゆくて日常下手の文章も別《わ》けて筆先き渋りて愚存の諸君に聞えざらんかと彼是心も落付かねども、其処は諸君の明鑑《めいかん》〔よく映る鏡〕にて洞察の上万々一取り所ありたらば、いよ隊長（も五大層《ごたいそう》だが）と賛成を賜わりたく、又申す事が無茶にてありなば遠慮なく、ぐんぐん指教〔指導〕を願います。杯《など》と無用の繰言もこれ迄とし、扨《さて》申立る子細は、えへん僕性来梅を好み家庭の西隅東辺《さいぐうとうへん》余地さえあれば梅を移し、開花の時を待つを以て無上の快楽とせり。既に此頃の温暖にて紅梅両三樹将に丹唇《たんしん》を開いて微笑し媚を呈せんとする折しもあれ、俄《にわか》に寒風霰霙《さんえい》〔あられ、みぞれ〕を飛し無残にも天賦の芳艶《ほうえん》を逞《たくまし》うせんとするの梅花は萎靡《いび》〔しおれ〕、又昨日の色なし。風花雪月世の常数《じょうすう》〔定め〕とは云え僕の悲嘆凡そ如何ばかりぞや。そこでぐっと一番感慨を惹き起し、又抑ゆる能わざるものあるなり。今更云うも愚なれど、我国維新以来一日の休みもなく駸々《しんしん》乎《こ》〔急速に〕として進みたるの文化は、是れ果して何に依て得たるか。政治なり法律なり学問工芸悉く規《き》摸《ぼ》〔模〕を西洋に取らざるものなく、今七八年も経なば国会も開け香の馥郁《ふくいく》たる色の艶麗《えんれい》なる立派至極の日本国となるべき勘定にて、其準備最中の今日に当り、不思議にも何時の頃よりか天気常にかわり、頻りに漢学風を高処より吹下し、哀れ発育最中の蕾を叩き付けんとするの勢おいあり。抑《そも》そも是れには何か深き子細があることとなるべけれども、彼の国会なるものは何れの国より始まりたるか。四書五経を始め所謂二酉《ゆう》四庫〔大量の書物と『四庫全書』〕の漢籍を探るとも恐らくは国会の文字さえあらざるべし。然るに後日国会議院に登て国政に参与するの権力をも得べき今日の学生に、主として漢学を教えんとは、果して何の戯れぞや。余り呆れはてて物も云われぬ次第ならずや。或は少年子弟は軽躁に走る抔《など》との弁解あれども、こは蓋《けだし》洋学の罪にあらざるべし。罪の帰する所は自から他に在て存すること、僕の信じて疑わざる所なり。兎に角我国に洋学を以て日に月に磨き上べき筈（漢学も亦無用と云にあらず。只主とする所を陳《のぶ》るのみ）。[4]

まず驚かされるのは本田の大胆さである。まだ一七歳の一介の書生が一流紙の『読売新聞』に投稿したのである。この積極性はその後も本田の生き方を特徴づけてゆく。

文章の方はどうであろうか。少なくとも採用されたことから、一定のレベルを超えていたのであろう。確かに短いながら凝った造りになっている。「僕」で始まり「無用の繰言もこれ迄とし」で終わる一連の文章は前置に当たるが、当時流行りの書生言葉の「僕」を使った、ユーモアを絡めた親近感を抱かせる書きぶりで、読者を惹きつける魅力がある。続いて「扨申立る子細は」とあるので、いよいよ本論が始まるのかと思えば、「えへん僕性来梅を好み」と読者に肩透かしを食わすように、「梅」が好きだ天候がどうだといった話を始める。そしてようやく本論となり、「そこでぐっと一番感慨を惹き起し、又抑ゆる能わざるものあるなり」で始まる部分にきて、当惑していた読者は「梅」が実は「洋学」のことを指していたことに気づくのである。

　新生日本の諸制度が西洋文明を取り入れ、すなわち洋学によって生成してきたことは、当時の人々にとっても自明の理だったろうから、なるほどようやく付いた梅の蕾、つまり洋学こそ未来を担う若者に教えるべき学問だと、読者も納得できたのではないだろうか。

　名文とは言えないが、印象的な一文と言ってよいであろう。ちなみに、本田のユーモアの特質については第29章で触れるが、「いよ隊長（も五大層だが）」「えへん」「そこでぐっと」等の物言いには、将来ユーモアで鳴らす本田の片鱗が見て取れる。本田のユーモアは相手の懐に飛び込みザックバランな発言で笑わせるところに一つの特徴があった。

西洋文明への憧憬

　本田が福渡村で出遭ったのは政治だけではない、初めて西洋文明を表象するキリスト教と「横文字」にも遭遇している。

　寛斎には吉岡弘毅《こうき》という弟がいた。彼は外交官の草分け的な人物で、外務権少丞《ごんのしょうじょう》として朝鮮に国交を促すため釜山に滞在していたが、その時、中国語訳の聖書に触れたことがきっかけでキリスト教信仰を持つに至った。その影響で寛斎の両親もクリスチャンであった。実際本田は寛斎の父有隣から中国語訳の聖書の講釈を受けている。しかし、後に熱心な日本聖公会の信徒となる本田にしては意外なことであるが、この時点ではいかなる感銘も受けなかったという。おそらく信仰を求める素地がまだ本田になかったためであろう。むしろこの福渡村で本田の心を捉えたのは、横文字に象徴される西洋文明そのものであった。本田は横文字を目にし、また英語の発音を耳にした時のことを次のように述懐している。

　其の医家〔吉岡寛斎〕の親戚の青年が、休暇中東京明石町〔正確には新湊町四。現、入船町三〕の築地大学校、今の明治学院の前身から帰省して、米人直伝の英語を振り廻したりペンで横文字を書いて見せるので、甚だ羨しがったのが病みつきであったかと思う。[5]

本田は寛斎や有隣が薬瓶に書かれた「蟹歩きの文字[6]」を難なく読みこなしていることにも感銘を覚えた。かといってオランダ語や英語を学ぼうと考えたわけではなく、西洋文明の香りのする東京へ出たいという思いが胸いっぱいに膨らんだのである。大志を抱く若者にとって、東京からもたらされる情報は大きな誘惑であった。

寛斎は本田を高く評価し、将来は娘婿にと考えていたという[7]。その寛斎の気持ちを知ってか知らずか、一八八二(明治一五)年九月九日の真夜中、一六歳の本田は意を決して、同じく医学を志す三歳年下の内《うち》野《の》倉《くら》明《あきら》と共に、夜陰に乗じて出奔する。本田の机上には不義理を詫びる手紙が残されていた。

内野倉(旧姓中原)は元々福渡村在住で、以前から吉岡家に出入りしていた。内野倉は本田に上京の意志があることを知るや、同行を決意する。この時から二人は兄弟以上の固い絆で結ばれることになる[8]。

気前の良い友人が一〇円を提供してくれ、これが出奔のための元手となった。福渡村から神戸までは徒歩、神戸から横浜までは三等船室の切符が手に入るが、乗船予定の船の入港が遅れ、神戸では三泊させられた上、暇潰しで行った湊川神社で車屋の口車に乗せられ代金を二重払いして思わぬ出費をさせられている。下船した横浜から新橋までの汽車の旅は快適だったが、新橋に着いた時には手持ち資金が数銭になっていたという。

新橋・横浜間の鉄道は一八七二(明治五)年九月に開通していたが、船坂トンネルの難工事を抱えた山陽鉄道の岡山・三石《みついし》間が開通したのが一八九一（明治二四）年三月、津山・岡山間が開通したのは一八九八（明治三一）年一二月であり、当時の交通事情からすれば徒歩や船舶に頼らざるを得なかったのである。

岡山の片田舎を離れたことのない若い二人にとって、船旅も物珍しいものだったであろうが、横浜と新橋を結ぶ陸《おか》蒸気の旅はなにもかも新しい体験だった。終点の新橋駅は帝都の表玄関として賑わいを見せていた。汽車が到着する度に改札口から吐き出される人の波、駅前に並んで客待ちをする人力車の車夫達。二人は経験したことのない喧騒に身を委ねたに違いない。この年の六月、新橋と日本橋を結ぶ日本初の鉄道馬車が開通しており、駅を降り、すぐに乗り換えることもできた。新橋駅はいわばターミナル・ステーションの走りであった。

本田達が東京に出た当時はまだ日本の教育制度が確立されておらず、私塾が教育の主流をなしていた。福沢諭吉の『慶応義塾』、箕作秋坪《みつくりしゅうへい》の『三叉《さんさ》学舎』、三島中洲《ちゅうしゅう》の『二松学舎《にしょうがくしゃ》』、中村敬宇の『同人社』などの洋学塾や漢学塾が、志を持つ若者達を惹きつけていた。学問の分野は違っても本田達もこうした青雲の志を抱く青年達の一人であった。

東京到着後しばらくは窮状を見かねた父からの送金を頼りに下宿生活をするが、当時海軍軍医だった高木《たかき》兼寛《かねひろ》の代診をしていた郷友を介して高木から紹介を受け、九月二九日、芝区田村町五（現、港区西新橋）の開業医松岡勇記《ゆうき》の薬局生となる。松岡は大阪の適塾を経てオランダ海軍軍医ポンペ（Johannes Lijdius Catharinus Pompe van Meerdervoort）に学んだ元陸軍軍医であり、前年四月[9]に田村町で開業し、工部大学校の校医も兼ねていた。

一方、内野倉は神田区西紅梅町三（現、千代田区駿河台二）の杏雲堂《きょううんどう》医院（現、杏雲堂病院）の創設者佐々木東洋の家に書生として住み込み医学の道に精進する。東洋、政吉《まさきち》、隆興《たかおき》の三代の院長に仕えた後、一九一〇（明治四三）年、小石川区西古川町二三（現、文京区関口）で開業、年中無休、自転車で往診するなど、献身的な診療・往診に徹したという。

内野倉が杏雲堂医院に入門したことは本田の生涯にとって大きな意味を持つ。後年本田と親交を持つことになる二代目の佐々木政吉は、大学東校（現、東京大学医学部）を卒業後ドイツへ留学し、帰国後は同校教授となった。佐々木は、結核菌の発見者であるロベルト・コッホ（Heinrich Hermann Robert Koch）にツベルクリン療法を学ぶためドイツに出張したこともあり、当時最先端の結核治療法を身につけていた。当然、同院の内野倉も結核の治療法を習得したはずである。本田は生涯を通じて内野倉の指示に従い結核や晩年の宿阿であるリウマチに対処した。そのおかげで結核を患いながらも五九年の人生を全うできたのである。内野倉なくして本田の活躍はなかったといえよう。

英語を学ぶ道を模索

本田が目指したのは海軍医務局学舎への入学である。実家に授業料を負担する資力のない本田にとって、授業料が無料で衣食住の負担もない海軍の学校は打ってつけであった。本田は福渡村の寛斎の下にいた時と同様、調剤の仕事をしながら勉学に励んだ。ところがしばらくすると、独学で入学試験に出る医学の全科目を習得するのが、時間的にも忍耐の面でも困難に思えてきたのである。そこで本田は、元岡山藩士の外交官花房義質《はなぶさよしもと》を、紹介状もなく、自分で調べた住所と同郷の誼《よしみ》を頼りに訪ねる。ただ、会ってはもらえたものの、松岡と大阪の適塾で同窓だった花房は、「良い先生だからそのまま残るように」[10]と強く勧めただけだった。

そこで次に本田が取った行動は、築地居留地一番他（現、聖路加タワーの地）にあった米国公使館を訪ねることだった。本田は米国では誰でも大統領になれるという話を聞き、「もしかしたら日本の首相よりこの外国人の地位〔大統領〕の方がずっと偉大ではないかといった夢を見始めた」[11]のである。「無知蒙昧の誹りを受けるかも知れないが、大望を抱く無一文の若者には、このアメリカ合衆国大統領の職は誘惑以外のなにものでもなかった。傑出した米国人になる方が、日本人の医者になるより一万倍もいいし、しかも簡単だぞ」[12]と、本田は若き日の大胆な心情を吐露している。実際は米国で生まれた市民（a natural born citizen）しか大統領にはなれなかったが、当時の本田がそれを知る由もなかった。

日本の不平等条約撤廃を主張したことで知られるジョン・ビンガム（John Armor Bingham）米国公使は、赤々と火が燃える暖炉のある広い応接間に、紹介状もなく突然現れた見ず知らずの日本の若者を通した。本田は同席した日本人通訳を通して、公使に向かって、自分を米国に連れて行ってくれる人物を紹介してほしいと切々と訴えた。「今のところ君を米国に連れて行ってくれる人物を知らないが、通訳のところに君の住所を残しておいてくれれば、伝手が見つかり次第、すぐに知らせてあげよう[13]」と公使は懇切に本田の話に耳を傾けたが、その後連絡が来ることはなかった。

海軍医務局学舎に入学するためには、もう一つ問題があった。入試に必要な英語の習得である。本田は意を決して松岡医師に授業料の負担を懇請し、数ヶ月間、毎日午後、近傍の芝区愛宕町（現、港区新橋五）の三田英学校（現、錦城学園）へ通うことにした。ところがいざ授業に出てみると、本田のように働きながら英語を学んでいる者などおらず、授業についてゆくことすらできない。どうしようかと思案している本田の耳に、今度は築地居留地に英語を教えている外国人がいるという噂がその名前とともに飛び込んでくる。


そこで私は直ちに築地、すなわち外国人に居住が「許可された」東京の一部〔築地居留地〕を探し始めた。そして遂に低いレンガの門の上から、あの有り難い姓が日本語で書かれている木の表札がぶら下がっているのを見つけた。紹介状も儀礼もあったものではない。震えながらドアのベルを鳴らすだけだった。真っ赤な髪の毛で豊かな口髭を蓄えた背の高い男性が現れ、日本語で話しかけてきた。その時私は英語が話せなかった。ウエブスターの『スペリング・ブック』〔Noah Webster, *The American Spelling Book*〕の最初の数頁を齧っただけだったのだ！　これが外国人を間近に見て話した最初の経験だった。[14]

残念ながら、このウィリアムズには若者に英語は教えていないと断られる。ただしこのウィリアムズから、築地居留地にはもう一人、教育と博愛の仕事に熱心な同姓の人物がいると教えられる。本田は期待を抱き、さっそく次のウィリアムズを訪ねるのである。ところが話をするうち、二人目のウィリアムズは宣教師だとわかる。こうして本田は教えを受けるのを断念する。当時本田は、自己本位に「ただただ米国人の寛大な心にすがることばかりを考えていた[15]」のであり、「キリスト教に傾倒していたわけではなかった[16]」から、習いたいこと以外に煩わしい話を聞かされるのは嫌だったのである。

ちなみに、この出来事のおよそ一〇年後、本田は前者のウィリアムズ——ジェイムズ・ウィリアムズ(James Williams)——と再会し、友人となった。築地居留地五二番在住の英国聖公会宣教協会派遣の宣教師であった。本田によると「英国人としても宣教師としても例外的に冗談好きな人物[17]」で、この初対面の時のことを大笑いしながら語り合ったという[18]。

そして二人目のウィリアムズは、初代日本聖公会主教チャニング・ウィリアムズ(Channing Moore Williams)で、本田が信仰の道に入る際、東京博愛教会で本田に堅信礼[19]を施した人物であった。米国聖公会派遣の宣教師であり、本田は「聖人としての高い資質に深い感銘を受けた[20]」という。

こうして悪戦苦闘はしてみたものの、結局、どの方法もうまくいかず、英語を本格的に学ぶ道は絶たれたかに見えた時、見かねた学友が本田に助け舟を出す。柔道の稽古が条件であるが、衣食住の面倒も見てくれ、英語を専門的に教えてくれる学校があるという。それは東京大学出の少壮の学士嘉納治五郎が校長の弘文館であった。こうして本田は、松岡医院での書生生活を一年で切り上げ、設立間もないこの学校へ入学することになる。この時は、柔道の稽古がいかに厳しいか、またそのスパルタ式教育が本田をとある事件に巻き込むかを知る由もなかったのである。

ここで、松岡勇記に関するエピソードを一つ紹介してこの章を終えたい。それは適塾で松岡と同窓だった福沢諭吉の『福翁自伝』が伝えている。

裸体《はだか》のことについて奇談がある。ある夏の夕方、わたしども五、六名のうちに飲む酒ができた。すると一人の思いつきに、この酒をあの高い物干《ものほし》の上で飲みたいというに全会一致で、サア屋根づたいに持ち出そうとしたところが、物干の上に下婢《げじょ》が三、四人涼んでいる。これは困った、いまあそこで飲むと、きゃつらが奥に行って何かしゃべるに違いない、じゃまなやつじゃというちに、長州生に松岡勇記という男がある、至極元気のいい活発な男で、この松岡の言うに、ぼくがみごとにあの女どもを物干から追い払って見せようと言いながら、真裸体《まっぱだか》で一人ツカツカと物干に出て行き「お松どんお竹どん、暑いじゃないか」とことばを掛けて、そのまま仰向きに大の字なりになって倒れた。この風体《ふうてい》を見てはさすがの下婢もそこにいることができぬ。きのどくそうな顔をして皆下りてしまった。すると松岡が物干の上から蘭語《らんご》で上首尾早く来いという合図に、塾部屋の酒を持ち出して涼しく愉快に飲んだことがある。(21)

松岡の豪放磊落な性格がよく顕れた一文である。松岡医院では一円の小遣いも出た。数ヶ月ではあったが、授業料を支給してもらい英語学校に通うこともできた。本田が嘉納の下へ移ると話した時には、うまくゆかなければ戻ってこいとまで言ってくれた。もっとも松岡はこのような好人物ではあったが、後進の指導に力を注ぐタイプの教育者ではなかった。一方、嘉納は歴史に名を遺す教育者である。嘉納の下で本田の運命は大きく切り開かれてゆく。

第4章　嘉納塾

スパルタ式教育の下で精進

弘文館に入学するための試験は今でいう小論文であった。本田増次郎は悲運の武将木曽（源）義仲について漢文で書き、弘文館の校長に送った。本田は義仲を「歴史に名だたる英雄[1]」と見なしているので、この観点から一文を記したと思われる。程なくして三ヶ月の見習期間付で合格という連絡があった。こうして一八八三（明治一六）年一〇月一日をもって、本田は弘文館で学問を学び、講道館で柔道を稽古することになる。

講道館柔道の創始者として名高い嘉納治五郎は東京大学文学部の出身で、学習院で教師を務める傍ら、武の講道館、文の弘文館を最上位に置く寄宿制の私塾（以降「嘉納塾」と称する）を開いて、日本の将来を担う青年の教育に乗り出したばかりであった。

本田が入門したのは麹町区上二番町四五（現、千代田区一番町）にあった嘉納の自邸である。ここで門弟達が師と寝食を共にしていた。玄関脇に道場（後、麹町分場）があり、本田もここで柔道の稽古に励んだのである。弘文館の方は神田区今川小路《いまがわこうじ》一（現、千代田区神田神保町）にあったため通学せねばならなかった。嘉納はこの上二番町時代の入門者、すなわち嘉納塾草創期の入門者について、次のように記している。

東京一番町写真師武林盛一撮影。後列左から宗像逸郎・西郷四郎・尼野源二郎。中央下が本田（本田家所蔵）

当時入門したものの中で他日名をなしたものに旅順閉塞隊相模丸の指揮官として名を揚げた湯浅竹次郎がいる。これは明治十六年九月に入門した。また英文学者として名をなした本田増次郎は同年十月の入門。現に講道館幹事にして指南役である宗像逸郎《むなかたいつろう》は十七年二月。今の指南役であり最高段者たる山下義《よし》韶《つぐ》は十七年八月。講道館の事務長関順一郎は十七年十月。講道館評議員海軍少将南郷次郎は十七年十一月に入門した。[2]

嘉納は湯浅を「旅順閉塞隊相模丸の指揮官として名を揚げた」としているが、これは日露戦争の第三回旅順閉塞作戦で戦死したことを指している。湯浅は海軍兵学校を卒業する直前、大病に罹り呉の海軍病院（現、国立病院機構呉医療センター）に入院するが、この時本田は赴任先の熊本から船で見舞いに赴いている。

宗像は弘文館を本田と共に卒業し西本願寺大学林文学寮で教えるが、その後、上京区吉田（現、左京区吉田）の第三高等中学校（現、京都大学等）に転じた。この直後、本田は上京区三本木丸太町の宗像の下宿を訪ねている。また高等師範学校で二人は同僚となった。

山下は柔道の米国への普及で功績があった。一九〇五（明治三八）年渡米した本田は、その翌年五月にワシントンを訪問した際、ルーズベルト大統領（Theodore Roosevelt）に活法を教授し終え、帰国する直前の山下夫妻を訪ね、旧交を温めている。

さて、嘉納塾はどのような教育を行っていたのであろうか。嘉納は当時の厳しい規則について、次のように伝えている。

まず起床は午前四時四十五分、それから午後九時半に床につかせる。幼年のものは少し早くねさせたと思う。塾生のなかに警醒当番というものを置いて塾生がかわるがわる一人ずつこれに当たり。自分は午前四時四十五分までには起床して四時四十五分に鈴をならして皆のものを起こして廻る。（中略）

塾生は起きるとすぐに自分の部屋の掃除をする。それから庭、玄関など屋外まで当番をたてて掃除をする。また勉強の時間を定めて何時から何時までは勉強、何時から何時までは必ず道場へ出ること。また休息はいつからいつまでと一定した。勉強の時間には必ず正座着袴して足をくずすことを許さない。師範の食事の際は塾生にかわるがわる給仕をさせる。その間にいろいろの談話を試み、こちらからも言いきかせ、また塾生からもきく。（中略）

塾生は毎日いかなる日でも道場に出なければならない。それから毎日曜には一同を集めて自分から日常の心得、処世の要諦を訓話した。宅に帰さない日曜には塾生は団体となって郊外を散歩することを奨励した。塾生はどんな寒中でも火鉢を用いず、ランプの掃除から居室の洒掃《さいそう》、風呂焚き、皆自らやったが炊事のみはしなかった。(3)

裸足の上、真冬でも火鉢が使えないなど、まさにスパルタ式教育を画に描いたような厳しさである。例年、年明けの一月六日から三〇日間、毎日午前五時から七時まで行われた寒稽古がこれを象徴している。寒中に一ヶ月間の稽古を休むことなく成就するためには、不屈の精神と体調を崩さぬための細心の注意が必要であり、この寒稽古をこなすことによって自ずと精神の修養もできるという嘉納の考えから、わざわざこの寒さの厳しい時期が選ばれた。ちなみに、気象庁のデータによれば、本田入門の翌年一月、東京の「日最低気温の月平均値」はマイナス二・四度である。一方、東京の一月の日の出は午前六時五〇分前後であるから、嘉納が定めた寒稽古の時間帯は日の出に伴い気温が上昇する直前に当たり、一日のうちで一番冷え込む時間である。従って嘉納からもらう寒稽古の皆勤賞は、この賞を得た者が気力と体力の点で抜きん出ていることの査証といえた。

三段大倉〔本田〕増次郎
本年柔道寒稽古の定日
悉皆出席せり。
仍て茲に之を証す。

明治二十年二月

帰一斎

嘉納治五郎　角印及び花押

こう認められた賞状が生家に残されている。「三段大倉増次郎」となっているのは、当時本田が養子縁組[4]により大倉姓を名乗っていたためである。

入門時、柔道を軽く見ていた本田だったが、実際に体験すると、英語の習得に要する肉体的、精神的負担よりも、柔道のそれの方がより厳しかった。

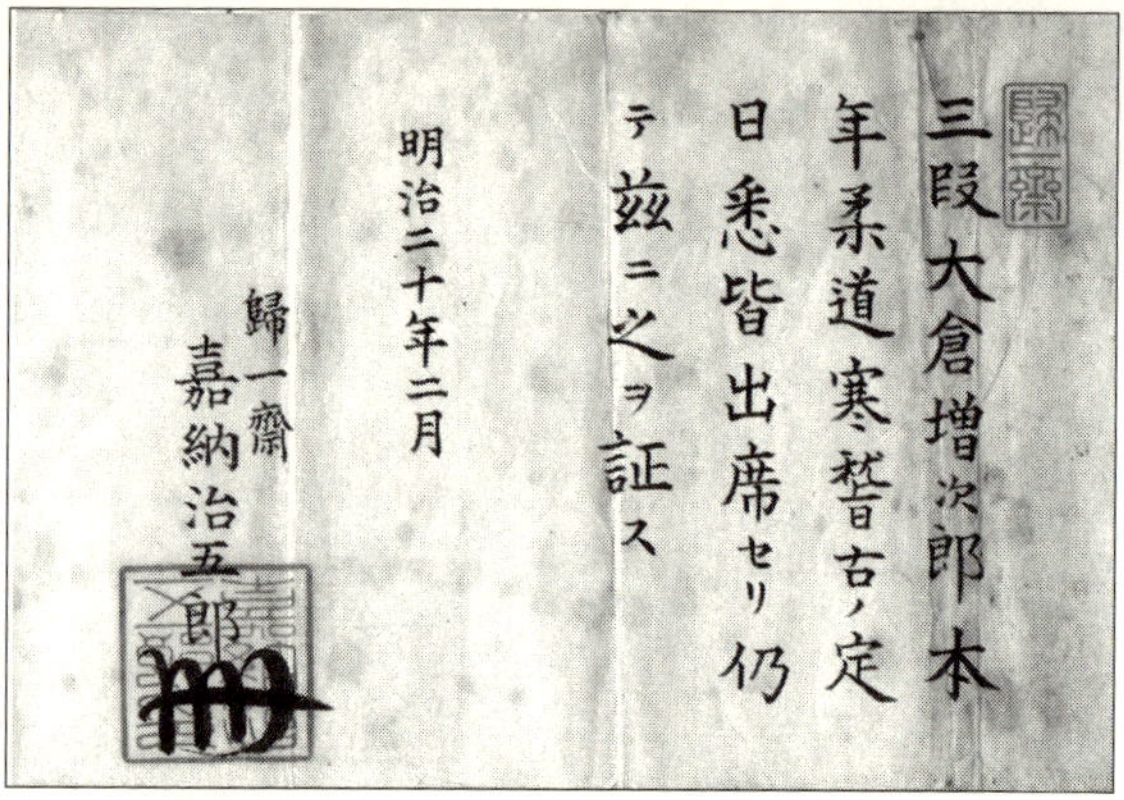
三段大倉増次郎本年柔道寒稽古ノ定日悉皆出席セリ仍テ茲ニ之ヲ証ス
明治二十年二月
歸一齋
嘉納治五郎

肉体的勇気と精神的忍耐力に関していえば、最初の一、二年間に経験した柔道の稽古の方が、恐らく英語習得の場合以上にそれらを必要としただろう。特に寒い季節はこのことがいえた。なぜなら、鍛錬が目的だったから、規律の厳守が求められ、火や暖かい下着や靴下の使用は許されなかったからである。(5)

こうして本田は講道館で激しい稽古に耐えながら、一方、弘文館で英語の習得に励んだのである。その甲斐があって柔道三段となり、入門から二年半後の一八八六（明治一九）年四月には、弘文館で英語、心理学、理財学等を教授するまでになった。そして「英語と柔道の両方で生徒のまま先生を務めるようになった頃には、知らず知らずのうちに海軍の軍医になる決意を忘れ始めていた(6)」のである。

当時本田が学んだと思われるテキストを、本田雷砧《らいちん》(7)（増次郎）「明治英語学史の一節」（『英語青年』第三九巻第二号、一九一八［大正七］年四月一五日、四五頁）及び横山健堂『嘉納先生伝』（講道館、一九四一［昭和一六］年、二八五頁）に基づいて、次にリストアップしておく。

ウエブスター『スペリング・ブック』（Noah Webster, *The American Spelling Book*）.
サンダース『ユニオン・リーダー』（Charles W. Sanders, *Sanders' Union Readers*）.
グッドリッチ『パーレーの万国史』（Samuel G. Goodrich, *Peter Parley's Universal History*）.
テイラー『古代史の手引き』（William C. Taylor, *A Manual of Ancient History*）.
カッケンボス『英文法』（G. P. Quackenbos, *An English Grammar*）.
マコーレー『批判的・歴史的随想』（Thomas Macaulay, *Critical and Historical Essays*）.
同右『ワレン・ヘィスティングズ』（Thomas Macaulay, *Warren Hastings*）.
ベイン『心理学』（Alexander Bain, *Mental Science*）.

スペンサー『総合哲学体系』(Herbert Spencer, *A System of Synthetic Philosophy*).
ミル『経済学原理』(John S. Mill, *The Principles of Political Economy*).
ボーエン『現代哲学』(Francis Bowen, *Modern Philosophy*).
ベル『標準的弁論者』(David C. Bell, *Bell's Standard Elocutionist*).

本田が「弘文館では上記の綴字書〔『スペリング・ブック』〕から Quackenbos の文法(Pinneo も当時行われて居た)[8]、それから Parley の万国史と云った順序で、慶応義塾の卒業生でもパーレが教えらるれば一廉の月給が取れた[9]」と記しているので、本田も同塾生並みの知識は身につけていたと見てよいであろう。

嘉納の期待を背負って

また本田は、弘文館で教え始めた年の九月から二年間、嘉納の指示で午後五時から九時まで、神田区駿河台鈴木町(現、千代田区神田駿河台)の東京物理学校(現、東京理科大学)へ通い、数学、物理学、化学、天文学等を学んでいる。嘉納は本田を文科系、理科系双方に通暁するバランスのとれた人材に育てようと考えていたと思われる。嘉納の本田への並々ならぬ期待が知られよう。

この年の夏、本田は上京以来初めて里帰りをした。その時の礼状を九月二四日付で家族宛てに認めているが、その中でこの東京物理学校への通学について、次のように記している。

又当九日より小生一人丈けは弘文館之稽古之外、別に東京物理学校と申すへ通学致し候様先生より被申候。此学校は大学校〔現、東京大学〕之先生等十五人計り相談して立てたる学校にて、算術や究理学《きゅうりがく》を極深く教授致し候。場所は神田区駿河台鈴木町と申し小生之住所より二十町余り有之、毎日午後五時より参り午後九時に帰り申候。此学校は二年にて卒業に相成、当年九月より来年六月迄小生之習い候学問は、算術、代数学（昔しの点竄《てんざん》法の事）、幾何《きか》学（これは測量と申して地図之高低広狭等を知る事の糧となる学問）、物理学、化学、三角術（三角術は算術之一番六ずか敷き所に御座候）等之諸学に御座候。又来年九月より一年間之稽古は、天文学等今年之分よりは中々六か敷学問に御座候。（欠落）弘文館之稽古丈けにても一人前に十分致し居候上に、又別之学校へ参り候事故中々うっかりして居る時間は無之候。此学校は入門金壱円、月々授業料七十五銭宛外に書物代月々五六十銭宛掛り申候。これは皆嘉納先生御仕払被降。

要するに、一切の費用を嘉納が負担し東京物理学校に通わせたのである。東京物理学校の教科は高等中学や高等師範のレベルとされる。本田は弘文館での経済学、社会学、心理学、哲学等の諸科目に加え、相当高度な理科系の科目まで身につけることができたのである。この嘉納の配慮は、公的な教育を小学校でしか受けていない本田にとって、感謝しても感謝し切れぬほどのありがたさだったに違いない。

なお、この書簡は縦に罫線の入ったグレーの洋紙に、途中までは黒の、以降は赤のペン書きである。折り目と下部に虫食いと見られる欠落があり、判読不能の箇所がある。

主要な内容は帰省時の御礼であるが、引用した嘉納塾での自身の様子の他、帰省時に親戚や知人が歓待してくれた様子、東京への道中のことにも触れている。当時の打穴里から東京までの旅が、天候に左右される極めて不安定なものだったことがわかるので、東京へ戻る様子に触れた部分を要約し次に記しておく。日付はいずれも一八八六（明治一九）年九月である。

七日　打穴里を人力車で出発、夕刻福渡村へ到着。　角屋一泊

八日　この日は朝から天候が不順で「天気何とも定まりなく、しまけ〔風が吹き、時雨れる〕致し」と

いった状況だったが、晴れ間を縫うような形で、午前一〇時三〇分、米を積んだ高瀬舟に乗船し旭川を下る。

午後四時三〇分岡山着。船着町の船宿「河田」で手早く風呂と食事を済ませ、さっそく小船で岡山三蟠《さんばん》港〔旭川河口の港〕へ向かう。午後一〇時三蟠港へ到着。　山長一泊

九日　乗船予定の汽船「第二広島丸」はすでに昨晩到着していたが、潮具合が悪く晩刻でなければ出航できないとのことで、「九日一日は其宿屋にて、ぶらりぶらり致し居り」ようやく午後一〇時に出航した。　船中一泊

一〇日　航海は順調で午前九時に神戸港に到着。乗り換えの切符の購入手続きに追われたため船宿で一服する暇もなく、午前一〇時定刻、次の汽船「長門丸」で横浜に向け出航する。ところが、風が次第に強まり外海での航行が危険とのことで、一旦紀州の由良港に午後五時避難する。　船中一泊

一一日　「十日之夜も過ぎ十一日と相成候えども風は少しも止み申さず。十一日は終日しまけ計り致し」夜半を過ぎると幾分風が弱まる。　船中一泊

一二日　午前二時、ようやく出航。風は次第に弱まり、紀州灘を過ぎ遠州灘に差し掛かる頃は波も収まる。　船中一泊

一三日　午前五時、横浜港に到着。船宿「津久屋」で食事を済ませ身支度を整え、汽車で東京へ。横浜発午前八時五〇分　新橋停車場着午前九時三五分
午前一〇時三〇分、人力車で麴町区富士見町一丁目一番地〔現、千代田区九段南〕の嘉納邸へ到着。

ところで本章の冒頭で筆者は、本田が入門したのは「麴町区上二番町四五にあった嘉納の自邸」と書いた。ところがここでは「麴町区富士見町一丁目一番地の嘉納邸」に戻ったとなっている。実は、ドイツへ赴任と

なった外交官の品川弥二郎《やじろう》に頼まれた嘉納が、その留守宅を管理するため本田達を引き連れ、この富士見町の品川邸に移っていたのである。なお、この時、今川小路の弘文館もこの富士見町に移転した[10]。

「十日午前十時神戸出帆之節より六十七時間余り船中に居り申し候。それ故船中にても家中に居ると同様之心持致し候[11]」といったほど船旅に慣れてしまった本田だったが、家に着いてからは今度は逆に「凡そ三四日之間は何となく家が動く様な心持致し、これには大に困却致し候[12]」といった有様であった。

第5章　卒業、受洗、破門

嘉納塾卒業と塾運営

嘉納塾への入門から六年後の一八八九（明治二二）年九月、本田増次郎は弘文館を卒業する。この時卒業したのは本田と宗像逸郎の二名。両名は初めての卒業生にして最後の卒業生となった。なぜなら彼等の卒業と同時に弘文館は廃校となったからである。廃校の直接的理由は嘉納治五郎の外遊だったが、卒業生がわずか二名だったのは徴兵制の厳格化が影響したのである。[1] この年一月の徴兵令改正で、学生に関する徴集猶予規定の対象が官立学校と文部省指定校に限定されたため、弘文館のような私塾が多くの生徒を失うことになった。

嘉納の外遊の目的は欧州各国の教育を中心とする諸般の視察であり、学習院教頭職を免ぜられた嘉納は、九月一四日に日本を離れることになった。[2]

出発前日『読売新聞』に次の告知がなされた。

一　拙者、来る十四日午後四時四十五分新橋発の汽車にて欧洲に罷越候間、此段辱知の諸君に御知らせ申候。

一　今後講道館本館は本郷真砂町三十六番地に、同麴町分場は上二番町四十五番地に置き、従前の通柔道の教授為致候。

一　不在中は、講道館麴町分場大倉〔本田〕増次郎方を留主宅《るす》と相定め置候。

九月十二日　　嘉納治五郎

「不在中は、講道館麴町分場大倉増次郎方を留主宅と相定め置候」とあり、留守中の窓口の役割が本田に託されたことがわかる。

また、嘉納の出発前日の英文日記によれば、本田に留守中の運営資金が預けられた。

二階で一～二時間ねてから朝三時頃起きた。方々の部屋に分散していた、新聞の束やいろいろな家具を整理し、それらを保存しておく場所について指示をあたえる。……

今夜は前半はいろいろな話や事務的な事を話し、後半は小さな部屋に、大倉〔本田〕増次郎・西郷四郎・岩波静弥・有馬純臣《すみとも》・樋口誠康《なるやす》を呼び、講道館及び塾などの、留守中の費用の事など相談し、大倉に二月末までの必要な費用全部を渡した。(3)

本田23歳。1889年12月東京駿河台御茶之水玉翠館にて撮影（本田家所蔵）

出発の前夜、嘉納は一五〇〇名を超える門弟を擁する嘉納塾運営の一切を、本田、西郷、岩波の三名(4)

に託し、本田には、塾の諸掛りに備えた資金の一切を預けている。嘉納の本田への信頼がいかに厚かったかがわかる。ところが、この信頼を本田は裏切ることになる。一つは本田のキリスト教への入信、もう一つは塾運営の乱れと預かった金銭の誤用であった。

まず本田がクリスチャンとなった経緯から見ていこう。そのきっかけには英語がかかわっている。当時の英語教育は、蘭学におけるオランダ語の学び方を英語に置き換えただけのもので、それは英学と言えた。弘文館の英語教育もその例外ではなかった。

弘文館は先づ英学を教授したと謂う事が出来る。(中略)英語の発音、会話、作文などには更に重きを置かず、論文や詩集を読んでも文学としてでなく読書力を養う為めで、支那の経書を学ぶ如くに、哲学、倫理、政治、経済、社会学に関した英書を読ませたものである。(5)

前章でリストアップしたような英書を片っ端から読み、内容が理解できれば良しとする学習方法である。読むとはいっても発音は重視されず、黙読し、理解することに重点が置かれた。そのため「m-a-k-e マケー」と発音して雷名を揚げた男もあったが、此人今は関西でホテル経営者となって居る(6)」といった風であった。この「雷名を揚げた男」とは、尼野(旧姓中島)源二郎で、弁天座の経営に始まり、新世界の立ち上げ、大阪ホテル、青島ホテル等の経営に辣腕を振るい、「浪花橋のライオン」と綽名されるやり手の実業家となった。

ところが本田は、この読みかつ理解するだけの英語には満足できなかった。そこで嘉納の留守中、宣教師の講話を聴きに行くのであるが、それだけではヒヤリングの力は付いても話す力や書く能力は伸ばせない。次の手として本田が考えたのは、直接英米人に教えを乞うことであった。そこで本田は、自身が前年の七月から監督を務めていた嘉納塾幼年舎(麹町分場と同所)の向かい側にこの年開校したばかりの米国聖公会系のミッションスクールである開成女学館(7)の門を叩くのである。むろん、英会話を指導してもらうためであった。女性通訳を介して直談判した結果、マーサ・オールドリッチ（Martha Aldrich）という婦人宣教師が幾ばくかの授業料を対価に英語を教えてくれることになった。その後本田の資金が尽きると、今度は交換授業の名目で引き続き面倒を見てくれた。

信仰の目覚め

実はこの頃、本田は精神的問題で進退窮まった状態にあった。二つの相反する思いが交錯し、生きる気力を失いかけていたのである。一つは愛を希求する本田の思い。今一つは嘉納塾で叩き込まれた西洋合理主義に基づくプラグマティズムの思想。この二つの相反する感情が本田の心の中でぶつかり合っていた。言い換えれば、本田が本来持つ家族愛や友愛を重視する気持ちと、理屈っぽい利己的な感情との板挟みである。最終的には前者が後者に打ち勝つことになるが、その決着の行方には、本田が罹った病気の体験が大きく影響した。

この年の暮れ近く、本田は腸チフスに罹り死の淵をさまよった。次に挙げるのは一二月二八日付の父宛ての書簡である。病後の静養先である興津《おきつ》一碧楼水口屋《みなぐちや》（旅館。現、水口屋ギャラリー）から出状されたものである。

実に小生今年は二十五之厄《やく》年〔前厄〕と申し大病致し、十一月四日発病已来十一月一杯《ぱい》之事は全く夢《む》中にて存じ不申。一二月之始頃より物事相分り、病臥する事丁度五十日目に病院より引取申候。乍併《しかしながら》金をあびせる程使い、介抱人には不足もなく、よしや死去候とも、此上に思い残す事は有之間敷候。別而《べっして》、朋友之介抱は此上もなき事にて、人々皆驚入候由に御座候。五人位宛子《ね》ずの番にて昼夜付ききり汗を流し涙を流して介抱致し呉、十一月十一日之夜より十二日之朝にかけては、小子迚《とて》も助かる間敷との事にて一同大心配致し候有様は、親兄弟迚も中々及び申間敷、もしや其夜小子死去致候節は、誰あって此朋友親切之次第を親兄弟に知らしょうぞ思い居たりと、朋友にあらざる人々申合い候由、あとにて承り候。

入院したのは内野倉の勧める杏雲堂医院。ドイツ留学から帰国したばかりの加藤照麿《てるまろ》医師が薬の処方を誤り、本田の体温が下がりすぎたのである。結局、佐々木政吉医師の処置が功を奏し、本田は九死に一生を得た。この時、友人達が毎晩五人ほど寝ずの番をし、昼夜を分かたず本田の病状に心を砕き介抱したのである。これが本田の心の葛藤を友愛を重視する方向へと導いた。本田は後年「この苦難の中にあって、友人達が親切にし、憐憫の情を示してくれたこともあって、私の利己心は溶解し、感謝のうれし涙にむせぶ友愛の感情に変わっていった[8]」と述懐している。

このような状況下で、本田の個人教師は、オールドリッチから米国婦人のペリー（Perry）へ、そしてジュリア・ストラー（Julia W. Storer）へと引き継がれたが、この間受けた聖書の講義が本田の心を強く捉えた。

私の人生における新しい時代の幕開けは、三番目の婦人によって促された。（中略）東京で数年間、米国聖公会の補助的な仕事を終え、これを最後に帰国するところだった。お別れの土産にちょうどよいから受洗するようにと、強く説得された[9]。

本田も「強く説得された」としているが、ストラーは人々を信仰に導く力に長けた人物だったようである。本田が受洗した一八九〇（明治二三）年には、本田が当初籍を置いた日本聖公会東京博愛教会だけで、ストラーにより「八十名の受洗礼者を見るに至れり[10]」とある。次は、日本聖公会大阪聖アンデレ教会に残る教籍簿である。

第二十号
姓名　本田増次郎
年齢　慶応二年一月十五日生
本籍　岡山県美作国久米北条郡打穴村大字上打穴里三十三番地平民
施洗日　千八百九十年九月二十八日東京聖三一教会堂にて
教師名　コール〔J. Thomson Cole〕氏
堅信礼日　千八百九十年十月五日東京博愛教会に於て
監督名　ウィリヤムス氏
事故　千八百九十四年六月東京博愛教会より転会
　　　千八百九十六年五月十九日東京聖保羅《パウロ》教会へ転会す(11)

施洗の当日は外務次官の岡部長職《ながもと》が立ち会っている。岡部のイェール大学留学中のホスト・ファミリーがストラーだった関係による。そして一週間後の一〇月五日には、麹町区上二番町一(現、千代田区一番町)の東京博愛教会(現、聖愛教会)で、以前本田が英語を習うため築地を訪ねた際面談した二人目のチャニング・ウィリアムズが堅信礼を執り行い、本田の信仰はより強固なものとなった。

後年、本田は姪(長兄竹四郎の次女)の本田駒子(12)(以降「駒子」と記す)に宛てた一九二一(大正一〇)年八月一八日付の書簡の中で、「過去現在は基督教の神の問わるる処ではない。将来に対するホープの宗教だ」と述べているが、本田にとってキリスト教はまさに「希望」そのものであった。この時以降、本田は敬虔なクリスチャンとして生涯を全うする。

本田が受洗した頃、キリスト教はまだ国民一般が容認するところではなかった。一八七三(明治六)年二月二四日付の太政官布告第六八号で、耶蘇教禁止の高札を含むすべての高札の撤去が公にされて以来、すでに二〇年近くが経過していたが、数百年にわたって禁止されてきた切支丹（耶蘇教）は、依然として危険な邪教であるとの認識が一般的であった。次は、受洗後本田が父と長兄に宛てた一八九一（明治二四）年二月二二日付の書簡の抜粋である。

耶蘇教は今日世界第一等之宗教にて、切支丹は徳川時代に来りたる西洋人が不都合なる事を致し候由、禁制に相成候事に候。右故切支丹も耶蘇教も同じ宗旨には候得ども、教師が昔しのは悪かった故其宗旨も悪丼ものと思い込み候迄に候。今日は決して禁制には無く候。

家族に心配をかけないよう、本田はキリスト教が今では禁制でないことを力説している。また、嘉納の思想は柔道こそが人を救うとの考えに立脚しており、他の教法を必要とする立場にはなかった。嘉納の薫陶を六年間にわたって受けた本田である。自身がキリスト教に改宗することが恩師の意に反することは重々承知していた。本田の高等師範学校時代の同僚で同じ日本聖公会の信徒である佐伯好郎《さえきよしろう》によれば、当時の本田の日記には「改宗の是非正邪は君〔本田〕の棺を蓋うの日に於て自ら判明すべし[13]」との旨が書かれていたという。

親族、知己、恩師、いずれにも迷惑をかける。しかし、自身の信じるべき道を歩むことが、ひいては皆のためにもなる。たとえ今は誰からも理解されずとも、自身が亡くなる暁にはすべてが明らかになるとの強い思いが、本田に最後の一歩を踏み出させた。これが悩みに悩み抜いて本田が出した結論であった。

「理想を追い求める生活」への旅立ち

次に、本田が嘉納留守中の塾運営を誤り、金銭を誤用した経緯を見る。もっともこの点については資料が極めて乏しい。嘉納先生伝記編纂会『嘉納治五郎』は「明治二十四年、嘉納は帰国したが留守中にやや混乱した講道館・塾のたてなおしをはかった。即ち明治二十四年一～二月の、講道館・成年舎監督西郷四郎の追放、幼年舎監督大倉〔本田〕増次郎の退塾を決行し、それに代って嘉納徳三郎、山田〔富田〕常次郎を起用した」[14]と伝えているのみである。不祥事のことであり、詳細を記録することは憚られたのであろう。その意味で、次に引用する当事者である本田の証言は、自ら金銭の誤用にも言及しており、真実を吐露したものと考えてよいであろう。

残された寄宿生達、特に師範海外視察中の講道館を任された三人は、「猫の留守は鼠の代」よろしく傍若無人に振る舞った。我々は長年にわたる監禁生活から開放された囚人のような気持ちになっていた。自分達自身が先生だという驕りが良心を麻痺させてしまい、任された運営を誤り、任された金銭を誤用してしまったのだ。しかし、私が新しい信念を抱くようになったことにしても、人間的立場から言うと、抑制できない自由の表現であり、また善意ではあるが厳格な拘束に対する抗議でもあった。もちろん私は罰を受けるに値した。感謝の気持ちを込めて折檻された手にキスをしてやりたい気持ちだ。この自由人として踏み出した最初の一歩は確かに大きな犠牲を伴うものだったが、狭量な愛国主義から幅広い博愛主義へと、実現可能な現実生活から理想を追い求める生活へと、こうして最初の一歩を踏み出したのだ。[15]

多年に及ぶ嘉納塾での規律に則った厳格な生活を経た本田達は、嘉納という塾頭の不在により、それまでに経験したことのない自由を感じることになった。彼等は一気に気が緩み、自己主張をし始めたのである。西郷は紅灯の巷に出入したとも伝わる。一方、本田にとって、それは信仰を持つことに他ならなかった。

本田が言う「新しい信念」とはキリスト教信仰であり、「幅広い博愛主義」とはキリスト教信仰に基づく人類愛を指している。本田は信仰を通して人類愛に目覚め、この時以降、人類の幸福を実現するという「理想を追い求める生活」に入っていった。後年、本田が動物虐待防止会運動に力を注ぎ、世界平和実現のために渡米するに至る原点がここにある。

講道館兼成年舎監督の西郷に金を融通するよう促されれば、幼年舎監督の本田では押さえが利かなかったのかも知れない。しかし、たとえそうであったとしても、金銭を預かった者としての責任は免れない。本田も「もちろん私は罰を受けるに値した」と自身の責任を認めている。こうして本田は破門され、大恩のある嘉納の下を一旦離れるのである。すでに引用した一八九一（明治二四）年二月二二日付の書簡から、自身の今後に触れた部分を引用しておく。

小生も最早七年半程嘉納先生之御世話に相成候事故、そろそろ独立可致事と存居候。此際立派なる月給取にでも相成候得ば御両尊様にも定めて御満足に可有之候得ども、小生も大に見込有之候事故左様なる事は当分致申間敷。当分は書物を著し又は人に書物を教え候て生計を立て、又多少之借金も返却可致存念に御座候。田舎之中学校か師範学校へ参れば七十円や八十円之月給はくれ可申候得ども、これも思わしからず。先ず先ず当分東京に踏み留まり可申候。立派な風に相成田舎へ参り候ても天下之えらい人々と交際出来不申候故、つまり損に御座候。今二、三年東京にて辛抱之上外国へ参るべき覚悟に御座候。多分小生は今二、三十日之内には、嘉納先生之手を離れ可申。乍併決して御心配には及び不申。最早一人前之男子と相成居候間、人に養って貰わずとも口に差支は有之間敷候。

嘉納の帰国は一八九一（明治二四）年一月一六日。前述の西郷の追放や本田の退塾を「明治二十四年一〜二月」とする講道館の記録と、「嘉納先生が帰国すると即刻嘉納塾を破門された[16]」との本田の述懐から、この書簡を書いた頃にはすでに破門を申し渡されていた可能性が高い。しかしこの書簡では、破門のことには一切触れていない。親兄弟に心配をかけないよう取り繕ったのであろう。淡々とした筆致で嘉納の庇護から独立する気持ちを綴っている。

本田は官立校等で教鞭を執るつもりはなかった。書物を著し個人で教えながら東京で生活を数年続け、その後外国へ行き身を立てる。これが当時の本田の目論みであった。二五歳となった本田は、米国へ行きたい一心で闇雲に米国公使館に駆け込んだ一〇代の本田ではなかった。嘉納塾で学んだ英語の読解力と幅広い教養、婦人宣教師から直接学んだ実践的英語力、これらを兼ね備え、本田は新しい道に踏み出そうとしていた。

造園業を営む一家に間借りし、並べられた商売用の庭石や植木を品評する、所在ない日々を過ごしていたある日、本田に日本聖公会から声がかかる。

第6章 ヘアー主教

秘書兼通訳として奮闘

本田増次郎が属した日本聖公会は、一八八七（明治二〇）年二月一一日を期して、それまで個別に布教活動をしてきた米国聖公会内外伝道協会（Domestic and Foreign Missionary Society of the Protestant Episcopal Church in U. S. A.）、英国聖公会宣教協会（The Church Missionary Society, 以降「CMS」と略記）、英国聖公会福音宣布協会（The Society for the Propagation of the Gospel in Foreign Parts, 以降「SPG」と略記）の三伝道団体が大同団結したものである。

これらの伝道団体のうち、最も早く宣教を開始したのは米国聖公会であり、その中心がチャニング・ウィリアムズであった。日米修好通商条約の締結を機に、四〇年間宣教を続けた中国から転じて、一八五九（安政六）年長崎に上陸するが、その時日本はまだキリスト教禁制の時代にあった。そのため、日本語の習得や聖書の翻訳をしつつ時機を待ち、禁制の高札が下ろされるや伝道の第一線に立ち、教育機関の創設や病院経営にも尽力、日本宣教に多大の功績を残したのである。ところが大同団結の二年後、七月で六〇歳になるため後進に道を譲りたいとのことから、ウィリアムズは日本伝道区主教の辞任を申し出る。これを受け米国聖公会は後任を選定するが、任命した二名が相次いで辞退、結局ダコタ・インディアンへの布教で功績のあったウィリアム・ヘアー（William Hobart Hare）を代理主教の資格で派遣することになった。[1]

ヘアー主教の来日は一八九一（明治二四）年三月三〇日。[2] 本田は四月一日[3]からその秘書兼通訳となる。本田はこの五ヶ月ほど前に信仰の道に入ったばかりの新参者である。職業経験もなく、いわば海のものとも山のものともつかない一信徒にすぎない。そんな本田を日本聖公会はなぜ主教の秘書兼通訳という重要な仕事に就けたのか。推測するしかないが、主教の秘書を誰にするかという話が出た時、本田を推挙したのは婦人宣教師達であろうから、彼女達が本田と直に接するなかで何事にも真摯に向き合う本田の性格を見抜き、本田を信頼したからだと思われる。あるいは、嘉納塾を破門された一因が受洗であったことも、日本聖公会が本田に仕事を紹介する要因になったかもしれない。いずれにしても、本田のこの仕事での奮闘が認められて、この後日本聖公会は度々本田に仕事を依頼することになる。機関誌『日曜叢誌』に、本田（大倉）の名が出てくる記事があるので、次に引用しよう。日付はいずれも同年四月である。

> 六日の夜には大坂（ママ）各教会の信徒等主人公となり、両監督〔ウィリアムズ及びヘアー〕及議員等を青年会館〔現、大阪ＹＭＣＡ〕に招請し、大塚氏司会し、島崎氏歓迎の辞《ことば》を演《の》べ、清水友輔氏議員総代として答辞を演べ、監督ヘヤー氏大倉氏の通弁にて簡短（ママ）の演説あり。[4]
>
> 七、八、九、三日間は、土佐堀青年会館にて連夜説教会を開き、監督ヘヤー氏（大倉氏口訳）、田井、寺田、左乙女其他の諸氏の説教ありて、大に聴衆を感動せり。[5]

この記事から、主教の来日直後から本田が大阪に出張し通訳していたことが確認できる。そして翌月五月二日には、東京で主教を迎えて歓迎会が定例の春季親睦会と併せて開催される。その様子が六月一日付の同誌に記録されているが、ここでも本田が通訳を務めている。

在東京聖公会聯合春季親睦会と監督ヘアー氏歓迎会は、去る五月第一土曜日〔五月二日〕芝の愛宕館〔一八八九年開業の旅館兼西洋料理店。五階建ての塔を併設〕に開かれたり。聞く所によれば、春季親睦会は聯合委員会の相談にて四月中に催さるべきを、米国より監督ヘアー氏の来られたるを幸い、同氏の歓迎会を併て開くこととなれるなりと云う。当日来会せし者は内外教職信徒無慮《むりょ》〔およそ〕四百名、同館の楼上皆来会者を以て充満せり。午后二時今井寿道《としみち》氏の祈禱《いのり》を以て開会、山県与根二氏総代となりて歓迎の辞を述られ、次で監督は大倉氏の通訳により答辞かたがた一場の歓《すすめ》をなされたり。右終りて後一回親睦をなすこととなり、遊戯百出談笑時をうつし頗る胸襟をひらき楽を尽し歓を極め五時半散会せり。当日の遊戯中衆人の高評を得らるものは朝鮮語の談《はなし》なりき。
又有志者の催しにて散会後、芝公園内三縁亭〔西洋料理店〕に於て同監督を招き会食の催ありたるが、これに会したるものは三十余名の内外人にして内日本婦人も三、四名を見受たり。(6)

主教を迎えた信徒達の高揚感が伝わってくる。主教が日本滞在を終え横浜を発ったのは七月三〇日。(7)滞在期間は四ヶ月にすぎないが、この間、本田は主教と旅を共にし、仕事から家事までを切り盛りしたのである。

立教女学校改革に帯同

主教は「五月には会議を召集。聖公会の事業全般について再検討を加え、内外人の協力と主教制の確立を図る一方、英米ミッションが重複伝道している東京・大阪地方の主教管轄権の解決に着手、東京を分けて両ミッション主教の管轄区に二分した」(8)が、実際の改革の中身は多岐かつ細部にわたっており、教会組織の再構築やミッション・スクール内部の組織改革にまで及んだ。

本田は「プラクティカル・イングリッシュの腕を磨く」[9]とともに、主教が行った日本聖公会の組織改革を現場でつぶさに目にする貴重な体験をした。本田は主教を「真の意味で政治家らしい宣教師」[10]と呼んでいるが、それは主教の実行力、折衝力、決断力を評価してのことであった。

主教による改革の具体例を、築地居留地二六番（現、中央区明石町、聖路加国際病院の地）の立教女学校（現、立教女学院）に見ることができる。

一八九三（明治二六）年立教女学校卒業の久保（旧姓荒木）いよは、自身の学生時代を振り返り、次のように述べている。

それ〔立教女学校初期の頃、英語による授業が中心だったこと〕は私の頃から少し変って来ました。私の入った頃は英語が非常にさかんでした。ビショップ・ヘアーが英国〔正しくは米国〕からいらして試験をなさった。地理の事等をお聞きになったのですが皆ペラペラそれは上手に話しました。その後本多〔田〕先生が通訳なさり、日本語でこれは何ですかときかれたのですが、皆何も云えず下をむいたままでした。それでこれじゃ日本人としてだめだという事になって英語を減らし、私の時から少し方針が変ったのです。[11]

この話から主教が教育の現場を実際に訪れ、自ら実情を調査していることがわかる。同様のことを、七月一八日付の『女学雑誌』も「監督教会〔日本聖公会〕女学校大改革の始末」と題した記事で伝えている。

氏〔ヘアー〕は亦た試験中に屢《しばし》ば出校し、已れは英語を以て此問題を問い、別に通訳者〔本田〕をして同じ風の日本の問題を問わしめ、其答を聞て比較し、英語の方の如く巧みならざるなど視察して、一々手

ヘアー主教と本田（本田家所蔵）

帳に控え深く女学校の改良に注目されける。[12]

この記事からは主教と本田が、二人三脚で活動している様子が見て取れる。

当時の立教女学校は「米国伝道会社の所有にして、年々の資金悉皆同会社より支弁し、学校一切の事総て米国人の手にあり。日本の教師は只其補助を為すのみにてありき[13]」という状態で、教え方にしても「日本の子供達が日本のことを何も理解していないにもかかわらず、米国や英国の歴史や地理を教える[14]」理不尽さであった。しかも教師と生徒のやりとりはもっぱら英語で行われた。

教員も同志会を作り主教と対峙する。「同志会の人々は氏の質問に応じて一々女学校目下の弊を挙げ其改良を望み、且つ此後能く内外の教師一致して相い提携し校運の進歩を計るか左なくば之を全く日本人の手に一任されたし[15]」と主張する。これに対し主教は「我等宣教師が日本に渡来せしは、日本人を養成する為にて米国人を養成せんとの主意にあらず[16]」と、同感の意思を伝え、後日「米人校長の解任」「事務一切の日本人への委任」「教員任免権の日本人への付与」「外国人教員の学校経営への不関与」等の具体策を指示した。

当時の校長レベッカ・ヒース（Rebecca Ford Heath）は、突然の解任に「一夜厳責し女史終夜涙にくれたり[17]」とある。実地調査の結果と日本側の要請を吟味し、熟慮の上の大英断であった。本田はこの改革を「主教はその洞察力と実行力を発揮して、日本人に大幅な権限移譲をした[18]」と簡潔にまとめている。こうなれば日本人教職員の志気はいやが上にも高まったに違いない。日本人による日本人のための学校運営はまさに道理に適うものであった。

主教と日本人宣教師とのやりとりは、時に歯に衣着せぬ激しい論戦に発展することがあった。その時々、本田も脚色せず直截的な言い方で訳さねばならなかった。本田は主教と彼を囲む人々の間に立って通訳することを通じて一つの教訓を得た。それは「人種や国籍が違えばその考えや要求も大きく異なるものだが、人間性は本質的に同じであるから、率直かつ粘り強く意見を交換すれば、取り除けない誤解や軋轢など存在しない[19]」という確信である。この確信は、後年本田が広報外交に従事する際、本田を支え続ける座右の銘となる。本田が、渡米以降亡くなるまで、二〇年間にわたって広報外交に専心できたのは、日本の諸事情を広報する不断の努力を続けることによって必ず相互理解が実現できるという強い信念を持ち続けたからである。

翌年の一月二三日[20]、主教は再び来日する。今度の滞在期間は前回よりさらに短く、三月三一日[21]には横浜を発ち帰米している。実は、この時も主教は本田に秘書兼通訳を依頼するつもりであった。ところがこの時本田はすでに熊本の第五高等中学校に赴任しており、その要請を受けることができない。それを知った主教は、「おお何たる不運！　私の栄光もこれで終わりだ[22]」と嘆いたという。通訳をすることは、その度に主教の考えを繰り返し理解することに繋がる。言い換えれば本田は主教の最も良き理解者だったといってよいであろう。再度日本に戻って来た主教の嘆きからそれが汲みとれる。「誠に難有仕合に御座候。一ヶ月間も小生を雇入度様申来候得どもこれは断り申候。実に心切なる西洋人にて大仕合せに御座候[23]」と感謝感激する本田であった。

主教の英断の下に実施されたこの改革によって、立教女学校の校長はヒースから清水友輔[24]へと替わり、初めての日本人校長が誕生する。そしてこの九年後、清水から校長を引き継ぐのが本田である。ヘアー主教の秘書兼通訳を務めたことが、立教女学校校長本田誕生の伏線となった。また、後に詳述するが、本田が高等英学校（現、桃山学院）と立教女学校で行う改革は、遡れば、この立教女学校改革の現場に立ち会ったこの時の貴重な体験に辿り着くのである。

注

第1章

（1）「明治五年壬申五月改 北条県管轄第二十六区戸籍五之一 美作国久米北条郡上打穴里村」による。

（2）いわの娘長谷川満津江（筆者母）談。

（3）本田がどのような指導を李蔵から受けたのか詳らかではないが、本田が記した次の一文で、ある程度推測できる。

　私は農家に生れたから、幼時父に粒々辛苦の結晶たる米を踏むな、勿体ないからと訓えられた。又父は読み書きが好きであったから、文字を書いた紙切れでも跨ぐな踏むなと戒められた（「本田『書物礼讃』！　何たる森厳な思想ぞや。」『書物礼讃Ⅱ』杉田大学堂書店、一九二五年、三七［九三］頁）。

（4）一九一九年一〇月二八日付『東京朝日新聞』の朝日俳壇に「慎んで此の秋草の盛りぞ二峰」とある。

（5）久米郡教育会編纂『久米郡誌』（久米郡教育会、一九二三年）、一一七五－六頁。

（6）生家の母屋が建つ場所は、国宗谷を登る道の中腹から、横手にある小道を少し登った所にある。屋号の「横路《よころ》」は、このことを指していると思われる。

（7）Masujiro Honda, "The Story of a Japanese Cosmopolite," *The Herald of Asia*（以下 "Story" と略記）, Vol. 1-No. 3 (April 8, 1916), p. 78.

（8）一八七三年五月二七日付、北条県七等出仕樺山資之、同県権参事小野立誠の連名による「明治六年夏美作全国騒擾概誌」（ひろたまさき『差別の諸相』日本近代思想大系二二、岩波書店、一九九〇年、一〇〇頁）に、一八七三年五月二六日、前夜起こった火災の後片付けに集まった村人達の所へ、戸長の家に白装束の者が血を取りに来たらしいとの報が入ったことから、人々が竹槍を取り騒擾に至ったとある。

（9）前掲、久米郡教育会編纂『久米郡誌』、一一七八－九頁。

（10）同右、一一七九頁。

（11）同右、一一八一頁。

（12）同右、一一八二頁。

（13）処罰数については、藤井学他『岡山県の歴史』山川出版社、二〇〇〇年、二八〇頁によった。

（14）Honda, op. cit.

（15）鈴木淳『維新の構想と展開』（講談社、二〇〇二年）、一〇八頁。

（16）藤井学他『岡山県の歴史』（山川出版社、二〇〇〇年）、二八〇頁。
（17）算出根拠は、八×三二×二一〇＝五三、七六〇。また、一八七二年八月三日文部省布達第一三号別冊「学制」の第六章に「全国にて五万三千七百六十所とす」と明記されている。
（18）文部科学省二〇一七年一二月二二日付「平成二九年度学校基本調査（確定値）の公表について」によれば、二〇一七年五月一日現在の小学校数は二万九五校である。
（19）文部省編『学制百年史——資料編』（一九七二年）、二一八（四九三）頁。
（20）同右。
（21）前掲、久米郡教育会編纂『久米郡誌』、六七九頁。
（22）同右。
（23）Honda, "Story," Vol. 1-No. 2 (April 1, 1916), p. 46.
（24）Honda, "Story," Vol. 1-No. 4 (April 15, 1916), p. 110.

第2章

（1）久米郡教育会編纂『久米郡誌』（久米郡教育会、一九二三年）、三八七頁。
（2）外様の津和野藩が城に籠って戦闘を避け長州軍をやりすごしたことを指していると思われる。
（3）Honda, "Story," Vol. 1-No. 2 (April 1, 1916), p. 46.
（4）Ibid.
（5）本田「一平民の眼に映じたる旧浜田藩」『浜田会誌』第一五号（浜田会事務所、一八九八年一二月）、二頁。
（6）前掲、久米郡教育会編纂『久米郡誌』、七七頁によれば、竣工は一八七一年六月。
（7）前掲、本田「一平民の眼に映じたる旧浜田藩」『浜田会誌』。
（8）前掲、久米郡教育会編纂『久米郡誌』、七七頁。
（9）Honda, op. cit.
（10）Ibid.
（11）最初の邦訳書は一九〇八年三月出版の桜井欧村（彦一郎）訳『武士道』丁未出版である。
（12）本田「百姓道（士族の称号を廃すべし）」『中央公論』（一九〇三年一〇月）、一二頁。
（13）同右。

(14) 同右。

(15) 同右、一三頁。

(16) 同右、一四頁。

(17) 同右、一三頁。

(18) 同右、一四頁。

(19) 新渡戸稲造、矢内原忠雄訳『武士道』(岩波書店、一九三八年)、一四三頁。

(20) 同右、一四九頁。

(21) 前掲、本田「百姓道(士族の称号を廃すべし)」『中央公論』、一三頁。

(22) 士族等の族称の廃止は、一九四七年一二月二二日(翌年一月一日施行)公布の民法改正を待たねばならなかった。この時まで戸籍には族称が記載された。

(23) Honda, "Dr. Nitobe Abroad: Some Comments on His London Remarks," *The Japan Advertiser* (February 10, 1920).

(24) Ibid.

(25) Ibid.

(26) "Dr. Nitobe in London: A Talk on Japan's Outlook," The Japan Advertiser (Janualy 23, 1920).

(27) Honda, 23) op. cit.

(28) Ibid.

(29) Ibid.

(30) Ibid.

(31) Ibid.

第3章

(1) 一八七六年に創設された岡山県立の師範学校。師範学校令以前のもの。

(2) Honda, "Oiso Sketches: Reflections On the General Election Day," *The Japan Advertiser* (May 15, 1924).

(3) Ibid.

(4) 本田「余感」『読売新聞』一八八三年三月二五日。なお、翌月八日にも本田が寄稿した「目的と方法の間違い」が掲載されている。

（5）本田「明治英語学史の一節」『英語青年』第三九巻第二号（一九一八年四月一五日）、四五頁。
（6）Honda, "Story," Vol. 1-No. 5 (April 22, 1916), p. 140.
（7）永野賢『山本有三正伝（上巻）』（未來社、一九八七年）、二〇九頁。
（8）内野倉明に関する一連の記述は、同右、永野『山本有三正伝（上巻）』二一八－九頁によった。
（9）一八八一年四月三〇日『読売新聞』に「小生儀今般芝区田村町五番地に僑居開業仕候間、此段知己の諸君に御報知申上候也。十四年四月 山口県 松岡勇記」との告知があり判明した。
（10）Honda, 6) op. cit.
（11）Honda, "American Impressions," *The Oriental Review*, Vol. 2-No. 12 (August, 1912), p. 740.
（12）Ibid.
（13）Honda, 6) op. cit., p. 141.
（14）Honda, 11) op. cit.
（15）Ibid.
（16）Ibid.
（17）Ibid.
（18）本田はHonda, 11) op. cit. でジェイムズ・ウィリアムズとの初対面の時受けた印象を次のように記している。

ところでこの紳士で一番印象に残ったのは、肌が極端に白く、それとは対照的に髪の毛が赤かったことだ。『なんてことだ！ この人は豊な太陽の光をほとんど浴びていないに違いない！』と思ったのだ。

再会した本田はこの話を持ち出してウィリアムズを笑わせたのである。
（19）受洗後、信仰を新たに堅くする儀式。本来は「無心な嬰児として受けた洗礼を、age of discretion（十四才）に達した頃、自己の意志を以て確認するための儀」（中川芳太郎『英文学風物誌』研究社、一九三三年、三三八頁）とされる。
（20）Honda, "Story," Vol. 1-No. 11 (June 3, 1916), p. 332.
（21）福沢諭吉『福翁自伝』（慶応義塾、一九九九年）、六二一－三頁。

第4章

（1）Honda, "Story," Vol. 1-No. 6 (April 29, 1916), p. 173.
（2）嘉納治五郎『嘉納治五郎著作集』第三巻（五月書房、一九九二年）、四一－二頁。

（3）同右、四五－六頁。
（4）本田は実子がない大倉政八（縁組当時五八歳）と一八八三年一二月二五日に養子縁組をしている。当時五〇歳以上の嗣子のない者の養子となれば兵役が免除された。なお、復籍は常備兵役の終わる二七歳直前の一八九二年一二月八日である。
（5）Honda, op. cit.
（6）Ibid.
（7）本田の筆名。雷砧は漢語（中文）で積乱雲の意。
（8）ピネオ『ピネオの初級英文法――初心者向け』（Timothy S. Pinneo, *Pinneo's Primary Grammar of the English Language: For Beginners*).
（9）本田「明治英語学史の一節」『英語青年』第三九巻第二号（一九一八年四月一五日）、四五頁。なお、一八八五年頃の慶応義塾文学部予科の科目「英書訳読・雑書素読」に「パーレー氏万国史輪講」が見える（『慶応義塾百年史』別巻［大学編］一九六二年、一一頁）。
（10）この弘文館移転の時期については一八八六年三月一六日付『読売新聞』に掲載された次の告知により判明した。
拙者儀、今般都合に依り左の処に転居し、弘文館も同所に引移し候間、此段広告致し候。

但し柔道は暫時従前の場所に於て教授致し候。

麴町区富士見町一丁目一番地　嘉納治五郎
（11）一八八六年九月二四日付本田杢蔵・やえ、竹四郎・あさ宛て本田増次郎書簡。
（12）同右。

第5章
（1）本田はこの経緯を「明治英語学史の一節」『英語青年』第三九巻第二号、一九一八年四月一五日、四五頁で「政府は官学保護の為か、新に徴兵令を布いて私立学校生徒に猶予の特典を拒んだ」と、卒業生が激減した理由を説明している。
（2）この外遊は、新任の学習院院長三浦梧楼が教育方針の違いから対立することの多い嘉納を煙たがり洋行を勧め実現したとされる（嘉納先生伝記編纂会『嘉納治五郎』講道館、一九六四年、七一－二頁）。
（3）嘉納先生伝記編纂会『嘉納治五郎』（講道館、一九六四年）、八二頁。同編纂会訳。
（4）英文日記では事務的な話をした相手に他の名も見えるが、嘉納治五郎「柔道家としての私の生涯」『嘉納治五郎著作集』第三巻、五月書房、一九九二年、六八頁に「当時の塾生中、岩波静弥、本田増次郎、西郷四郎の三人に塾及び講道館一切の事を托することにした」とある。

（5）本田「明治英語学史の一節」『英語青年』第三九巻第二号（一九一八年四月一五日）、四五頁。

（6）同右。

（7）開成女学館は、一八八九年一月、後の立教女学校第五代校長清水友輔により麹町区五番町一五に創設された。一八九三年三月に設立者（校主）を渡辺筆子に、翌月名称を静修女学校に変更している。東京都公文書館にある「設立者変更届」等により判明した。

（8）Honda, "Story," Vol. 1-No. 8 (May 13, 1916), p. 237.

（9）Honda, "Story," Vol. 1-No. 7 (May 6, 1916), p. 205.

（10）矢崎健一『チャニング・ムーア・ウィリアムズ』（聖公会出版、一九八八年）、一九三頁。

（11）日本聖公会大阪聖アンデレ教会所蔵。同教会は川口居留地内の聖三一小学校に発し、続く高等英学校のチャペルが発展したものである。

（12）戸籍上は「こま」。ただし「こ」は変体仮名。

（13）佐伯好郎「故本田増次郎君略歴」『英語青年』第五四巻第九号（一九二六年二月一日）、二七九（一五）頁。

（14）前掲、嘉納先生伝記編纂会『嘉納治五郎』、一一六－七頁。

（15）Honda, 8) op. cit.

（16）Honda, 9) op. cit.

第6章

（1）ヘアー来日の経緯と目的について、『日曜叢誌』第一八号、一八九一年五月、三八頁は、「氏は米国監督会議にて撰任され、一は日本の伝道視察の為め、一は新監督来着までの代理監督として、全権を委任されて此度我邦に来られたるなり」と報じている。

（2）矢崎健一『チャニング・ムーア・ウィリアムズ』（聖公会出版、一九八八年）、二〇二頁。

（3）本田黙（杢）蔵「諸事拾集記臆《ママ》書」（大正三寅年陽暦二月調之）。本田の父が書いた備忘録。和紙に毛筆、和綴。

（4）『日曜叢誌』第一八号（一八九一年五月）、三八頁。

（5）同右、三七頁。

（6）『日曜叢誌』第一九号（一八九一年六月）、三七－八頁。
（7）前掲、矢崎『チャニング・ムーア・ウィリアムズ』、二〇四頁。
（8）海老沢有道編『立教学院百年史』（立教学院、一九七四年）、一九〇頁。
（9）Honda, "Story," Vol. 1-No. 9 (May 20, 1916) , p. 269.
（10）Honda, "Statesmanship in Religious Work," *The Oriental Review*, Vol. 2-No. 6 (April, 1912) , p. 363.
（11）水野正、菅原涼子編『立教女学院百年史資料集』（立教女学院、一九七八年）、四二二頁。
（12）「監督教会女学校大改革の始末」『女学雑誌』第二七四号（一八九一年七月）、一四（六四六）頁。
（13）同右、一三（六四五）頁。
（14）Honda, 9) op. cit.
（15）前掲、「監督教会女学校大改革の始末」『女学雑誌』。
（16）同右。
（17）同右。
（18）Honda, 9) op. cit.
（19）Ibid.
（20）前掲、矢崎『チャニング・ムーア・ウィリアムズ』。
（21）"A Great Change," *The Spirit of Missions*, Vol. 57-No. 5 (May, 1892) , p. 187.
（22）Honda, 10) op. cit. 原文は "Ichabod! my glory is departed from me!"
（23）一八九二年二月四日付本田杢蔵宛本田増次郎書簡。
（24）清水友輔が立教女学校長に就任したのは一八九一年九月。清水が開成女学館の校長を渡辺筆子に譲ったのは一八九三年三月である。従って清水は一年半、両校の校長を兼任していたことになる。

第二部　英学者

1891-1905

教育界における本田増次郎は、熊本の第五高等中学校でラフカディオ・ハーンと教員室で席を並べ、また、ハンナ・リデルが進めるハンセン病患者救済の「回春病院」の創設に協力する。大阪に転じ高等英学校副校長を経て帰東した後は、高等師範学校、東京外国語学校、立教女学校（校長）、女子英学塾、早稲田大学で教鞭を執り、清国留学生教育や動物虐待防止会の創設にも深くかかわった。また、訳書『驪語《くろうまものがたり》』（『黒馬物語』）を動物虐待防止会の活動の一環として出版する。

『驪語《くろうまものがたり》』（『黒馬物語』）初版（1903年）口絵
（東京大江石印［石板多色刷］）

第7章　第五高等中学校

宿痾の兆し

嘉納治五郎は帰国のおよそ三ヶ月後の一八九一（明治二四）年四月三〇日、宮内省御用掛から文部省参事官に転じ、同年八月七日、外交官・漢学者竹添進一郎の次女須磨子と結婚するが、その六日後、文部省より第五高等中学校（現、熊本大学。以降「五高」と略記）の校長に任命され、新妻を東京に残したまま単身熊本に赴任することになる。

嘉納が本田増次郎を破門した経緯は第5章でみたが、破門した張本人である嘉納は、破門から半年経つか経たないうちに、本田に熊本に来るよう促した。七月二九日にヘアー主教が日本を離れた後失職していた二五歳の本田は唐突な恩師の申し出に戸惑うが、九月八日、五高の英語科教師の職（当初は嘱託。翌年一月六日より教授）に就いた。

この〔五高の〕職を私に推薦してくれたのは、他でもない嘉納先生だった。その半年前師弟関係は途絶えていた。儒教の倫理に従えば師弟の恩義は君主と臣民の恩義に続き、親子の恩義より上に位置する。さらに私の場合、七年間にわたり精神的な薫陶と物質的援助をこの恩人から受けていた。従って、正式に破門されたことは恩師の憤りの激しさを物語ると受け止めねばならない。私が破門を覆すに足るようなことは何一つしていないにもかかわらず、恩師がなぜ和解されたのか、私が驚き慌てたのは当然だ。師の度量の広さがなさしめたということで、大方の説明はつくだろうが、一方で、私が生涯を宗教上の大義名分に捧げてしまうのを懸念されたことも一因ではないかと思う。しかし、このことについては一切言及されなかった。(1)

嘉納も一切を語らず、本田も理由を聞かず、和解が成立する。こうして謝罪も許しも語られず一方的に修復された師弟関係は、本田が亡くなるその日まで続く。講道館との関係も同様で、何事もなかったかのように機関誌の『国士』『柔道』『弘道』『有効乃活動』に本田は度々寄稿し、OBとして同窓会に出席し講演も行っている。

さて、着任直後本田は大病を患い休んだ。本田の教育界へのデビューは出鼻を挫かれる形となった。実はこの大病が本田を生涯苦しめることになる結核の兆しであった。本田が父に宛てた一八九一(明治二四)年一一月一〇日付の書簡がそのあたりの事情を伝えている。

御書面被下本月一日来着、難有拝見仕候。愈《いよいよ》御壮剛御暮し被成奉賀候。小子事其後引続き力付き、愈本月二日之月曜日より出勤いたし候。右二日には床上げの祝酒を振《ふる》舞申候て、岩佐氏(下宿の家主)一同及び隣家之親類にて病中親切に引続き見舞呉れ候人々医師等、都合十二三人相招き申候。東京と違い物価安く候故快気祝も安く上り申候。(中略)本日より十一日間学校の生徒教師等一同長崎辺へ旅行致候。これは旅行 旁《かたがた》 修行致候訳に御座候。教師には日当三十銭宛出で申候。小生は病後故不参候。途中何百人も一度に宿屋につき候事故、二人にて一枚の蒲団を用い候様の事にて自然風邪抔《など》致し、又々病気引返し候ては大事故。此地にて休息候事仕合せに候。

大勢を招いて床上げの祝いをしたほどであるから、その病は単に体調を崩したといった程度のものではない。しかも「風邪抔致し、又々病気引返し候ては大事故」と風邪からその病気が再発することを懸念している。これは呼吸器系の大病と考えてよい。高等師範学校で同僚だった谷本富《とめり》は、一八九七（明治三〇）年頃のこととして、本田が「風采は自分同様に小柄で痩ぎすであり、顔色も蒼白であったが、それは確か早くから胸部に疾患があった為の様に聞いている[2]」としていることも、この大病が結核の初期であったことを示唆している。

翌年の年明け早々には、「当地は近来頗る暖気にて梅花も開き居申候。明後日は阿蘇山近傍へ兎狩に出掛申候[3]」と、元気なところを見せている。また、柔道部の部長も務めているので一旦は完治したのであろう。しかしその後東京に戻り激務をこなす中で再発し、米国でのサナトリウムでの療養を経て、帰国後の死の間接的要因（直接の死因は腎臓炎）になったと考えられる。

時を二〇年近く進めた一九〇九（明治四二）年四月九日、ちょうどロンドンに滞在中だった本田は日本郵船賀茂丸の船室に、東京外国語学校で同僚だった二葉亭四迷（長谷川辰之助《たつのすけ》）を見舞う。二葉亭は朝日新聞社の特派員としてロシアのサンクトペテルブルグに赴任していたが、現地で結核に罹り帰国のやむなきに至ったのである。その時本田は「私は二年間医者の稽古をした事（福渡村と田村町での薬局生時代を指す）だの、肺炎《ママ》〔尖〕カタルに罹って全治した経験だのを話し[4]」たと、『読売新聞』紙上で回顧している。この熊本赴任直後の大病が、実は肺結核の初期、すなわち肺尖カタルだったのである。

ハンセン病救済事業に奔走

話を熊本に戻そう。熊本は三大バンド[5]の一つ「熊本バンド」が生まれた地として有名である。南北戦争に参加した元北軍士官のリロイ・ジェーンズ（Leroy Lansing Janes）が早くから熊本洋学校でキリスト教主義に基づく洋式教育を実施し、海老名弾正《えびなだんじょう》、小崎《こざき》弘道、横井時雄、徳富蘇峰（猪一郎《いいちろう》）といった熱心なクリスチャンを生み出したからである。しかし、キリスト教がなんの軋轢もなくこの地域に受け入れられたわけではない。

そもそも、一八七六（明治九）年にジェーンズが解任されたのは、生徒の内三五名が花岡山でキリスト教奉教の宣言を行ったことが問題視されたためであったし、これらの生徒の中には幽閉あるいは勘当された者すらあった。本田赴任翌年の一月には、クリスチャンの熊本英学校教師奥村偵次郎が、新校長就任式の演説で博愛や世界主義を強調する余り、「本校校育の方針は日本主義に非ず、亜細亜主義に非ず、又た欧米主義にもあらず。乃ち世界の人物を作る博愛世界主義なり。故に我らの眼中には国家なく外人なし、況んや校長をや況んや今日の来賓をや。予輩は只だ人類の一部として之を見るのみ」[6]と発言したため、教育勅語への不敬に当たるとして翌月解雇された「熊本英学校事件」があり、また六月には、八代南部高等小学校のクリスチャンの生徒が、教室に入って来た一羽の雀を追ううち、雀が御真影（明治天皇の肖像画写真）の収められた箱が置いてある幔幕《まんまく》の中へ入り込み、慌てて手を叩いて追い出したため、その行為が不敬に当たるとして自宅謹慎処分を受けた事件[7]も起きている。熊本でのキリスト教を取り巻く環境は決して穏やかではなかった。本田も熊本に赴任中、小倉でかかる困難を予感させる話を耳にしている。

> 熊本に赴任する途上、門司の向こうの小倉で洪水のために足止めを食い、駅舎近くの小さな宿屋に一泊する羽目になった。二人の商人が隣の部屋に投宿していた。二つの部屋の仕切りはご多分に漏れずちゃちな物で、夕食後二人の話し声が聞こえてきた。「耶蘇（キリスト教）と賭け事は似たようなものだ。一度癖になったら止められないからな！」。九州の人々がキリスト教の隠された力を知っているのには特別な訳があった。彼等の先祖達は約三百年前、日本人のイエズス会教徒達が政治的に迫害されるのを目撃ないし実

体験していたからだ。九州には一番早くキリスト教が伝えられ、多くの優れた先駆者を出したが、最も長い間プロテスタントに反対し続けたのも九州だった。[8]

このようにキリスト教に対する一般の拒否感は、明治中期を過ぎても依然として根強いものがあった。かかる熊本で本田が官立学校の教授の職に就くことができたのは、嘉納という「反宗教家がそのつもりが全くないのに、信者の後ろ盾をしている奇妙な状況[9]」があったからである。「保守的な都会に設立された官立学校にキリスト教徒の教師がいるなど、異例なことだった。これは嘉納校長の個人的な影響力がなかったら、看過されることはなかっただろう[10]」と本田自身も述懐している。

この熊本で、本田は現地のキリスト教社会にピタリとはまり込む。「当時熊本に居たMiss Riddell〔Hannah Riddell〕（今のLeper Hospital経営者）やMiss Nott〔Grace Catherine Neale Nott〕が英人であり、彼等の家に於て或はその紹介により多くの英人を知りはじめた[11]」のである。特にハンナ・リデルとの交流は、本田が得意の英語（特にキングス・イングリッシュ）にさらに磨きをかけ[12]、また博愛精神を発揮する上で、大きな役割を果たした。

リデルは英国からやって来たCMS所属の筋金入りの女丈夫であった。彼女は上背もあり、当時は男性宣教師の補助に甘んじる女性宣教師が多い中、優しさの中に意志の強さを秘め行動力にも優れた人物であった。むろん彼女の来日の目的はキリスト教の布教にあったが、熊本到着直後の一八九一（明治二四）年四月三日に[13]日本のハンセン病患者の窮状を見て心を打たれ、以降その救済に傾倒してゆく。

この救済事業はハンセン病の専門病院である回春病院の設立に結実してゆくが、本田はこの事業と密接なかかわりを持つことになる。一八九二（明治二五）年、夏休みを利用して帰省した本田は御殿場まで足を延ばし、ハンセン病患者の救護施設神山復生病院を視察、さらに東京へ回り、お雇い外国人のベルツ[15]（Erwin von Baelz）や漢方によるハンセン病治療の権威である後藤昌文《しょうぶん》にも面談[14]、調査結果を病院設立提案書にまとめている。大阪の高等英学校に転じてからは、病院の土地取得にもかかわる。郷里には打穴村役場宛ての本田による土地取得にかかわる印鑑証明依頼書の写し[16]が残されており、また回春病院の土地登記簿には、本田が当初単独で土地を取得した旨が記載されている。[17]当時は外国人の土地取得が禁じられていたため、[18]日本人である本田が名義人となり手続きを進めたのである。この病院は、一八九五（明治二八）年一一月一二日に開院したが、この回春病院の名も本田の助言によると伝わる。[19]

本田とリデルの縁は、病院開院後も途切れることなく続く。一九〇二（明治三五）年一二月六日に東京女学館で開かれた大日本婦人衛生会でのリデルの講演を通訳したのも本田であり、その内容は八日の『読売新聞』に「癩病患者の救護（一）」[20]と題して報じられた。また、本田の渡米については後に詳述するが、渡米直後の一九〇五（明治三八）年九月二〇日、本田はニューヨークから大隈重信に、リデルの救済事業への協力の御礼や新たな依頼を内容とする書状を送っている。

リデル女史の美挙を皇后宮陛下〔昭憲皇后、明治天皇皇后〕の御聴きに達し候事につき、田中、香川両子爵〔田中光顕《みつあき》宮内大臣・香川敬三皇太后宮太夫〕への御紹介書をいただき候処、田中子へはリデル氏同道出発前相伺い候えども拝顔を得ず、只御紹介書を差出し置候。香川子への分は丁度葉山行啓中にて用い候事不相叶、只々当地より在東京の友人に送りて小生に代り伺わせ候事と致し候。今年十一月にて正式開院の満十一年にも相成、尚又日英同盟拡張[21]の折にも候間、何とか同氏の事業に対し御下賜又はせめて令詞にても賜わり候ようと切望仕居候。相当の機会も候わば御力添へ奉願候。尚又癩病院資金補助の園遊会を尊邸にて開き候事を御許可被下、リデル氏も不一方相喜び居候次第に候。（中略）リデル氏は毎年十一二月の頃一ヶ月程滞京の筈に候故、同人も直接御願い可申、万よろしく御引まわし奉悃《こんがん》願候。

回春病院の運営資金を得るため、大隈重信から紹介状をもらい、リデルと共に寄付金集めに奔走している本田の姿が見て取れる。一九〇六(明治三九)年九月二二日、回春病院は原敬《たかし》内務大臣の認可を得て財団組織となるが、この時本田は滞米中にもかかわらず、評議員の末席に名を連ねている。(22)

また、開院のおよそ二五年後のことになるが、一九二一(大正一〇)年一月二五日付『読売新聞』に次のような記事を寄せ、ハンセン病患者への偏見の根絶を訴えている。

本田増次郎

癩は天刑病でない
斯《こ》んな名詞は人道上遠慮したい

富士の裾野にある復生病院に関する十八日本欄の記事は、多大の同情と興味とを以て拝見しました。私は明治廿四〔正しくは二五〕年に同院を参観して、主任の仏人教父から種々有益なお話しを承り、リデル嬢が熊本に回春病院を創《はじ》められる参考に提供したものです。両院とも基督教の霊的慰安を癩患者に与える点に於て一致して居ますが、天主教のは所謂収容所《アサイラム》〔asylum〕で医療の研究を主とする病院でなく、聖公会のは不断療法を試みる上に一棟の研究室《ラボラトリィ》まで別に設けてあります。どちらも博愛の教旨に基いて建てられたもので、我等日本人として感謝し援助しなくては済まぬ事です。唯不用意の間に天刑病という名詞を使う事でも人道の上から遠慮すべきで、内務省でも自ら此詞《ことば》を用いず、世界一般に用いぬよう地方長官へ訓令を発する事になって居ると聞きました。個人又は周囲の人又は祖先が自然の大法を犯した為めに病気と云うものが出来たのだとすれば、風邪《ふうじゃ》も黴毒も癌も悉く天刑病です。古代の支那や猶太《ユダヤ》で癩病だけを天罰の象徴《シンボル》として取扱ったのは、何としても療法の発見が出来なかったからの事で、それならば今日までの学術の進歩で療法の解らぬ癌も天刑病と名づけねばならぬ。苟《いやしく》も人間の研究力が存して居る以上は、不治の極印《ごくいん》を押して患者を精神的に殺すような事をしたくないものです。療法の研究は孜々《しし》と怠らぬと同時に、一方に患者全部を隔離して健康者に伝染する途を塞ぎ（癩病は皮膚から伝染するとまでは判って来ました）、同時に老幼を除いた男女患者をも厳重に隔離して子孫を残させぬようにする事が、国民の血液を精純にする唯一の方法だと信ぜられて居ます。日本が世界第一の癩病国である事は内外識者の認めて居る事実です。[23]

「患者を精神的に殺すような事をしたくない」との本田の主張は、人道という世界共通の価値観からの主張であり説得力を持つ。もっとも、隔離政策や断種政策が「国民の血液を清純にする唯一の方法」等の表現は、現代の知見からは到底容認できないところである。しかし、隔離に際しての人道の配慮や治療重視の考え方が国際的に認められたのは、本田がこの記事を書いた翌年に開催された第三回らい会議からだったことは斟酌しておく必要があろう。いずれにしても本田のこの記事は、人道という明確な視点に立脚し、当時としては先進的な主張を公にした点で、日本のハンセン病史における先駆的功績といってよいであろう。

本田とリデルの交流は生涯を通じてなされた。一九〇五（明治三八）年から一九一三（大正二）年にかけての本田初めての洋行時には、ニューヨークで犬・猫の保護施設を共に見学、また、英国湖水地方にあるアンブルサイド（Ambleside）では、リデルの友人宅で歓談している。さらに一九一九（大正八）年のパリ講和会議に際しての洋行時には、リデルに頼まれた黒色のショールを買うためパリの町を散策している。また一人娘華子（山本有三《ゆうぞう》と結婚後の通称。結婚前の通称は「花子」）の本名「はな（戸籍上「な」は変体仮名）」はリデルの“Hannah”にあやかったもので、本田がいかにリデルを敬愛していたかが窺える。後に触れるが、華子もまた、山本有三との結婚直後の離縁騒ぎではリデルを頼り、書簡で相談を持ち掛けている。熊本のリデル・ライト両女史記念館には、華子が後年寄贈したエルサレム・クロスが残されている。これは本田がパリ旅行の帰途、英国サフォーク州のイプスウィッチ (Ipswich) にプライス主教 (Horace MacCartie Eyre Price) を訪ねた折、主教より華子へと託されたものである。主教がエルサレムで入手した十字架は、英国で本田に、そして東京で娘の華子に、最後に華子の手で熊本へと渡された。

ラフカディオ・ハーンとの出会い

さて本田は熊本で、もう一人の英国人と知り合いになっている。もっともこちらはリデルとは正反対で、キリスト教嫌いの男性であった。それは五高で同僚となったラフカディオ・ハーン (Patrick Lafcadio Hearn)。帰化後、小泉八雲) である。

当時の高等中学校は、四年間の尋常小学校、二年間の高等小学校、そして五年間の尋常中学校を卒業した生徒を受け入れる学校であり、年齢的には一七歳から二〇歳まで、その上に全国でただ一校しか存在しない帝国大学 (現、東京大学) が載る形となっていた。現在の中学校や高等学校といった全国に多数ある区立や都立等の一般教育を行う機関ではなく、それは全国に五校しか存在しない官立の学校であり、国家の指導者を養成する役割を担っていた。特に五高では、外国語教育に力を入れており、諸科目も原書を用いて講義が行われた。

ハーンは帝国大学のチェンバレン (Basil Hall Chamberlain) の推挙により嘉納が招聘したもので、本田に遅れること二ヶ月で松江から熊本に赴任している。その結果二人は一年数ヶ月を同僚として過ごすことになる。もっとも本田にとってハーンは、同僚というよりは先生であった。二人は教員室で隣り合わせに座っており、休憩時間、本田はハーンに難解な英語の散文や詩について教えを乞うた。

その意味でハーンは本田にとって恩義のある人物と言えたが、本田はハーンの人となりについてはあまり良い印象は持たなかったようである。それはハーンが猜疑心が強く、他人をなかなか寄せつけようとしなかったためで[24]、「要するに、文学者は作品を介して敬服するに越したことはない。個人的な付き合いをするとひどく失望するからだ。ハーンもこの一般原則の例外ではなかった[25]」と述懐している。また、五高時代の英語の授業についても、「元来筆の人 mental vison の人であった彼は conversational English にはこれと云うべき特徴が無かった。又高等学校に於る彼の授業は Simple English であったから、後に東大早大の講壇で lecture した時のような金玉の想と語とを聴かせる機会は無かったろう[26]」としている。

実は、本田は後年このハーンに同僚として再び相まみえることになる。そしてこの時もハーンが本田に遅れて着任する。本田は後年このハーンに同僚として再び相まみえることになる。そしてこの時もハーンが本田に遅れて着任する。本田は一九〇四（明治三七）年二月から早稲田大学に出講していたが、同年三月に同大学がハーンを招聘したのである。しかし、今度の同僚としての付き合いは一年も続かなかった。なぜならハーンはその年の九月二六日、心臓発作のため急逝したからである。本田は自身の亡くなる前年の夏、駒子に付き添いを頼み山陰地方を旅行するが、この時、松江にあるハーンの旧宅を訪れている[27]。本田はいかなる思い出を駒子に語ったのであろうか。

結局本田は、およそ二年半を熊本で過ごすことになる。郷里への手紙によれば、本田はこの南の国を大変気に入ったようで、「当地は各種之柿、蜜柑、橙、柚、九年保《くねんぼ》〔正しくは「保」は「母」〕、ザボン等沢山に有之候[28]」と、嬉しそうに郷里の父へ書き送っている。

ただし、夏の暑さには参ったようである。当時の借家は熊本市妙体寺町二二一（現、中央区妙体寺七）にあり、五高から二キロメートル弱しか離れておらず、若い本田にとっては、通うのにそれほど負担にはならない下宿だったろうが、住んでいたのが二階部分だったため、屋根からの輻射熱で室温が上がり夏場は大変であった。嘉納の留守中、留守番を兼ね校長宅に寝泊りした時の様子を父に書き送った書簡で、そのことに触れている。

嘉納先生本月八日官用にて御上京に付留守中小生は先生之官舎へ留守居旁参居候。これは高等中学校之構内にて至極便利に有之候。湯浅母御不相変世話被致居候間、是亦便利に御座候。外には当面二人のみにて家も広く妙体寺町之家よりも大に涼敷御座候。岩佐氏方は二階故日中は瓦が焼け中々暑く御座候得ども、当家は平家にて風通しも宜敷候。六月廿日前後迄は嘉納先生留守に候故、丁度其後間もなく夏休暇に相成万事好都合に御座候。嘉納先生帰熊之上は又々岩佐方へ立帰り候事勿論に候。[29]

封筒裏には「第五高等中学校 三号官舎」と書かれており、当時の嘉納の住まいが確認できる。それではなぜ本田は、下宿先の夏の暑さはともかく、その他では大いに気に入った熊本を去ることになったのか。それは本田の自発的意思によるものではなかった。

第8章　高等英学校

副校長兼舎監として桃山の地へ

一八九三（明治二六）年一月二五日、嘉納治五郎が五高校長から文部省参事官に転出し、代わりに第四高等中学校（現、金沢大学）校長の中川元《はじめ》が赴任して来ると、嘉納の後ろ盾をなくした本田増次郎に向かい風が吹き始める。父兄の中に本田がクリスチャンであることを問題視する向きがあるとの理由で退職を勧奨されるのである。本田が退職の意思を固め[1]、その事態を嘉納に報告すると、「信仰を伏せておくことを条件に文部省に来ないか[2]」と本田に勧めたという。当時は官立校も官庁もキリスト教徒を忌避したのであろう。ところがちょうどその時、日本聖公会から大阪の高等英学校副校長兼舎監の話が舞い込んでくる。

『桃山学院百年史』（桃山学院百年史編纂委員会、桃山学院、一九八七［昭和六二］年）の中で、CMSジャパン・ミッション関係文書 No. 141, April 6, 1893（明治二六年）が翻訳紹介されており、それによりCMS宣教団が本田に白羽の矢を立てた理由がわかる。

本田氏、彼は熊本のエビントン師の教会員[3]であるが、プライス師〔高等英学校校長〕は彼を高く賞賛している。彼は寺沢〔久吉《ひさよし》〕氏の後任として居住する寮舎監に任ぜられた。一方、寺沢氏は寮舎監としてこれまで誠意を尽くしてきたが、牧師の任務と校務を両立させることがうまくいっていないようである。本田氏は一一〔正しくは七〕年の職務経験を持ち、八年〔正しくは二年半〕間クリスチャンで通してきた。三年後（ママ）〔間〕，彼は高官子弟のための東京にある全寮制学校の校長〔正確には嘉納塾幼年舎監督〕であった。そこで彼はクリスチャンとなったために解任されたのである。五〔正しくは四〕カ月間ヘーヤ主教の通訳を勧めたが、同師も彼を高く評価している。月給は六五ドルで始まった。[4]

本田の職務経験やクリスチャンとなってからの期間、全寮制学校の校長だった点などに誤認も見られるが、いずれにしても本田が信仰に篤いクリスチャンで、教育者としての経験も豊富、またプライス校長やヘアー主教の評価の高かったことが、選定の理由だったことがわかる。

高等英学校は、ＣＭＳのチャールズ・ワレン（Charles Frederic Warren）が一八八四（明治一七）年に大阪の川口居留地（現、西区川口町）の聖三一教会に付設した、わずか一一名の男子校三一小学校と、同年同じく居留地内に設立した三一神学校とを繋ぐ教育機関として、一八九〇（明治二三）年一月に西区江戸堀に創設された。江戸堀は仮校舎であり、一年ほどして東成《ひがしなり》郡天王寺村中山（現、天王寺区筆ケ崎町）に新築した校舎に移転する。本田はこの仕事を引き受け、一八九三（明治二六）年四月一二日、この新校舎のあった筆ケ崎に着任する。

現在の筆ケ先はＪＲ西日本大阪環状線鶴橋駅の西側に当たり、高層マンションが林立する地域に変貌している。駅から徒歩八分ほどの高等英学校の跡地にも同様にタワーマンションが建っている。[5] こうした情景からは想像もつかないが、当時この辺りは通称桃山と呼ばれ、本田が「天王寺畔桃園茶圃の中央に立てる一学校」[6]と書いた通り、桃園や茶畑が広がる風光明媚な地域であった。一八九六（明治二九）年発行の『大阪新繁昌記』は、桃山を次のように描写している。

桃山の紅霞《こうか》
梅花漸《ようや》く散落して春色将に深からんとす、此時紅雲一帯の遠く百項を包むあり、是れ所謂桃山の景、眺望頗る絶佳《ぜっか》なり、桃山は天王寺の北梅屋敷と相接して隣園の親しみをなせり、紅霞漸く生ずれば露店争うて花下に生じ、片々たる旗翻《ひるがえ》りて客を招くこと頻《しき》りなり。(7)

『大阪新繁昌記』の記述は少々美辞麗句に流れるきらいはあるが、本田も「南都に向って走る汽車を眺めて(8)」としており、校舎は大阪鉄道の汽車が南方に遠望される高台にあり、見晴らしも利く明るい環境の中にあった。

当時の高等英学校は寄宿生を中心とした四〇名強の生徒で成り立っており、本田は副校長〔正式就任は八月一日〕として校務を担うとともに、授業も受け持ち舎監の職務も行った。担当した科目は英語、歴史、理財、哲学。課外では柔道も教えた。当時の本田に課された最も重要な使命(9)は、端的に言えば、設備も教師も不十分な当時の高等英学校を、認可校レベルに引き上げることにあった。米国聖公会系の宣教機関誌『教界評論』がその事情を伝えている。

桃山学院　明治廿三年一月高等英学校の名を以て大阪市内に仮設し、次で翌年一月市外桃山の地高燥閑雅の処に新築落成して開校式を挙げ、昨年九月〔正確には八月二九日〕今の名に改めたるものにして、英国聖公会伝道会社の日本に於ける事業に関係ある男児普通教育の唯一の機関なり。而して設立の当初英語を以て此校の特色としたりしが、一昨々年本田増次郎氏熊本高等中学校教授を辞し此校の副校長として転任以来百事改良を加え、今や中学科四年高等科二年の課程を設けて、中学科は大体府県立の尋常中学に準じ、高等科にては英漢文学数学の外、羅甸《ラテン》語理化学哲学等を随意科とす。但し将来中学科を五年に改め認可学校の程度に進めん希望なりと。[11]

『桃山学院百年史』は一八九五（明治二八）年を「変革の年」と呼んでいる。[12] この年、高等英学校は桃山学院に校名を変え、学期開始時期を九月から四月とし、予科・本科の呼称を中学科・高等科と変え、修業年限の予科二年・本科三年の計五年を、中学科四年・高等科二年の計六年とした。これらはすべて本田の下で行われた。

なぜ本田はかかる改革を実施したのか。その改革の理念を本田が披瀝した資料がある。この「変革の年」の一月一五日に書かれた英文の書簡[13]で、前年の九月来日し日本の伝道状況全般を視察して帰国した英本国のCMS書記官ベアリング・ベアリング＝グールド（Rev. Baring Baring-Gould）に宛てたものである。高等英学校にあった本田がCMSの日本での宣教活動についてその問題点を学校教育の現場から指摘し、再考を促している。本田の忠言は宣教活動そのものにも及ぶが、その中心は学校経営にある。書簡は次のように始まる。

高等英学校　桃山　大阪　日本

一八九五年一月一五日

拝啓　ベアリング＝グールド様

貴殿が来日中、この学校や一般的事項について私が個人的に表明した見解が拙いものではなかったか危惧しています。以来熟慮してきたこともありますので、あえてここで本当の気持ちをお伝えしておきたいと考えます。私の言葉はむしろ不平のように聞こえるかも知れませんが、本意はその対極にあり、信仰に私を導いてくれた神の栄光のため、英国聖公会宣教協会が成功を収めることにあることを、心にお留め

高等英学校生徒と。前列左から5人目が本田（本田家所蔵）

置き下さい。当然ながらここで扱うのは身近な仕事の側面、つまり教育の分野ということになりますが、健全なる読書と信仰が非常に近い関係にあることは同意していただけるでしょう。より深く学べば学ぶほど、我々に対する神の目的と意志をより深く理解することになるわけですから。

どうか貴殿もベアリング＝グールド嬢[14]もご自愛下さい。よろしければベアリング＝グールド嬢にもその旨お伝え下さい。リデル女史の書斎でお嬢様の写真をしばしば目にしていたものですから。

敬具

本田増次郎

こう前置きして Notes on the "C. M. S."'s Work in Japan.（「日本における「英国聖公会宣教協会」の仕事についての所感」）と題した英語の長文が綴られる。紙幅の都合から次に一部を抜粋して解説する。

まず本田が指摘するのは、日本聖公会の日本での宣教活動が十分に効果を上げていない実情である。

日本聖公会は日本最古参の教派の一つですが、信徒の数ではたかだか四番目です。組合派〔Congregatinalists〕と長老派〔Presbyterians〕は最古参であるとともに最大派閥を形成しており、メソジスト派は我々より遥かに遅れて来日したにもかかわらず、現在では我々より多数の信者を獲得しています。多くの点から見て我々の教派こそ最大の力を持つべきだと考えますが、なぜ信者の数が一位ではなく四位なのでしょうか?

我が教派には一人として傑出した人物はいません。文筆で著名な人物はいるでしょうか? 否! 我が教派に三、四種類の雑誌〔CMS系の『愛之泉』、SPG系の『日曜叢誌』、米国聖公会系の『公会月報』『教界評論』〕はあっても、どれ一つとして読む価値はなく、キリスト教界全体でも知られておらず、我が教派の信者でさえ興味を持たないくらいです。それでは優れた理論家はいるでしょうか? 否! 我が教派の優位性と真価を大胆に主張する人物は一人もいません。(中略)それでは傑出した説教師はいるでしょうか? 否! 教会の上級の聖職者でさえ、聴衆が心から賞賛できるような説教をする人物は決して多くはないのです。いやそれどころか、「説教師」の名に相応しい人物はいないに等しいといわざるを得ません。(中略)それでは我が国にひとかどの人物(人格の人という意味で)はいるでしょうか? いえ、誰一人知られていません。それはキリスト教界全体でもそうですし、我が教派においても傑出した人物は誰一人いないのです。それでは若い世代の中から傑出した人物が頭角を顕してくる可能性を期待してよいでしょうか? 実は、大阪の高等英学校の四〇名の少年達は、ほとんど皆この学校を卒業後神学校に行こうとはしないのです。この将来性のある若い世代から質の良い聖職者を得ることができないとしたら、一体どこにそれを求めたらよいのでしょう?

以上の本田の言う現状認識を要約すれば次のようになろうか。

(1) 信徒の数が他派に比べ少ない

(2) 文筆、説教、理論等で卓越した人物がいない。
(3) 桃山学院を卒業しても生徒が神学校へ進まない。

学校改革への情熱

ではなぜそうなるのか。それは当時の上昇志向の強い若者の要求に高等英学校が応え得ていないからだと本田は指摘する。

発展途上の現在の日本では、教育は主に生活費を稼ぎ出世をするためのものなのです。少なくとも一般の人々の場合、第一の動機はそこにあります。我が校はこの最優先の欲求を満たすところから最も離れた位置にあります。官立の学校へ入るための資格が得られる正式な学校ではありません。パンを求めるのと同じように名声や出世を求め奮闘する意欲ある若者が目標とするような、キリスト教の著名な学者も、著述家も、専門家も、商売人も、我が教派の出身者にはいないのです。キリスト教徒でもそういったことがある程度必要なことは当然で、それは人間の本質でもあります。

「疾風怒濤の日本の若い世代」は「目標を高く（自分なりに高く）持っており、皆、大なり小なり大志を抱いて」奮闘している。このような日本の若者が魅力を感じ、入りたくなるような学校にしない限り、桃山学院は言うに及ばず、「我が教派に明るい光が差し込む兆しは全くない」とも本田は指摘している。

要するに、この書簡で本田が開陳した変革の理念は、魅力あるミッション・スクールの実現である。聖職者の待遇を一般社会に引けを取らないレベルに引き上げた上で、かかる学校をＣＭＳが運営できるならば、その学校を卒業した若者は、神学校へ進むにせよ、上級校へ進学するにせよ、その中から文筆や説教や理論に抜きん出た人物が生まれ、今度は彼等が次に続く若者を導く星となる。そうなれば後は好循環が生じ自然に若人が次々とそこに集い、信徒も自然に増加してゆくはずだと。つまり、学校という孵卵器を強化し充実しさえすれば、宣教と教育の融合が実現し、自然に信仰が広まるとの見立てである。それゆえ本田は、「学校経営を強化し、着実な運営をすることの重要性を確信を持って勧告、推奨するだけです」と言い切る。

それでは、聖職者の待遇問題はCMSが解決することとして、この本田が披瀝した現状の打開策を高等英学校に活かすには、具体的にどうすればよいのか。それは現状の「官立の学校へ入るための資格が得られる正式な学校ではありません」の逆、すなわち、同校を上級校への入学要件を備えた認可校にすることになる。当時の高等ところが現実には、かかるミッション・スクールを実現させることは、極めて困難であった。当時の高等英英学校を取り巻く日本の教育環境を検討してみれば、それがわかる。

高等英学校レベルの学校を律する当時の法律は、一八八六(明治一九)年四月一〇日付勅令第一五号の「中学校令」である。同令は中学校に文部省直轄の高等中学校と府県管轄の尋常中学校の二種類を規定し、前者については同年七月一日付文部省令第一六号「高等中学校の学科及其程度」で、後者については同年六月二二日付文部省令第一四号「尋常中学校の学科及其程度」で、科目や年限を定めている。

次頁の「高等英学校科目比較表」は、『桃山学院百年史』に掲載[15]された一八九一(明治二四)年と推定される高等英学校課程表と中学校令の定める課程を、設置科目で比較したものである。なお、中学校令の科目については「高等中学校の学科及其程度」と「尋常中学校の学科及其程度」を合体させて作成した。また、下線を施した科目は尋常中学校のみの科目、点線の下線を施した科目は尋常中学校及び高等中学校に共通する科目、無印は高等中学校にのみある科目である。なお、中学校令の農業は第二外国語との選択制である。

表の冒頭にある中学校令の倫理は、基本的には脩身と同一であると考えると、中学校令で定められているが高等英学校にない科目としては、第二外国語、農業、動物及植物、地質及鉱物、天文、習字、力学、測量の八

高等英学校科目比較表

	1	2	3	4	5	6
中学校令	倫理	国語及漢文	第一外国語	第二外国語	農業	羅甸《ラテン》語
高等英学校	脩身	和文及漢文	英語			羅甸及希臘《ギリシャ》語
	7	8	9	10	11	12
中学校令	地理	歴史	数学	博物	動物及植物	地質及鉱物
高等英学校	地理	歴史	数学	博物		
	13	14	15	16	17	18
中学校令	物理	化学	天文	理財学	哲学	
高等英学校	物理	化学		理財学	哲学	法律原理
	19	20	21	22	23	24
中学校令	習字	図画	力学	測量	唱歌	体操
高等英学校		図画			唱歌	体操

科目であり、逆に、希臘語と法律原理の場合は中学校令にはない高等英学校独自の科目である。

少なくとも科目だけを表面的に捉えるなら、当時の高等英学校が本田による改革以前にあっても、すでに文部省管轄下にある高等中学校に近い科目を備えており、不完全とはいえ、尋常中学校と高等中学校の両種を包含する高度な教育内容を実現していたように見える。

一方、年限については、高等中学校は「高等中学校の学科及其程度」の第二条で二年、尋常中学校は「尋常中学校の学科及其程度」の第二条で五年と規定されている。従って、高等英学校を帝国大学への入学資格が得られる高等中学校と同程度とするためには、右に指摘した不足科目を補充した上で、本田の改革により中学科四年、高等科二年の計六年に編成変えされた年限を、尋常中学校相当の課程を五年、高等中学校相当の課程を二年の計七年に延長編成変えすればよい状況にあった。先に紹介した『教界評論』の「但し将来中学科を五年に改め認可学校の程度に進めん希望なり」との記述は、この中学科を一年延長することで、中学校令並みの水準にしたいとの考えであることを示唆している。確かに科目と年限の問題に限れば、本田の改革を経た高等英学校はもう一手間かけさえすれば認可校レベルになれる状態にあった。

ところが、カリキュラムや年限とは違った制度面において、極めて対応困難な問題があった。今度は中学校令の制度面に目を転じる。

中学校令（一八八六年四月一〇日、文部省令第一五号）

第一条　中学校は実業に就かんと欲し、又は高等の学校に入らんと欲するものに須要なる教育を為す所とす。
第二条　中学校を分ちて高等尋常の二等とす。高等中学校は文部大臣の管理に属す。
第三条　高等中学校は法科医科工科文科理科農業商業等の分科を設くることを得。
第四条　高等中学校は全国 北海道沖縄県を除く を五区に分画し、毎区に一箇所を設置す。其区域は文部大臣の定むる所に依る。
第五条　高等中学校の経費は国庫より之を支弁し、又は国庫と該学校設置区域内に在る府県の地方税とに依り之を支弁することあるべし。但此場合に於ては其管理及経費分担の方法等は外に之を定むべし。
第六条　尋常中学校は各府県に於て便宜之を設置することを得。但其地方税の支弁又は補助に係るものは各府県一箇所に限るべし。
第七条　中学校の学科及其程度は文部大臣の定むる所に依る。
第八条　中学校の教科書は文部大臣の検定したるものに限るべし。
第九条　尋常中学校は区町村費を以て設置することを得ず。

第四条から六条及び九条が示すように、尋常中学校にせよ高等中学校にせよ、その設置自体が法で縛られている上、その運営資金は、原則として国ないし府県が負担する定めとなっている。そうであれば、法に則った高等中学校や尋常中学校と同等に高等英学校を運営するには、資金の出所という学校経営の根幹を成す部分を宣教団の手から離さねばならないことになる。それはミッション・スクールというレゾンデートルを放棄することであり、ミッション・スクールではなくなることを意味した。

一〇年前からすると、時代は困難な状況にあります。つまり教育組織は政府によってほとんど独占されており、その政府との競争という観点から、ミッション・スクールの活動は二重に困難になっています。

こう本田も書簡で現状を訴えている。本田は制度面の限界を十分すぎるほど理解していた。それゆえ本田は、理念は理念として、現実の法制度やCMSの方針の制約条件の下で、将来の可能性にかけてベストを尽くす以外、術はなかったのである。それが本田による改革の内実であった。

高等英学校のその後の歴史を辿ればわかるが、誠に残念なことに、本田のせめて認可校並みのカリキュラムや年限を整えようとしたこの構想も、それを不可能とする現実が重圧となり、頓挫を余儀なくされる。

高等中学校としては第一高等中学校（旧東京大学予備門）、第二高等中学校（仙台）、第三高等中学校（京都）、第四高等中学校（金沢）、本田自身が奉職した五高等七校がすでに存在し、文部大臣の管理下、すなわち国家的背景をもって実績を上げていた。しかも、本田が改革を行う直前の一八九四（明治二七）年六月二五日には新たに高等学校令が発令され、これらの高等中学校は高等学校へ改称となり、帝国大学への予備教育機関としての性格付けが明確にされた。そして、本田が桃山の地を去ってからのことであるが、尋常中学校は一八九九（明治三二）年二月七日発令の改正中学校令によって中学校へ改称となり、前述の一高、二高等の高等学校への登竜門としての性格を持つことになる。

こうして国家の手によって、中学校から高等学校、そして帝国大学へと向かう一つのヒエラルキーが完成した。加えて一八九九（明治三二）年八月三日の私立学校令と文部省訓令一二号は、ミッション・スクールに大きな打撃を与えた。それは宗教教育を排除した上で、官公立の教育内容を私立学校にも強制するものであり、それに従わない限り学校の存続自体が困難になったのである。従って、ミッション・スクールとして尋常中学校と高等中学校を一つの機関で行うことを目途《もくと》とした本田の構想は、日本の教育制度の度重なる変更の中で、早晩断念せざるを得ない性質のものだったと言えよう。

本田が高等英学校を去って四ヶ月後の一八九六（明治二九）年八月二六日、桃山学院は桃山学校に名称を変え、同時に年限を六年から五年へと、本田改革以前の年限に戻している。これは文部省認可校を志向することを念頭に、その準備として取った変更であろう。[16]そして、一九〇二（明治三五）年四月一五日には、桃山学校はさらに桃山中学に名称を変え、文部省認可の私立中学校として存続していく現実的な選択をする。こうして本田が構想した中等科五年・高等科二年の年限構成は、いわば高等科二年の部分を放擲し、中等科五年のみで対応する形となった。高等中学校レベルのより高い教育水準の実現を目指した本田の改革からすればまさに逆行する改変であった。

その後の桃山中学は、一九〇四（明治三七）年四月一六日付で、徴兵令第一三条にいう「文部大臣に於て中学校の学科程度と同等以上と認めたる学校」、すなわち認定校の認可を得て校勢は漸次拡大していく。本田副校長時代四〇名強だった生徒数は、認定校となった年には四〇〇名を超えるに至った。こうして私立桃山中学校在校生は、名実共に徴兵猶予の特典を得、その卒業生は上級校への進学資格も得られることになったのである。

第9章　清国留学生

手探りの留学生教育

本田増次郎は桃山の地で、学校の変革というやり甲斐のある仕事を任され、期待に応えるべく最善を尽くした。私生活も充実していた。副校長宅と校長宅は校内に並んで建っており、プライス校長一家をはじめとし、同家に出入りする関西在住の英国人達と親しく交わることができたのである。本田は社交とはいかなるものか、彼等の考え方や性格にはいかなる特徴があるのかについて理解を深め、熊本で意識し始めたキングス・イングリッシュにさらに磨きをかけた。

かかる公私にわたる恵まれた環境の中にあって、なぜ本田は大阪を離れることになったのか。それは本田自身が生徒達に負けず劣らず、高みを目指す若者だったからである。

桃山へ赴任直後、本田は五高の同窓会誌『龍南会雑誌』に一文を寄せたが、その中で五高の学生に向けて、「小生も亦一個の男児なり、豈《あ》に倦《けん》に鞭《むちう》ち難を排し以て自ら勉むるところなくして可ならんや（中略）遥かに諸君が龍丘〔立田山〕の麓白水の涸《ほとり》に孜々として行を修め学を研《みが》くの状を想い駑鈍《どとん》を鞭って進歩の蹄を試みんことを期す」(1)と、学生達に負けず、自身も前に向かって進む覚悟を語っている。

英国の友人達は学校のスタッフやその規則に重大な変更を加えることを認めてくれた。三年にわたって彼等と付き合ったが、思い通りになる資金の範囲内で学校のためにできることはすべてやらせてもらえた。たとえ高等英学校に居続けたとしても、それ以上の改善を行うことはできなかっただろう。また一方で、教育者としての私の地位は、高等教育を施すキリスト教系の学校が大阪にはなかったので、それ以上の進展は望めそうになかった。(2)

桃山学院を辞める決断をした時、本田は三〇歳になったばかりの青年である。職業人としてさらに上を目指したいとの強い思いを抱いていたとしても何ら不思議はない。加えて「四年半の間地方にいたので、ただ単純に日本の知性の中心地東京に戻りたくて、居ても立ってもいられなかった」(3)のである。プライス校長の遺留を振り切り、本田は一八九六(明治二九)年三月三一日大阪を後にする。そして一週間を郷里の打穴里で過ごし、八日には東京に向かっている。(4)

上京した本田は、辻新次が主宰する大日本教育会(後、帝国教育会)の機関誌『大日本教育会雑誌』(後、『教育公報』(5))の編集長となる。同誌の編集兼発行人欄は翌年の五月二〇日付の第一九三号までが本田となっているので、ほぼ一年間編集長を務めたことになる。また、上京した年の六月一八日には、高等師範学校校長の嘉納治五郎の要請で同校附属尋常中学校の講師となり、さらに八月には、本章でこれから述べる清国留学生の仕事にも就いている。従ってしばらくは雑誌の編集長、高師尋常中学校の講師、留学生教育の三職を兼務したことになる。

一八九七(明治三〇)年四月三〇日には高等師範学校教授に正式に就任、さらに一二月二三日には幹事の要職にも就いている。こうしてこの後の本田は高等師範学校を中心に活躍してゆく。講義と校務の幹事の仕事だけでも多忙だったと思われるが、留学生教育という前例のないプロジェクトにも三年間にわたり現場の責任者としてかかわってゆくのである。

一九一八（大正七）年四月に発刊二〇周年を迎えた『英語青年』は「二十年前の回顧」と題して、同誌に縁のある諸氏の思い出を特集した。本田も一文を寄せている。

明治二十三年以来日誌二三行を記入せるもの積んで数冊を成せり。[6]就いて案ずるに、今より二十年前〔一八九八年〕の四月は『困学記後本』と題する一巻の中部に当る。時正に北京政府派遣第一回留学生十余名[7]と神田三崎町に同居し、其の監督教育に従事しつつ、支那が日本文化の淵源たりしこと、支那人に我等の有せざる長所あることをリヤライズ〔realize＝気づき〕し、近代北欧国民の希臘人伊太利人に対する感想亦斯くあらんと想えり。[8]

これは本田が一八九六（明治二九）年八月[9]に清国留学生を引き取り、三年後の一〇月に後任の国文学者三矢重松に引き継ぐまで、神田区三崎町一丁目二番地[10]（現、千代田区三崎町一）に設けられた嘉納学校（仮称）で清国留学生の教育監督に従事した時のことを回顧したものである。

遣隋使、遣唐使の例を挙げるまでもなく、日本がかつて中国から政治、文化、宗教等あらゆるものを学んできたことは周知の事実であるが、それは西欧文明を担って立つ西欧人がギリシャ、ローマから諸事を学んだことを想起させると本田は言う。恩師の嘉納から留学生教育を任された本田は「偉大な儒者孔子の国で生まれた彼等を、どうして尊敬しないでいられよう。儒教の理論と古典文学には、私より遙かに通暁しているのだ！」[11]と、その複雑な心境を漏らしたが、それはかつて恩師だった国のその生徒に教える、まさに師弟逆転の一大事であった。

この清国留学生教育は日本における組織的留学生教育の嚆矢であり、その後の留学生教育の礎となった。受入機関の充実、受入体制の整備、日本の国際的地位の向上と相俟って留学生の増加は顕著となり、一九〇五（明治三八）年及び翌年には清国留学生は八千人を数えるに至った。[12]

留学生の受け入れは次のようにして始まった。

一八九六年、清国政府が任命した中国人留学生の第一陣が日本に到着した。これは前年終了した戦争〔日清戦争〕で覚醒した清国が素早く動いた例の一つだった。同時にヨーロッパやアメリカに送られた若者もいたが、ほんの少し前に自分達の国に恥をかかせた国に行って勉強する勇猛果敢な人物を見つけ出すことは容易いことではなかった。一ダース[13]の中国人留学生は、ほとんどが中央か地方の官吏の子息達で、東京の清国公使館に到着した。外務省と文部省を通じて嘉納校長が教育訓練の総指揮を執ることとなり、嘉納師範の要請で私が直接的な世話をする責務を負うことになった。[14]

そもそも日清戦争以前の中国の近代化は洋務運動として知られる。それは中国の伝統文化と政治体制を維持するため西洋技術を利用しようという考えであり、従来の排外主義と較べれば一歩前進していたが、西洋の技術といえば詰まるところ軍需産業であり、それに付随する鉱山開発や鉄道建設はなされたものの、国民教育を重視し国民全体の教育水準を高める施策には十分な力が注がれなかった。

一方日本の明治維新の場合、お雇い外国人の招聘や教育制度の整備拡充に見られるように、国民全体の教育水準の底上げが図られ、その結果、政治、経済をはじめとするあらゆる分野で急速な近代化が実現された。それゆえ、日清戦争で清国は日本に破れたのである。眠れる獅子として恐れられていた中国の化けの皮は剝がされ、清国がもはやこのままでは国際社会の中で命脈を保てないことが、清国政府の目にも明らかになった。卒業生の答辞の言葉を借りれば、「馬関〔下関〕条約終結の後、我政府〔清国政府〕は日本の強、金槍鉄丸のみに在らず、教育に在りと悟り」[15]、なりふりかまわず昨日の敵に教えを請う異例の挙に出たのである。

それは清国公使裕庚《ゆうこう》が時の外務大臣陸奥宗光に宛てた、一八九六（明治二九）年五月二五日付の次の書状から始まった。

拝啓、陳者《のぶれば》本大臣、現由敝国招集学生擬《はかる》送入貴国学校学習東文東語。其人数大約在十名内外、相応函請《かんせいす》。貴大臣査照転致貴文部大臣、為感専此奉布順頌。

時祉

裕庚謹具　中四月十一日〔陰暦〕

第二十八号　印[16]

大日本外務大臣伯爵陸奥宗光閣下

要約すれば「学生一〇名ほどを招集し日本の学校に送り込み、日本文や日本語を学ばせたいので、外務大臣から文部大臣によろしくお伝え願いたい」との内容である。こうして外務大臣の陸奥宗光から文部大臣の西園寺公望[17]へ対応の要請がなされ、さらに西園寺から嘉納へその運営実施の依頼が下った。

こうして本田は学生達と三崎町の学校兼寄宿舎に同居し、その教育・監督に従事することになる。講道館の記録は「本田を監督として、吉田弥平、後藤胤保《たねやす》らを講師として、日本語、日本文法および普通科の教授をはじめた[18]」と伝えている。

採用された教育形態はいわゆる全寮制教育である。本田は「三年間、私は彼等と同じ屋根の下に住み、同じ釜の飯を食べ、この物珍しい状況下で、失敗も成功も共に味わった[19]」と述懐している。正式な日本語のテキストもなく、そもそも留学生を受け入れるのは初めてのことである。本田達教師はまさに手探りで進むしかなかった。

最初のうち、彼等は日本語が一言も理解できず、私の方は中国語会話が全く駄目だったから、今ではもはや時代遅れだが当時は流行っていた外国語の教授法、あのグアン・メソッドを「筆談」という「文字による会話」と並行して用いた。「筆談」は、儒教の古典に精通した中国人と日本人との間で長きにわたり実践されてきた方法だった。[20]

グアン・メソッドとは、行動を伴う日常的な文章を反復し記憶に定着させる手法を重視する外国語教授法で、フランス人のフランソワ・グアン（François Gouin）が幼児の言語習得過程に着目して案出したものである。本田はこの手法を用いて日本語の発音を留学生に繰り返し聞かせる一方、文章の意味は漢文を書くことによって理解させた。中国語と日本語の場合は、たとえ発音は異なっても、漢字という共通の文字が存在しており、「筆談」は意思疎通の面で優れた手段であった。

本田はこの時、漢字の効用、すなわちその国際性に開眼し、後に「日本でエスペラント〔ポーランドのザメンホフが創案した世界共通語〕を学習して居る男女は漢字が（少くも現代に於ては）日支韓[21]の三民族五億に近い人類（欧米でエスペラントに interest してる人間の多数は弱小諸民族中の有志だけだ）を結合する only linguistic bond (therefore, only *hope*) だ」[22]として、漢字を東洋のエスペラントと見立て、その有用性を高く評価している。

こうして初期の日本語教育はスタートしたが、現実には留学生の勉学そのものではなく、生活面の問題で、留学生も教師も苦労を強いられた。

当時の日本人が敗戦国清国に対して抱いていた感情は複雑であった。日清戦争に勝利した日本は下関条約で遼東半島、台湾、澎湖列島を得たが、直後のロシア、ドイツ、フランスによる三国干渉の結果、遼東半島の返還を強要され、国民は皆悔しい思いをしていた。「臥薪嘗胆」のスローガンが日本国民の間で唱道されたことはつとに有名な話である。市井の日本国民の中国人に対する態度は、ただでさえ敗戦国の国民として蔑む気持ちが強いところに、これら三国に対する怨みも加わり、一層、侮蔑や軽蔑の度合いが増したのである。

「日清戦争で日本が清国を破った直後のことであるが、東京の通りで清国人留学生が男に弁髪をひっぱられたり、ここでは繰り返すのも憚られるような悪態をつかれている光景を目の当たりにし、義憤と落胆を禁じ得なかった[23]」と本田も述懐している。最初一三人だった留学生のうち四人が数ヶ月のうちに帰国したのは、こういったいじめが主たる原因だったといわれる[24]。

清国政府は本当に度量が広いとしばしば思うのだが、かつて古の中国を手本にして価値あるものならほとんどすべてのものを物真似した、まさにその国日本に対し、近代的な科学や方法を学ばせようと若者を送ってよこしたのである。これは清国人学生達にとって大層難儀なことだった。ありとあらゆる物質的不便や不具合があるのはもちろんだが、ごく最近まで敵だった国民の中で暮らすのである。日本人があれほどの敵意を向けていた清国、その敗者たる学生に一般の日本国民が共感を抱くのは無理な話だった。清国人学生達は大きなものから小さなものまで、あらゆるトラブルを、ちょうど両親の所に持ち込むように私の所へ持ち込んできた。時には私に泣きつく者もあった[25]。

その大変さがわかる一文であるが、学生達が日常の細事まで本田に相談できたのは、全寮制の教育形態が十分に機能したからであろう。教師も寄宿舎に寝泊まりし、食事も共にするのである。日本に不案内な留学生を遇する方法として、それは非常に効果的だったと思われる。日本語教育は授業時間のみならず食事その他の時間帯でも実質的に可能となったであろうし、日常生活を共にすることで生徒、教師間の親密度も増し、生徒の不慣れな日本での生活を教師が適時サポートしやすい環境が醸成されたはずである。
それに本田は全寮制教育に関しては過去に十分な経験を積んでいる。それは嘉納が主宰するスパルタ式の嘉納塾での生徒と教師としての七年間の経験、大阪のミッション・スクール高等英学校での舎監並びに副校長としての二年間の経験である。嘉納の数ある門弟の中で、本田に白羽の矢が立ったのも頷ける。

中国人留学生の特徴

それでは、本田は留学生達をどう捉えたのであろうか。彼等には勉学上の得手不得手、社会的な特性等が見て取れたという。

何千年もの間、中国の教育は専ら古典文学を対象としてきた。近代科学の導入は日本よりもさらに遅れ、ようやく近代科学を垣間見たばかりなのだ。中国に気球で攻撃が仕掛けられたらどうするのかと、生徒に尋ねたところ、「中華帝国は常に弓術に秀でています。ですから弓と矢で敵を引きずり降ろすことなど簡単に違いありません!」と、生徒の中で一番優秀な者が答えたものだ。(中略) 礼法、音楽、弓術、馬術、書道、そして数学が中国の紳士達が身につけるべき六つの科目だったが、そのうちの数学については総じてその能力が目立って劣っていた。[26]

このように、清国は国として近代科学の導入が遅れたため、留学生は科学全般、特に数学が不得手であり、科学的な判断力に欠けるところがあった。一方、語学の習得能力には優れていた。それは、人前で間違えることを気にせず、機械的な暗記に慣れていたからだと本田は言う。[27]

言語の能力は皆共通していて、三ヶ月で日常生活に困らない程度の日本語をマスターしてしまった。日本で使用されている漢字の大部分は、中国語の意味と違うケースもあり、発音は多くの場合全く異なっていたが、元々中国人には馴染みのあるものだった。留学生は教科書の機械的暗記や、本や教師に背を向けて一人で反復練習することには慣れていた。しかし、彼等が外国語をスピーディーにマスターできた最大の理由は、人前での間違いを気にかけないことだと思われる(28)。

そして本田は、日本人の英語は中国人の英語とは「正反対の事例になっている(29)」と指摘する。つまり、人前で間違えることを気にし反復練習が不得手であるため、なかなか上達しないのだと。

次に留学生達の社会的特性であるが、彼等は自主的に動き共同で物事を決めることが不得手で、また、清国の封建的な搾取のやり方を日本にまで持ち込みそのまま踏襲した。

中国人はある意味では民主的であり、地方政治では自治もあり、産業や商業では個人主義だったが、自分達が耐えられる限り、公権力には暗黙裏に従った。生徒に、起床時刻、就寝時刻、食事の時間といった自分達の規則を作るよう指示すると、全員一致で、するべきこと、してはならないことを指示してほしいと言う。彼等は共通の意志をまとめ遂行することは苦手なようだった。しかし、自分より身分が下の者には強く自己主張をする。孔子の教えに従えば、目下の者は目上の者に従う道義的責任があるので、保護や目をかけてやる見返りに、上の者が下の者を順繰りに搾取するやり方が発達したようだ。二〇年前、日本にいた中国人留学生は、清国政府から一ヶ月当たり五〇円の支給を受けることができた。もっとも海外への送金だったから、何パーセントもの諸経費が差し引かれていただろう。そしてその半分は公使館の人々が斡旋料として徴収した。従って実際に生徒のポケットに入ったのは二五円にすぎなかった。とにかく、この話は生徒から度々聞かされた。そして今度は、学生等は自分が取り引きする相手に値引きをさせた。洗濯屋でさえ数銭の仕事のために五厘(二分の一銭)の手数料を払わされたのだ![30]

旧弊の色濃い社会の中で暮らしてきた清国人留学生はまだ個人が確立しておらず、そのため権力者や目上の者が言うことには、自主的な判断によらず盲目的に従う。自らルール作りをするような、個人と個人が話し合いを通じて何か新しいものを作り出してゆくといった手続きには不馴れであった。

また、中間搾取をすることは当たり前で、上から下まであらゆる階層が搾取にかかわっていた。本田はこの搾取の制度を批判的に捉えてはいるが、一方で、「考えてみれば、日本の封建時代に、非生産的な武士階級が返す意志も能力もないのに、商人から借金をしたことと大した違いはない[31]」と、日本の武士階級のやり方と大同小異だと捉えた。このような当時の留学生の生活態度や習慣を間近で体験し、本田はかかる感慨を得たのである。

こうして、清国留学生教育は当時流行の「グアン・メソッド」と、原始的な「筆談」によって始まり、そこに昼夜を分かたぬ本田等講師陣による全寮制教育と、清国留学生が持つ人前での失敗を恐れず、反復練習による暗記を得意とする性向が加わり、短期間にもかかわらず成果を上げることができた。

本田が現場を取り仕切った頃、三崎町の学校兼寄宿舎は、外務省の文書や清国の文書上では嘉納学校と仮称で呼ばれており、正式な名称はなかった。そして帰国者・補充者を考慮後の最終受入者一〇名のうち、三年後に卒業できた者は七名にすぎなかった[32]。しかし、本田達が立ち上げたこの名もない小規模な学校は、一八九九(明治三二)年亦楽《えきらく》書院と命名され、その後弘文学院、さらに宏文学院と名を変え、漸次拡大発展の道を辿る。

第一回清国留学生の卒業式で嘉納は、「元来外国にて勉学するは、何人も少なからざる困難を感ずるものなるに、諸子は年月日の割合には、良好なる成績を得られ[33]」として、その努力を高く評価しつつ、「決して之に甘んぜずして、更に習得したる日本語を以て、各種の学術を研究し、今日の新知識を得ざる可からず、今や東洋多事なるの際、諸子は益々自愛して大清国の為に、将た東洋の平和と隆盛の為に尽力せられん事を望む[34]」と、手向けの言葉を贈った。また生徒代表がそれを受けて、「世界の学問を脳髄に入れて、独立の精神を養い、以て我国の大困難に処す可し。若し先生の徳を以て諸般の弊政を改革し、支那を第二新世界に造らしめ、他の文明諸国と相馳騁《ちてい》して敗せざるを得ば、即ち先生に酬ゆる所以なり[35]」として答辞を結び、日本で学んだ学問による母国清国の再生を期した。

冒頭で引用した「二十年前の回顧」にあるように、本田は「支那が日本文化の淵源たりしこと、支那人に我等の有せざる長所あることをリヤライズし」「いずれにせよ、中国人の生徒を身近に世話をし、個人的に確信したことは、いかにその一時的、表面的様相が異なっていても、人間の本質は一つだ[36]」として、「肌の色や国籍を異にする「人間同士の友好[37]」に世界平和実現の拠り所を見た。しかし、現実の極東情勢は、革命による清国の滅亡と新生中華民国の政治的不安定を好機と見た大国が、中国を彼等の草刈り場としたため混沌たる状態に陥ってゆく。

日本語で中等教育を終了した中国人の学生達は、故国に帰り通訳となるか、東京の学校に通って法律、政治、農業等を専門に勉強した。やがて中央政府や地方政府で重要な地位を占める者も出たが、彼等を日本に送った清国政府が崩壊してからは情報も途絶えてしまった[38]。

少々先走った話になるが、本章をはじめ、これまで他の章で度々引用してきた「ある日本人コスモポリタンの物語」（"The Story of a Japanese Cosmopolite"）の連載を本田が『ヘラルド・オブ・エイシア』（*The Herald of*

Asia）に開始したのは、最初の留学生達を見送ってからおよそ一六年が過ぎた一九一六（大正五）年三月二五日のことだったが、この時世界は第一次世界大戦の渦中にあった。本田はその初回の記述の中で、次のように概嘆している。

日本人の私が中国文明に賞賛を惜しまないように、ドイツ人がラテン文化に対し、同様な態度で接したなら、それだけで今の大戦は起こらなかったはずである。もし中国人と日本人が、過去半世紀を互いの相違点や対立点に拘泥することなく、思想や感情の面で共通な部分に目を向けていたなら、この長い年月の間に両者が互いの必要性を認め合うことによって、現実の姿はもっと別のものになっていただろう[39]。

国民と国民が「思想や感情の面で共通な部分」に目を向け、「互いの必要性を認め合う」ことは、本田が言うように平和を実現するための極めて重要なファクターである。これは世の東西を問わず、また時代を問わず、存在し続ける永遠の真理であろう。

第10章　秘匿された結婚

異例づくめの結婚生活

実はこの清国留学生教育に従事し始めた頃本田増次郎は結婚している。公には結婚を伏せ、入籍もしなかったため正確な日付は不明であるが、華子の生まれたのが一八九七（明治三〇）年九月二九日であり、次に引用する前年八月一日付の本田杢蔵宛て井岡岩造書簡を併せ吟味すると、この留学生教育従事の頃であることがわかる。なお、岩造は本田の妻となった井岡ふでの実兄に当たる。

復啓尊姿未得に候得共御書翰を忝く難有奉謝候。如貴翰辰下暑威相加候処、皆々様御揃にて御清栄之条欣然奉賀候。扨御令息増次郎君とは年来御懇意仕来、殊に今般御東上以来時々失礼致居候処、曽《かつ》て御持病痔御患にて主治医佐々木国に施療之処、此度病根切解之事に相成、小生同町之田代医院は外科且右等之症には専門家に御座候。已に佐久々木先生之証言も有之旁、暑中御休業を機とし入院治療被受候儀に御座候。本日之已に六日目相成経過宜敷候間、今一週間も過候わば御起居等も差支無之様奉存候。何分危険之施術に付医士忠告之通大切に自護被致候間、全快も速ならんと申居候。御安胸可然哉。看護は女子の手必要に

付乍不及母妹等罷越居候事に御座候。乍末御渾家様方へ宜敷御鳳声願上候。先は貴酬旁如此御座候。　敬具

〔一八九六年〕八月一日

井岡岩造

本田杢蔵様　机下

（松雲堂便箋使用）

着目すべきは「御令息増次郎君とは年来御懇意仕来、殊に今般御東上以来時々失礼致居候」の記述である。この部分から井岡家と本田の付き合いが以前本田が東京に住んでいた時に始まり、四年半の熊本・大阪を経て東京に戻ってから一層その関係が深まったことが読み取れる。ふでのみならず母のわかまでが本田の世話をしていることや、岩造が本田に代わって本田の父に様子を知らせていることも、すでに両家が本田とふでとの特別な関係を了知した上で書簡を取り交わしていることが窺える。

また、この一週間後本田が入院中の田代医院から杢蔵に宛てた書簡[1]によれば、「多分明後日頃退院、一週間程は井岡氏方に滞留可致、僅か半町程に候間歩行して毎日病院に参り候事出来可申候」と、退院後も井岡家の世話になり通院するとしている。この頃の本田の居所は本郷区湯島新花町九六（現、文京区湯島二）辻清蔵方[2]で神田明神の北西側に位置した。一方、井岡家は下谷区練塀町《ねりべい》四三（現、千代田区神田練塀町）であり、岩造並びに本田の書簡によれば田代医院も同じ町内にある。本田と井岡家は医院を含め、同一の生活圏にあった。娘と母が入院中の本田の看護をし、退院後も自宅で面倒を見るのである。これはもはや通常の交際の域を超えている。すでに本田とふでの関係は結婚直前、あるいは実質的な意味で結婚していたと見て差し支えないであろう。

そもそも本田とふでの馴れ初めはいかなるものだったのか。本田は一切語らず、確たる記録もないが、永野《ながの》

賢《まさる》（本田の孫朋子の夫で国文学者）が、ふでが内野倉明が勤務する杏雲堂医院の事務員を兼ねた派出婦だったと伝えており(3)、熊本赴任以前に知り合ったとすれば、本田が嘉納留守中に腸チフスに罹患し、杏雲堂医院に入院して生死の境を彷徨っていた時の可能性が高い。ふでは本田より五歳ほど年上かつ出戻りだったが、当時としては珍しく英語の素養もある「揚げ巻の髪のよく似合う美人であった(4)」という。当時の家族の状況や籍の問題について、華子は次のように書き残している。

当時井岡家には　祖母井岡わか　伯父井岡岩造（わかの長男。病気のため、妻帯もせず、家庭にあり）と四人家族にて　父は同居せず　本郷湯島新花町に支那人の塾を持ち、外国語学校、高等師範等に英語の教師として勤務。三大節〔四方拝、紀元節、天長節〕には大礼服を着用、二人引きの車で、宮中に参内せし事、帽子、洋服の金ピカにて美くしかりし事のみ今にはっきり思い出さる。
父は正規の学歴は何もふまず、ほとんど独学、宣教師や外人から英語を学び、会話力は天才的といわれた人　母も当時にしては珍しい英語を修めた才媛（駿台英和女学校？）であったため　意気投合したものと思われるが悲しい事に宗教上のおきてにより正式結婚が成り立たず、ついに私は私生児として届けられる。(5)
幼い時の印象は顧みて何も頭に浮びません。支那の留学生を幾人か世話していた関係上、本郷湯島に家を持って居った父は、昼飯だけによく帰って料理好きの祖母の心尽しを喜んだものでした。恐らく病める母もそれを唯一の楽しみにして居ったらしう御坐いました。(6)

いずれも当時の家族の状況をリアルに伝える証言であるが、これをそのまま鵜呑みにすると判断を誤る。なぜなら本田が清国留学生の監督教育に従事していた頃に、華子はたかだか〇歳から二歳である。「幼い時の印象は顧みて何も頭に浮びません」としているように、確かな記憶などあるはずもなく、この回想録は母や祖母などから聞いた話と、辛うじて残る自身の記憶の断片から書いたものなのである。

華子は、本田が「支那の留学生を幾人か世話していた関係上、本郷湯島に家を持って居った」としているが、清国留学生のための学校兼寄宿舎があったのは、神田区三崎町であることはすでに見た。後に詳細は触れるが、本田は清国留学生の世話を終えると、本郷区湯島新花町六〇番地(7)（現、文京区湯島二）に新しく家を借り、寄宿舎兼伝道所「弗《ふ》蠟《ろう》館」を運営する。華子はこの二つの借家を混同している。

ここで、この華子の証言で注目される本田とふでが正式な結婚ではなかった点と、本田と家族が同居していなかった点について、敷衍しておこう。

まず、ふでがクリスチャンでなかったため「正式結婚」ができなかったとされる未入籍の問題である。当時、日本聖公会は結婚をどう扱っていたのだろうか。

井岡はな11歳。1909年4月3日、上野写真師松村東洋謹写

本田の結婚当時に適用されたはずの一八八七（明治二〇）年二月制定の『日本聖公会法憲法規』は、結婚や離婚について「第十四章　結婚及び離婚（延期）」と、項目を立てただけで、条文の制定には至っていない。成文化された規定は、一九〇五（明治三八）年五月の改正以降確認できるが、それによれば、結婚する「当事者の一方（又は双方共に）属せざる教会に於て式を挙げんと欲する時は、其結婚に故障なき証明書を各自己の牧師より受け、司式聖職に差出すべし」としている。そもそも本田の結婚当時から一〇年近く経った時点で

も、信徒が信徒以外と結婚することを想定していないのである。
本田も、一九〇二（明治三五）年一二月一〇日に育成会から出版した『家庭の模範』で、日本聖公会の結婚式について、結婚式を行う前に二回にわたって予告をし、異議を申し立てる者のいないことを確認すると述べ、続けて「結婚するものの属する教会が、別々である場合には双方の教会で、同様の予告をする」[8]とし、やはり信徒と信徒の結婚のみを想定した書き方をしている。本田が結婚した頃も、成文の規定はなかったにせよ、日本聖公会内ではこの頃からすでにかかる規則運営がなされ、華子の言う通り非信者との結婚は禁じられていたのであろう。

次は家族が同居していなかった点である。
すでに前章で見た通り、本田は「留学生十余名と神田三崎町に同居し[9]」と書いており、家族ではなく留学生と寝食を共にしている。熊本の回春病院の土地登記簿の一八九六（明治二九）年九月二〇日現在の本田の住所も、この神田区三崎町一丁目二番地と記載されている。このことも、主な生活の場が三崎町だったことを示唆している。

その後の弗蠟館の時代はどうであろうか。弗蠟館のことについては、生涯を通じて親交のあった片山寛《ひろし》が当時の様子を伝えている。

本田増次郎氏を僕が始めて知ったのは、明治卅三年同氏が東京外国語学校教授となられた時のことだ。其時僕等のクラスは卒業の前で受持の都合上僕等は本田氏の教授を受けなかったが神田《かんだ》〔乃武《ないぶ》〕男に代って新に校長となられた上田万年《かずとし》博士の下に幹事として我々の為に色々世話をされた。（中略）僕は卒業前後二三回氏を訪ねた事があった。其頃本田氏は湯島新花町の借家に住て居られ、くぐり戸をはいって勾配の急な門の内を下り格子戸をあけると玄関にも座敷にも多数の書生が勉学して居た。そして氏は縁先の四畳半を自分の書斎にも応接間にも寝室にも充てて居られた。[10]

この記述から、本田が四畳半の部屋で寝泊まりをしていたことがわかる。本田自身も「弗蠟館とは小生家塾の名にて、寄宿生漸々増加して目下十名あり、小生は僅に四畳半の茶室を占めて、書斎、客室、寝室に兼用致候[11]」としており、四畳半を「寝室」としても使い、弗蠟館が生活の場であることを明言している。

結論をいえば、本田は結婚当初から一九〇五(明治三八)年七月一八日にサンフランシスコへ向かうサイベリア丸の乗客となるまで、家族と同居することはなかった。本田結婚後の生活の拠点は、留学生と共に寝起きした神田三崎町に始まり、弗蠟館のあった湯島新花町、最後は下宿屋を挟んで北豊島郡巣鴨上駒込一九(現、豊島区西巣鴨)の山県悌三郎邸と、渡米直前まで練塀町のふで達の住まいではなかった。本田は、ふでや華子と一つ屋根の下に暮らしていたのではないのである。

本田の結婚観

それでは、こういった本田の家庭生活を我々はどう捉えたらよいのか。

すでに本田の『家庭の模範』から結婚に関する部分を引用したが、実はこの書は本田を含む三名の共著である。それは「第一編　英国の家庭 ミス、ヒュース述[12]」「第二編　米国の家庭 ミス、ハーツ ホーン述[13]」、そして「第三編　宗教家の家庭 本田増次郎述[14]」の三編からなっている。[15]

主幹の石川栄司は緒言で「和楽せる家庭は、吾等に取りて、最も楽しい処、最も面白い処で、所謂地球上無二の楽土である[16]」と謳い、その楽土を実現するにはいかにすればよいのか? それを元ケンブリッジ大学女子師範学校校長のエリザベス・ヒュース[17](Elizabeth Phillips Hughes)に英国の家庭を、女子英学塾のアナ・ハーツホン[18](Anna Cope Hartshorne)に米国の家庭を、本田に日本における宗教家の家庭をそれぞれ語らせ、日本国民を啓蒙しようというのが、この書の目的であった。

前置きで、本田は宗教家の家庭について書くよう依頼を受けたが、それでは少々テーマが大きすぎるので「自分は基督信者であるから[19]」キリスト教徒の家庭について述べるとして記述を始める。そして家庭での祈り、安息日等の説明をした後、家庭成立の根本にある結婚や夫婦の問題に話を進める。

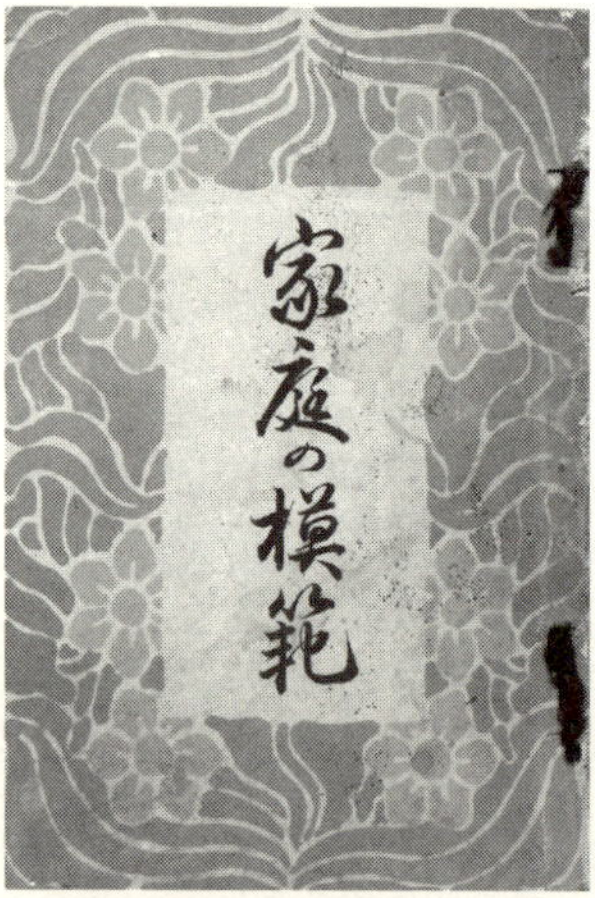

『家庭の模範』初版（1902年）表紙（本田家所蔵）

> 結婚の制度は、実に人間社会の最大事であって、其の当否高下は、直ちに道徳文明の程度を表わすものである。正しく婚姻をしない、男女間のみだれた人間に、立派な道徳の行われる筈がない。家庭は、即ち天国の小模型であって、其の中に神の道と人間の理想が行われて居なくてはならぬから、其の家庭の根本たる結婚は、此の上もない大切な事である。[20]

家庭成立の根本にある結婚を本田は人間社会の性質をも規定する最重要な事柄であるとする。「婚姻は、神聖なる契約であって、神の合せたるものを、人の力で離す事は出来ぬ[21]」のであり、その神聖な契約で成り立つ夫婦関係を土台にした家庭は、いわば天国を小さくして地上に持ってきたといった神聖なものである。結婚は夫婦相互の契約であるのみならず、夫婦の神との契約として捉えられる。それは限りなく精神的なものだと本田は強調する。

> 正当に結婚した夫婦の間に肉体の交りがあるは、決して潰れた事でも恥づべき事でもないが、しかし、結婚の成り立つ根本は、二人の精神の一致である。意気投合して敬愛が男女の間に十分行われるという事で

あるから、肉体の事は場合によっては、之を避けても、夫婦の夫婦たる事には少しも妨げはない[22]。

こう本田は言い切り、結婚の精神性を強く主張する。かかる本田の主張と照らし合わせる時、本田自身の結婚に問題は生じないであろうか。確かに、日本聖公会の暗黙の厳しい掟があったのではあろうが、結婚そのものを世間に公表せず、籍も入れなかったのである。言行不一致といわれても仕方のない行為に見える。

さらに本田は家庭と社交の関係について触れ、日本人が結婚生活で注意すべき点を挙げている。

社交のことなどに重きをおき過ぎて、それがために、家庭の本務を忘るるのは、甚だ宜しくないことである。もし、一家族の父たるものが、始終外出勝であるから、一日中に只一度自分の妻子眷属《けんぞく》と、団欒和協の裡《うち》に、晩食《ばんしょく》を共にして互に談笑することが、円満なる家庭に欠くべからざることであるとすれば、外にある宴会とか、集会とかのためにたびたび一家団欒の機会を逸するようなことがあっては、殆んど真正の家庭というものは成立しなくなって来る[23]。

こうも本田は書いているのである。しかし、自身はどうだったかといえば、この記述からほど遠い状態だったといわざるを得ない。「昼飯だけによく帰って料理好きの祖母の心尽しを喜んだものでした」と、華子が語っているように、清国留学生を世話していた時期も、そして弗蠟館で日本聖公会パウロ教会関係の青年達の世話をしていた時期も、寝泊まりしていたのはそれぞれ神田三崎町、湯島新花町の借家である。そうであれば本田の結婚生活は、「一家団欒の機会」を十分に楽しめたとは考えられない。それは本田自身が『家庭の模範』でまさしく否定した事例そのものではないか。

要するに、『家庭の模範』で本田が描いた宗教家の家庭は、本田にとって絵に描いた餅、現実にはあり得ない理想の姿に他ならなかった。「理想の行われる家庭は、信者の家庭の外にはないとまで断言するつもりはないが、兎も角、基督教の主義に基いた家庭は、社会国家の経営の上から見ても、人道倫理の点から考えても、まず理想の行われやすい処である事は自分のかたく信ずる所である」(24)と、本田はクリスチャンの優位性にも言及しているが、その優位な位置にあるはずの本田の実生活はというと、どう贔屓目に見てもこの理想とはかけ離れたものだったのである。

もっとも本田は、一九〇三(明治三六)年八月一日に妻女ふでを結核で亡くして以降も再婚せず、生涯独身を貫いている。このことは、本田の言う「精神的の結婚(25)」の観点から見るなら、たとえ入籍はせずとも、本田とふでの絆はその主旨に十分適うものだったと言ってよいであろう。

第11章　高等師範学校と東京外国語学校

人事に翻弄される

高等師範学校（現、筑波大学）は教育者の養成を専門とする教育機関で、一八七二（明治五）年、昌平黌《しょうへいこう》（昌平坂学問所）の講堂を借りて開学した小学教員の養成を目的とする師範学校がその源流である。開校の翌年教員養成の需要に応じ大阪、仙台に同様の師範学校が設けられたため、東京師範学校と名称を変え、さらに一八八六（明治一九）年の高等師範学校と尋常師範学校を規定する師範学校令の公布に伴い高等師範学校となった。

本田増次郎が高等師範学校（以降「高師」と略す）教授に就任した当時、同校は神田川（茗渓《めいけい》）北岸、本郷区湯島二（現、文京区湯島一）にあり、一九〇三（明治三六）年四月に小石川区大塚窪町（現、文京区大塚三）に移転を開始するまでこの地にあった。なお、東京高等師範学校（以降、高等師範学校と同様「高師」と略す）は、一九〇二（明治三五）年三月二八日に広島に高等師範学校が設置（開校は翌年一〇月一七日）されたため、名称に東京を冠したものである。

嘉納治五郎は一八九三（明治二六）年九月に高師の校長に就任して以降、二度にわたる中断はあったものの、一九二〇（大正九）年一月に辞職するまで、実に二三年間にわたって同校校長の座にあった。「高師の嘉納か、嘉納の高師か」[1]との言葉が巷間に流布したという。

佐伯好郎の言を借りれば、「明治三十年前後には我国の最高学府としては唯一の帝国大学の外に之に亜《つ》ぐ無二の高等師範学校があった」[2]というほど、高師の教育界における地位は高かった。

当時在籍した英語科の教授を列挙すると、コーネル大学卒の矢田部良吉、同志社及びハーバード大学卒の岸本能武太《のぶた》、帝国大学卒の岡倉由三郎《よしさぶろう》、東京専門学校卒の佐伯、帝国大学卒の上田敏《びん》、帝国大学中退ながら抜群の英語力で知られた熊本謙二郎、札幌農学校卒の佐久間信恭《のぶやす》[3]、英王立鉱山学校卒の井上十吉等、いずれ劣らぬ粒ぞろいの俊英達である。

この名門校の教授陣に本田は名を連ねることになる。ところが本田はといえば、主な学歴は嘉納の個人塾弘文館であり、公的な学歴に至っては小学校のみである。本田が高師教授となるまでの学歴を振り返ると、次のようになる。

一八八〇（明治一三）年一〇月　共立小学校卒業（卒業前より助教、卒業後助教諭）。
一八八一（明治一四）年六月　吉岡寛斎入門（医学修行）。
一八八二（明治一五）年九月　松岡勇記入門（医学修行、数ヶ月間三田英学校）。
一八八三（明治一六）年一〇月　弘文館入門（英語、経済学、政治学、哲学等を修めるとともに東京物理学校で理学系科目を習得）。
一八八九（明治二二）年九月　弘文館卒業。
同年　婦人宣教師に私塾し英会話等を学ぶ。

要するに本田は、草創期の小学校卒業後は、個人あるいは個人塾で学んだにすぎない。いかに英語の実力があったとはいえ、そんな本田が教育者を教育する学校の総本山である高師の教授になれたのは、現代的感覚からすると驚きである。もちろん嘉納の引きがあったからではあるが、そこには絡繰《からくり》があった。

国立公文書館に残る「任免裁可書　明治三十四年 任免巻七」の中に「東京外国語学校教授本田増次郎以下九名任官の件」と題された一連の書類がある。詳細は後に譲るが、これは東京外国語学校教授に左遷されていた本田が、一九〇一（明治三四）年四月二〇日付で高師教授兼務となり、実質的に復帰を果たした時の裁可の関係書類である。そのなかにある同年四月一八日付の裁可書とそれに添付された一枚の便箋が謎を解いてくれる。

銓第八十五号

本田増次郎

右本人の履歴書に依り銓衡《せんこう》候処、英語科に関する高等師範学校教授相当の資格ある者と認む。

明治卅〔一八九七〕年四月廿一日

文官高等試験委員

（文部省用箋使用）

本体の裁可書が一九〇一（明治三四）年四月一八日であるにもかかわらず、この用箋の日付は、四年前の一八九七（明治三〇）年四月二一日である。実はこの日付は本田が高師附属尋常中学校講師から高師教授に昇格した同年四月三〇日の九日前に当たる。つまりこの便箋は、四年前の裁可に際し使用されたものであり、それをこの回も使い回したのである。しかもこの一筆には、押印はもとより試験委員の姓名の記載すらない。にもかかわらず、本田はこれで高師教授の任命を受けられたのである。当時は本田のように公的な学歴のない者で

高師時代（1900年。前列左より2人目本田。2人おいて伊沢、上田、岡倉。本田家所蔵）

あっても、かかる一筆を文部省が加えることによって裁可が可能になったのである。

　本章では、嘉納の推挙によって、要職の高師教授に就いた本田がなぜ東京外国語学校（現、東京外国語大学。以降「外語校」と略す）に左遷され、また、その左遷が解かれることになったのか、その間の事情を明らかにするとともに、本田はいかなる教育者であったか、生徒の視点も交えて考察したい。

　外語校の沿革は、東京商業学校（現、一橋大学）と合併していた期間があり、創設の時期についても諸説があるが、その源流は、蕃書調所《ばんしょしらべしょ》、開成学校、外務省の語学所等に行き着き、外国語を専門に教授する学校としては当時最高位の官立校であった。本田左遷時の所在地は高等商業学校の地、すなわち神田区一ツ橋通町（現、千代田区一ツ橋二）であり、本田在任中の一九〇三（明治三六）年に、道を隔てた神田区錦町三（現、千代田区神田錦町三）の新校舎に移転している。

　ここで確認しておきたいのは、高師も外語校も文部省が直轄する官立校だという点である。両校の人事は文部省の一存で決定される。このことが本田異動の前提にある。
嘉納は一八九三（明治二六）年一月、五高から文部省参事官に転じた後、同年九月に高師校長となる。そのおよそ三年後、本田が高等英学校を経て帰東、嘉納は本田を一八九六（明治二九）年六月に高師附属へ招聘、さらに翌年四月、本校教授に昇格させる。ところが、この本田が高師教授となった年の八月二〇日、嘉納は文部省より校長職を外され非職となる。これが異変の始まりであった。原因は嘉納が文部次官人事に異論を唱えたためとされる⑷。それ以降、人事は目まぐるしく変転することになった。東京文理科大学編纂の『創立六十年』⑸から該当箇所を見てみよう。

明治三十年八月　校長兼文部省参事官嘉納治五郎非職を命ぜられ、山口県尋常師範学校長河内信朝《こうちのぶもと》本校〔高師〕校長に任ぜらる。
明治三十年十一月　校長河内信朝文部書記官に転じ、嘉納治五郎再び本校校長に任ぜらる。
明治三十一年一月　校長嘉納治五郎文部省普通学務局長兼任となる。
明治三十一年六月　校長嘉納治五郎文部省普通学務局長に専任し、本校教授矢田部良吉校長兼教授に任ぜらる⑹。

一年弱の間に三度校長が代わっている。現場の混乱はいかばかりだったであろう。実はこれらの人事には、内閣の交代と、それに伴う文部大臣の更迭と任命が絡んでいた。文部大臣が交代する度に嘉納の処遇が変転したのである。一八九七（明治三〇）年一一月の嘉納復帰の裏には文部大臣の蜂須賀茂韶《はちすかもちあき》から浜尾新《あらた》への交代が、翌年一月の嘉納の普通学務局長兼任の裏には、浜尾から西園寺公望への交代があった。それでも、同年六月の矢田部の校長兼教授の発令で嘉納は文部省に納まり、ようやくこの混乱に終止符が打たれたかに見えた。これで終われば本田は外語校に行くことはなかったのである。ところが実際には思いもよらぬ出来事が起こる。それは矢田部が校長職を嘉納から引き継いで一年が経過した一八九九（明治三二）年八月八日のことである。突然矢田部が避暑先の鎌倉由比ケ浜で亡くなったとの訃報が高師関係者の間を駆け巡る。次に引用するのは一九〇〇（明治三三）年高師卒の小野圭次郎《けいじろう》の述懐である。

矢田部先生は明治三二（一八九九）年八月一七日〔正しくは八日〕鎌倉に於て不慮の災難に罹られたが、私は帰省中新聞紙上でこの事を知り非常に驚いた。後で聞けば、その日は海が悪い上に何か凶日に当っているので、土地の人々は先生に向って海に入らない様にと切に勧めたが、先生は水泳は極めて堪能であったためか、その言に耳をかさずして海に跳び込み、あたら四九歳を一期として、取りかえしのつかない不幸を招いたそうである。(7)

こうして、高師に先立つ東京師範学校時代に校長を務めたことのある伊沢《いさわ》修二が再登板する。実はこの伊沢は「高等師範教育の分野では、嘉納先生が年下のライバル(8)」であった。赴任して来た伊沢には、嘉納子飼いの教授連が目障りだった。本田は「嘉納先生の個人的な友人は新しい校長の下では歓迎されなかった。それぞれの支持者間で醜い策略もあった(9)」と述懐している。結局「高師からは矢田部先生の部下であった本田君も外国語学校に転任を余儀なくせられ、岡倉君も重用せられず、最も重用せられて居た岸本〔能武太〕君も伊沢氏と衝突し、私〔佐伯好郎〕は内村鑑三君と共同事業を開始するため、伊沢氏の深切なる勧告にも拘わらず一時高師を退くこととなり、熊本〔謙二郎〕君も高師に留ることが不快となった(10)」といった事態となった。これが一九〇〇（明治三三）年四月一八日付での本田の外語校への左遷発令の裏事情である。

しかし混乱はこれでも収まらない。引き続き『創立六十年』を紐解き、その後の校長人事の流れを追うため、五六－七頁及び五九頁から該当箇所を抜粋する。

明治三十二年八月　校長矢田部良吉卒去し、教授後藤牧太《まきた》校長事務取扱を命ぜられ、次いで貴族院議員伊沢修二本校校長に任ぜらる。

明治三十三年十二月　校長伊沢修二願に依り本官を免ぜられ教授後藤牧太校長心得を命ぜらる。

明治三十四年一月　教授後藤牧太校長心得を免ぜられ、文部省普通学務局長沢柳政《せい》太郎《たろう》本校校長兼任となる。

明治三十四年五月　校長沢柳政太郎校長兼任を免ぜられ、非職文部省普通学務局長嘉納治五郎三たび本校校長に任ぜらる。

この二年弱の間の人事も変転激しいが、少なくとも問題の伊沢が健康上の理由で依願免官となり、繋ぎの後藤牧太を経て、沢柳政太郎が校長となった時点で、ようやく本田の不遇は終わりを告げる。

高師の本田の履歴簿によれば、沢柳が校長となった年の四月二〇日「兼任高等師範学校教授」の発令があり、本田は外語校教授を主体に高師教授を兼務することになる。さらに、嘉納が返り咲いた年の翌年の二月一三日には、「任高等師範学校教授並東京外国語学校教授」が発令され、高師教授を主体に外語校教授を兼務する形になる。発令の文言のみではどちらが主体であるか明瞭ではないが、同時に発令された俸給の分担割合でそれが確認できる。最初の発令では「金七百円 東京外国語学校より支給　金三百円 高等師範学校より支給」とあり、次の発令では「六百円 高等師範学校支給　四百円 東京外国語学校支給」とあり、主客が逆転している。本田によればこの兼務の発令は自身の希望を入れて実現したという。本田は高師復帰後も外語校との関係維持を望んだ。後年、八年間を海外で過ごし帰国した本田が再び教壇に立った学校も外語校である。本田は外語校独特の雰囲気が気に入っていたのである。

同僚には、英国人、米国人はむろん、中国人、朝鮮人、ロシア人、フランス人、ドイツ人、スペイン人、イタリア人がいた。一〇分の休憩時間と昼食時間は、いわば毎日が国際会議だった。英語科の教務主任として外国語学校の経営を補佐したが、外国人の教授と親しくし、個人的なそして国民的なそれぞれの特徴を観察する機会を得たのだ[11]。

「毎日が国際会議」の表現に、本田が左遷先においても新しい体験を楽しんでいる様子が見て取れる。本田が高師に戻るに際し「東京外国語学校との関係は残しておいた[12]」のは、引き続きこの多人種、多文化入り乱れた学校の雰囲気に浸りたかったからなのである。外語校では「九ヶ国もの国民を同僚として知ることができる利点が得られた[13]」と本田は記している。

外語校への左遷が解け兼務の形で高師に復帰した本田は、外語校では別科教務主任の地位に就くとともに、高師では、本田党ともいうべき一派を作り上げた。佐伯が当時の様子を語っている[14]。

明治三十五年春から高師本校の英語科は本田増次郎君と上田畯君とその合議制となり、附属中学校の英語科は本校教授兼任で不肖我輩が世話を焼くこととなった。かく三派鼎立の情勢を醸したのは岡倉君は外国留学中〔一九〇二年二月から一九〇五年三月、欧州留学〕であり、熊本君も学習院に去らんとして居て、本校では本田君と上田君が各勢力範囲を画して相互侵さない様にして居たために、自然と我輩が附属に立籠って矢田部博士以来の伝統を固守せねばならなかったのである[15]。

本田は左遷以前に、高師で幹事（庶務会計担当）、教務担当、学科程度取調委員を務めている。こうした豊富な校務の経験が本田の存在感を高めたのであろう。

一九〇二（明治三五）年八月二八日には俸給も上がり、「六百円 東京高等師範支給　六百円 東京外国語学校支給」となり、以降は一九〇五（明治三八）年七月に日本を離れるまで、本田は高師と外語校を対等に兼務する形で英語教育に従事した。

教育者としての覚悟

それでは、両校で本田はどのような教育者だったのであろうか。まず生徒達の証言を聞いてみたい。

> 一九〇〇（明治三三）年高師卒小野圭治郎
>
> 本田増次郎先生は顔色が余り冴えておられず、丈も低い方で如何にも体格がきゃしゃに見えたが、それでいて嘉納先生の高弟柔道六〔正しくは三〕段と聞いては驚かざるをえなかった。独身生活を営まれていた様である。大層才走っていたから、試験のやり方でも他の先生とは軌を異にし、「ここから二〇頁の間をよく読んでその大意を書いて出し給え」などと言われたことを覚えている。又吾々の中の誰であったか忘れたが、卒業間際になった時、「私共はこんな貧弱な学力で中学校の上級生が受持たれるでしょうか」と尋ねた所、先生は早速「ナーニ、心配には及ばんよ君。中学校の生徒などの学力は知れたものだ。これはこうだと断言してやりさえすれば皆満足するよ」という教授術の秘伝を授けて貰ったこともある。先生の教え方は、生徒に予習を命じておいた所を、自分が諄々と講じ去るという筆法であった。全体先生の最も得意とする所は practical English であったから、当時有名な英国の女流教育家 Hughes 女史の来朝の時、その講演の通訳に当られたり、又晩年政府の委嘱を受けて米国に幾度も渡って日米親善の為に尽瘁《じんすい》せられ

たりしたのである。[16]

柔道の段位に誤認もあるが、本田が独身として振る舞っていたことや、本田の授業方法も垣間見える貴重な証言である。本田のユーモアについては後に詳述するが、「ナーニ」云々の箇所にもその片鱗が窺える。

一九〇四（明治三七）年高師卒皆川新作

The Confessions of an English Opium-Eater〔トマス・ド・クインシー『ある英国人阿片服用者の告白』一八二一年〕と *Paradise Lost*〔ジョン・ミルトン『失楽園』一六六七年〕の始めの方は本田増治郎先生から学んだ。本田先生も英語のできる先生であった。文部大臣が参観されたときなど先生の落ち着きはらった講義ぶりは実に立派なものであった。柔道場で開かれた英語演説は今でも忘れることができない。或学校の小使がにわかに雨の時貸した雨傘の返えしぶりでその生徒の将来の成功不成功を判断して誤らなかったという話であったと記憶する。大正一二年の秋の頃奈良の正倉院を拝観したとき偶然先生にお会いした。或人の御案内をされていたのであったが、案内を終えられるのを待って私が御挨拶申し上げたとき、先生はお疲れになったためか縁側の板の上に尻をついてしまわれた。御病気のため非常にやつれておられたのであった。英文の日本美術史を編纂中であったらしい。[17]

本田の自信に満ちた講義ぶり、堂々たる英語演説の様が伝わってくる。「或人」云々は本田が中国から交換教授として来日したケンブリッジ卒の医師伍蓮徳（Dr. Wu Lien-Teh）博士を奈良に案内していた時の様子である。本田はこの冬体調を崩し、三ヶ月間、内野倉明邸で静養の止むなきに至っている。また「英文の日本美術史」は正確には、未完となった *THE SHŌSŌ-IN*（詳細は第31章で触れる）のことである。

一九〇八（明治四一）年高師卒会津常治《つねはる》

発表された時間割をみるとたった一時間宛であるが故上田敏先生と故本田増次郎先生とのお名前が加わっている。両先生とも上京前から其高名を耳にしておったので入学早々かかる大家から英語を習う幸福をしみじみ感じた。（中略）確か「形見のボタン」という名訳を出された本田先生からは斎藤〔秀三郎〕の英文法（テキストブック）を習ったり、又カーライルの『英雄崇拝論』〔Thomas Carlyle, *On Heroes, Hero-Worship, and the Heroic in History*, 1841〕を教わったりした。苦み走ったお顔をピリピリと神経的に尖らせながら皮肉を飛ばされて怖い先生の一人であった。三八年の夏も近い頃教場へ冬のフロックコートでおいでになった。差押えを食ったのでこの外に着る物が無いのだなどと釈明してから講義を続けられた。（中略）あの難解なカーライルをすらすらよどみなく邦文に移されたのには一同感服してしまった。大正一四年御逝去の広告の「遺志に由り継嗣を立てず」の一句はどこ迄も本田先生らしいと且つ読み且つ心に泣いた。欧州大戦の頃『ジャパンタイムス』紙の主筆室でお目にかかった頃の先生は誠に元気旺盛であった。(18)

渡米前の頃には、入学前の地方の学生達にも本田の名が聞こえていたことがわかる。その実力は誰しも認めるところだったのであろう。本田の渡米が一九〇五（明治三八）年であるから、会津は低学年の時本田に習ったことになる。辛辣な皮肉を本田から言われ、若輩の会津にはそれが怖く感じられたのであろうか。不名誉な差押え（詳細は第14章で触れる）を受けたことまで教場で話しており、本田のザックバランな性格も垣間見える。

一九二四（大正一三）年外語校卒蒔田《まきた》栄一

本田先生はいつも和服姿に上等の草履という出で立ちで、白髪をなびかせ教室へ手ぶらで入って来られ、教科書なしでの授業であった。時間中は英語で講義をされるのが普通で、その講義は英語談義といってよく、ある時、先生が教室へ入ってこられると、"What shall I talk about today?" と言われた。すると茶目な学生が、すかさず『先生！　何か柔かい話をお願いします！』と言うと、先生は『よろしい！』とばかり、その時間中、豆腐の作り方から食膳を賑わすまで、一部始終豆腐の話を微に入り細に入り英語で話され、学生たちは少なからず面くらった。本田先生の学問の広さ、深さ、高さには、ただただ驚嘆するばかりで学生の魅力一〇〇パーセントであり、これだけの先生は、そうざらにおるまいと思った。このような大先生であるから Dr. Honda といえば外人同士にも有名であった。それだけの大家でありながら、こちらが手紙を差上げると、絵葉書などで必ず返事を下さるので重ね重ね敬服の至りであった。本田先生と私は同じ岡山県生れということで、一入敬愛の念が強かったように思う。[19]

この回想は、本田の晩年の教壇での様子を伝えている。本田が外語校に再出講したのは、一九二〇（大正九）年一〇月から一九二二（大正一一）年六月で期間も短く、しかも一九二二（大正一一）年に入っては公務が多忙となり休講が増えている。[20] 蒔田が「英語談義」としているように、講義は教科書なしで行われ、内容も学校から一任されていたのであろう。この頃になると本田は講義を楽しむ境地に達していたのかも知れない。生徒から出た「柔かい話」の願いを斜に構えて受け止め想定外のテーマに変えて話すところなど、本田の茶目っ気たっぷりな対応も粋である。実際に本当の「柔かい話」に及ぶこともあり、若い生徒達との触れ合いそのものを楽しんでいたと見ることもできよう。

次に、本田は一体どのような考え方に基づき教育に従事していたのであろうか。

本田は「教育者の元気とは何か」と題した一文を、一九〇五（明治三八）年六月一五日付で『教育公報』一〇－三頁に、同年同月二〇日付で『実験教授指針』六－一一頁に寄せている。内容は用語の相違等があるがほぼ同一である。次の引用は『教育公報』によった。

まず本田は、日露戦争での勇猛果敢な軍人達と較べ教育者には元気がないとの世評に対し「其の元気に乏しく見ゆる所が却って元気旺盛なる反証にあらざるか[21]」と反論することから始める。

惟《おも》うに教育者の務は宗教家のそれに亜いで尤もジミなるものなり、赫灼たる功名に尤も縁遠きものなり、金冠を生前に贏《か》ち得るよりも死後に現わるべき次代の進歩を楽むものなり。野心大望に駆られて功名富貴に誇らんとするもの、（而してかかる人々を世は元気旺盛の輩というに似たり）来りて宗教界教育家に身を投ずるは極めて稀なるを思わざる可らず。[22]

教育者は元々時代の表に顕れるような華々しい活躍をする者ではない。教育を通じて次世代の人々を育て、自身の育てた人々が社会を一層発展させてゆくのを楽しむのが教育者の本分であり、元気の源であると本田は言う。

また、たとえ粗食に甘んじ、襤褸《ぼろ》を纏っていても「其の職を楽み其の業に安んじ、天下の師を以て自ら任じ悠々として自適せんは、教育家胸中の天国にして功名も威武も之を奪う能わざる所にあらずや[23]」、そして、この覚悟を持っていることこそ、教育者が元気であることであり、真の元気を持つ教育者は「教育者らしく音無しく言動して恥ぢざるを得る[24]」という。

これ此自覚、自信、自任、自恃のあるは即ち教育者の真元気にあらずや。これありてこそ学問も活躍し食物も滋養となり、襤褸も光を放ちグヅに見ゆる所却って其偉大を証するを得ん。（中略）先ず此真元気を鼓舞作興して、之が加うるに学問、常識、芸術、熟練を以てするは、即ち虎に翼を加えて教育者の頭上に後光を添うる所以なりとす。(25)

教育者の教育者たる所以は、天下、国家に功名や威武を轟かせることではない。地味で目立たずとも、世間から評価し称賛されずとも、自信を持って次代の若者を育てることに最大の価値を置き、そこに喜びを感じる点にある。この自覚を本田は最も重視したのである。この本田の教育に対する基本的な考え方は、教わる生徒の側にも同様な覚悟を求めることに繋がった。五高生に向けて本田は、「諸君勉めよや学海の前途は渺漫津涯《びょうまんしんがい》を知らず、諸君励めよや歳月飛んで学成り難きは古今の歎を同うする所也(26)」と書いているが、これは学生に不断の真摯な努力、自らに鞭打つ努力の積み重ねを求めたものである。

要するに本田は、教わる側も教える側もそれぞれが各自の本分を尽くすことが肝要だと考えていた。この生徒のたゆまぬ努力と教育者の真の元気が両者相俟った時「彼の麦粒の自ら朽ちて五十倍百倍の実を結ぶ運命を楽むを得る(27)」といった至福の世界が実現する。本田の教育方針の最大の眼目は、生徒を叱咤激励するその一点にあったと言えるであろう。

今度は生徒達の本田評とは一八〇度見方を変え、本田の方では学生達をどう見ていたのであろうか。それは新公論社編『男女学生気質』（鶏声堂・井洌堂、一九〇六［明治三九］年）に本田が書いた「健全なる一大階級」で知ることができる。この書は当代の学生達の長所と短所に関する識者の見解を集めたもので、執筆者には幸田露伴、鳩山春子、井上円了等の名が見える。

健全なる一大階級

一、道徳、宗教、哲学等の研究に於て、向上心の発達を徴すべきものあるは、尤も喜ぶに足る事と存じ候。

一、実践道徳の上に於ても、一般に挙措上品になり、所謂書生風という乱暴著しく減少し、放飲淫行等の不道徳なる事を、明に認むるに至れる事。
一、体育を重んじ、遊戯を愛する心の大に進歩し、学生必ずしも蒼顔貧血の人にあらざらんとする事。
右は、我等書生時代の二十年前と比して、現時学生の長所と存ぜられ候。短所は即ち長所の裏面にして、悪衣悪食に甘んじて、孜々苦学するの精神は、或は減退せしにあらずや。上品は、やがて奢侈柔弱に近づくの傾向ならずや。折角の向上心も、徒に智能の要求を満足せしむるに過ぎずして、食を断ち、身を傷けても、真理を大悟し、仁義を体履せんとまでの決意は、寧ろ乏しきにあらずや。さりながら、中等教育普及の結果として、健全なる一大階級の生れ出でんとする証徴歴然たり。国氏《ママ》〔民〕自覚心の発揚、国家隆替の一大時機に刺戟せられて、深く反省覚悟する所あらしめば、今後益々、短を除き長を養うの進境を見るべしと信じ申し候(28)。

本田が書生だった時代からおよそ二〇年。この間社会は大きく変わった。教育制度も然り。そこで学ぶ学生達も大きく変わったのである。本田達の時代に較べれば学生は上品になり、向学心も旺盛で健康的にもなった。しかし、衣食の状況いかんにかかわらず学ぶという気概、真理のためには身を捨てても悔いない覚悟には欠けてきているのではないか、そう憂う本田であった。
最後に、矢田部と本田、そして嘉納の柔道を巡る逸話を紹介して本章を終えたい。

矢田部良吉博士が附属中学で教えていた頃、血気盛んな生徒はなかなかいうことを聞かない。癇癪を起した矢田部はつかつかと進んで、生徒を廊下に引き出すと、出されたと思った生徒は、逆に矢田部を投げとばした。烈火の如く怒った矢田部は校長室に飛び込んでその生徒の退学を要求した。その時も、嘉納は

「柔道で投げられたとすれば、君が一本取られたのではないか」と笑いながら言った。きかぬ気の矢田部もそのまま引き下がったという。(29)

ところが、このとばっちりが本田に降りかかる。

この学識豊かな紳士〔矢田部〕は、二度とこのクラスを教えようとはしなかった。代わりに私〔本田〕が任命されて教えることになったが、手に負えないはずの腕白坊主どもは皆、授業中静かに注意深く私の講義を聞いている。まさか私の学識や徳に敬意を払っているようには思えない。そこで問い質してみると、「今度の英語の先生は柔道三段だ。奴の手の届く所には近づくな!」と噂し合っていたということだった。(30)

矢田部の担当授業の尻拭いをさせられ、外語校への左遷も元はと言えば高師校長だった矢田部の溺死がその原因であった。どうやら本田は矢田部に運命を弄ばれる役回りだったようである。

第12章　立教女学校

女子教育への挑戦

本田増次郎は一九〇〇（明治三三）年一月一日[1]から立教女学校の教育に関与している。外語校に左遷される四ヶ月前のことである。この辺りの一連の動きについて、本田が一文を残しているので、次に紹介する。一九〇一（明治三四）年八月二五日付で嘉納塾の同窓会誌に寄せた「在東京本田増次郎君よりの通信」である。

> 女子教育に小生が従事することあらんとは自身も予想せざりし所なるに、情誼上断りがたき懇請をうけて、昨年一月以来築地にある立教女学校の校長を兼ね、一種有益なる経験をつみ居候。此学校は二十余年前の創立にかかるものにて、目下高等女学校の課程を中堅とし、其下に二年の予科、其上に二年の高等科あり、生徒百五十名程にて英語専修科の設けも有之、小生は修身と英語とを授業致候。官公立の女学校に多く遜《ゆず》る所なき程整頓致居候積りに候。
>
> 東京外国語学校へは昨年四月転任致候が、これは小生の求めたる所には無之、而して今年四月高等師範学校へ兼任致候事に相成候も、小生の求めたる所に無之、世事は兎角妙に動き行くものに御座候、目下三学

校〔高師、外語校、立教女学校〕に従事、殊に外国語学校の方は別課の主任として、毎夕四時半より八時過迄出勤致候故、早朝より夜分まで宅に帰り候事は無之候。

小生の健康の為には、かくお茶の水〔高師〕、一つ橋〔外語校〕、築地〔立教女学校〕の間を日々往返致候事、却て利益に相成候様にて、昨年来段々丈夫に相成候様被存候。西園寺侯は目下一身に三官を兼ねて、(2)一身三病を持せらるるとの事に候が、小生も先ず其辺かと存候へ共、これが為めに健康を回復するの点は、彼我の同じからざる所かと存候。

但し近来の失策とも可申は、自転車に乗りて時間の倹約をせんとの考より、三四日稽古致候処、痔疾大に起りて苦痛に不堪、自転車は中止、学校は数日欠勤致候事に候。かく小生が自転車を試むるに至りしは、全く那珂通世《なかみちよ》〔高師同僚。歴史学者・文学博士〕氏の熱心なる勧誘に基くものにて、同氏は近頃自転車十傑中の旅行家として当選せられ、文学博士になりたるよりも此方を大に喜び、今月廿六日には輪友二十余名を川崎の梅園〔現、御幸公園〕に招きて其祝宴を張り、自ら転輪博士と名乗り居られ候。(3)

前章で見た左遷・復帰の人事を「世事は兎角妙に動き行くものに御座候」と、他律的な要因から自身の運命が弄ばれたことを、詳細には立ち入らず簡単に触れるに留め、その結果多忙になり朝から晩まで学校で働き、三校を掛け持つため自転車に挑戦するなど、自身の奮闘する様を活写している。また冒頭では、女子教育という予想もしない未体験の分野に手を染めることになり、戸惑いながらも官公立の学校に引けをとらぬよう学校改革に尽力していることにも触れている。「情誼上断りがたき懇請をうけて」とあるのは、自身が属する日本聖公会のジョン・マキム（John McKim）主教から要請を受けたため、断り切れなかったことを指している。この時まで本田が携わった学校は、弘文館、五高、高等英学校、高師であり、すべて男子校であったから、女子教育と聞いて躊躇したのであろう。本田はマキム主教が自分に白羽の矢を立てた理由を次のように推測している。

私には官立の学校での経験があったので、キリスト教系の女学校を国の基準に合った形に組織変えすることができると、恐らく主教は考えたのだろう。いずれにしても、追加の仕事としてその申し出を受け、午後の時間を女学校に充てることを約した。(4)

こうして本田は立教女学校第六代校長となる。第6章で述べたように、九年前本田はヘアー主教の秘書兼通訳として同校の改革に立ち会っている。この時初めて経営が日本人の手に委ねられ日本人校長が誕生した。その清水友輔校長の後任として本田は同校を引き継ぐのである。就任半年後、本田はマキム主教宛てに英文のシンプルな事業報告を提出している。

立教女学校　東京
明治三三〔一九〇〇〕年七月一三日

マキム主教　殿

謹啓　ここに、明治三二〔一八九九〕年九月からの立教女学校に関する事業報告を提出させていただきます。

まず初めに、私の在任はまだ六ヶ月にすぎませんので、学校のためになし得たことといえば、わずかばかりのことでしかありません。そのほとんどすべてが、長きにわたって学校に関与してこられた教頭の岩佐〔琢哉〕氏、幹事の小宮〔珠子《たまこ》〕氏の有能かつたゆまざる尽力のお陰だと申し上げておかねばなりません。

（中略）

昨年の一二月に清水友輔校長は学校を去り[5]、福建の中国人学校の校長になられました。また、以前は高等師範学校におりました私本田増次郎が、現在は東京外国語学校に所属しておりますが、この学校に一週間に一三時間宛て勤務する条件で、一月より校長に就任いたしました。（中略）謹んでご報告いたします。

東京　立教高等女学校校長
本田増次郎[6]

本田が「以前は高等師範学校におりました私本田増次郎が、現在は東京外国語学校に所属しております」と書いているのは、校長に就任した時は高師であったが、この報告を書いた時点では、外語校に左遷されていたからである。

官公立水準を目指す学科課程の見直し

本田は高等英学校時代と同様、立教女学校でも幾つかの制度改革を実施している。その際本田は、ちょうど来日中だったエリザベス・ヒュース[7]に視察を依頼し、その意見を参考にした。

ヒュースの指摘は遠慮会釈のないもので、カリキュラム、教師の陣容、教授法の欠点にまで及んだ。この専門家の発言に勇気づけられて幾つかの改善を実行に移した。それは学校を可能な限り女学生向けの中等教育機関として当局が求める水準に近づける観点から実施したもので、教師の一定割合を教員免許のある者にしたり、聖書の学習は授業と切り離して行う[8]ことなどを取り決めた[9]。

ここでは本田による改革の目指すところが、資料により確認できる学科課程の変更について見ておきたい。

立教女学校と官公立学校の比較系統図

<table>
<tr><th>学年</th><th>年齢</th><th colspan="3">清水校長時代</th><th colspan="2">本田校長時代</th></tr>
<tr><td>16</td><td>21</td><td colspan="2">官公立学校</td><td>立教女学校</td><td>官公立学校</td><td>立教女学校</td></tr>
<tr><td>15</td><td>20</td><td rowspan="9"></td><td rowspan="4">女子高等師範学校</td><td></td><td rowspan="4">女子高等師範学校</td><td rowspan="3"></td></tr>
<tr><td>14</td><td>19</td><td rowspan="2">高等科</td></tr>
<tr><td>13</td><td>18</td></tr>
<tr><td>12</td><td>17</td><td rowspan="4">本科（略高等女学校程度）</td><td rowspan="2">高等科（高等普通学）</td></tr>
<tr><td>11</td><td>16</td><td></td><td></td></tr>
<tr><td>10</td><td>15</td><td rowspan="6">高等女学校</td><td rowspan="4">高等女学校</td><td rowspan="4">本科（高等女学校程度）</td></tr>
<tr><td>9</td><td>14</td></tr>
<tr><td>8</td><td>13</td><td rowspan="3">予科（高等小学校 2、3、4 年）</td></tr>
<tr><td>7</td><td>12</td></tr>
<tr><td>6</td><td>11</td><td rowspan="2">高等小学校</td><td rowspan="2">高等小学校</td><td rowspan="2">予科（高等小学校 1、2 年相当）</td></tr>
<tr><td>5</td><td>10</td><td rowspan="5"></td></tr>
<tr><td>4</td><td>9</td><td colspan="2" rowspan="4">尋常小学校</td><td rowspan="4">尋常小学校</td><td rowspan="4"></td></tr>
<tr><td>3</td><td>8</td></tr>
<tr><td>2</td><td>7</td></tr>
<tr><td>1</td><td>6</td></tr>
</table>

これには前年の二月八日に発令された「高等女学校令」がかかわっている。まず検討を容易にするため、官公立学校と立教女学校の教育課程を、清水校長時代と本田校長時代で対比した比較系統図を掲げる。立教女学校の学科課程は「私立立教女学校沿革」[10]によった。なお、作成に際しては、立教女学校の英語専修科は省略し、また小学校については、尋常小学校四年、高等小学校二年のみに限定し、例外的な修業年限のものは省いた。

まず清水校長時代は、高等小学校二、三、四年に相当する予科三年、ほぼ高等女学校程度とされる本科四年、それに高等科二年の計九年である。一方本田校長時代は、高等小学校一、二年相当の予科二年、高等女学校程度の本科四年、高等普通学の高等科二年の計八年である。従って、表面的に捉えるなら、本田時代は、清水時代の予科三年を二年に、全体を九年から八年に短縮したにすぎないとも見える。しかし、「高等女学校令」や予科、本科等の中身を検討すると、本田による改正は単純な短縮ではなかったことがわかる。

当時の小学校制度は、義務教育としての尋常小学校

1902年3月31日立教女学校卒業生と。最前列中央が本田（立教女学院所蔵）

が、六歳入学一〇歳卒業の四年制（例外的に三年制もあり）であり、その上に、一〇歳入学一二歳卒業の二年制（例外的に三、四年制あり）の高等小学校が載る形であった[11]。そして高等女学校は尋常小学校や高等小学校を卒業した生徒を受け入れる官公立の教育機関である。

清水時代の高等女学校には一八九五（明治二八）年一月二九日付の「高等女学校規程」が適用される。これには、第二条に「高等女学校の修業年限は六箇年とす。但し土地の情況に依り一箇年を伸縮することを得」とあり、また第三条に「高等女学校の第一年級に入るべき者は、修業年限四箇年の尋常小学校の卒業生、若くは之と同等の学力を有する者とす」とあるので、高等女学校は原則として尋常小学校を一〇歳で卒業した生徒を受け入れ、六年間教えて一六歳で卒業させる形であった。

一方、その時の立教女学校はといえば、入学できるのは尋常小学校の卒業生ではなく、さらに一年間高等小学校に通った一一歳の生徒でなければならない。そして予科三年、本科四年の計七年間面倒を見るから、本科を終えた時には一八歳、さらに高等科二年を加えるなら卒業時は二〇歳である。清水時代の立教女学校は、一六歳で卒業する高等女学校と比較する時、中等教育を中心としながらも、女子高等師範レベルを一部含む程度に、高等教育に傾いた課程だったと考えられる。

ところが本田が校長となる前年の二月八日「高等女学校令」が発布された結果、高等女学校は修業年限を六年から四年に短縮し、同時に受け入れ対象を尋常小学校卒業の一〇歳の生徒ではなく、二年間の高等小学校を終えた一二歳の生徒とすることになった。該当条文は次の通りである。

高等女学校令（一八九九年二月八日、勅令第三一号）
第九条　高等女学校の修業年限は四箇年とす。但し土地の情況に依り一箇年を伸縮することを得。
　高等女学校に於ては二箇年以内の補習科を置くことを得。
第十条　高等女学校に入学することを得る者は、年齢十二年以上にして高等小学校第二学年の課程を卒りたる者、又は之と同等の学力を有する者たるべし。

手短にいえば、高等女学校は「高等女学校規程」時代の六年間の課程の下位二年間（高等小学校の一年生、二年生相当）を廃止し、外したその高等小学校卒業生を受け入れる学校へと変わったのである。従って、修業期間が従来六年であったものが二年短縮され四年間に変わった。本田はこの改正に合わせる形で学科課程を変更したのである。

同窓会誌に宛てた一文にあるように、本田はまず「高等女学校の課程を中堅」として、これに本科四年を対応させ、この本科を中心に「其下に二年の予科、其上に二年の高等科」を設けた。比較系統図にあるように、中核の本科四年は、清水時代には括弧書きで「略高等女学校程度」とされていたが、本田時代では「高等女学校程度」と「略」が削られている。具体的な科目内容が不明なため確定はできないが、本田も同窓会誌で「官公立の女学校に多く遜る所なき程整頓致居候積りに候」としている。これは高等女学校に限りなく近いカリキュラムに変更したと解釈してよいであろう。

また、本科の下に設けられた予科二年を、高等小学校の二年間と同レベルに設定した点も見逃せない。清水時代には、予科に入学できるのは高等小学校の一年次を終えた生徒、本科に入れる生徒は高等女学校の四年次を終えた生徒でなければならず、官公立校の卒業年次と立教女学校の入学年次とに齟齬があった。それが本田校長時代になると、四年間の尋常小学校を卒業した生徒がそのまま立教女学校の予科一年に、二年間の高等小学校を卒業した生徒がそのまま本科一年に入学できるようになったのである。

一九〇〇（明治三三）年三月一六日付『基督教週報』第三号、一六頁に、立教女学校「女生徒募集」の広告が掲載されている。

女生徒募集
四月七日新学年開始
尋常小学校卒業のものは予科一年級に、高等小学校二年終業のものは本科一年級に、高等小学校（四年制）卒業のものは本科三年級に、高等女学校卒業のものは高等科二年級に入学することを得。
内外英語教員を増加し、英語専修科を拡張せり。
三月八日　　東京築地明石町廿六　立教女学校

冒頭の「尋常小学校卒業のものは予科一年級に、高等小学校二年終業のものは本科一年級に」の部分が、この切れ目なく立教女学校の各科に入学できることを指している。本田の学科課程改革が「可能な限り女学生向けの中等教育機関として当局が求める水準に近づける観点」、すなわち「高等女学校令」に近づける観点からなされたことは確かであるが、それは同時に、官公立の学校との連続性を担保するものであったことも着目されよう。

本田が没しておよそ一二年後の一九三七（昭和一二）年四月、孫の山本朋子《ともこ》[12]が立教高等女学校の門を潜る。山本有三一家は、一九二六（大正一五）年三月、牛込区市ヶ谷台町の借家から府下多摩郡武蔵野村吉祥寺野田南（現、武蔵野市吉祥寺本町）に自邸を新築し引き移っていた。結局、この家から有三夫妻の長女朋子、次女玲《れい》子《こ》、三女鞠子《まりこ》の三姉妹が帝都電鉄[13]（現、井の頭線）で三鷹台駅まで通った。三人が通った校舎は関東大震災で壊滅した築地の校舎に代わり東京府豊多摩郡高井戸村大字久我山字西ノ原（現、杉並区久我山四丁目）の地に完成を見た新キャンパスである。入学して朋子は驚く。彼女は両親から母方の祖父本田と学校との関係については何も聞かされていなかったからである。

> 増次郎が立教女学院の前の立教高等女学校〔正しくは立教女学校〕の時、校長を三年ぐらいつとめたということは、昭和十二年に私が入学した時にはじめて知りました。そしてチャペルへの廊下に歴代校長の写真が並んでいたのがうれしかったことを思い出します。当時寄宿舎の舎監の黒川とよ先生[14]が〝とても発音にきびしかった[15]〟とおっしゃったことが忘れられません。

こう、朋子は筆者に宛てた葉書[16]で述懐している。「母方の祖父、英学者の本田増次郎が当時の小林彦五郎校長の前任校長だったこと、母〔華子〕が跡見高女で英語を習った[17]黒川とよ先生が寄宿舎の舎監だということ[18]」を知ったのも、すべて入学してからのことであった。

第13章　訳書『黒馬物語』

キリスト教翻訳児童文学の黎明期

一九〇三（明治三六）年九月、本田増次郎は英国の女流作家、アンナ・シュウエル（Anna Sewell）の *Black Beauty* を邦訳し『驪語《くろうまものがたり》』(1)（以降、『黒馬物語』と呼ぶ）と題して内外出版協会から出版したが、それは世に好評をもって迎えられた。明治・大正を通じて版が重ねられ、少なくとも一六年間は読み継がれた(2)。その後本田訳は世の表舞台から姿を消したが、*Black Beauty* の訳業は現在に至るまでさまざまな訳者によって続けられており(3)、動物物語という特異なジャンルの作品でもあり、翻訳児童文学の一つとして確固たる地位を築いている。この本田訳の『黒馬物語』は、当時翻案や抄訳が主流を占める中にあって、*Black Beauty* の最初の完訳であり、本格的なキリスト教翻訳児童文学の先駆けをなした作品として評価されている。

牧師であり作家でもあった沖野岩三郎は『明治キリスト教児童文学史』(4)（久山社、一九九五［平成七］年）で、若松賤子《しずこ》（巌本嘉志子《いわもとかしこ》）訳『小公子』(5)、五来素川《ごらいそせん》（欣造《きんぞう》）訳『未《ま》だ見ぬ親』(6)（後の『家なき子』）、それに本田訳の『黒馬物語』を、「一般の大人をも児童をも十分に感化し得た著述であった」(7)とし、また、これらの後に出版された日高柿軒《しけん》（善一）訳『フランダースの犬』(8)（内外出版協会、一九〇八［明治四一］年）を加えて、明治期における「基督教児童文学の四大名訳[9]」と呼んでいる。

また、国語教育者の滑川《なめかわ》道夫は「解説　明治期の児童文学の流れ」（滑川道夫他編『作品による日本児童文学史』第一巻、牧書店、一九七三〔昭和四八〕年）で、本田の『黒馬物語』や日高の『フランダースの犬』等を「新しい児童文学性を創造する素因構成の意義をもつ労作[10]」と評し、大正期の児童文学への橋渡しをなした作品として捉えている。

さらに児童文化研究で知られる上笙一郎《かみしょういちろう》は、日本児童文学学会・冨田博之・上笙一郎編『日本のキリスト教児童文学』（国土社、一九九五〔平成七〕年）で、「周知のとおり日本の近代的児童文学は、デフォーの『ロビンソン漂流記』やスウィフトの『ガリバー旅行記』などをはじめとする欧米の児童的文学の翻訳にスタートしたのだったが、キリスト教児童文学にあっても事情は全く同じである。まず、『聖書』や『天路歴程』が翻訳というよりも翻案＝再話的に紹介され、次には田村直臣《なおおみ》編『童蒙〔無知の子供〕道志るべ』（十字屋、一八八八年）などのようにアメリカのキリスト教的教訓読物の翻訳を見、その後に若松賤子によるバーネット『小公子』や本田増次郎によるシューエル『驪語《くろうまものがたり》』（内外出版協会、一九〇三年）といったふうに本格的な物語が訳出され、これを基礎として日本のキリスト教児童文学が育って行ったのであった[11]」とし、この『黒馬物語』を若松の『小公子』と並べ評すとともに、両作品を日本キリスト教児童文学の礎となった作品と位置づけている。

実はこの『黒馬物語』は立教女学校と深いかかわりがある。本田は同書の緒言の一頁で「予が『ブラック、ビューテー』の翻訳に着手せしは、我が動物虐待防止会の未だ生れ出でざりし一昨年中の事にして、立教女学校にて涙多く同情深き女生徒等に屢々《しばしば》動物愛憐の倫理を説きたる当時の思いつきなりき」と記しており、立教女学校校長となり授業を受け持つようになったことが一つの契機になったことがわかる。

本章では『黒馬物語』に先立つ本田の訳書『こがねと乳香』及び『こどもかたぎ　かたみのボタン』を併せ俎上に挙げ、その内容を紹介するとともに、『黒馬物語』に至る本田の訳業の流れを辿り、また『黒馬物語』

の内容と訳出の背景を吟味することによって、それが前二書とは異なる目的を担っていたこと、すなわちその訳業がキリスト教翻訳児童文学の枠を越え、動物愛護運動という社会運動の一環としてなされたものだったことを明らかにしたい。

まず取り上げるのは『こがねと乳香』と『こどもかたぎ かたみのボタン』である。

一八九六（明治二九）年一二月、本田は前年英米で出版されたマーク・ガイ・ピアース（Mark Guy Pearse）の *Gold and Incense: A West Country Story*, Hunt & Eaton, 1895を、(12)『こがねと乳香（敬神知足良婦美譚《かみをうやまいたることをしるよきおんなのはなし》）』と題して日本聖公会出版会社より邦訳出版した。はしがきに「バンコム夫人(13)の勧誘《すすめ》によりて翻訳せる」とあるので、日本聖公会の熱心な信徒である本田に、夫人が翻訳を勧め実現したことがわかる。本田が付した副題からも推測されるように、それは敬虔な一女性クリスチャンの物語である。

著者のピアースはメソジスト派の牧師であり、説教家としてまた作家として活躍した人物である。ピアースが原書の巻頭に「興を添えるため、この話が正真正銘の実話であることを申し添えます」と書いており、この物語が実話であることがわかる。物語の概略は次の通りである。

主人公のジェニファーは、見た目も地味で、赤ら顔、小太りで、皆に注目されることはなかったが、村の娘達が憧れる青年サム・ペッチに見初められ結婚する。二人の息子にも恵まれ、仲睦まじく暮らす一家だったが、夫が農作業中の事故で半身不随となってからは、ジェニファーが孤軍奮闘することになる。元々明るい性格の女性であり、篤い信仰心に支えられ挫けることもなく、厳しい農作業に加え夫の介護や息子達の世話に至るまでこなし、実に逞しく暮らすのである。そしてある日、この村に教会堂が建てられることになるが、貧しい生活にもかかわらず、好きなタバコや紅茶の一服を我慢し少しずつ浄財を貯え、村一番の高額の寄付をする。しかも実名を出すのを憚って「こがねと乳香」という匿名を使う。これが題名の由来で、「こがね」と「乳香」は『旧約聖書』の「イザヤ書」が、シェバの人々が持参すると予言した贈り物である。(14)

さて、こうした善行は自然に篤志家の目にとまる。彼は買い取った雑木林をジェニファーに貸与する。ジェニファーは息子達と力を合わせ、雑木を切り、それを薪として町で売ると同時に、その土地を豊かな畑地に変える。そして最後にはその土地を買い取り家を建てるのである。

> 家には蔦が一面匍《は》い上って、小庭には実の生《な》る木や、色々の花が沢山あり、横の方には蜜蜂の巣が並んで居《お》り、後の方には沢山の家禽《とり》がノソノソ歩いてコココと鳴いて居《お》りました。ズット後の方の豚小舎《ぶたごや》には十《じっ》疋《ぴき》ばかりの豚が、世界中これ程よい所はないという風《ふう》でウイウイといって居ました。
> 芋畑は驚くほどで、あんな芋は何処にも外《ほか》で出来ませぬ。永年の間森の落葉で地が肥《こ》えて居ましたから、作物がよく生《で》きました。其辺から青物市へ出て来る中《うち》で、第一等の芋はペッチのおかみさんのでした。（今はもう人がジェニファーとは云いませぬ。）
> しかし、ペッチのおかみさんは、昔の儘の可愛《かわゆ》らしいジェニファーでした。夫は其前に何の苦みもなく永眠《ねむり》ましたが、子供は大きな、肩幅の広く張った、立派な若者になって、小さい母の傍《そば》に並んで歩くと母は猶更大《なおさらおお》威張《いばり》でした。[15]

こうして、この物語は齢を重ねたジェニファーが、立派な若者となった息子達に囲まれ皆の尊敬も受けながら、手入れの行き届いた家作で悠々自適の暮らしをしている情景で終わる。信仰に篤い人物は精神的には言うに及ばず、物質的にも恵まれることが示唆される。それは信仰勧奨の物語であり、本田の筆になる初版のはしがきも、「ジェニファーの如き篤き信仰の、吾にも人にも燃え起りたらんには、会堂の新築は何のその、此美《うるわ》しき国土《くに》を挙げて神の栄光《さかえ》の宝座《くらい》とせんも、最《い》と易《やす》き事ならんと、深き祈禱《いのり》を以て告ぐること爾《しか》り」との文言で結ばれており、このことを如実に示している。

続く『こどもかたぎ　かたみのボタン』（以降『かたみのボタン』と呼ぶ）は、前書の五年後、一九〇一（明治三四）年一二月に育成会から本田が出版したものである。英国の女流作家アミー・ル・フェーブル（Amy Le Feuvre）の *Teddy's Button*, The Religious Tract Society, 1896の邦訳で、父を戦場で亡くした片親の少年テディーを主人公とした信仰と伝道の物語である。[16]

テディーは腕白盛りの少年で、陸軍にいた父が戦死した時身につけていた軍服のボタン一つを自分の上着に縫いつけ大切にしている。ある日このボタンに手をやりながら、村の遊び仲間達に父の武勇伝を話し皆も拍手喝采して聞いていたが、見慣れぬ少女ナンシーが突然その話に異議を唱えるところから物語が展開し始める。

『じゃー父様《おとっさん》の上衣《うわぎ》には、釦鈕《ぼたん》が唯《たっ》た一つしかなかったの』
という聞なれぬ声に驚いて、一同《みんな》振り返って見ますと、何時の間に来たか、一人の強健《がんじょう》な小女《むすめ》が仲間になって居りました。[17]

この少女は、最近村に越して来た水兵の娘ナンシーで、負けん気が強く傲慢で、ことあるごとにテディーに刃向かう。テディーが慕う父が陸軍、ナンシーの父が海軍だったことも二人の対立を助長した。遂には、小川に架かる小さな板橋の上で両雄が相譲らず、争った末両名とも川の中に落ちる事件も起こり、テディーは自分の非を悔いはするが、それでも悪戯や喧嘩を止めることができない。しかし、信仰深い母をはじめとする家族や村のアプトン牧師の話を聞くうちに、次第に自分の心の奥底にある悪を意識するようになる。それを「自我」と呼び、ナンシーではなく、その自我を敵として戦う兵隊になることを決意するのである。

『神様、私は此処《ここ》に参りました。あなたは私を待っておいでなさいましたでしょう。私はあなたの軍隊《へいたい》に加《はい》る考えで御座います。神様私はアプトン先生から教わった事を忘れましたけれども、何卒《どうぞ》私の罪を赦《ゆる》して、天にあるあなたの本に私の名をつけて下さい。私の名はエドワルド、ジェームス、プラットで御座います。私は今日から何時までもあなたの兵隊になって居《い》とう御座います、常時《いつも》私を置いて下さいましょうか。私は決してあなたの兵隊をやめて帰ろうと思いません。勇《え》らい戦争《いくさ》をして、あなたの旗を確乎《しっかり》持ってることの出来るように助けて下さい。そして何卒《どうぞ》お父《とっ》さんに、私が今日からあなたの兵隊と成ったことを知らして下さい。アプトン先生は、私見たいな者でもあなたの兵隊に成れると言いました。あなたは基督を下して私の為に死なせて下さったのを難有存じます。是まで基督の兵隊でなかったのを、大変残念に思いますが、今までは基督が私を兵隊にほしい事をよく知りませんでした。何卒《どうぞ》耶蘇《え》基督《すきりすと》の御名によりて、私を善い児《こ》となるように助け玉へ。アーメン。[18]』

こうして敵対していたナンシーとも和解、彼女をも信仰の道に近づける。また、たまたま村を通りかかった兵士にも信仰を勧めて伝道的な役割まで演じ、村で皆から「釦鈕小僧」のあだ名で呼ばれ親しまれるようになる。ナンシーとの争いの渦中で失くしていた父の形見のボタンも年の暮れには戻り、テディーは幸福感にひたる。物語はボタンが戻って来た翌日の夜、就寝前のテディーと母親のやり取りで幕を閉じる。


『天国に行ったら、もう僕は自我と戦争せんでもいいでしょうか』と尋ねました。

『そう、天国では罪と戦うには及びませんよ』。

『僕が死ぬまで、自我と激い戦をしたら、大将はお父さんのように強《きつ》かったって褒めて下さるでしょうかね』と、テデーはニッコリ笑いました。

『聖書の中に、「心を治むる者は城を攻め取る者に優る[19]」と書いてあります。母《かあ》さんはね、お前が兵隊の中で一番強いものになるよりも、神様の為に戦う方が好きですよ』。『僕両方ともするわ。お母さんもう眠くなってよ。眠る前にお父さんの釦鈕を取って頂戴、一寸接吻《キッス》するから』とテデーは申しました。[20]

本田に依頼され断り切れなかったのであろうか、キリスト教嫌いで知られた嘉納が巻頭に一文を寄せ、この訳書を英国の家庭や宗教観を知り得る有益な書として推薦している。確かに『聖書』や『天路歴程』が家庭で読まれている様子も描き込まれており、嘉納が指摘しているように、英国の家庭生活の実相を知る手がかりが得られることは確かであるが、物語の主人公自身が信仰の道に入ってゆくのみならず、その友人や大人にまで宗教的感化を与える筋立てであり、あくまで本書の主目的は人々を信仰に導く点にある。

以上二書の内容を順次見てきたが、いずれも信仰美談でありキリスト教信仰を勧める観点から訳業がなされている。本田自身が熱心なクリスチャンであったことを考えれば、信仰美談を取り上げたことは理に適う。また本田は信仰美談の持つ感化力を強く実感していた。

千葉高等女学校で、英国の女流作家による子供向けの小説『かたみのボタン』のある章が私の訳文で読まれた時のことだ。その日は担任が休みだったので、代理の先生がクラスの生徒を前にして読んだそうだ。すると本当に不思議なことに、クラスの中で一番わがままな少女が、その話を聞いた後、真面目に勉強し、出会う人にはことごとく親切に振る舞う完璧な天使に変わってしまったのだ。校長が調べてみると、その生徒はこの好ましい物語に出てくる小さな英雄のようになろうとしていた。[21]

この訳書が子供に対し大きな感化力を持っていたことが窺える。すでに紹介したように、『こがねと乳香』

は話の内容からも、必ずしも子供向けとはいえず一般向けの信仰美談であるが、この『かたみのボタン』は読者として子供を想定している。しかも主人公も子供であるから、その行動や心の動きは直接的に子供自身に働きかける。女生徒は自身を主人公に同化させ心底から改心したのであろう。

『黒馬物語』と動物愛護運動

それでは三番目の訳書『黒馬物語』は前記二書とどのように異なる意味合いを持っているのであろうか。

『黒馬物語』は英国の女流作家アンナ・シュウエルの *Black Beauty: his grooms and companions: the autobiography of a horse*, Jarrold & Sons, 1877[22]の邦訳である。副題が「その馬丁と仲間達 ある馬の自伝」とあり、表題下部には“Translated from the Original Equine by Anna Sewell”（アンナ・シュウエルによる馬の原語からの翻訳）とあるので、主人公の黒い雄馬、ブラック・ビューティーが自身の生涯を馬語で語ったものをシュウエルが英語に訳したと擬制して書かれていることがわかる。

一八九六（明治二九）年、西華生《せいかせい》が『女学草紙 なでしこ』に「名馬墨染」と題して二回にわたって連載（一八九七〔明治三〇〕年、『中学新誌』に修正を加えて再録）、続いて一九〇二（明治三五）年に藤井寅一が明昇堂（大阪）より『黒美』として出版したが、いずれも抄訳であった。

本田は緒言で、次のように訳出に至った経緯を含め、翻訳の動機を記している。

> 予が訳稿の漸く半ば成らんとする時浪華に在る予の友人藤井〔寅一〕氏亦その訳本を作りつつありと聞きて予は此の業を中止しぬ。氏の『黒美』は昨年公刊の運に至りしも、僅に原書の前半を伝うるに過ぎず。其の間に動物虐待防止会の起るありて、此の種の文学に世人の目を注ぐもの漸く多からんとするあり、該会の熱心なる主唱者経営者の一人たる山県悌三郎氏、切《しき》りに予の稿を完うせんことを勧めらる。乃ち今夏

の少間を偸《ぬす》みて正に全篇を訳し了りぬ。思えらく藤井氏の訳やがて完璧となりて世に現われ、予が此の訳本と東西並び立ちて読書界に迎えらるるに至らば、畜類愛護の大義を発揮するに於て少からざる貢献をなし得べからんと。

つまり『黒馬物語』は「畜類愛護の大義を発揮する」ため、すなわち動物愛護運動の一環として翻訳され出版された。そこには動物愛護運動の推進という明確な目的意識があった。動物虐待防止会が正式に発足を見たのは一九〇二（明治三五）年一〇月[23]とされるが、本田は同会の発起人の一人であり、山県悌三郎とともにこの運動に積極的にかかわっていた。同年六月一五日に開かれた動物虐待防止会の会合を一七日の『時事新報』が報じている。

動物虐待防止会　同会は一昨十五日午後四時神田一ツ橋学士会事務所にて発起人会を開き、今後の活動に就き種々協議したり。来会者は片山国嘉、湯本武比古、河瀬秀治、山県悌三郎諸氏其他都合三十四名にて、会議後晩餐を喫し当夜来会せるダルマバーラ氏〔Anagarika Dharmapala, スリランカの仏教活動家〕の「印度に於ける人道問題」、発起人の一人本田増次郎氏の「欧米に於ける対動物思想の変遷」の談話あり八時過ぎ散会せり。当日決議の要領は左の如し。

（一）動物虐待の防上《（ママ）》〔止〕に関して警視庁と該会の聯絡を計ること（高島平三郎氏主任）。
（二）会紀員章制定の件（湯本武比古氏主任）。
（三）英文主意書言文一致の勧誘書小冊子等発行の件（山県五十雄、桜井義肇、本田増次郎、高島平三郎、各氏主任）。
（四）各府県学校及講習会聯絡の件（広井辰太郎氏主任）。

尚お演説会を開くことも決議せり。又同会趣旨賛成者は芝高輪北町五十三番地同会事務所又は発起人へ申込めば何時にても入会し得べし。

（印度に於ける人道問題に付した鉤括弧は引用者による）

当時は、鉄道馬車が市電に全面的に取って代わられる以前の時代であり、都会でも馬は比較的人目に付きやすい動物であった。馬が語る形式を取ったこのシュウエルの *Black Beauty* を本田が選択したのは、時節を得ていたといえよう。日常的に目にする動物が語るのであるから、一層親近感が増すわけである。そこでは人と動物の交流が動物の視点から描かれ、そこに登場する人間の生き様、動物に対する態度や理解の程度が動物の目線で語られる。全編至る所で動物愛護の必要が繰り返し説かれ、物語中で動物を理解し親切に接する人物は人格高潔で信仰にも篤く社会的にも尊敬される。また信仰の意義も登場人物の言葉を借りて随所で表明される。例えば、蝿の羽をむしるなどの虐待をした生徒を先生が叱るのを聞いていた馬丁のジェームスが、その先生の言葉に我が意を得たりと仲間のジョンに話して聞かせ、それにジョンも賛同する場面がある。

『（前略）それから先生は生徒全体にお話しをして、弱いものを害するのは大変不人情な臆病者のする事だと言った。其時私の一番感じた先生の詞《ことば》は、残酷《むごい》ことをするのは悪魔の商標《しょうひょう》だから、誰でも虐待をする者は皆悪魔の子分だ、悪魔は初《はじめ》から終《おわり》まで殺戮者呵責者《ころすものくるしむるもの》であるから。之と違って、人が隣人《となりびと》を愛し、人や動物に親切であるのを見ると、それは神の標号《しるし》である、『神は愛なり』だからと言われた事だ。』
『其先生の教えた事は一番本当だ。愛のない宗旨ちゃありはしないが、いくら人がお宗旨の事をしゃべっても、人や動物に親切をしろと教えないのは皆虚偽《うそ》の宗旨だ、皆虚偽《うそ》だ。ねージェームス、そんな宗旨は、引くり反して能《よ》く中身を調べられる日になると、すっかり化の皮が顕《はが》れてしまう。[24]』

ここには最後の審判への言及もあり、シュウエルの宗教観も垣間見える。『黒馬物語』はキリスト教信仰を基盤に据えた作品であり、しかも動物愛護を強く訴えかけている。巻末では、「この自叙伝の読者で、道や厩舎での正しい馬の扱い方に、より興味を持たれた人があるなら、訳者〔馬語の訳者シュウエルとの意〕は賞賛に値する四ペンスの小著『馬の本』を買い求めることを推奨します」と、英国の動物虐待防止会が出した *The Horse Book* を推薦しており、シュウエル自身、動物愛護運動に深い関心を抱いていたことがわかる。

佐藤紅緑《こうろく》（洽六《こうろく》。報知新聞記者、俳人）の筆になる次の『福音新報』の書評によってもわかるように、この『黒馬物語』は好評をもって迎えられた。

驪語《りご》(25)を読む

本田増次郎氏訳驪語は近時出版界に異彩を放つべき好著なり。原書は欧洲に於ても有名なる家庭読物たるブラック、ビュウティなり。訳者の筆路軽快、円熟にして真摯《しんしつ》、何人が訳すとも此書より以上に訳す事は困難なるべし。動物虐待防止会の此書を出版せるは同会の趣旨を遂行するの目的に供したるならんも、吾人は此の書を読みて動物虐待防止よりも更らにより以上の感興《かんきょう》に触れたり。（中略）吾人は此書を読みて実に動物と人間との愛を感ずる深し。訳者の巧妙なる筆は篇中の諸馬恰《あた》かも人間の如く活動し、人と馬との間の情緒纏綿《じょうちょてんめん》〔情愛が深く細やか〕として生別離苦《せいべつりく》の章に至り思わず落涙に堪《た》えざるものあり。斯《か》かる好書の大に出版されんことを望むと共に、此書を世の御嬢様坊《おじょうさまぼっ》ちゃま但《ただ》しは奥様紳士《おくさましんし》等《ら》までも読まれんことを希望す（ケイ、エス）(26)。

この訳書で、本田は主なターゲットを子供に置いた。緒言の結び近くで「此の訳本は平易なる口語を用いて、母の膝、炉の辺り、普《あまね》く家庭の読みものとならんことを期し」としており、言文一致体を志向したことが示唆される。また前記の書評も「此書を世の御嬢様坊ちゃま但しは奥様紳士等までも読まれんことを希望す」とし、基本的に想定した読者層を子供と理解している。しかし本田は緒言で、「動物を愛憐訓育するはやがて人類の品格を養うなり。父母たる者は之に依りて子女薫陶の幾微を悟るべく、幼弱の者は之に依りて人道実践の初階に上るを得べし。動物を哀れむ豈に独り彼等の為のみと謂はんや」としており、ここには子供達を感化することによって、大人、ひいては人類全体をも感化するという新しい視点が加えられている。

一八九六（明治二九）年に『こがねと乳香』に始まった本田によるキリスト教文学の訳業は、五年後の『かたみのボタン』を経て、一九〇三（明治三六）年の『黒馬物語』で結実する。

そもそも日本の近代文学は翻訳文学によって生成された面を持つ。江戸後期の読本や滑稽本の直系に位置する曲亭馬琴や仮名垣魯文等の戯作文学が、夏目漱石や島崎藤村等の近代文学に脱皮するその過程には、翻訳文学を巡る様々な試行錯誤の歴史があった。初期の段階では原語に対応する日本語が存在しないため、訳語を造語しなければならない事態も生じた。時代が進んでも原文を日本語のいかなる表現形態に移し換えるかで、翻訳者達は頭を悩ませた。まだ言文一致体が確立していない時代のことである。

『驪語《くろうまものがたり》』初版（1903年）表紙

かかる視点から捉える時、『黒馬物語』という抄訳や翻案ではない本格的な翻訳書を、和漢混合文が主流を占める時代にあって、『こがねと乳香』『かたみのボタン』以来志向してきた言文一致体を用いて世に問うたことが、まず評価されなければならないだろう。しかしそれにもまして、動物虐待防止会による動物愛護運動の一環として訳出した事実が、従来にはない性質の訳業として特筆されるべきだと考える。『黒馬物語』は西欧思想の単なる紹介の枠を超え、新しい社会運動のメッセージを担っていた。また、少なくとも、大正期に至るまで版が重ねられたことを考えあわせると、キリスト教界のみならず日本社会一般にキリスト教精神を基盤に据えた動物愛護の精神を広めてゆく上で大きな功績を残したといえるだろう。(27)それは信仰美談の紹介という往々にして宗教界のみに留まる読者を一般の層にまで広げてゆく力を備えていた。

そして本田や山県は、この動物虐待防止会の運動をさらに人道教育という、より広範な運動に発展させようと試みる。動物虐待防止会が設立されて間もない一九〇三（明治三六）年二月、本田は『児童研究』に「人道教育会」と題した人道教育の必要性を謳い上げた一文を掲載した。次はその抜粋である。

戦争殺戮残虐犯罪を根絶して人道を発揮し、相助け相愛し和気靄々《あいあい》たる楽国を此世に実現するの策如何。各児童を教え導きて慈悲仁愛の心を養わしめ、あらゆる機会を利用して親切なる言を出し親切なる行を為し、以て他人或は無告の動物に幸福を与える事を勉めしむるに在り。家庭幼稚園日曜学校に始まり小中大学校を通じて此人道教育に重きを置き、或は児守歌に或は遊戯に、或は教科書中に或は自由談話中に、仁慈博愛の主義を孜々淳々として説く時は、児女を通じて父母にまで良感化を及ぼすべく、又別に方法を設けて犯罪者が子女を保育するの権を没収し、無辜の子女を導きて不良の感化を受くる事なき境遇に在らしむる時は、一二代にして能く憎むべき罪悪を滅するを得べきなり。(28)

この人道教育会は実現せず終わるが、動物愛護の精神が人道教育の目指す博愛の精神と密接にかかわっており、幼児や子供を感化することがひいては人類全体の福祉向上、究極的には世界平和の実現に資するものであることを、本田達は明確な形で意識していた。『黒馬物語』は博愛の精神を幼児や子供から植え付けてゆくという戦略的思考を背景としてなされた訳業であり、動物愛護運動という社会運動のプロパガンダとしての役割を担っていた。その意味で、信仰美談を敷衍する単なるキリスト教翻訳児童文学の枠を超えていたといえよう。

第14章　人生の岐路

寄宿舎兼伝道所の運営

一九〇四（明治三七）年四月二七日、[1]小石川後楽園で盛大なレセプションが開催された。それは来日した女医のマギー（Anita Newcomb McGee）夫人一行の歓迎会であった。夫人は米西戦争に際しても看護師長として活躍した人物で、八名の看護師を引き連れ四月二二日横浜に上陸、六月から一〇月にかけ広島大本営付設の予備病院で負傷兵の看護に当たる予定であった。

この日のレセプションは、満州軍総司令官大山巌夫人捨松を筆頭に日本の名流婦人達が集う正式な催しであることから、本田増次郎は自身が最もフォーマルであると考えている服装、すなわち羽織袴にシルク・ハットの、文字通り絹ずくめの装いで出席した。

そして当日、この会場には貴族院議員の鍋島直大《なおひろ》侯爵が居合わせていた。この時のエピソードを本田が書き留めている。

鍋島侯爵は、正式なフロック・コートを身に着けていたが、帽子は普通のダービー・ハットであった。

侯爵は私のユニークな風体を見て、一層ご自分の手抜かりを意識されたようで、近づいて来て、こんな正式な場では二人共何とも不釣り合いだから、互いの被り物をこの場ですぐに交換しようと提案された。自分が間違っているとは必ずしも思わなかったが、侯爵の過ちに心から同情したのだ。恐らくこの私の同情は、元佐賀の大名である侯爵にとって、対等の返礼以上のものに感じられただろう。ともかく、午後の残り時間は平民のシルク・ハットが偉大な華族の頭にちょこんと載っかり、一方で侯爵のビッグ・サイズのダービー・ハットが平民の私の小さな頭を深々と覆っていた。(2)

帽子を替えてもミスマッチに変わりがない本田にとって侯爵の申し出を受け入れることは容易いことだっただろう。本田は生涯にわたって服装には独自の哲学を持っていたようである。渡米前はかかる和洋混合スタイルで通し、渡米後は洋装に変えたが、仕事で着るワイシャツの襟は質素なシングル・カラーにこだわった。また帰国後は、これまでの流れからすれば以前の和洋混交に戻るはずであるが、そうはせず、今度は和服で通している。本田は何も語っていないが、海外生活を経験し、日本文化の一つ、和服の良さに開眼したのではないだろうか。

それにしても、一介の教師が、レセプションといった晴れやかな表舞台に出るのは場違いな気もする。しかし、高師教授、外語校教授となれば、当時は世間から名士として遇された。寄付や各種会合への出席を度々持ちかけられたという。しかも本田は動物虐待防止会の主要なメンバーであり、リデルのハンセン病者救済事業への協力、列車内で女性や老人に席を譲る社会改良運動と、英語教育以外の分野にも力を入れていたため、なおさらのことであった。「公務員だったので御多分に漏れず懐具合は良くなかったが、公衆の目に晒されており、あらゆる慈善事業に寄付を頼まれた。ときには自分の個人的興味から慈善団体が行う催事を手伝ったり、頼まれては社交界の婦人方がする様々な仕事の手助けもした。どちらも心血を注ぐ必要があると同時に金銭的負担もあった」(3)と当時を振り返っている。

こうして本田は、高師、外語校をメインに英語教育に携わりつつ、各種の社会活動にも手を染めていったが、今一つ、本田がクリスチャンとして情熱を燃やして取り組んだ仕事があった。それは寄宿舎兼伝道所の運営である。

遡ればそれは清国留学生を教えていた時、三崎町の学校兼寄宿舎の自室に高師の教職員や生徒を集めて聖書を学ぶ会を開いた時に始まる。そしてこの勉強会は本田が留学生教育を終えた後も、すでに第10章で名称や所在地を紹介した弗蠟館の一室に引き継がれていく。主に日本聖公会の青年男子を寄宿させ、キリスト教精神により彼等を導くことを目途とした。嘉納塾が柔道を核に青年を育てたのと同様、本田はキリスト教を核に若者を教え導こうと考えたのである。

日本聖公会の機関誌『日曜叢誌』がこれを伝えている。

弗蠟館とは今度本田増次郎氏が本郷区湯島新花町に一家を卜して設けられたる青年寄宿館なり、仝館は専ら聖公会に属する青年にして中学程度以上にある信徒求道者の寄宿を許し、同氏自ら之を監督せらるる由、又仝館にては毎月一回づつ聖保羅教会青年会祈禱会と、高等師範学校内基督信徒の集会あり、後者には職員及び生徒を通じて十数名の信徒出席すという。(4)

一風変わった名称であるが、本田はこう名づけた理由を「希臘時代に大理石にて建築致候に、石に疵ある時は蠟を以て之を塗りかくしゴマカシ候故、蠟なきは偽らざるの意と相成候と相成候かと承り候。(中略)不徳の身を以て多く世を益する事は出来不申とも、せめては真摯誠実を標榜して後進を誘導致度本願に候(5)」と説明している。正義を貫きたい本田の意気込みが伝わってくる名称といえようか。

実は弗蠟館は、家賃は安いが心理的瑕疵に基づく事故物件であった。以前の借家人が井戸に身を投げて亡くなって以降、幽霊が出るとの噂があった。この身投げをした人物は神官で、とある著名な神社を任されていたが、ある時宝くじに手を染め、信者から集めた金銭を注ぎ込み無一文となる。残された道はもはや身投げしかなかった。本田は、「面白半分に、なあに柔道の技で幽霊を捕らえて見世物小屋にでも売りつけてやるさ、と言いながら、この評判の芳しくない家を意気揚々と借りた[6]」のである。

迷信を信じない本田だったが、「二度あることは三度あるようだ。特に悪いことは![7]」と、後に述懐することになる事件が起こる。

一九〇二(明治三五)年三月二八日、麹町区下二番町で少年の死体が発見される。殺された少年の名は河合荘亮(数え年一二)。問題はその遺骸の惨状であった。翌日の『東京朝日新聞』は「麹町の少年殺し(臀肉を抉り取らる)」との見出しで伝えている。後に臀肉事件と呼ばれ、世間を騒がせることになる事件の始まりである。捜査当局は変質者あるいは迷信を信じる者の可能性を念頭に捜査を進めたが進展は見られなかった。ところが三年が経った一九〇五(明治三八)年五月三〇日、他の二件の殺人事件の容疑者として逮捕された野口男三郎《おさぶろう》が、尋問の過程で少年の殺害を含め三件の殺人を自白したのである。

羽織袴にステッキ、ダービー・ハットの正装姿の本田。神田淡路町江木本店にて撮影(本田家所蔵)

この野口(旧姓武林。以降「男三郎」と呼ぶ)は、実は元高等英学校の生徒であり、本田が弗蠟館で一年ばかり面倒を見た青年であった。講道館で柔道をやりたいとのことで本田が推薦して通わせたこともあった。外語校ロシア語科で学んでいたが、

「絶えず神経衰弱の症状を訴え、その結果授業もさぼるようになった」[8]。交友関係も上手くゆかず、結局弗蠟館を退館し知り合いの動物学者石川千代松の家に下宿する。そしてその隣家の野口そえと恋仲となり、そえの兄の反対を押し切って同居するに至る。この兄は著名な漢詩人の野口寧斎《ねいさい》（一太郎）といいハンセン病を患っていた。男三郎はこの病気がそえに感染するのを恐れ、それを防ごうとこの猟奇殺人を引き起こしたのである。

公判記録によれば、男三郎は「臀肉を持ち新橋三銀（中国陶器店）より坩炉《こんろ》を買い木挽町《こびきちょう》三丁目十二番地貸船業小林正記方より舟を雇い浜離宮辺の海上に於て肉汁を作り之に鶏肉汁を混じて一太郎とそえに飲ました」[9]とされている。これは野口家にあった唐書に人肉が効くとあり、これを信じての蛮行であった。

ところが公判で男三郎はこれまでの自供を翻し、一転無罪を主張する。結局この少年殺害事件は証拠不十分で無罪となるが、他の殺人事件一件と公文書（外語校卒業証書）の偽造が有罪となり死刑判決を受けた。三年強に及んだ在獄中、高等英学校のプライス校長が上京し男三郎と面会、「受洗はしないにしても、すべてを告白し神と良心に導かれて安らかに死を受け入れるよう説得した」[10]が、最後まで改悛はしなかった。もっとも一九〇八（明治四一）年七月二日の死刑執行の日、獄中に残された書物二〇冊ほどの中に『聖書』があったという[11]。

こうして、神官の身投げ、臀肉事件と、弗蠟館絡みの事件は二度続いた。次は三度目の正直である。それはまさに本田自身に直接かかわる事件であった。

本田が高師の教壇に立っていた時である。弗蠟館の一青年が息を切らして真っ青な顔をして学校に駆けつけてきた。そして「主人が留守だからといくら抗議しても、先生の持ち物すべてに差し押さえの赤紙を貼っている[12]」という。本田は腹をくくって戻らなかった。そして授業を終え帰ると、確かにタンスの引き出しに赤紙がペタペタと貼ってある。万事休すである。ところがお手伝いの婆やの話だと、執行官は「日用品はタンスの引き出しから出し、後で赤紙を貼り直しておけばよい[13]」と示唆してくれたという。

実は本田は友人の借金の保証人になっていた。その友人は世のためになる仕事に従事しており、本田はその友を信頼し切っていたのである。金額の確認もせず、言われるがままに借用証の保証人欄に実印を押し続けた結果が、弗孅館への執行官の登場になった。

その友人の債務は五〇年分の給料をすべて充てても返済できないほどの金額に膨れ上がっており、結局本田が保証人として負債の半分を負い、その結果給料の三分の二が差押えられることになったのである。本田は一九〇二（明治三五）年四月に女子英学塾（現、津田塾大学）英語科の講師に、一九〇四（明治三七）年二月に早稲田大学高等師範部の講師となっている。これらは債権者が把握できない収入を確保するのに好都合だったのである。この頃から英語学習誌への執筆や注訳書の出版にも仕事の手を広げている。当時の主な著作物を雑誌と出版に分けて次に列挙しておく。

【雑誌】

『英学新報』

「英語研究法」一九〇二（明治三五）年六月から連載一四回。

「神話研究」一九〇三（明治三六）年二月から連載六回。

『英文新誌』

“Hero-Worship by Thomas Carlyle” 一九〇三（明治三六）年六月から連載一〇回。

「あーさー王物語」一九〇三（明治三六）年六月から連載七回。

「西諺《せいげん》雑話」一九〇三（明治三六）年一二月から連載八回。

“A Bachelor’s Complaint of the Behavior of Maried People by Charles Lamb” 一九〇四（明治三七）年七月から連載五回。

"Friendship by Ralph Waldo Emerson" 一九〇四（明治三七）年一〇月から連載八回。
"Names and Their meaning" 一九〇四（明治三七）年一〇月から連載九回。

『をんな』

「欧州女徳変遷史」一九〇二（明治三五）年一一月から連載一二回。

「泰西女訓」一九〇四（明治三七）年二月から連載一〇回。

「結婚要義」一九〇五（明治三八）年一月から連載六回。

【出版】

『処世要訓』[14] 文武堂、一九〇二（明治三五）年七月。

『ラスキン倫理思想』（*Thoughts on Ethic Selected from the Writings of John Ruskin*）英学新報社、一九〇三（明治三六）年一月。

『カーライル英雄論詳解』[15] 内外出版協会、一九〇四（明治三七）年一二月。

『泰西女訓』[16] 内外出版協会、一九〇五（明治三八）年四月。

こうして本田は数年間懸命に働き保証の履行を続けねばならなかった。最終的には債務の免除や支払利息の元本充当もあり辛うじて解決したというが、その代償は余りにも大きかった。「健康を壊さずに一人の人間がこなせる以上の仕事をしてしまった[17]」のである。しかも、追い打ちをかけるように妻ふでが一九〇三（明治三六）年八月一日結核のためこの世を去る。

余命一〇年の宣告

配偶者を失うと人は強いストレスを受ける[18]。これは配偶者との間で結ばれてきた絆（それは多くの場合強い相互依存関係から成り立つ）が、その死によって容赦なく断ち切られ激しい喪失感に襲われるからである。フェイスブックの最高執行責任者であるシェリル・サンドバーグ（Sheryl Kara Sandberg）は夫を亡くした後、数ヶ月経っても「夫が居ないまま、世界が回り続けていくのが不思議だった[19]」といった感覚を抱き、作家の藤沢周平は妻を失った直後の自身の気持ちを、「そのとき私は自分の人生も一緒に終ったように感じた[20]」とし、がん専門医の垣添忠生は自身が専門とするそのがんで妻を亡くし、「半身を失ったような感覚[21]」に襲われ、数ヶ月にわたって鬱の症状に陥った。

この時期の本田には、借金の保証人となったことによる金銭的苦境、その問題に対処するため限界を超えて働いたことによる健康の悪化、配偶者を失ったことによる心身の不調、これらが三つ巴となって襲いかかり、筆舌に尽くし難いダメージを本田の精神と肉体に与えたはずである。従来通り仕事を続けていたなら本田の人生はここで終わりを告げていたかも知れない。

しかし本田には神にすべてを委ねた信仰の力があった。本田はこれを梃《てこ》に再び立ち上がる。本田が残りの生涯を平和な世界の実現に尽力しようと決意したのは、それが信仰の行きつく先、すなわちキリスト教が目指す愛に満ちた神の国を地上に顕現させることに繋がると確信したからである。しかもそれは自身の秀でた実践的英語力を生かすことのできる仕事でもあった。

本田がプラクティカル・イングリッシュ、特に発音に秀でていたことについては幾つかの証言がある。講道館の親友富田常次郎は、次のような本田の発音に関するエピソードを書き留めている。

> 曽《かつ》て、（明治三十三年の頃〔正確には一九〇一〔明治三四〕年〕）英国の小艦隊が我国を訪問した事がある。その際、時の英国大使サークロード・マクドナルド氏〔Sir Claude Maxwell MacDonald〕の依頼によって、講道館に於て英国の海軍大将並に将校以下候補生百余名に柔道を参観せしむる事になった。折悪しく嘉納師

範は旅行中であったので、私は幹事として主人役を勤めた。そうして、此の一行は国際的にも大切なるお客であると思ったから、出来得る限り満足を与えたいと思って、当日〔一二月一六日〕私の試みんとする講演の通訳を本田君に書面を以て依頼した。すると、折返して快諾の返辞が来た。そうして君は、当日例の流暢な英語を以て、私の拙な〔い〕講演を通訳して呉れた。

斯くて柔道の乱取も形も一通りすんで、それから余興的に此の英国の士官候補生数名の飛入勝負などもあり、一行は大満足の態で、幾度かお礼を述べて帰られた。

偖《さ》て、此の一行の柔道参観を直接英国大使から依頼せられたのは、二段田中銀之助〔ケンブリッジ大学卒の実業家〕氏であったから、当日は同氏も素より出席して、大使夫妻を始め一行を我々に紹介の労をとられた。

他日私が田中氏より聴いた話しによると、英国大使夫妻は、柔道よりもより驚いたのは、実に本田君の流暢にして然も上品なる英語其のものであったと言う事であった。のみならず、その本田君は、未だ曾て洋行した事もない、殆んど独学者であると言う事を聴くに及んで、彼等は実に Wonderful 処ではない、寧ろ Astonishment としたと言う事であった。(22)

また、後に東洋通報社で同僚となる馬場恒吾はニューヨーク時代を懐古して、次のように語っている。

本田君はよく私に向って、どうも発音の悪い英語を聞くと不愉快で堪らぬと云った。それは日本人に限った事でない。紐育の土地っ子がニュー・ヨークの事をヌー・ヨークと云うように鼻に抜ける英語を聞くと胸が悪くなると云った。私はそれは余りに神経過敏ではないかと思っていた。

ところが、私等の出している雑誌〔当初 *The Oriental economic Review*, 後 *The Oriental Review*〕に雇っていた

米国人にチャプマン〔Lucian Thorp Chapman〕と云うのがいた。これは相当教育があって、新聞記者もしていたことのある男であった。これが時々英語の発音で、本田君にやり込められているのを目撃した。或言葉をつかまえて、本田君はこう発音するのだと云う。チャプマンはそうではないと云う。それならと、辞書をしらべて見ると、何時でも本田君の云う方が正しい。

それより私が最も驚いたのは、ある宴会で本田君の卓上演説を聞いた時であった。それは誰かの送別会で、西洋人と日本人と三十人許り輪になって食卓に就いて、本田君が英語で演説をした。其演説を聞くと、私は成程英語の発音も一種の芸術だと思った。本田君の演説は何時でも機智に富んだものであった。皆んな其文句に感心しているようであった。併し私は何よりも、英語が一語一語、明瞭に、綺麗に、正確に発音されて行くのを聞くと、只発音を聞く丈でも、愉快なものだと思った。本田君のに比べると、外の西洋人の英語は都会人の後に、田舎者がしゃべっている位にしか聞えなかった。成程本田君が、発音の悪るい英語を聞くと不愉快だと云うのは無理もないと思った。[23]

英国人が聴いても「流暢にして然も上品なる英語」であるとのマクドナルド大使評、本田が「ヌー・ヨークと云うように鼻に抜ける英語を聞くと胸が悪くなる」と言っていたとの馬場の証言から、本田の話していた英語が、正統派のキングス・イングリッシュ[24]だったことがわかる。

本田が英会話を学び始めたのは三人の米国婦人によってだったが、熊本で英国人宣教師のリデル達と知り合いになったことを契機に、本田は英語の発音に開眼し[25]、続く大阪でプライス校長をはじめとする大阪在住の英国人と交際する中でキングス・イングリッシュに磨きをかけたことはすでに触れた通りである。女子英学塾[26]でも早稲田大学[27]でも、本田の担当科目には発音が含まれている。このことを見てもいかに本田の英語の発音が優れていたかがわかる。

一九〇五（明治三八）年七月本田は渡米するが、この時医師から余命は一〇年と宣告されていた。数校を掛け持ちし出版や寄稿もこなしながら働き続けるなど、どだい無理な話だった。本田は人生の岐路に立たされていた。本田が残された命を米国で使い切る覚悟を固めることができたのは、信仰の力とこれから転身する新しい仕事への好奇心が、本田を強く支えたからであろう。富田はニューヨーク滞在中、本田と次のような話をしたことがあるという。

何かの話しのはづみで、私は君が若し米国で死ねば、その遺骨を携えて帰るのは僕の役だなあと言った処が、なあに態々《わざわざ》日本まで持って行く必要はないよ。太平洋の真中で風上から海の中へパーッと撒いて呉れ給えと言うから、風葬かそれも面白い考えだが、併しそれだけ悟って居れば、外国で死ぬ様な事はあるまいから、安心して働き給えと言って、互に笑った事がある。(28)

本田がいかに腹を据えて、渡米していたのかがわかる逸話である。

注

第7章

(1) Honda, "Story," Vol. 1-No. 10 (May 27, 1916), p. 300.
(2) 谷本富「本田増次郎君を懐う」『教育』第五一四号(一九二六年三月)、三九頁。
(3) 一八九二年二月四日付本田杢蔵他宛大倉(本田)増次郎書簡。
(4) 本田「倫敦で見た長谷川二葉亭君」『読売新聞』一九二一年五月一一日。
(5) 熊本バンド、札幌バンド、横浜バンドをいう。日本プロテスタントの源流となった。
(6)『九州日日新聞』一八九二年一月一二日。
(7) 一連の不敬事件については、佐藤八寿子「明治期ミッションスクールと不敬事件」『京都大学大学院教育学研究科紀要』京都大学大学院教育学研究科、第四八号、二〇〇二年が詳しい。なお、投げた扇子が御真影に当たったとする説もある。
(8) Honda, op. cit.
(9) Ibid.
(10) Ibid.
(11) 本田「私の聴いた諸国人の英語」『英語青年』第四九巻第五号(一九二三年六月一日)、一四八頁。
(12) 本田は華子に「僕の英語の発音がこんなによくなったのは熊本で宣教師たちとつき合ったお蔭だ」と語っている(勝浦吉雄「本田増次郎とマーク・トウェイン(上)」『現代英米研究』第六号、一九七一年、五頁)。
(13) この日付は猪飼隆明『ハンナ・リデルと回春病院』熊本出版文化会館、二〇〇五年、九九頁によった。この時本田が同行したとの説もあるが、この時点では本田は熊本に赴任しておらず、同行はあり得ない。
(14) Julia Boyd, *Hannah Riddell: An Englishwoman in Japan* (Charles E. Tuttle Company, 1996), p. 76.
(15) リデルがCMS宣教団に提示した「熊本にハンセン病者のための病院設立提案書」(Propoal to Establish a Leper Hospital at Kumamoto)。本田の回春病院とのかかわりについては、青山静子「近代日本(一八六八-一九四一)におけるハンセン病対策と三人の来日女性宣教師のハンセン病者救済活動」金城学院大学二〇一四年度学位論文、一三五-五四頁が詳しい。

（16）本田杢蔵「諸事拾集記臆書」より。

拝啓別紙改印届差出候間、可然御取計被下度候。次に今回熊本に設立相成候慈善癩病院の土地管理委員の一人に推撰致され候につき、彼地に於て土地所有者と相成候には、登記之節本籍地より実印証明之手続入用に有之候趣申来候間、別に印鑑差送り候間、至急実印証明書御調製下され度此段願上候。已上。

〔一八九四年〕十一月三十日

本田増次郎

打穴村村役場御中

（17）回春病院の土地三九三九坪（内訳＝東屋敷六三〇－二番地二一三坪、同六三一番地三七二六坪）の登記簿によれば、一八九四年一二月二六日付（売買契約日の登記はない）で本田単独で所有権の登記（前所有者は中島武次郎）がなされている。

（18）一八七三年一月一七日布告の太政官令「地所質入書入規則」第一一条に「地所は勿論地券のみたりとも、外国人へ売買質入書入等致し、金子請取又は借受候儀一切不相成候事」との規定があり、土地の外国人への売却は一切認められなかった。

（19）Boyd, op. cit., p. 98.

（20）本文に先立って次の前書きが付されており、本田が通訳したことがわかる。

以下掲ぐる所は、一昨六日午後東京女学館に於ける大日本婦人衛生会席上に於て、熊本回春病院主幹、英人リッテル嬢の演説に掛るものを、即時外国語学校教授本田増次郎氏が通訳したるものなり。

（21）第二回日英同盟改訂を指す。調印は一九〇五年八月一二日にロンドンでなされたが、公表は九月二七日となった。ここに言う「拡張」とは攻守同盟に変わることを指している。

（22）飛松甚吾『ミス ハンナリデル』（熊本回春病院事務所、一九三四年）、五一頁。

（23）文中で遺伝や隔離の正当性が示唆されているが、現在では日常生活での接触では感染せず、隔離政策が誤りであったことが明らかになっている。

（24）本田は「ハーンは病的なほど神経質で猜疑心が強かったので、妻女が一人で家にいる間合いにたまたま訪問した日本人同僚と、取り返しのつかない諍いになることもあった」（Honda, "Story," Vol. 1-No. 10, May 27, 1916, p. 300）としている。

（25）Honda, op. cit.

(26) 前掲、本田「私の聴いた諸国人の英語」『英語青年』。
(27) 駒子の娘矢島陽（筆者母方の叔母）からの直話。
(28) 一八九一年一二月五日付本田杢蔵宛本田増次郎書簡。
(29) 一八九二年五月二〇日付本田杢蔵宛本田増次郎書簡。

第8章
(1) 本田の名目上の退職理由は病気となっている。次は国立公文書館所蔵の本田の辞職願。

辞職願

私儀

病気の為め職務に堪え難く候間、
本官を免ぜられ度、此段奉願候也。
明治二十六年四月一日　第五高等中学校教授

本田増次郎　印

文部大臣井上毅殿

(2) Honda, "Story," Vol. 1-No. 11 (June 3, 1916), p. 332.
(3) 「エビントン師の教会員」とは、熊本の聖十字教会（紺屋今町）に本田が通っていたことを指す。ただし、第5章で取り上げた教籍簿の事故欄の記述が示すように、本田の教籍は熊本時代も当初の東京博愛教会にあった。なお、エビントン師とは当時九州地区を統括していたCMSのHenry Evingtonである。
(4) 桃山学院百年史編纂委員会『桃山学院百年史』（桃山学院、一九八七年）、一〇八頁。
(5) 現在、高等英学校の跡地には、三七階建ての上本町ヒルズマークが建っている。
(6) 本田『龍南会雑誌』第一六号（一八九三年四月）、一二頁。
(7) 島田小葉『大阪新繁昌記』（駸々堂、一八九六年）、一九－二〇頁。
(8) 前掲、本田『龍南会雑誌』。
(9) 本田の赴任時には、桃谷駅や玉造駅のある東側の線路はまだ敷設されていない。南側の柏原～天王寺～今宮～湊町（現、JR西日本難波）は開通していた。
(10) 本田は高等英学校での自分の使命を次のように記している。

私の頃は、高等英学校は十分な設備も有資格の教師もおらず、現在のように政府の監督下にもなく、官立教育機関のような恩典には与らなかった。できる限り、我が国の中等教育校としてのあるべき水準に近づけることが、私に課せられた使命だった（Honda, "Story," Vol. 1-No. 11, June 3, 1916, p. 332)。

（11）『教界評論』第四九号（一八九六年二月）、三八-九頁。
（12）前掲、桃山学院百年史編纂委員会『桃山学院百年史』、一一四頁。
（13）全文の邦訳は、拙稿「高等英学校の変革を支えた理念――英国聖公会宣教協会書記宛本田増次郎書簡の紹介をとおして」『桃山学院年史紀要』第二七号、二〇〇八年三月、七三-九二頁を参照されたい。
（14）伝道状況視察の旅に同行した娘の Edith Margaret Emma Baring-Gould.
（15）前掲、桃山学院百年史編纂委員会『桃山学院百年史』、八七-八頁。
（16）文部省告示第八号に基づく。認可年月日は一九〇二年一月一六日（野々目晃三「明治中・後期および大正初期におけるキリスト教学校の情況――桃山学院の場合を中心として」『桃山学院年史紀要』創刊号、桃山学院、一九八一年三月、一一八頁)。

第9章

（1）本田『龍南会雑誌』第一六号（一八九三年四月）、一二二頁。
（2）Honda, "Story," Vol. 1-No. 12 (June 10, 1916), p. 364.
（3）Ibid.
（4）本田杢蔵「諸事拾集記臆書」に出寄留届の写しがあり、その記載内容から判明した。
　岡山県久米北条郡打穴村長武中健治殿
　出寄留届写
　四月一日より七日迄打穴に滞在同八日出立
　明治廿九年三月末大阪桃山出立　東京へ参り
（5）大日本教育会は一八九六年一二月二〇日から帝国教育会に改称。機関誌の『大日本教育会雑誌』は先立つ同年一一月一五日第一八三号から『教育公報』に改題した。
（6）この日記は現存しない。永野賢『山本有三正伝（上巻）』未來社、一九八七年、四〇八頁。〔注〕（1）参照。
（7）一八九六年六月一六日付文部大臣兼外務大臣西園寺公望宛清国全権特命公使裕庚書簡「在本邦清国留学生関係雑纂／

陸軍学生海軍学生外之部」第一巻（外務省外交資料館）に「学生共有十三名」（別紙に一三名の氏名と年齢が列記）とあり、当初一三名でスタートしたことがわかる。その後四名が帰国し、一一月に二名の補充が決まったが、結局一名が病気を理由に来日しなかった。従って実際には一〇名で校務運営が進められた。

（8）本田「二十年前の回顧」『英語青年』第三九巻第二号（一九一八年四月一五日）、五五頁。

（9）一八九六年六月二九日付文部大臣兼外務大臣西園寺公望宛清国全権特命公使裕庚書簡「在本邦清国留学生関係雑纂／陸軍学生海軍学生外之部」第一巻（外務省外交資料館）によれば「貴歴六月三十日送入嘉納学校相応函請」とあり、六月三〇日に清国公使館より一三名を神田三崎町の学校兼寄宿舎に送り込むと通知している。ところが同年八月八日付の父宛本田書簡に「十七日に三崎町へ返り支那学生も引取候筈に候」とあり、実際の受け入れは八月にずれ込んだと思われる。

（10）同右、裕庚書簡に「三崎町一丁目二番地嘉納学校」とある。

（11）Honda, "Story," Vol. 1-No. 1 (March 25, 1916), p. 12.

（12）実藤恵秀『増補版 中国人日本留学史』（くろしお出版、一九七〇年）、六一頁。

（13）原文がA dozen sons of Chinaとなっているので「一ダース」の訳を当てたが、実際に一二名だったわけではなく概数表記だと思われる。

（14）Honda, 2) op. cit.

（15）第一回清国留学生卒業式答辞冒頭の一文（嘉納先生伝記編纂会『嘉納治五郎』講道館、一九六四年、一六八頁）。

（16）一八九六年五月二五日付外務大臣陸奥宗光宛清国全権特命公使裕庚書簡「在本邦清国留学生関係雑纂／陸軍学生海軍学生外之部」第一巻（外務省外交資料館）。

（17）清国留学生教育に関する清国からの最初の要請は、一八九六年五月二五日に、日本の対外的窓口である外務大臣の陸奥宗光に対してなされ、それを文部大臣の西園寺公望に伝える形がとられた。ところがその五日後の三〇日に文部大臣の西園寺が外務大臣兼務となったため、当初から西園寺に依頼したとする記述が、実藤恵秀の著作を含め多見される。

（18）嘉納先生伝記編纂会『嘉納治五郎』（講道館、一九六四年）、一六六頁。

（19）Honda, 2) op. cit.

（20）Ibid.

（21）本田の時代とは異なり、現在は漢字の字体やその扱いが、日本、南北朝鮮、中国で相違している。日本は新字体へ、中国は簡化字へ移行、朝鮮は原則漢字（繁体字）を廃止しハングルを使用している。

（22）本田「外国語雑俎」『英語青年』第四五巻第一二号（一九二一年九月一五日）、三六五頁。
（23）Honda, "Story," Vol. 1-No. 14 (June 24, 1916), p. 428.
（24）実藤恵秀は帰国の理由を「第一には、日本の子どもからチャンチャン坊主チャンチャン坊主といってひやかされたがため、第二には、日本の食物がくちにあわず、からだがよわっていく、というのである」としている（実藤恵秀『増補版　中国人日本留学史』くろしお出版、一九七〇年、三八頁）。
（25）Honda, 11) op. cit.
（26）Honda, 23) op. cit.
（27）科挙の試験で四書五経の丸暗記が最低限必要だったことが想起される。
（28）Honda, 23) op. cit.
（29）Ibid.
（30）Ibid.
（31）Ibid.
（32）卒業者数については、嘉納先生伝記編纂会『嘉納治五郎』講道館、一九六四年、一六九頁の記述によった。
（33）前掲、嘉納先生伝記編纂会『嘉納治五郎』、一六八頁。
（34）同右。
（35）同右、一六九頁。
（36）Honda, 23) op. cit.
（37）Honda, 11) op. cit.
（38）Honda, "Story," Vol. 1-No. 15 (July 1, 1916), p. 460.
（39）Honda, 11) op. cit.

第10章

（1）一八九六年八月八日付本田杢蔵宛本田増次郎書簡。なお、岡倉由三郎はこの本田の入院を「本田増次郎氏の事ども」『英語青年』第五四巻第一〇号、一九二六年二月一五日、三一七（一七）頁で、「明治の二十九年には、その七月父の臨終に鹿児島から駈けつけてそのまま自分は東京に居た。そのおり本田氏は余りに心身を無理に働かれた為、肺尖に故障を生ぜられ一時休養を必要とせられた。それが為に代理者を要するに至った東京高等師範学校の英語の教授には、縁あって自分が据えられることになった」としているが、これは風評に基づく誤解であろう。
（2）この住所は本田杢蔵「諸事拾集記臆書」に綴じ込まれた寄留届控より判明した。

出寄留届
久米北条郡打穴村大字上打穴里　三十三番屋敷本田竹四郎弟　本田増次郎
慶応元年十一月二十九日生
右は今般都合により東京市本郷区湯島新花町九十六番地辻清蔵方へ寄留候につき、家主連署を以て此段御届申候也。
右
明治二十九年六月一日　本田増次郎　○
家主　辻　清　蔵　○

なお、辻清蔵は本田の弘文館の同窓生で、John MacGowan の *A Manual of the Amoy Colloquial* の邦訳書『台湾会話篇』一八九六年、明法堂の訳者の一人（他は三矢重松）である。「諸事拾集記臆書」によれば、熊本への赴任直前の「明治二十四年八月一日より本郷辻氏に寄寓」とある。もしこの辻氏が辻清蔵であるなら、本田は熊本、大阪を経て四年半ぶりに以前と同じ寄留先に戻って来たことになる。
（3）永野賢『山本有三正伝（上巻）』（未來社、一九八七年）、二〇五頁。
（4）同右。
（5）同右、二〇六頁。
（6）山本華子「父の思い出」『英語青年』第五四巻第九号（一九二六年二月一日）、二八〇（一六）頁。
（7）この住所については、熊本回春病院土地登記簿甲区（所有権）順位番号壱番附記弐号の一八九九年一〇月一四日付寄留地変更による住所変更登記の記載及び『浜田会誌』第一九号、一九〇〇年一二月、三二頁にある「浜田会会員姓名」の本田の住所によって確認できる。
（8）イー・ピー・ヒュース、エー・シー・ハーツホン、本田増次郎共著『家庭の模範』（育成会、一九〇二年）、一一二―三頁。
（9）本田「二十年前の回顧」『英語青年』第三九巻第二号（一九一八年四月一五日）、五五頁。
（10）片山寛「本田増次郎氏の思出」『英語青年』第五四巻第九号（一九二六年二月一日）、二八三（一九）頁。
（11）本田「在東京本田増次郎君よりの通信」『嘉納塾同窓会雑誌』第二一号（一九〇一年）、一頁。

(12) 前掲、ヒュース、ハーツホン、本田共著『家庭の模範』、一－六二頁。
(13) 同右、六三－九四頁。
(14) 同右、九五－一五八頁。
(15) なお、『家庭の模範』に先立って、『国民新聞』の「家庭」欄にヒュース談として「英国の家庭」と題した記事（一九〇二年一月七、一〇、一四、一六、二一、二三日の計六回の連載）が、また同年六月一五日発行の『女学世界』第二巻第八号、夏季増刊「ほととぎす」の「名流雑俎」欄に英国ケンブリッヂ女子師範学校長ミス、ヒユース述「英国の家庭」があるが、いずれも『家庭の模範』の「英国の家庭」とは内容が異なる。
(16) 前掲、ヒュース、ハーツホン、本田共著『家庭の模範』、緒言、二頁。
(17) ヒュースは英国政府の命により教育視察を目的に、一九〇一年八月から翌年一一月まで日本に滞在した。なお、本田とヒュースの接点は日本と英国にまたがる。本田が一九〇二年に翻訳出版したヒュース著、本田増次郎、棚橋源太郎共訳『教授法講義』山海堂書店は、同年二月から三月にかけて高等師範学校でヒュースが行った連続講義録を記録・翻訳したものである。また、本田は英国滞在中だった一九〇八年の春、当時ウェールズ大学に留学中の安井てつ（哲子）を加え三人で英仏博覧会を訪れ旧交を温めている。さらに同年九月の万国徳育会議に際しては日本代表の北条時敬（本田はオブザーバーで出席）の発言に誤解を招く部分があり、ヒュースと打ち合わせの上、誤解が生じないよう会議の関係者に追加の趣旨説明を行っている。
(18) 一九〇三年一月、本田は英学新報社からA・C・ハーツホン編、本田増次郎解題・注釈 *Thoughts on Ethics Selected from the Writings of John Ruskin*（『ラスキン倫理思想』）を上梓している。本田が序文で「此篇は即ちハーツホーン女史に請うて、ラスキンが倫理観の要を摘みたるもの」と書いている通り、ハーツホン選のジョン・ラスキン著作集に本田が紹介文と注を加えたものである。
(19) 前掲、ヒュース、ハーツホン、本田共著『家庭の模範』、九五頁。
(20) 同右、一一八頁。
(21) 同右、一一九頁。
(22) 同右、一〇九頁。
(23) 同右、一四八－九頁。
(24) 同右、一一一頁。
(25) 本田は「精神的の結婚」という章（第6章、一〇八－一一二頁）を設け、結婚の精神性を詳述している。

第11章

（1）嘉納先生伝記編纂会『嘉納治五郎』（講道館、一九六四年）、二一〇頁。

（2）佐伯好郎「熊本謙二郎君を追懐して」『英語青年』第八〇巻第九号（一九三九年二月一日）、二七一（一五）頁。

（3）「片々録」『英語青年』第四二巻第一一号、一九二〇年三月一日、三四九頁に、東京外国語学校卒で小樽高等商業学校教授だった「苫米地《とまべち》英俊《ひでとし》氏は一家を挙げて上京、留学出発準備の為め、廿二日にて夫婦で本田増次郎を訪うた、夫人は佐久間信恭氏の長女で本田氏には明治廿六年熊本で会ったことがあるのだそうである」とあり、五高時代から本田と佐久間家との間に交流のあったことがわかる。

（4）嘉納がかねてより反対していた都築馨六の文部次官就任が発令されたため、嘉納はその後も文部省に異論を唱え続けた。これが嘉納非職の直接的原因だったとされる。三ヶ月後嘉納は復帰するが、これは文部大臣が浜尾新に代わったためであった。この間の経緯については、前掲、嘉納先生伝記編纂会『嘉納治五郎』、一五六－八頁が詳しい。

（5）一九二九年四月、高師の専攻科が独立してできた官立大学。戦後、東京高等師範学校と共に東京教育大学に吸収された。

（6）東京文理科大学編纂『創立六十年』（東京文理科大学、一九三一年）、五四－六頁。

（7）福原麟太郎監修『ある英文教室の一〇〇年』（大修館書店、一九七八年）、一七九－八〇頁。

（8）Honda, "Story," Vol. 1-No. 16 (July 8, 1916), p. 490.

（9）Ibid.

（10）前掲、佐伯「熊本謙二郎君を追懐して」『英語青年』、二七二（一六）頁。

（11）Honda, op. cit.

（12）Ibid.

（13）Ibid.

（14）佐伯は「石川林四郎君を追懐して」『英語青年』第八二巻第三号、一九三九年一一月一日、八三（一九）頁で、「本田党の旗頭とも云うべき佐久間信恭君」と書き、また、一九〇三年に東京高等師範学校に出講した石川林四郎は、「本田増次郎、上田敏、佐久間信恭の三先生が英語科の首班であると承った」（福原麟太郎監修『ある英文教室の一〇〇年』大修館書店、一九七八年、二三一頁）としている。

（15）佐伯「石川林四郎君を追懐して」『英語青年』第八二巻第三号（一九三九年一一月一日）、八三（一九）頁。

（16）前掲、福原『ある英文教室の一〇〇年』、一七九頁。

(17) 同右、一九三頁。
(18) 同右、二〇三、五頁。
(19) 勝浦吉雄「本田増治郎とマーク・トウェイン（上）」『現代英米研究』第六号（一九七一年）、七－八頁。
(20) 一九二二年四月二一日付駒子宛て葉書で、本田は「英皇太子の御来遊で今学期はまだ学校〔外語校〕へ出られぬ」としている。
(21) 本田「教育者の元気とは何か」『教育公報』第二九六号（一九〇五年六月一五日）、一〇頁。
(22) 同右、一一－二頁。
(23) 同右、一二頁。
(24) 同右。
(25) 同右、一二－三頁。
(26) 本田『龍南会雑誌』第一六号（一八九三年四月）、二二頁。
(27) 前掲、本田「教育者の元気とは何か」『教育公報』、一二頁。
(28) 新公論社編『男女学生気質』（鶏声堂・井冽堂、一九〇六年）、五八－九頁。
(29) 前掲、嘉納先生伝記編纂会『嘉納治五郎』、二一三－四頁。
(30) Honda, "Story," Vol. 1-No. 6, (April 27, 1916), p. 173.

第12章
(1) 本田杢蔵「諸事拾集記臆書」に挟み込まれていた校長任命書から本田の校長就任日が判明した。

本田増次郎氏を東京立教女学校の校長に挙げ其職務を行うの全権を委任す。立教女学校の教員生徒が校長に敬意を表し、同校の進歩改良の為めにその為さんとする所を忠実に補翼せん事を冀望す。

一千九百年一月一日

監督　ジヨン　マキム

(2) 西園寺公望は第四次伊藤内閣に班列（無任所大臣）として入閣していたが、伊藤博文の辞任等で一八九一年五月一〇日から総理大臣を、さらに一四日から大蔵大臣を兼務することになった。
(3) 本田「在東京本田増次郎君よりの通信」『嘉納塾同窓会雑誌』第二一号（一九〇一年）、一－二頁。
(4) Honda, "Story," Vol. 1-No. 16 (July 8, 1916), p. 490.

（5）本田は前校長の清水が昨年の一二月に学校を去ったとしているが、清水校長の東京府への実際の辞任届は、一九〇〇年五月一六日付である。
（6）Japan Record（「ジャパン・レコード」）, The Archives of the Episcopal Church（米国聖公会文書館。テキサス州オースティン）所蔵。
（7）ヒュースが立教女学校を視察したのは一九〇二年二月二七日である（大野延胤「E. P. Hughes in Japan」『研究年報』学習院大学文学部、一九九〇年、第三六輯、三三二頁）。
（8）一八九九年八月三日付文部省訓令第一二号「一般の教育をして宗教の外に特立せしむるは、学政上最必要とす。依て官立公立学校及学科課程に関し法令の規定ある学校に於ては、課程外たりとも宗教上の教育を施し、又は宗教上の儀式を行うことを許さざるべし」に対応し、清水校長時代にはあった「聖書」の科目を廃止したことを指す。実際には、通学生以外のほとんどが参加する朝の礼拝があり、週一回は聖書講義も行われた。
（9）Honda, op. cit.
（10）村木てつ他編『立教女学院九十年史資料集』（立教女学院、一九六七年）、二八頁。一九〇八年三月二八日付の私立立教高等女学校設置認可願に添付された書類の一つである。
（11）当時は一八九〇年一〇月七日付小学校令勅令第二一五号が適用された。

第二条　小学校は之を分て尋常小学校及高等小学校とす。

第八条　尋常小学校の修業年限は三箇年又は四箇年とし、高等小学校の修業年限は二箇年三箇年又は四箇年とす。

第二十条　児童満六歳より満十四歳に至る八箇年を以て学齢とす。

第二十条の就学期間八年は、本田が共立校に通った初期の小学校制度（下等四年、上等四年）を引き継いで規定されていたもので、実際には、尋常小学校四年、高等小学校二年の計六年が通例であった。
（12）戸籍上は井岡朋子。戸籍のことについては、永野賢『山本有三正伝（上巻）』未來社、一九六七年、四〇七頁が詳しい。
（13）帝都電鉄（現、京王電鉄）は、一九三三年八月一日に渋谷・井の頭公園間を、翌年四月一日に、井の頭公園・吉祥寺間を開通させた。
（14）本田は黒川とよの若き日の授業について「教師としての訓練をさほどお受けにならなかったのに御授業法の御上手なのは愛がこもっているからである」（伊藤泰子「寄宿生の慈母 黒川とよ」『立教女学院小学校・中学校・高等学校紀要』第四三号、二〇一四年、九頁）と評している。

（15）本田が校長となった時、黒川とよはすでに立教女学校を卒業しており、同校の教師となっていた。本田の授業の様子を見ての感想であろう。

（16）二〇〇一年五月八日付筆者宛永野朋子葉書。

（17）黒川とよは他校見学のため跡見女学校で英語を教授した時期がある。

（18）永野朋子『いいものを少し――父 山本有三の事ども』（一九九八年）、三五頁。

第13章

（1）『黒馬物語』の初版（一九〇三年九月一二日印刷、一五日発行）には、「本田増次郎訳 黒馬物語 一名驪語 内外出版協会」と記された標題紙があるタイプ（A）とないタイプ（B）の二種類がある。（A）の場合、目次の直前、本文冒頭及び本文末尾に記された書名が「黒馬物語《くろうまものがたり》」となっているのに対し、（B）の場合、目次の直前及び本文冒頭では「驪語《くろうまものがたり》」、本文末尾ではルビのない「驪語」となっている。背表紙に施された「驪語」の金文字と本文全文見開き右上部にある「驪語」の文字は両者に共通しているので、結局（B）は題名がすべて「驪語」であるのに対し、（A）は場所により「黒馬物語」であったり「驪語」だったりと表記に揺れのあることがわかる。当初（B）タイプの「驪語《くろうまものがたり》」でスタートしたものの、例えば、「驪語」を「くろうまものがたり」と読ませることに異論が出るなどして、初版発刊中に（A）タイプ、すなわち、標題紙を設け「黒馬物語」を前面に出し、「一名（別名）驪語」として「驪語」を副題に落とし込む方式に変更したのであろうか。

（2）一九二〇年二月一二日付の『東京朝日新聞』に『黒馬物語』の第六版の広告が掲載されており、初版発行からこの時点で一六年強が経過している。

（3）一九二九年には菊池寛が『黒馬物語 フランダースの犬』と題して興文社から訳書を出版、一九四九年には山田昌司訳が岩波文庫に、一九六〇年には白石佑光訳が新潮文庫にある等、現在に至るまで児童向けを含め多数の訳業がなされている。

（4）『明治キリスト教児童文学史』は、沖野の死後、一九五七年から翌々年にかけて季刊雑誌『キリスト教児童文学』に九回にわたり連載された「キリスト教児童文学史――明治時代」である。一九九五年に日本児童文化史研究会（代表上笙一郎）が日本児童文化史叢書二として、関口安義の解説を付して単行本として出版した。

（5）Frances Burnett, *Little Lord Fauntleroy*, 1886の邦訳。若松賤子が一八九〇年から翌々年にかけ『女学雑誌』に連載し、若松死後の一八九七年に全編が博文館より単行本として出版された。

(6) Hector Malot, *Sans Famille*, 1878の翻案。一九〇三年東文館より出版。
(7) 沖野岩三郎『明治キリスト教児童文学史』(久山社、一九九五年)、六二頁。
(8) Quida (Marie Louise de la Ramée), *A Dog of Flanders*, 1872の邦訳。
(9) 前掲、沖野『明治キリスト教児童文学史』、七二 - 三頁。
(10) 滑川道夫「解説 明治期の児童文学の流れ」滑川道夫他編『作品による日本児童文学史』第一巻(牧書店、一九六八年)、一六二頁。
(11) 日本児童文学学会 冨田博之・上笙一郎編『日本のキリスト教児童文学』(国土社、一九九五年)、八四頁。
(12) 版権を持つのは Hunt & Eaton であり、発行会社はニューヨークが同社、シンシナチが Cranston & Curts, ロンドンが Horace Marshall & Son である。
(13) CMS宣教師 William Pengelley Buncombe 夫人の Emily Buncombe.
(14) 「イザヤ書」『旧約聖書』六〇・六、「シェバの人々は皆、黄金と乳香を携えて来る」(新共同訳)。
(15) マーク・ガイ・ピアース、本田訳『こがねと乳香』(日本聖公会出版会社、一八九六年)、五九 - 六一頁。
(16) 初版に出版社の記載はないが、Samuel Gosnell Green の *The Story of the Religious Tract Society: for One Hundred Years*, The Religious Tract Society, 1899, p. 126の記述により The Religious Tract Society が発行元であることがわかる。
(17) アミー・ル・フェーブル、本田訳『こどもかたぎ かたみのボタン』(育成会、一九〇一年)、四頁。
(18) 同右、五六 - 七頁。
(19) 「箴言」『旧約聖書』一六・三二、「忍耐は力の強さにまさる。自制の力は町を占領するにまさる」(新共同訳)。
(20) 前掲、ル・フェーブル、本田訳『こどもかたぎ かたみのボタン』、一八六 - 七頁。
(21) Honda, "Story," Vol. 1-No. 19 (July 29, 1916), p. 588.
(22) Jarrold & Sons は、子供向けの物語や家庭向けの詩等を書いていたシュウエルの母メアリーが使用していた出版社。シュウエルはこの母の生き方の強い影響を受けた。
(23) 動物虐待防止会設立の経緯については、伊勢田哲治「明治期動物愛護運動の動機づけはいかなるものであったか——関係者の背景分析を通して」『社会と倫理』(二〇) 記念号、南山大学社会倫理研究所、二〇〇六年、一三九 - 五三頁が詳しい。
(24) アンナ・シュウエル、本田訳『黒馬物語』(内外出版協会、一九〇三年)、九二頁。
(25) 驪語に「りご」の振り仮名が宛てられているが、注(1)で触れたように、本来は「くろうまものがたり」とすべきであろう。

（26）『福音新報』第九巻第四三三号（一九〇三年一〇月一五日）、一〇（二五二）頁。

（27）児童文学の翻訳で知られる村岡花子の少女時代の愛読書は、本田訳の『黒馬物語』であった（「電話」『母心随想』時代社、一九四〇年、三〇四頁）。

（28）本田「人道教育会」『児童研究』第六巻第二号（一九〇三年二月）、三二頁。この一文の最後には括弧書（三五頁）があり、本田と山県が人道教育会の創設を計画していることを次のように報じている。

因に云う、山県悌三郎、本田増次郎の二氏先ず首唱者となり、同志を糾合《とうごう》して人道教育会を組織するの計画遠からず発表せらるべしとなり。

第14章

（1）一九〇四年四月二六日付『東京朝日新聞』「会」欄に次の記述がある。

マギー夫人歓迎会二十七日午後二時半小石川砲兵工廠内後楽園に於て歓迎園遊会（発起人大山〔捨松〕侯爵夫人外数名）

（2）Honda, "Story," Vol. 1-No. 18 (July 22, 1916), p. 556.

（3）Honda, "Story," Vol. 1-No. 17 (July 14, 1916), p. 524.

（4）『日曜叢誌』一一九号（一八九九年一一月）、三三（四〇一）頁。

（5）本田「在東京本田増次郎君よりの通信」『嘉納塾同窓会雑誌』第一一号（一九〇一年八月二五日）、一頁。

（6）Honda, 3) op. cit.

（7）Ibid.

（8）Honda, "Story," Vol. 1-No. 15 (July 1, 1916), p. 460.

（9）「男三郎の公判（第一回）」『読売新聞』一九〇六年三月二〇日。

（10）Honda, 8) op. cit.

（11）「詩人寧斎殺しの男三郎　死刑執行」『東京日日新聞』一九〇八年七月三日。

（12）Honda, 3) op. cit.

（13）Ibid.

（14）同書に関連しては、夏目金之助（漱石）が、一八九六年二月発行の『保恵会雑誌』（愛媛県尋常中学校生徒会誌）に、

「アーサー、ヘルプスの論文」と題した一文を掲載し、第一部の最終章 Secrecy（秘密）のみを訳出紹介している。本田と夏目の訳文の相違、特徴等については、拙稿「アーサー・ヘルプス『怱忙余録』の中の一篇“Secrecy”の翻訳を巡って――本田増次郎訳と夏目漱石訳」『英学史研究』第五〇号、二〇一七年一〇月一日、四三－六八頁を参照されたい。

（15）書評（「英学界雑話」『英学生』第一巻第六号、一九〇五年一月一八日、四一頁）。
本社は過ぐる一月間に（Ⅰ）本田増次郎氏著『カーライル英雄論詳解』、（Ⅱ）茅原華山氏著『向上の一路』、（Ⅲ）文学士佐藤芝峰氏著『英独対訳小倉百首評釈』等の新刊書の寄贈を受けた。Ⅰは流石に経験に富まれたる本田氏が筆に成れるものとて、其註釈の正しく且つ詳密にして分り易き申分なく、さしも難解のカーライルの文もこれによれば容易に読破し得らるるであろう。

（16）書評（「新刊紹介」『福音新報』第一〇巻第五一七号、一九〇五年五月二五日、一五（七八一）頁）。
泰西女訓　本田増次郎篇　内外出版協会発行　定価金四十銭
本書は本田増次郎氏が英国の著述家ハアディ氏の「婦人の五才」と題する書に基づき更に之を敷衍して女子の座右の銘とすべき事柄を述べられたるものなり。良薬を口に甘からしめたるものと編者の言える如く、本書の記事は面白く且つ教訓に富み、女子の一読を値する書なり。文章は言文一致体にて甚だ読み易く解り易し。

（17）Honda, 3) op. cit.

（18）Dr. Catherine M. Sanders, *Surviving Grief and Learning to Live Again* (John Wiley & Sons, Inc., 1992), p. 140.

（19）Sheryl Sandberg and Adam Grant, *Option B: Facing Adversity, Building Resilience, and Finding Joy* (WH Allen, 2017), p. 7.

（20）藤沢周平『半生の記』（文芸春秋、一九九四年）、一〇四－五頁。

（21）垣添忠生『妻を看取る日』（新潮社、二〇〇九年）、一二七頁。

（22）富田常次郎「旧友本田増次郎君の追憶」『大正十五年度会報』第三九号（嘉納塾同窓会事務所、一九二六年）、二六－七頁。

（23）馬場恒吾「紐育に於ける本田君」『英語青年』第五四巻第九号（一九二六年二月一日）、二八五（二一）頁。

（24）桜井彦一郎の次の証言もある。
本田君は文部省留学生で、英語学研究が其の専門であった。予〔桜井彦一郎〕の初めて氏と倫敦にて再会せし時、君は此の倫敦に来て、文部省へは何と報告するのかと問うたら、『英国には、多少英語を話すものがあるとでも』と云った（桜井欧村『欧洲見物』丁未出版社、一九〇九年、三五九頁）。

本田のこの発言は、ロンドンではコックニー訛りが幅を利かせ、本田がそれに閉口していることが前提になっている。

本田が接したリデルやプライスは、当然、正統派のキングス・イングリッシュを話したはずであるから、本田はロンドンに来て訛りの存在を知り、皮肉を込めてこのような発言をしたのであろう。

(25) 本田「私の聴いた諸国人の英語」『英語青年』第四九巻第五号、一九二三年六月一日、一四八頁に「当時熊本に居たMiss Riddell（今のLeper Hospital経営者）やMiss Nottが英人であり、彼等の家に於て或は彼等の紹介により多くの英人を知りはじめたので、此頃から英米人のspoken Englishに存するgeneral differenceを感じはじめた」とある。

(26) 担当科目＝訳読、発音法。

(27) 担当科目＝訳読、発音、作文、文法。

(28) 前掲、富田「旧友本田増次郎君の追憶」『大正十五年度会報』、二九頁。

郵 便 は が き

料金受取人払郵便

銀座局承認

4146

差出有効期間
平成31年６月
30日まで

１ ０ ４-８ ７ ９ ０

628

東京都中央区銀座４－５－１

教文館出版部 行

◉裏面にご住所・ご氏名等ご記入の上ご投函いただければ、キリスト教書関連書籍等のご案内をさしあげます。なお、お預かりした個人情報は共同事業者である「(財)キリスト教文書センター」と共同で管理いたします。

●今回お買い上げいただいた本の書名をご記入下さい。

書名

●この本を何でお知りになりましたか

１．新聞広告（　　　）　２．雑誌広告（　　　）　３．書　評（　　　）
４．書店で見て　　５．友人にすすめられて　　６．その他

●ご購読ありがとうございます。
本書についてのご意見、ご感想、その他をお聞かせ下さい。
図書目録ご入用の場合はご請求下さい（要　不要）

教文館発行図書　購読申込書

下記の図書の購入を申し込みます

書　　　名	定価（税込）	申込部数
		部
		部
		部
		部
		部

●ご注文はなるべく書店をご指定下さい。必要事項をご記入のうえ、ご投函下さい。
●お近くに書店のない場合は小社指定の書店へお客様を紹介するか、小社から直送いたします。
●ハガキのこの面はそのまま取次・書店様への注文書として使用させていただきます。
●DM、Eメール等でのご案内を望まれない方は、右の四角にチェックを入れて下さい。□

ご氏名　　　　　　　　歳	ご職業
（〒　　　　　） ご住所	
電　話 ●書店よりの連絡のため忘れず記載して下さい。	
メールアドレス （新刊のご案内をさしあげます）	

書店様へお願い　上記のお客様のご注文によるものです。着荷次第お客様宛にご連絡下さいますようお願いします。

ご指定書店名	取次・番線	
住　所		
		（ここは小社で記入します）

第三部　広報外交

1905-1913

平和運動を志し渡米した本田増次郎は、英米で八年間広報外交に従事する。日本の文化や歴史を紹介する英語による巡回講演、対米広報誌 *The Oriental Review* の発行、国際会議への出席が主な活動である。トリニティ・カレッジは、この功績を称え本田に名誉博士号を授与する。また、日本人の真の姿を紹介するため桜井忠温『肉弾』の英訳書を英米で同時に出版するとともに、ニューヨークからウィーダの『フランダースの犬』の原書を日本に送り、同書の日本への最初の紹介者となる。

Human Bullets 米国版初版（1907年）口絵（尾形月三による三幅対の錦絵「遼陽之役敵将黒鳩公〔クロパトキン〕戦略齟齬総軍大敗公勇奮自立陣頭血戦」の中央部分）

第15章　英米での巡回講演

命を削る講演活動の始まり

本田増次郎の人生は多くの人々に支えられている。それは嘉納治五郎を中心とする人脈、受洗後はそれにキリスト教関係者や本田が力を入れた社会奉仕活動を通じて知り合った人々が加わった。まず破門された本田をヘアー主教の秘書兼通訳としたのは日本聖公会、続いて熊本の五高に招聘したのは嘉納、高等英学校は再び日本聖公会、清国留学生教育や高師への奉職は再び嘉納、立教女学校は三たび日本聖公会であった。そして本章で扱う渡米では、クエーカー教徒のジョセフ・エルキントン(1)（Joseph Scotton Elkinton Jr）の励ましや支援が、本田の背中を強く押す。本田はエルキントンとの出会いを次のように記している。

新渡戸〔稲造〕夫人の三弟の伯〔最年長者〕で、其の父は Quaker 宗（Friends' Society が宗徒自らの用いる名称）の絶対平和主義者で、南北戦争（the Civil War）に反対して政治的迫害を受けた名士だった。自分が日露戦争中から欧米の平和運動（Pacifism）を研究して見たいと思って居た所へ、日本来遊中のエ氏がそんなら米国へ来て公開講演（public lectures）に衣食しつつ研究せよ、旅費も少しは補助してやる世話は素よ

りしてやると親切に云われたので、扨《さて》は氏と同船して桑港までやって来て氏の家に一ヶ月も客遊した事があったのだ。(2)

すでに触れたように、働きすぎのため本田の健康状態は限界にきていた。一九〇五（明治三八）年春には逗子の養神亭(3)で静養を余儀なくされている。本田には肉体的にも精神的にも休養が必要だった。

戦争は平和主義者を育てるという。本田は直接戦争を体験したわけではなかったが、新聞や雑誌の情報、親しい友の死(4)や親族の応召(5)を経験し、意志強固な平和主義者となっていた。ちょうどその時来日したエルキントンの絶対平和の主張に耳を傾け己の心を顧みる時、平和運動こそが自分のなすべき仕事であり、この運動を通じて人類全体に貢献することが、ひいては我が同胞のためになるはずだと本田は確信した。

人格の核に人類愛と博愛の精神を据える本田である。平和運動の盛んな米国に渡り、つぶさにそれを研究し、人類の福祉に貢献したいと考えたのは、自然な流れであった。人生の岐路に立たされた時、この道こそが自身の進むべき道であると直観したのである。医者からあと一〇年の命と宣告されていた本田を突き動かしたのは、平和運動に身を投じ、残された命を燃え尽くそうとの一念であった。(6)

一九〇五（明治三八）年六月三〇日、永年にわたる英語教育への貢献により従五位に叙せられた三九歳の本田は、七月初旬に一旦帰省し、七月一七日には高師を休職し、翌日横浜港からエルキントンと共に(7)米国アトランティック・トランスポート・ラインのサイベリア丸（S. S. Siberia）で米国に向かう。往路の船賃はエルキントンの好意に甘えた。八月二日サンフランシスコに上陸、翌日大陸間横断鉄道で東部に向かい、八日ニューヨークに入る。

ポーツマスでの日露戦争を終結に導く日本とロシアの駆け引きが、いよいよ本会議の場で始まろうとしていた矢先のことであった。ニューヨーク観光を終えた本田は一八日、講道館の親友富田常次郎が柔道の普及のため滞在していたロードアイランド州ニューポート（Newport）を訪れる。そこで米国での初めての講演を行うのである。その様子を富田が伝えている。

本田君が始めて米国に行たのは、明治三十八年の八月で、日露の媾和談判が将に難関に入らんとする秋であった。乃ち君は、山内繁雄君や私等よりも後るる事約八ヶ月にして、紐育に於ける我々の下宿屋に到着したのである。この時私は、日本の開国とは縁の浅からぬ彼の Commander Perry の生れた Newport と言う米国の大磯とも言う可き避暑地へ、教授かたがた行って居た。処が、未だ日本に居ると思っていた本田君が、紐育から二三日の内に私の処へ来ると言う嬉しい書面が到着したのだ。友あり遠方より来るの楽しみを泌々《しみじみ》味わったのは実にこの時であった。

是より先私は、英領加奈陀《カナダ》から Newport の教会へ転任して来て未だ住宅の定まらないキリスト教の牧師と、同一の家に間借りをしていた。そうして、この牧師に、毎日一時間一弗の日謝で実用的英語を習っていた。その関係から、或る日、その牧師が私に、君の友人で誰か私の教会に来て演説をして呉れる日本人はないだろうかと言う相談を受けた。その時、私は心の中で、若し本田君でも来ていたならば実に適材適所だがなーと思った。処へ既記の如く、偶然にもその本田君がやって来ると言う通知が来たのであるから、実に願ったり叶ったりとは此の事であった。

そこで、次の日曜日〔八月二〇日〕に当市第一の教会で試みた君の講演は、大喝采を博した。

1906年1月19日ニューヨークにて。左：富田常次郎、右：本田。共に40歳（本田家所蔵）

同時に君の紹介者としての私も、大に面目を施したのであった。この時君の演題は、たしか「虎は死して皮を残す。人は死して名を残す」と言うのであったと記憶している。兎に角これが本田君が英語国へ来ての英語演説の皮切りであった。そうして、君の軽妙なる英語には、聴衆何れも驚いた。それから、これが縁となって、我々は晩餐会やReceptionに招かれた事も度々あった。併し、一方には我々を日本政府のスパイだろうと言う説もあったそうである。[8]

こうしてニューポートで始まった講演活動は、女子英学塾元同僚のアリス・ベーコン[9]（Alice Mabel Bacon）が運営するディープヘブン・キャンプでの二週間の静養[10]を経て、フィラデルフィアやニューヨークを拠点に順次展開されてゆく。三年後の六月からは拠点をロンドンに移すが、やはり米国同様の講演活動を続けている。

謎に包まれた洋行の真相

最終的に本田は、後のニューヨークでの東洋通報社の仕事を含め、およそ八年間を米英で過ごすことになる。ところが、この間の本田の身分関係や仕事の中身については、これまで正確に把握されてこなかった。高師時代の同僚佐伯好郎が『英語青年』に「明治三十八年六月官を以て従五位に叙せられ翌月官命を以て英米に留学することとなれり。（中略）君〔本田〕は、明治四十年留学任期の終了と共に文部省の允許《いんきょ》を得て外務省の人となり[11]」と書いたことも混乱に拍車をかけた。

実は本田は、当初は留学ではなく休職の発令を受けて渡米している。そして、二年間の休職期間が終わる約四ヶ月前に留学が発令され、さらに二年間の留学が切れた後に外務省に転じるのである。次は高師履歴簿より関連する部分を抜粋したものである。

【本田増次郎高等師範学校履歴簿抜粋】

明治三十五年二月十三日　任高等師範学校教授兼東京外国語学校教授　内閣

明治三十八年四月十九日　陞叙高等官三等　内閣

明治三十八年六月三十日　叙従五位　宮内省

明治三十八年七月十七日　文官分限令第十一条第一項第四号に依り休職を命ず[12]　内閣

明治四十年三月三十一日　英語研究の為め満二ヶ年間米国及英国へ留学を命ず[13]　文部省

明治四十年七月十六日　休職満期

右記履歴簿より渡米後当初約四年間の身分関係をいえば、最初の二年弱が高師を休職中の文部省文官、次の二年間が文部省の命により留学中の文部省文官である。これで身分関係に疑念の生じる余地はない。次は仕事の中身がいかなるものであったかを検証するが、その前に確認しておきたいのは、休職の発令に際して書かれた公文書である。それは、国立公文書館に残されており、「本田増次郎休職指令書」（「任免書　明治三十八年　任免」巻二十二）と題された一連の書類で、認可書、申請書、理由書、同付帯紙からなっている。

【本田増次郎休職認可書】

明治卅八年七月十五日　内閣書記官　印

内閣総理大臣　花押　内閣書記官長　花押

文部大臣稟議東京高等師範学校教授

本田増次郎文官分限令に依り休職の件

指　令　按

東京高等師範学校教授本田増次郎、文官分限令第十一条第一項第四号に依り休職の件認可す。
（なお、用箋の枠内に「七月十七日」のメモ書きが、右欄外にも「七月十七日 決」の書き込みがある）

【内閣総理大臣宛文部省申請書】
東京高等師範学校教授　本田増次郎
右文官分限令第十一条第一項第四号に依り休職相命じ度、此段及稟議候也。
明治三十八年七月十五日
文部大臣久保田譲　印
内閣総理大臣伯爵桂太郎殿

【申請書付帯理由書】
理由書
校務上の都合に依り休職を命ずるの必要あり。

【理由書付帯紙】
別紙本田増次郎休職の件稟議相成候処、右は至急を要する事情有之候に付、来る十七日中に指令相成る様御取計有之度、此段及御依頼候也。
明治三十八年七月十五日
文部大臣官房秘書課長松浦鎮次郎　印
内閣書記官御中

(認可書は内閣用箋、申請書並びに理由書及び同付帯紙は文部省用箋を使用)

これらの書類の記載内容で注目されるのは、一、申請書作成日と認可日が同日であること、二、認可日と休職発令日がわずか二日しか離れていないこと、三、理由書付帯紙に至急を要する旨が特記されていること、四、認可書に二つのメモの書き込みがあることの四点である。

内閣に文部省から申請が出されたのは発令の二日前の一五日であり、しかも申請した当日に内閣が決裁している。これだけでも異例と思われるが、さらに、申請書の理由書に添付された便箋には「至急を要する事情有之候に付、来る十七日中に指令相成る様御取計有之度、此段及御依頼候也」と、一七日に発令ができるよう配慮してほしい旨が記されている。そして認可書上にも、この趣旨を明確にし、決済を確認するためのメモ書きと思われるが、「七月十七日」と「七月十七日 決」の二つの書き込みがある。要するに、これら一連の書類は、本田の休職にかかわる事務処理が異例なものであったことを示唆している。

また、理由書にあるように、本田に休職が必要な理由は「校務上の都合」とされている。休職の理由が実際に「校務上の都合」であるなら、高師それ自体の都合であるから事前に事態の把握は可能だったはずで、かかる切迫した事務手続きにはならなかったと思われる。さらに「校務上の都合」だけではその具体的な内容もわからない。一体何のための渡米なのか、むしろ疑念が湧く。高師の校務で海外へ行くのであれば、教育視察、教育関係の国際会議への出席等が考えられるが、そうであれば休職ではなく出張で処理するのが筋ではないか。

それでは実際のところ、最初の四年間(休職と留学の期間)、本田はいかなる活動をしていたのか。次表は、渡米後の本田の主な動きを、「講演・講座」「その他」に分けて取りまとめたものである。

年	地名	講演・講座	その他
一九〇五 （明治三八）	ニューヨーク ニューポート	セント・ジョージ教会／演題「虎は死して皮を残す。人は死して名を残す」	ニューヨーク・トリビューンの『日曜雑誌』の記事に対する反駁文を某誌に寄稿(14)
一九〇六 （明治三九）	フィラデルフィア モホンク湖 アトランティックシティー ニューヨーク	ニューヨーク市教育委員会公開講座	フィラデルフィア監獄視察 第一二回モホンク湖万国仲裁会議(15) 桜井忠温『肉弾』（*Human Bullets*）の英訳
一九〇七 （明治四〇） →以前休職 以後留学←	ニューヨーク 同右 同右 モホンク湖 ニューヨーク	コロンビア大学／講座「日本人の風俗及び生活（近世、上古、中古）」（三回） バーナード・カレッジ／日本女性をテーマに講演 セント・ピーター・ホール及びパブリック・スクール／演題「日本人の生活と習慣」	ニューヨーク日本協会レセプション 第一三回モホンク湖万国仲裁会議
一九〇八 （明治四一）	ケジック ロンドン 同右 同右 同右		ケジック・コンベンション(16) 大隈重信編『開国五十年史』英語版の編纂に参画(17) 第一七回万国平和協会大会(18) ホテル・セシル晩餐会(19) 第一回万国徳育会議(20)
一九〇九 （明治四二）	ロンドン 同右 同右	日本協会／演題「天明二年、江戸にて出版された森島中良編纂にかかる『紅毛雑話』(21)」	日本大使館紀元節の祝宴 ロンドン日本協会園遊会

ニューヨーク市教育委員会が主宰する公開講座、コロンビア大学での連続講義、各種国際会議への参加が特筆されるが、行動表に記したのは主だったものだけであり、他に、平和運動関係、労働関係、学校・教育関係、教会関係等の諸会合に出かけ、講演をこなしている。講演のテーマは主に日本人の生活や文化であり、持参した生活用具を紹介したり、幻灯機で映像を示したりと、わかりやすい講演を心がけている。政治経済問題を大上段に振りかざすのではなく、日本の庶民生活や文化を平易に紹介することによって、日本に対する理解を深めさせる狙いがあったと思われる。

活動の拠点は、米国ではニューヨークとフィラデルフィア、英国ではロンドンであり、その活動範囲は、米国ではロードアイランド州、コネチカット州、マサチューセッツ州、英国ではイングランド各地からウェールズ、アイルランドにも及んでいる。

本田は教育視察のため日本政府から派遣されたとのふれ込みで活動した。それは一九〇六（明治三九）年一二月三日に本田と面談したアルフレッド・モズレー（Alfred Mosely）が『タイムズ』（*The Times*）に宛てた書簡(22)（一九〇七［明治四〇］年一月一日掲載）で、本田を「米国の教育法を研究するため、日本政府によって派遣された」人物として紹介していることからわかる。もちろん本田は学校も訪問しているが、その行動からして目的が教育視察だったとは考えられない。

注目されるのは、滞米中の一九〇七（明治四〇）年三月三一日に本田に対してなされた留学発令の前後で、本田の行動に変化が見られない点である。つまり、本田は留学の発令を得た後渡英しているが、滞米中もその後の滞英中も、本田がしていたことといえば、講演活動と国際会議への出席である。本田の留学の目的は、高等師範学校履歴簿にあるように「英語研究の為め」であるから、通常考えればユニバーシティやカレッジに属して英語を研究せねばならない。かかる点を考え合わせると、留学の発令も先立つ休職期間と同様の仕事を本田がするための名目にすぎなかったと考えられる。

さて、これまで本田の渡米から渡英後に至る四年間の身分上の事実関係と、その間の本田の行動を確認してきた。数日にして休職の手続きがなされ、本田は渡米以降、講演活動と国際会議への出席が仕事となった。休職の発令理由である「校務上の都合」でする仕事が講演活動や校務と無関係な国際会議への出席ではいかにも無理がある。途中で留学の発令もなされるが、その前後で本田の行動に変化はない。また、海外で休職している間に二年間の留学が発令されるのも普通ではない[23]。休職命令や留学発令の裏に、本田が洋行するに至った真の理由が隠されていると思われる。

本田は娘婿の作家山本有三に宛てた一九一九（大正八）年一月四日付の書簡の中で、この洋行のことを「世界の大事に没頭[24]」と表現している。この言葉は講演活動が単なる平和運動ではなく、国家的使命をもってなされたものであり、その目的は数年をかけて米国や英国に赴いて講演活動をなし、日米及び日英の相互理解を推進し、結果、日本に有利な外交的状況を作り出すことにあったことを示唆しているのではないか。本田は両国で夥しい数の講演をこなし、合間には幾つかの国際会議に日本を代表して参加している。これは外務省の了承がなければできない仕事であり、講演活動にしても外務省の後ろ盾（資金的援助を含む）がなければ、到底一個人の力ではなし得えないであろう。内田定槌《さだつち》ニューヨーク総領事やニューヨークの日本協会が講演の斡旋に動いた事実もある。いかに日露戦争での日本の勝利に瞠目した欧米人が日本に興味を持ったにしても、巡回講演の収入だけで本田が英米での生活を支えていたと見るには無理がある。講演活動には広告宣伝費や会場費、移動費もかかるからである[25]。

筆者は遡る一九〇五（明治三八）年七月一七日の休職命令の段階、つまり本田が渡米する時点から背後で外務省の力が働いていたのではないかと推測している。そう考えると、休職の発令から留学に至る一連の動きが腑に落ちる。意思決定が外務省サイドでなされた結果、高師（文部省）は把握できず、稟議が発令直前になった、と。

推測にすぎないが、本田が外務大臣の小村寿太郎に協力を依頼し了解を得て，英米での講演活動に踏み切った可能性もある。[26]小村は嘉納治五郎の東京大学時代の恩師[27]に当たる。嘉納が動けば本田を小村に引き合わせることなどたやすいことだったろう。

いかに積極果敢で大胆な本田であっても、エルキントンの言葉だけで、この重大な決断をしたとは考えにくい。本田は少なくとも外務省から全面的な協力を取り付けて、英米での講演活動に踏み切ったのではないか。筆者はそう想像している。

さて、本章の冒頭で、本田が七月初旬に帰省したことを述べたが、巣鴨上駒込の山県悌三郎邸に戻ったのは渡米の一〇日前、八日のことであった。その二日後、同邸から父李蔵に宛てて次の書簡を認めている。

東京市牛込区西五軒町三十四番地

嘉納先生　様

同　御奥方　様

右宛にて、増次郎二十余年来の御世話様にて分外の立身仕、尚又今回外国へ渡り候については過分の御餞別まで御与へ下され、御礼の申上ようも無御座候、という風に御認め下され度候。

東京巣鴨上駒込十九

山県悌三郎　様

同　御奥　様

右宛にて、増次郎事昨春已来親戚同様の御世話に相成候段――分家の孫やその幼児にまで御土産下され候御礼、奥様よりの下駄の御礼等。

東京小石川区小日向西古川丁二十三
内野倉明　様
として、増次郎病身の為め数年来兄弟も及ばぬ御親切――其外、身の上一切の事まで御世話下されし事、御礼申述べるとの主意。

右三通近日御出状願上候。
七月八日朝無事帰京仕候。
皆様によろしく。

増次郎

御父上　様

帰省時、すでにこの礼状のことは話していたのであろう。時候の挨拶もなく、単刀直入に三通の礼状を出すよう父に依頼している。いよいよ渡米することが決まり、自身のこれまでの人生を顧みる時、ここに挙げた三人には、自身が礼を述べるだけでは到底足りないと本田には感じられたのであろう。

一七歳の本田を受け入れ、生活費・教育費も一切取らず一流の教育者にまで育て上げた嘉納、動物愛護や博愛の精神を同じくし盟友として行動するとともに、借金の返済で生活に困窮した本田を自邸に引き取った山県、健康面で不安を持つ本田を治療し私生活を支え続けた内野倉。彼等の支援なくして本田の活躍はありえなかった。この三者との家族ぐるみの交流は、本田が亡くなるまで続いてゆく。

第16章　『肉弾』の英訳

『フランダースの犬』を日本へ紹介

本田増次郎は米国滞在中、巡回講演や国際会議への出席の他にも、功績を残している。もっともその一つは、本田がある英書を日本に送っただけなのであるが。しかし、この書は本田が望んだ通り日本で翻訳出版され、人口に膾炙されることになる。それはウィーダ原著、日高柿軒《しけん》（善一）訳述『フランダースの犬』（*A Dog of Flanders*）である。訳者「はしがき」に本田の書簡が紹介されている。

本田増次郎氏の書簡（原書に添えて山県悌三郎氏に贈られたるもの）
数箇月前ウイダ貧窶《ひんる》の中に伊国に客死せり。英国政府が彼女に与えたる年金の大部は、そが愛養せる犬猫の食料に費ししと云う。其の死するや病床に侍して哀別の誠を致せるもの寔《まこと》に一忠婢と幾頭の犬猫のみなりき。
『フランダースの犬』と題せる一篇は、ウイダが傑作の一として人口に膾炙せり。優に日本君子国人の感興《かんきよう》を牽《ひ》くに足るべし。

千九百〇八年　米国ニュー、ヨークに於て[1]

「数箇月前」とあるので、本田がこの原書を日本に送ったのは、米国での講演活動を終え渡英する直前の一九〇八（明治四一）年春と思われるが、日本基督教会（長老派）牧師の日高善一の手によって翻訳され、その年の一一月二〇日に山県悌三郎が主宰する内外出版協会から出版された。

ウィーダ（Ouida 本名は Marie Louise de la Ramée）が亡くなったのはこの年の一月二五日であり、翌日『ニューヨーク・タイムズ』（*The New York Times*）はウィーダの写真を入れて大きく報じた。その記事には「ウィーダ極貧のうちに亡くなる／富を成した小説家、忠実な従僕の腕に抱かれ、視力をほとんど失って。若き日のことは不詳。失恋の悲嘆から人生を持ち崩す。晩年は不遇[2]」とのタイトルが付され、本文では、熱狂的な犬好きで、亡くなった時には多くの犬に見守られていたこと、犬に餌をやるため自身の生活必需品さえ犠牲にしたこと、窮状を見かねて英国政府が年七五〇ドルの年金を出していたことが綴られている。

恐らく本田はこうした新聞記事を目にし、この書を故国に送ることを思い立ったのであろう。本田の眼から見た時、少年ネロと犬のパトラッシュの心温まる交流を描いたこの作品は、紛うことなく日本に紹介すべき書であり、送るなら動物虐待防止会の立ち上げで活動を共にし、自身で出版社を主催している盟友の山県が適任だと考えたに違いない。こうして本田は『フランダースの犬』の日本紹介に労をとった人物として名を留めることになった[3]。

多数の訳書や絵本の出版に始まり、テレビ・アニメーションや映画と、『フランダースの犬』は日本人に愛されているが、これは元を正せば本田によるこの原書の紹介が発端となったのである。従って社会的影響の大きさで考えるなら、たとえ紹介の労をとっただけであっても、本田の『黒馬物語』の訳業に勝るとも劣らない功績だといえるかも知れない。しかし『黒馬物語』も『フランダースの犬』も邦訳であるから、あくまで国内向けである。ところが次に述べる『肉弾——旅順実戦記』(以降『肉弾』と呼ぶ)の英訳書*Human Bullets*は当初から海外に向けて発信され、その影響は英語圏に留まらなかった。その意味で*Human Bullets*も、本田滞米中の業績として特筆しておかねばならない。

日露戦争の実録『肉弾』

原著『肉弾』は、日露戦争での旅順攻囲戦の緒戦に参加し、瀕死の重傷を負い帰国した陸軍歩兵中尉(出征時は少尉。第一回総攻撃の直前、中尉に昇格)桜井忠温《ただよし》による戦場の実録である。桜井は当時を懐古して言う。

『肉弾』はその戦争の記録であって、鉄の弾よりも肉の弾——精神の弾によって旅順は取れたのだという意味で書いたものである。

事実当時は砲弾の力よりも肉を弾丸となし、血を硝薬となして戦った戦争であった。

負傷後、傷を広島及び善通寺予備病院で養いつつ、彼是一年近くも過した。旅順の捷報《しょうほう》〔勝利の知らせ〕は病床の上で聴いた。

大半傷癒《い》えたころ、松山へ復隊し、中隊長となって、約半歳を過した。

明治三十八年八月、新設の陸軍経理学校(主計候補生)の生徒隊長となった。その時は中尉であった。[4]

桜井は主にこの陸軍経理学校(牛込区市ヶ谷河田町)時代に、戦闘で右手首より先を損傷していたため、慣れない左手で巻紙に書き記した。それは一九〇六(明治三九)年四月二五日、実兄の桜井彦一郎(欧村)が主宰する英文新誌社出版部より出版されたが、大隈重信の序を得て天覧に供され、当時のベストセラーとなった。[5]

桜井が『肉弾』を執筆した動機は、次の通りである。

予、素、一介の武弁、文事を以て世に見ゆるの選に非らず。されど不肖皇恩を荷うて、死生の巷に出入し、矢石の間に立ちて、勇将猛卒の壮烈に感じ、又た腥《せい》風血雨の惨酷に泣けり。今や干戈《かんか》既に戢《おさ》まりて、皇師茲《ここ》に凱旋するの喜事に際し、予たるもの豈に窃に既往を追憶して、再び旅順の烈戦を夢想せざらんや。予の禿筆《とくひつ》を呵《か》して此書を成すは、蓋し是が為なり。

此書旅順役の一面を描くに過ぎずと雖も、読者或は之れに依って、同役の辛惨の一端を追記し、又た戦争の壮事及び其の悲劇の消息に通ずるを得るを得ん乎。(6)

つまり、自身が体験した戦争の実相、それは二〇代半ばの若者にとって、愛国心を発露する血湧き肉踊る絶好の機会であると同時に、恐怖に怯え悲嘆にくれた壮絶かつ陰惨な体験でもあったが、その「辛惨の一端」と「戦争の壮事及び其の悲劇」を、日本の同胞や子孫に伝えたいとの一心から書いたのである。

著者桜井は自書が後に外国語に訳されることは想定していない。ところが、本田が滞米中この書の英訳に手を染める。翻訳を行った場所はニュージャージー州の保養地、アトランティック・シティー（Atlantic City）。当時のことを本田は次のように懐古している。

エルキントン氏の親切な母上〔Marinda Paterson Elkinton〕から頂いた餞別でトランクを買い、それに夏物全部を詰め込んで、五月二一日、アトランティック・シティーへ送った。タバコ屋の裏手に一部屋を借り、食事は下宿屋で摂ることにした。『肉弾』の翻訳をするため「一時的に」滞在することにしたのだ。朝の涼しい空気の中で、あの「五七」種類で有名なピッツバーグ産のピクルスを宣伝する施設として建てられたハインツ・ピア(7)で、毎日翻訳した。(8)

これは渡米翌年の一九〇六（明治三九）年のことである。本田が翻訳を終えて同市を離れたのが同年の一〇月一三日であるから、訳業に要した期間はおよそ半年、完成した訳稿は編集のアリス・ベーコンの手に委ねられた。そして翌年の五月一一日、『ニューヨーク・タイムズ』は「近刊書籍」のコーナーで、「この秋、ホートン・ミフリン社は、桜井忠温の『肉弾』の出版を予定している。一日本人中尉の旅順での体験が生々しく語られる。訳は本田増次郎、編集は『日本の女性たち』の著者、アリス・M・ベーコン。日本の戦争画が挿入される予定」と、簡単ではあるが出版が準備中であることを報じた。

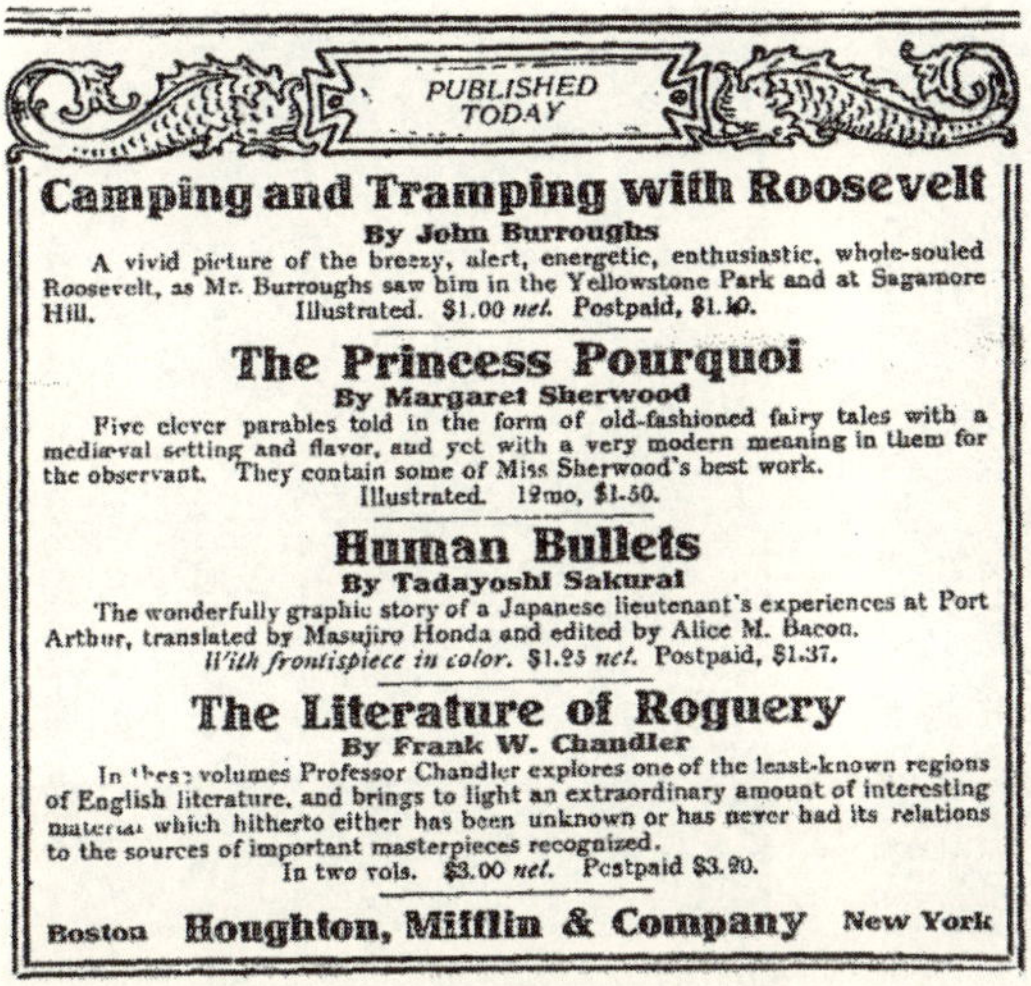

PUBLISHED TODAY

Camping and Tramping with Roosevelt
By John Burroughs
A vivid picture of the breezy, alert, energetic, enthusiastic, whole-souled Roosevelt, as Mr. Burroughs saw him in the Yellowstone Park and at Sagamore Hill. Illustrated. $1.00 *net.* Postpaid, $1.10.

The Princess Pourquoi
By Margaret Sherwood
Five clever parables told in the form of old-fashioned fairy tales with a mediæval setting and flavor, and yet with a very modern meaning in them for the observant. They contain some of Miss Sherwood's best work. Illustrated. 12mo, $1.50.

Human Bullets
By Tadayoshi Sakurai
The wonderfully graphic story of a Japanese lieutenant's experiences at Port Arthur, translated by Masujiro Honda and edited by Alice M. Bacon. *With frontispiece in color.* $1.25 *net.* Postpaid, $1.37.

The Literature of Roguery
By Frank W. Chandler
In these volumes Professor Chandler explores one of the least-known regions of English literature, and brings to light an extraordinary amount of interesting material which hitherto either has been unknown or has never had its relations to the sources of important masterpieces recognized. In two vols. $3.00 *net.* Postpaid $3.20.

Boston **Houghton, Mifflin & Company** New York

Human Bullets 米国版出版告知（中央部。『ニューヨーク・タイムズ』1907年10月5日）

続いて七月二七日には「絶賛されている桜井の『肉弾』、英語により出版予定」の表題と共に、『肉弾』が日本で「大いに名声を博した」書であり、出版後一年にしてすでに四万部が販売されたこと、著者が天皇に拝謁を賜ったこと、訳書の表紙には菊の紋章が施されることを追報し、出版への期待感を滲ませた。

こうして一九〇七（明治四〇）年一〇月、*Human Bullets: A Soldier's Story of Port Arthur*（『肉弾――旅順における一兵士の物語』）が、米国ではHoughton, Mifflin and Company（ホートン・ミフリン社）から、英国ではArchibald Constable & Co., Ltd.（アーチボールド・コンスタブル社）から、同時に発刊された。[9]

Human Bullets 米国版初版（1907年）表紙

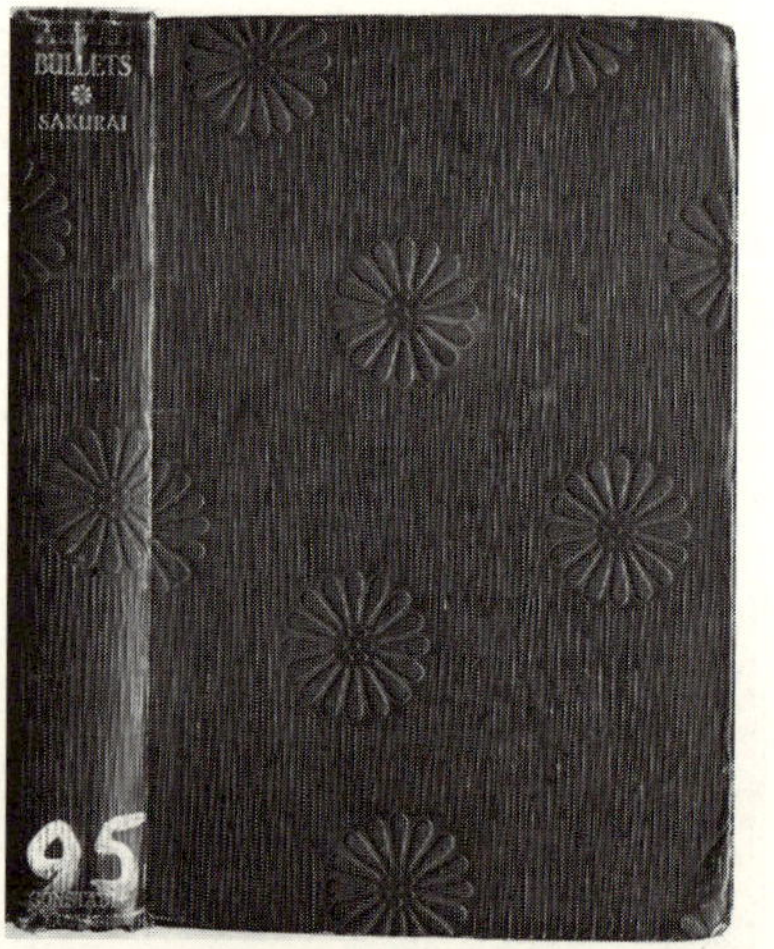

Human Bullets 英国版初版（1907年）表紙

『肉弾』が描きたかったこと

本章では作品の概要を、桜井が最も伝えたかったと判断される点に的を絞って紹介するとともに、本田訳 *Human Bullets* の欧米での受容の様子を、世評と書評を基に検討する。書評として取り上げるのは、英国の文芸雑誌『アシニーアム』（*The Atheneum*＝アテナ神殿の意）と『ニューヨーク・タイムズ』の論評である。そして最後に、同書が原著者や訳者等が抱いていた執筆や翻訳の当初の意図を離れ、一人歩きして行ったその軌跡にも触れ、歴史的文脈における『肉弾』英訳の意義を明らかにしたい。

桜井が同胞に伝えようと意図した事項は多岐にわたっており、しかも全編いたるところで度々出現する。またそれらは首尾一貫した趣旨で述べられていない。なぜなら、大隈重信が「飾らず、偽らざる筆を以て、巧に描き出す[10]」ことに成功していると評したように、桜井は戦争の局面局面でその時感じた事柄を素直に表現しているため、同じような事態に対しても違った思いを表明している場合すらあるからである。さらに、一つの事項は他の事項と密接に結びついており、それらを切り離して一括りにすることが困難な場合もある。いずれにしても、次に記す項目分けは、筆者なりの切り口から、また筆者から見て力点が置かれていると判断される事項を中心に取りまとめたものである点、ご了解いただきたい。

なお、引用に桜井の原文を用いないのは、当時の英米人は本田訳を読んだのであって、彼等がどう読み取ったかを知る上では、本田が書いた英文の邦訳で内容を確認することの方が有用と考えたからである。

まず、全編を通じて桜井が強く訴えているのは、「戦争の惨禍」である。

(一) 戦争の惨禍

煙が晴れた後見ると、四、五人の死傷者が横たわっていた。その内の二人は、ほんの数日前に到着したばかりの補充兵だった。しかもその内の一人の死に様は、本当に無残極まりなかった。腰から下半分は何一つなくなっていた。もう一人は、両足を砕かれ、血が湧き水のように噴き出していた。[11]

その死骸は二重三重に、いや四重に積み重なり、ある者は手を敵の砲台に掛けたまま倒れ、ある者は砲台を上手く乗り越えて、敵の砲架を握ったままで死んでいる。苦しそうな呻き声が聞こえてくるのは、折り重なった死骸の下にいる負傷者が出した声である。この勇敢な突撃縦隊は味方の死屍を踏み越えて敵塁近くに肉薄したが、そのたびに敵の恐ろしくかつ巧みな機関銃で皆撃ち殺され、敵塁の至近で負傷者の上に死骸が堆積したのである。[12]

これらの描写は全編いたるところで繰り返されるが、自身が激戦に身を投じたにもかかわらず、桜井の目は意外なほど冷静に状況を捉えている。戦争の惨状をリアルかつ的確に表現し得たのは、若き日に学んだ日本画の素養によるものであろうか。血塗られた情景を描くその筆致は精緻かつ巧みであり、近代戦争という人が圧倒的な機械力に晒されるその凄惨な情景をありのままに描き、生身の人間の脆さを浮き彫りにしている。
桜井はこれらの戦場で潰えた同胞にだけ目を向けていたのではない。敵であるロシア兵、さらには敵の軍犬、軍馬の悲惨な情況にも心を砕き、「憐憫の情」を表明している。

㈡　憐憫の情

戦場に残された敵の死骸を見た時は常に、憐憫の情を呼び起こさずにはいられなかった。敵とはいっても、彼等も国のために戦ったのである。我々は彼等を鄭重に埋葬はするが、敗北した戦場の英雄の名を後世に知らしめる手立てはない。故国では、親も、妻も、子も、無事に帰還して来ることを待ちわびているに違いない。しかし多くの場合、愛する者達がいつどこで、どのように殺されたのかを知るすべはないのである。(13)

この陣地内では敵の軍犬が四、五頭戦死していた。逞しい筋骨をしており、茶褐色の短い毛を生やした顔の鋭い犬で、我が軍の銃で撃ち殺されたのである。獣ではあっても、戦場で名誉の戦死を遂げたのだ。ロシア軍は戦争目的のために犬を訓練しており、一つならず様々な用途にそれを利用した。時には偵察もしたといわれている。(14)

最も哀れで目を惹くのは、恐らく死んだり傷ついたりした軍馬である。彼等は遥か海を渡り、見知らぬ土地で、弾丸飛び交い爆鳴轟く最中を走り回ったのである。主人に長い間手厚く育ててもらった恩に、この時こそ報いるべきであると考えたのだろう。主人を背負って生き生きと果敢に戦場を走り回ったのである！(15)

桜井の心のやさしさが髣髴としてくる記述である。「戦争の惨禍」は同胞や敵は言うに及ばず、物言わぬ動物達をも巻き込むことを桜井は身をもって体験した。桜井の目はここでも冷静であり、犠牲となった無辜の生き物達にも向けられている。

しかしその一方で、桜井は戦いの当事者である。優しい眼差しだけで、この戦いを生き抜くことができなかったのは言うまでもない。敵を憎み敵愾心を燃やすのである。

(三) 敵への憎悪

南山では目の前に敵の死骸が横たわっていた。どうしても同情や哀れみの気持ちを持たずにはいられなかった。しかし、ここ〔太白山〕では敵を憎悪し忌み嫌う気持ちから逃れられない。どうして彼等を責められよう? 彼等もまた同じ任務のために倒れた勇士ではないか。だが、敵との激しい戦闘の後では、思わず敵を憎悪する気持ちが湧き出してくる。多くの愛する部下を殺されねばならなかったのである。あくまで徹底抗戦し、安全な塹壕の中にいて、穴から銃を突き出し我が兵士を殺戮した相手なのだ。むろんこんな理屈は通らないとは思うが、実地に戦争を体験した人なら、勇敢だがこの上なく頑強だった敵の死体を目の当たりにした時に感じるこの憎悪と憤りの気持ちを、いとも簡単に理解してくれるはずだ[16]。


自身が感じる憎悪の気持ちが理不尽なものであることを桜井は理解している。しかし、戦場で同胞が敵に殺されるのを目の当たりにしたことによって、敵の死体を目にすると否応なく憎悪の気持ちが呼び覚まされる。その偽らざる心情を桜井は率直に語る。

桜井は日露戦争を仇討ちと考えていた。日清戦争で日本が獲得した遼東半島の権益をロシアを中心とする三国干渉により放棄せざるを得なかった日本が、臥薪嘗胆、ようやく取り戻す待ちに待った絶好の機会だと捉えた。桜井の視線は同胞や敵、さらには動物にも注がれ「戦争の惨禍」を訴えかける一方、その惨禍を引き起こした「敵への憎悪」にも向かわざるを得なかったのである。

そして、この困難を極めた戦争に日本が勝利したその「戦勝の要因」を桜井は次のように分析する。

(四) 戦勝の要因

ロシアは広大な領土と巨大な軍隊を誇っているが、その国民は皇帝の徳を信じていない。皇帝の大臣や役人が国民を虐げていたため、人々はこの戦争に際し政府を支える気持ちには全くなれなかった。コサック騎兵は銃剣の先で威嚇して嫌がる国民を駆り集めて満州へ送らざるを得なかった。確かにロシア兵は勇敢で強かった。しかし、戦闘を有利に遂行する際最も必要とされる士気を欠いていた。それに引きかえ我が軍は無敵の「大和魂」を持っており、それは厳しい軍事教練を通じて鍛え上げたものだった[17]。

南山での最初の戦闘から最後のステッセル〔旅順要塞守備隊司令官〕の降伏までの間、我が軍の戦死者は山をなし、その血は河をなした。観る者は我々の勝利を疑った。しかし、大和魂は、百回打って鍛えた鉄のように固く、千本の枝に咲く桜の花のように美しい。その「魂」が鉄壁を誇る機械的な防御に圧倒的に勝ることが証明されたのである[18]。

これが桜井なりの日本勝利の要因分析であった。大和魂が機械に勝利したのだと桜井は結論づけたのである。本田は大和魂に「大和の心。日本の歴史や人物における勇敢な概念のすべてを含む表現[19]」と脚注をつけたが、桜井はこれを見事に身にまとう軍人になっていた。それは明治政府が推し進めた国民教育の成果であった。

軍人勅諭や教育勅語の精神は桜井という人物に見事に具現化されたと言えよう。

以上、桜井が伝えたかったと思われる事項を、㈠戦争の惨禍、㈡憐憫の情、㈢敵への憎悪、㈣戦勝の要因にまとめたが、いずれにしても桜井は、その時々で揺れ動く心をあるがまま表現したのである。

それでは、以上を踏まえた上で、本田訳の *Human Bullets* を英米人がいかに読んだかを次に見てみよう。

まず一般の反応である。

大隈重信から同書を贈られた米国大統領セオドア・ルーズベルト（Theodore Roosevelt）は感銘を受け、息子達にも読み聞かせ、原著者の桜井に礼状を送った。

> 大隈伯爵の厚意により寄贈せられたる美装の和英文「肉弾」各々一部正に接手せり。予は既に該書一部を蔵し、興味に加うるに多大なる驚歎の念を以て通読したり。予は此書を我家の書籍室に珍蔵せん。予は既に此書の数章を我が二長児に読み聞かせたるが、貴下の実状目睹するが如くに描写せる驚絶すべき英雄的行為を学ぶは、一朝有事の時に際して、我国家の為に奉公すべき義務ある一般青年の精神を鼓舞すべきものたるを感ず。予は貴下に感謝し、併せて日本陸海軍に対し深厚なる驚歎の情を表す。貴下に敬意を表し、重ねて感謝の念を致す。
>
> 貴下の誠実なる　セオドル、ルーズヴェルト
>
> 於大統領官邸
>
> 千九百八年四月二十二日
>
> 桜井中尉殿[20]

また、英国のエドワード七世（King Edward VII）は弟のコンノート殿下（Prince Arthur Connaught）に一読を勧めたとされ[21]、朝河貫一は『日本之禍機』の中で、一老判事が大学生一同を前に「余は今諸君に貴重なる一書を

呈せん、諸君は皆之を熟読して其の精神を感得せよ[22]」と話してこの書を与えたと書き留めている。このように一般読者の反応は極めて好評であった。

Human Bullets のペーパーバック版の序を書いた軍事史専門家のロジャー・スピラー（Roger J. Spiller）は、この理由を次のように分析している。

桜井のこの書〔*Human Bullets*〕は一九〇七年、ホートン・ミフリン社より出版され、米英で好意的な論評をもって迎えられた。日本でこの書が評判を得たと思われる理由を、大部分の西洋の読者が理解できないのではないか危惧されたが、アジアの戦場で発揮された「大和魂」は、桜井の歯に衣着せぬ率直な描写によって、日本人の国民精神が形を変えただけであると捉えられた。日露戦争はそれに興味を惹き付けられた多くの西洋の軍事関係者やジャーナリストにとって、瞠目すべきものであった。彼等は皆、日本軍の精神がその勝利に果たした役割、すなわち精神が機械に勝利を収めたことに気づいたのである[23]。

このように軍事関係者やジャーナリストを含む大方の読者は、敵をものともしない桜井の英雄的行為、大和魂を持つ日本兵のその精神力に感銘を受けると同時に、国民的精神である武士道に立脚した愛国心が日本勝利の最大の要因であると理解した。

英米で全く異なった書評

次に書評の専門家達はどう捉えたのだろうか。それは一般読者の手放しの称賛とは違い、書き手の政治的立場を色濃く反映したものとなった。

まず、英国の『アシニーアム』の論評である。それは南北戦争を描いた米国の作家スティーヴン・クレイン

(Stephen Crane) の小説『赤い武功章』[24](*The Red Badge of Courage: An Episode of the American Civil War*, 一八九五年)が、この *Human Bullets* によって完全に抜き去られたとの書き出しで始まる。

アーチボールド・コンスタンブル社発行の小著『肉弾――旅順における一兵士の物語』は『赤い武功章』を遥かに凌駕する作品となった。(中略)桜井は仏教徒であり、その視点で描いている。主だった友人も仏教徒である。この作品(一日本人学者が訳し、アリス・メイベル・ベーコンが編集を担当した)は、戦闘を描いた作品として現在最高のものであり、また、仏教と日本の公式な教義である神道との関係を研究する上でも有益である。この若い士官桜井と連隊長との関係(〔英訳書〕一九六頁)と桜井と部下との関係がいずれも見事に描き込まれ、兵士全体にも深い関心が寄せられている。加えて、日本人の愛国心をこの書ほど見事に描出した例はかつてない。以前『アシニーアム』誌上で武士道を発掘紹介したことがあるが、偶然にもこの武士道の存在を裏づけてくれた。著者は一日本人として、ちょっとしたユーモアのセンスも持ち合わせており、自身の連隊が最初の戦闘に大幅に遅れた際、「汽車に乗り遅れた田舎者が、失望して大口を開けて、煙の軌跡を見つめているような気がした」と記している。英国では日本人は肝が座っているので勇気の点ではかなわないと、往々にして考えられているが、この書を読むなら日本人も戦いの前には眠ることができず、「隣枕の戦友とたわいない話をして過ごす」ことがはっきりとわかる。アスリートがそうであるように、日本人も敵愾心に燃えるし、負傷した者の多くは矢張応急手当の時は取り乱すのである。両者に何ら異なるところはない。(中略)翻訳は完璧で満足のゆくもののように見えるが、訳者や編集者側が正統派のキリスト教徒の場合と同様な意味で、日本人も「来世」を信じていると思わせるように仕向けた形跡[25]がある。このような観点から見れば、脚注と著者の考えとは相容れない部分も多いと思われる。例えば桜井は、日本人兵士たる者「死後でさえ」軍務を果たすため戦い続けるべきだと信じている。

その文脈からは、キリスト教の霊魂不滅の思想というよりはむしろ、ホーマーの精神[26]が思い起こされる。桜井が出した手紙には、たとえ旅順で自分の体が跡形もなく消え去るとしても、「七生報国」と書かれており、輪廻転生の仏教の香りが漂っている。[27]

『アシニーアム』の論評も一般の反応同様、作品の中に愛国心や武士道の発露を見るが、さらに日本人の精神面にまで分析を進め、キリスト教徒と仏教や神道の考え方の違いを指摘する。しかし両者で大きく異なる来世の考え方についても、西洋の古典との類似性に着目するので、異質性は強調されない。『アシニーアム』の視線は、あくまで西洋人と日本人の同質性に向けられている。「両者になんら異なるところはない」、日本人もイギリス人同様、怒りもすれば笑いもする同じ人間であると見るところにその特徴がある。

続いて米国『ニューヨーク・タイムズ』の論評である。

冒頭で触れたように『ニューヨーク・タイムズ』は*Human Bullets*の発刊以前より、その翻訳が進行していることに着目し、出版への期待感を示していた新聞社である。ところが、一九〇七(明治四〇)年一〇月一九日付で同紙が掲載した書評"HUMAN BULLETS" A REVEALING BOOK: It Makes Plain Curious Differences Between the Japanese and the Western Spirit(「『肉弾』——日本人と西洋人の精神の相違が奇妙であることを明らかにする啓蒙の書」)は、『アシニーアム』とは正反対の酷評といえるものであった。

桜井中尉の物語は、三〔正しくは七〕年ほど前に出版された新渡戸稲造の異色にして称賛に値する『武士道——日本の魂』と共に、東洋と西洋の違いが皮膚に含まれる色素量の若干の相違や意匠を凝らした服装の違いに留まらないことを確信させてくれるに違いない。東洋人も西洋人も全く同じだと楽観的に考える世界市民を標榜する西洋人でさえ、その例外ではない。日本人の心は染色されており、その色素は――我々が抱く思考の色調とは異なるものであるが――我々の場合と同様、心の奥底に沈殿している。日本人は我々より素朴かつ誠実で我々が本来持っている性質に近いものを持つ面もあるが、我々の方はバーナード・ショー〔George Bernard Shaw〕が言うように、キリスト教の道徳によって捻じ曲げられ、本来あるべき性質からは遠ざかってしまっている。――しかし日本人も、我々に負けず劣らず精神的な意味で乱視であり、その乱視は我々西洋人のものとは異なっている。(28)

そもそも語り口が皮肉に満ちている。西洋人も「キリスト教の道徳によって捻じ曲げられ、本来あるべき性質からは遠ざかってしまっている」とあるように、それは自虐的でさえあるが、あくまでその非難の矛先は日本人に向けられる。評者はこの記述に続いて、西洋人として違和感を持たざるを得ない事項を次々と列挙し、その国民が何を「恥辱」と感じるかで、日本人と西洋人の違いが明らかになるとして、日本人が異質かつ異様な国民であるとの論理を展開していく。読み進むにつれ、タイトルに続く「啓蒙の書」という副題が皮肉を込めて用いられていることに気づかされる。

例えば、現在の欧米の軍人が、「逃亡」する敵を追跡するのは愉快なことだ。背後から撃てば敵は秋風に舞う落ち葉のように倒れるのだから」と、書物の中であえて書くことなどあるだろうか？　日本帝国陸軍の桜井中尉は、この度を越した不愉快な感情を、恥ずかしげもなく書き記し、「愉快な追跡」である流血の惨事を積み上げ、賞賛を重ねるのである。（中略）桜井中尉が、著書のタイトルにおいてさえ「肉弾」と呼んだ日本の兵士。彼等は敵に向けて発射される運命にあるのだが、それは天皇陛下の不思議な美徳を広めるためであり、自身や家族のことは顧慮されない。こうして実際に彼等は発射されたのである。一人一人が人間の弾となり、その目的のために突き進んだのである。それも、我々には人間味があるとは到底思えない熱心さをもってそうしたのである。（中略）国民間の相違は、国民が恥辱に感じる事柄がいかに異なるかということによってこそ明示される。日本人の沈黙は我々の沈黙とは異なる。ゆえに、東洋は依然として東洋、西洋は西洋なのだ。両者の間には厳然たる溝が存在しており、長期にわたる進歩の過程を踏むのでなければ、それらに橋が架けられることはないだろう。[29]

徹頭徹尾、西洋人と日本人の違いが強調され、日本人異質論が展開される。『アシニーアム』のように、日本人に共通点を見出そうとする姿勢そのものがない。戦争好きで、凶暴で、破壊的で、非人間的な、モラルに欠けた日本人の姿を、そこに追い求めている。その結果、「東洋は依然として東洋、西洋は西洋なのだ[30]」であり、互いを理解し合うことなどほとんど不可能だとの結論が導き出される。

それにしても、『アシニーアム』と『ニューヨーク・タイムズ』で、なぜこれほど評価が異なったのだろうか。以降でその背景を吟味し、その理由を明らかにしたい。

時が少々遡るが、まず日露戦争中の英米の対日観を確認しておきたい。次に掲げるのは、バルチック艦隊壊滅の報を受け、『タイムズ』のニューヨーク特派員がロンドンの本社に宛てた一九〇五（明治三八）年五月二九日付（掲載は三〇日）の記事である。当時の米国における日本に対する反応をよく捉えている。

日露両艦隊の戦闘で、ニューヨークはマッキンリー大統領の暗殺（一九〇一年九月六日。死亡は一四日）以来の興奮状態にある。米国人は日本の大勝利に驚愕しているのだ。皆、東郷（平八郎）提督の勝利を願っていたが、日本の熱心な賛美者でさえ、これほどの日本の大成功は想像だにしなかった。

新聞の社説を読むなら、米国人がこれまでは日本の勝利の意味を理解していなかったとしても、今では十分に理解していることは明らかだ。日本人は陸であれ海であれ「フェアな仕事」などなし得ないとの定説を、東郷の勝利が覆したと断言してよい。（中略）『イブニング・メール』紙は「勝利のために完全装備に身を固めて、東洋の未来の偉大な女王が世界の檜舞台に登場した」と書き、『グローブ』紙は、極東で「日本は大英帝国を除くすべての国々を凌駕した。そして国民の素晴らしい戦闘能力と艦船の建造と捕獲によって強大な海軍を持つに至った」と述べている。また、『ポスト』紙は、東郷の勝利によって日本は人口が少ないにもかかわらず、世界列強の一国として輝かしい地位を確保したとし、次のように付言している。「日本の偉大な勝利によって、日本自身が持つ「武士道」、つまり騎士の掟の示す節制の義務が確実に説得力を持つことになる」と。[31]

このように日露戦争中には米国でもバルチック艦隊撃滅の知らせは賞賛をもって迎えられていたのである。事態は英国でも同様であり、『タイムズ』は開戦前の一九〇四（明治三七）年二月六日の段階から、「英国国民の同盟国（日本）に対する共感の気持ちには、いずれにせよ、いささかの陰りもない」と言い切り、連合艦隊の勝利の報を受けた一九〇五（明治三八）年六月二八日付の紙面では、「陸海における日本人の卓越した技量は、人類の感嘆を引き起こしたが、世界初登場の偉大な国家を我々英国ほど温かく讃えてきた国はない」と記して、英国人の先見の明を誇りつつ賞賛を惜しまなかった。そしてこの状況は日露戦争終結後も続いた。英国の場合、一九〇四（明治三五）年一月に締結された日英同盟がその根底にあり、日本を東洋の英国と見なし好意的に捉える見方が、日露戦争後も依然として主流だったからである。つまり、英国の文芸雑誌である『アシニーアム』はかかる親日的文脈の中で書かれたのであった。

ところが米国の場合状況は異なっていた。*Human Bullets* が出版された時には、日露戦争終結からすでに二年が経過しており、日米間でカリフォルニアでの日本人移民の問題、満州を巡る角逐が顕在化し、両国の関係は急速に悪化していた。しかも『ニューヨーク・タイムズ』は早い段階から日本異質論・脅威論の急先鋒を担った新聞社であった。ここに二つの書評が大きく乖離した根本的な原因がある。

日露が開戦して半年余りが経過した一九〇四（明治三七）年九月二〇日『ニューヨーク・タイムズ』はその社説で、「もし、この「異教」の強国（日本）がその最初のミッションとして「キリスト教」諸国の政府に対し、公平に対応するのが当然であると強く求めるなら、興味深いことになろう」と述べ、早い段階から日本という異質な強国の誕生に警鐘を鳴らしていた。さらにポーツマスでの講和決着の翌日、一九〇五（明治三八）年九月六日には、その第一面で、「ドイツ皇帝、日本は中国を支配するだろうと語る／黄禍に対し、列強に一致団結した対処を望む」との見出しで、米国国会議員と黄禍論の主唱者ヴィルヘルム二世との会見記事を掲載し、日本脅威論・異質論に与する立場をより鮮明にした。『ニューヨーク・タイムズ』は日本を、従って *Human Bullets* をもはや公平に、いわんや好意的に捉える目など持ち得ず、敵対的立場から論ずること以外できなくなっていたのである。

すでに桜井の執筆意図は、自国民（翻訳は想定していない）に自身が体験した戦争の実相を伝えることだったことを見たが、ここで訳者と編者の意図を確認しておきたい。

編集者のベーコンが書いた「編集者序」に、両者の意図が書かれている。


昨今、日本人は戦争好きな国民であり、太平洋の安寧を乱す侵略者になりかねないと喧伝されている。恐らくこの桜井中尉の小著は、日本人の兵士が戦う時の精神状態に関する我々の正しい理解を助けるだろう。元々この物語は外国人の読者を想定して語られたものではなく、自国の同胞に旅順を奪還した人々の生と死、喜びと悲しみ、それらの真実の姿を伝えようとしたものである。この書は日本で熱狂的に迎えられ、最初の一年で四万部が売られた。それゆえ、訳者も編者もこれを米国国民に提供しようと考えたのである。[32]

要するに、訳者の本田も編者のベーコンも、日本の一兵士が何をし、何を考えているか、まずそれを米国人にありのままに伝え、正しい理解を促したいと考えたのである。米国の地で「日本人は戦争好きな国民であり、太平洋の安寧を乱す侵略者になりかねない」とされ、日本や日本人の本当の姿が正しく理解されていないとの共通認識が両者にはあった。本田が渡米したのは、日米の相互理解を推進し、世界平和の実現に貢献するためであったから、この訳業は本田にとってまさに打ってつけだったといえよう。

本田による『肉弾』英訳の最大の功績は、日本人一兵士の真実の姿を英米のみならず世界に伝えることに大きく貢献した点である。『肉弾』はかつての敵国ロシアも含め、ドイツ、フランス、イタリア、スペイン、ギリシャ、ノルウェー等、一〇ヶ国以上の言語に翻訳されたといわれている。英語版の出版が重訳を促し、普及を促進したのである。桜井自身「毎日新聞から電話があって、「肉弾」の埃及《エジプト》版を福岡医大の教授がカイロで発見したという話だが知っているかとのことだった。わたしは知らなかった(33)」としている。

小説家の黒島伝治は桜井の行為を、「一色に塗りつぶされた勇敢と献身と熱烈な武者振り(34)」と評し、また『肉弾』のドイツ語版訳者シンチンガー(Albert Schinzinger)は、桜井が「幼児の如く無心に、日本の英雄的精神即ち大和魂を具現 躬行《きゅうこう》する(35)」と序に書いたが、桜井は軍人勅諭とその延長線上にある教育勅語の精神に染め上げげられた天皇崇拝に凝り固まった軍人であり、現代の常識からいえば異様とも思える人物である。しかし当時の基準からすれば、世が望んだまさに模範的日本人である。本田とベーコンは、その日本人が日露戦争で実際に何をし、何を見、どう感じたかを世界に知らしめた。

現在に至るまで、日本人を知ろうとする西洋人が、新渡戸稲造の *Bushido: the Soul of Japan*、ルース・ベネディクト(Ruth Benedict)の *The Chrysanthemum and the Sword*(『菊と刀』一九四六年)、岡倉天心(岡倉由三郎の実兄)の *The Book of Tea*(『茶の本』一九〇六年)等と共に、この書を読み継いでいる事実(36)こそが、『肉弾』の英訳が有意義だったことの証左である。

もっとも、*Human Bullets* に内在したアンビバレントな要素、すなわち近代戦争の悲惨さや戦場で犠牲となる動物にまで向けられた桜井の優しい眼差し（「戦争の惨禍」「憐憫の情」）と、天皇崇拝と結びついた勝利のためには死をも恐れぬ非人間的な感情（「敵への憎悪」）、それは自己を押し殺し機械のように、肉弾として行動することに他ならなかったが、それらが平和希求の立場を鮮明な形で表明しないまま、一著作中に併存した事実は、読む側の都合でいかような解釈も可能にする危険を孕んでいた。

公平な観点から読めば、桜井が好戦的でもなければ、残忍な人物でもないことは言うまでもない。桜井は当時の日本が置かれた政治的状況、すなわち臥薪嘗胆の国情の中にあればこそ戦わざるを得なかっただけなのである。桜井も平和を望む平凡な一青年に他ならなかった。それゆえ最後の段落冒頭に、「嗚呼、今や戦は休みぬ、嵐は静まりぬ。勇士の血は此平和を購《あがな》いたり[37]」と書いたのである。しかし残念ながら、桜井の平和への思いは首尾一貫した主義主張をもって表明されてはいない。そのため字面だけで読むなら、そこに好戦的で非人間的で、時に憐憫の情に駆られて揺れ動く、一貫性のない二重人格的な人物の姿が浮かび上がってくるといえなくもないのである。ここに *Human Bullets* という作品の持つ脆弱さがあった。

『アシニーアム』と『ニューヨーク・タイムズ』の書評が大きく乖離した原因は、一義的には、日英、日米の政治的関係の相違に求めるとしても、両様の解釈を可能にしてしまう、この二律背反的要素がこの書の中に併存していたことも一因といえよう。

最後に指摘しておきたいのは、「大和魂が機械に勝利した」とする桜井の勝因分析（「戦争の勝因」）が世に与えた影響である。それは日本が勝利した事実によって証明されたと解されたため、強い説得力を持つことになった。そしてそのことが、その後の歴史において、著者や訳者が想像さえしなかった結果を生むことになる。『肉弾』が日本の読者に熱狂的に迎えられ、*Human Bullets* が英米で一般の読者に好評裏に読まれたその時から、精神優位の神話が一人歩きし始めたのである[38]。諸外国がその神話を信じても取り立てて害にはならなかったが、日本人自身がそれを信じた時、それは破滅的な結果を招くことになった。
その後の歴史は、奇しくも『ニューヨーク・タイムズ』が指摘したように、欧米では理解不能で好戦的な日本人との認識が、その後の日本の行動、とりわけ満州におけるそれによってますます増幅されていき、日本人が戦争好きな国民であるとの誤解を正そうとした本田やベーコンのこの試みも時代の流れの中で色あせ、本田が希求した相互理解による平和の実現も遠のいてゆく。そして太平洋戦争時には、*Human Bullets* は大東亜共栄圏建設のプロパガンダにも利用されることになるのである。
一九四四（昭和一九）年七月三〇日、大東亜出版株式会社より発刊された *NIKUDAN*（*Human Bullets*）は陸軍少将桜井忠温の名で英文の序を冒頭に掲げている。それは天皇絶対の国体観とそれに基づく軍人の心構えを延々と述べた後、日本人の精神を学べ、そして共に大東亜共栄圏の建設に邁進しよう、との呼びかけで結ばれる。

著者は、この書をあなた方南方の人々に届けることを大いなる名誉と感じている。この書を読み、真の日本精神を理解し評価してくれるなら、それは個人的名誉以上のものである。日本人は現地の人を兄弟姉妹のように愛する。大東亜共栄圏建設のため、共存共栄を図ることを願う者である。(39)

大東亜版は英文も平易なものに書き換えられ、編者ベーコンの名も訳者本田の名もすでにない。奥付には発行部数一〇〇〇〇の表示、「カ一〇〇二」の出版会承認番号、下部に配給元としての日本出版配給株式会社の名が、粗悪な紙に印刷されている。この時本田が亡くなりすでに一九年が、ベーコンが亡くなり二六年が経過していた。日本の敗戦はおよそこの一年後のことである。

第17章　憧れの英国

『欧洲見物』に描かれた本田

一九〇八（明治四一）年五月二七日、本田増次郎はニューヨークを発ち夜行列車でモントリオールに向かった。列車がカナダに入ったのは翌日の早朝。米国ではすでに開花時期が過ぎ、目にすることのできなくなったタンポポやリンゴの花がまだ咲いている原野を、列車はひた走る。モントリオールでは夜の出航まで時間があり旧市街のシャン・ドゥ・マルス（Champ de Mars）で一服、英国アラン・ラインのコルシカン丸（S. S. Corsican）に乗船した。船上で飲んだエール、摘まんだキャドバリー（Cadbury）のチョコレート、午後の一時を楽しんだアフタヌーン・ティーが、これまで書物で読み、思いを馳せてきた英国を一気に身近なものにした。

霧が出ると船は霧笛を鳴らしながら徐行する。流氷独特の匂いが鼻腔をくすぐる。この時本田は「英国人クルーに全幅の信頼を寄せていた[1]」ので全く不安は感じなかったという。英国船タイタニック号の海難事故はこの四年後のことである。六月六日リヴァプールに着岸、一一日ロンドンのシェパーズ・ブッシュ（Shepherds Bush）の下宿に落ち着く。そして「一四ヶ月に及ぶことになる英国滞在の最初の二週間は、待ち望んだ憧れのロンドン観光でそのほとんどを費やした[2]」のである。三年間米国での講演活動に心血を注いだ本田にとっては、何はともあれ仕事を忘れ心身をリフレッシュすることが必要だったのであろう。ロンドン観光を満喫しつつ、ウィリアム・シェークスピアの『ウィンザーの陽気な女房たち』(*The Merry Wives of Windsor*)とジョージ・バーナード・ショーの新作『成婚』(*Getting Married*)を観劇している。

実はこの年の六月五日、すなわち本田のリヴァプール到着の前日、金ヶ崎(現、敦賀港)からウラジオストクに向け、米国パシフィック・メール社のモンゴリア号(S. S. Mongolia)に乗船した一人の日本人がいた。目的地はロンドン。ただし、その旅のメインは船によらず、ユーラシア大陸横断の鉄道旅行であった。金ヶ崎を発ってロンドン到着まで実に一ヶ月を要している。ウラジオストクからモスクワまでのシベリア鉄道の一〇日間の旅に加え、同線の終点モスクワで五日間、ベルリンで一〇日間、いずれも市内観光や近隣の諸都市に足を延ばしたためであった。そして七月四日の夜半、大陸から英国への連絡港であるオランダのフリシンゲン(Vlissingen)から汽船に乗り込み、翌日早朝にテムズ川河口近くのクイーンズバラ(Queensborough)に到着、直ちに汽車でロンドンに向かう。荷を解いたのは、バッキンガム・パレス通りのグロブナー・ホテル(The Grosvenor Hotel)であった。午前中は日本大使館、日本銀行、日本郵船等の関係先へ挨拶を済ませ、午後には早速旧知の本田の下宿を訪ねている。この人物は帰国後『欧洲見物』と題した旅行記を残した。

午後シェパアード、ブッシュの下宿に本田増次郎君を訪ねたが、旅行中で不在であった。然るに翌朝同君から葉書が来て、同宿せぬかとの事であったから、早速訪ねて往って、本田氏に三年の久闊を叙し、それで日本人に縁故の深い、このウォルトン夫人の家に下宿することになり、其午後にホテルから引移った。(3)

この時本田は七月三日からウェールズのシューールズベリー(Shrewsbury)に出かけており留守であった。こうして本田の女子英学塾時代の同僚である桜井彦一郎は、翌月別の下宿に引き移るまでのおよそ一ヶ月間を本田と共に過ごすことになる。それにしてもなぜ桜井はロンドンに来たのか。『欧洲見物』は大隈重信と新渡戸稲造の序で始まっているが、大隈の序文の中にその理由に触れた部分がある。

桜井君は我輩の為、数年の間開国五十年史編纂の労を頒ち、且つ昨年其の英文を倫敦にて出版すべき用務を帯びて、彼地に赴きて、其の往返の途次に、欧洲諸国を歴遊したのである。(4)

実はこの桜井の英国行は本田が渡米直後にニューヨークから大隈に宛てた書簡（すでに第7章でその一部を紹介した）がその発端であった。本田書簡の該当箇所は次の通りである。

開国五十年の事業は既に大に御進捗之事と奉察候。当地をはじめ処々に知名の士女と交を結び居り候間、もし相当の御用も候わば御申聞相成度、多少御役に立ち候事も候半《わん》と奉存候。（中略）桜井欧村にでも御下命、都合よく運び候よう是亦《これまた》御心添へ伏して奉願候。(5)

「開国五十年の事業」とは大隈重信編纂の『開国五十年史』の英訳版を英国で出版することを指している。日本では上巻が一九〇七（明治四〇）年に、下巻と附録が翌年出版されたが、この編纂に桜井はかかわった。本田はそれを知っており書簡で前記のように桜井を推薦したのであろう。

英国には日本国内で英語に翻訳を終えた原稿が送られたが、実際の編集作業は困難を極めた。編集を担当したのはマーカス・ヒューイッシュ（Marcus Bourne Huish）であり、日本美術に造詣は深かったが日本語はわからず、原著との整合性をチェックすることはできなかった。本田は頼まれて訳文と日本語の原文との突き合わせを行っている。

また、分野毎にその道の大家が寄稿しているが、それらが一様に徳川時代とペリー来航から筆を起こしており内容が重複する問題もあった。ヒューイッシュはその重複を避けようと試みたが、「多くは記述の脈略が破壊されるため取り除くことができなかった」[6]と、冒頭の覚書で嘆息している。

本章ではこの桜井の『欧洲見物』から本田の様子が知られる部分を中心に紹介するとともに、本田サイドの記録と合わせつつ、英国での本田の交友の一端を再現したい。

実はこの年の五月二六日から一〇月三一日にかけ、本田の下宿近くで仏英博覧会が開催されていた。英国は海洋をテーマに、フランスは高級婦人服や宝飾品を中心に展示を手がけた。広大な敷地にはヒンズー様式の白亜のパビリオンが多数建てられ、この地は後にホワイト・シティ(White City)と呼ばれるようになる。その会場の様子については桜井が詳しい。

博覧会の有する地坪《ぢつぼ》は百四十エーカー(十七万五百坪余)で、其建物の坪数は四十エーカーであるが、これを彼の千八百五十一年の英国博覧会、即ち今日も水晶宮として保存せられている時のに比すると、七倍の大さであると云うことだ。建物の数は総計で百零五であるが、此中には、料理店、各種の見世物も含んで居るので、大なる陳列館は先《まず》二十であった。(中略)見世物には英国や仏国の植民地の蛮人を引張って来て、其風俗を観せている。遊楽にはフリップ、フラップとて、二個の大梯《おおばしご》の上に観覧箱を設け、それを高く空中に上げるのは、観覧車よりも一層奇抜であった。これは会場内の一大評判物で、会う人毎に、殊に女などは、君はフリップ、フラップに乗って見たかと聞くのであった。[7]

この記述では桜井が実際にフリップ・フラップに乗ったかどうかは判然としないが、本田は二回目の訪問時[8]にこの奇抜な乗り物に挑戦している。次はその時の本田の感想。

Flip-Flap（桜井欧村『欧洲見物』1909年、p. 97）

仏英博覧会への二度目の訪問は、ファイソン、プライス両主教とそのご家族と運良く一緒だった。両家族共日本に住んだ経験がある。皆でフリップ・フラップに挑戦した。それは一気に空中高く舞い上がったかと思うと、急に止まってしまう。……装置のギアが外れたとでもいうのか！「冥土」との電話連絡はできたが、一五分ほどは案内係に励まされ続け、その後ようやく動き出すのだった。二人の主教と共に天国に一層近づけるとは。ほんの一握りの人しか経験できない、まさに特権といえよう。[9]

ファイソン（Fhilip Kemball Fyson）主教は日本聖公会北海道地方区主教を務め帰英した直後。プライス主教は清国福建の主教であったがこの時は帰英中であった。プライスはすでに触れたように本田の高等英学校時代の上司である。

英国の息吹を胸一杯に受けて

次は湖水地方への旅である。桜井は本田に同行しケズィック・コンベンションに参加する。

毎年七月の半ば過ぎから、北英《ほくえい》湖地《こち》の都会ケジックで、宗教家の夏期大会が開かれる。予が倫敦に着いてから間も無き十八日と云うに、本田君がこの夏期大会に招待を受けて往く、他に二三の日本人も招かれているとと云う。予は其大会が如何な種類のものか、判然と承知もせず、唯だウォルヅウォルスの故郷たる湖畔地方の名勝に遊ぶことの出来る、これが最良の機会と思ったので、本田君に同行を頼んで、彼日《かのひ》午前ユーストン停車場から出発した。[10]

ケズィックは湖水地方北部の町である。近くにダーウェント湖があり緑豊かな自然に恵まれている。ここで毎年夏、キリスト教の宗派を超えた伝道集会が開かれる。二人は関係者の出迎えを受け宿所に入る。

同宿の外国人は、いずれも松江に伝道する聖公会中で、一種毛色の異ったバックストン〔Barclay Fowell Buxton〕氏一派の伝道者で、中世紀的の信仰で暗きに迷える異教《ヒーゼン》の日本人を教化しようと云う仲間だ。予等が着くと直ぐに御祈禱賛美が始まる、形勢が何となく不穏――予に取っては不穏になって来た。[11]

この日も夜の一一時頃まで祈禱が続き、翌日も朝から祈禱、昼からは日本のための祈禱も行われた。「暗きに迷う日本人を拯《すく》い給え、異教の日本を愍《あはれ》みたまえ」[12]といった内容でクリスチャンの桜井も我慢ならなくなる。ついにダーウェント湖上にボートで繰り出し、風光を楽しむ事態に立ち至る。宿所に戻ると本田に「日曜日に舟遊びなどしては、主人側の信心家連の感情を害せぬとも限らぬから、謹んでいた方が可《よ》かったのに」[13]と叱られる。そして笑いながらではあったが、「マア社会学研究の積でいたまえ」[14]と諭される。もっともそう言った本田自身、さすがに嫌気がさしたようで「我等山水狂の日本人には、かかる場所の宗教運動はチト熱気が過ぎて、花下長刀を佩《お》ぶる人を観るの感がある」[15]と述べている。桜井は湖上遊覧がよほど気に入ったとみえ、「其風光に接したる快楽は深く心に印象を残された」[16]との感慨を漏らしている。

この大会には牧師や帰休中の宣教師も参加する。ちょうどハンナ・リデルも帰英しておりアンブルサイドの友人宅に滞在中であった。次は本田の記述。

ある日は、妖精のように美しい湖水地方を通って、アンブルサイドまで馬車で行き、リデル氏の友人のジョーンズ夫人のお世話になった。涼しくなった夕方の美しい庭で、普段は煙草を吸わないのだが、ご婦人方の要請で虫除けのために一服した。[18]

本田は日付も明らかにせず、リデルが一緒だったことにも触れていないが、桜井が「今日〔七月二一日〕本田君はアンブルサイドへリデール女史を訪問に出かけた[19]」としているので、日付も「ご婦人方」が誰かもわかる。

さて、舞台は再びロンドンに戻る。桜井は本田が大日本平和協会代表の一人として参加していた第一七回万国平和協会大会のエクスカーションに飛び入りで参加する。

倫敦にて万国平和協会大会が開催された時、其参列員は一同ウィンゾル宮〔ウィンザー城〕を拝観することを許された。この宮《みや》は平常《ふだん》でも日を限りて庶民の拝観を許すのであるが、予は平和協会列席者の一人《にん》たる資格で拝観したのである。日本人は他に姉崎《あねざき》〔正治《まさはる》〕博士及び本田の二氏があった。[20]

大日本平和協会はこの大会に、本田、宗教学者の姉崎正治、本田の五高時代の生徒で国史学者の黒板勝美《くろいたかつみ》、[21]横浜貿易取引所会頭のチャールズ・セール（Charles V. Sale）の四名を代表として送り込んでいた。本田は一八九六（明治二九）年春、浄土宗高等学院（現、立正大学）でキリスト教会と西洋文明に関する講座を受け持った際、姉崎と知り合っており、二人は旧知の間柄であった。大会は七月二七日から翌月一日にかけ開催されたが、このウィンザー城見学は二九日の午後実施されたもので、総勢五〇〇名近い代表やその家族が押しかけたという。[22]

日本人が物珍しいこともあり、三人は多くの人々から話しかけられた。

一人の若い男が予を捉え長椅子に凭《よ》って、暫く戦争論、平和説を談じていたが、其男は那威《ノルウェー》人であった。女が寄って戦争後の日本はドウであるかとか聞く、お爺さんが平和非戦論を吐く。ボストンから来た某老夫人が頻《しき》りと予に話《（ママ）》をかける、予は此夫人を姉崎君に紹介して、話相手の役目を譲り渡した。（中略）本田君も亦《ま》た、何処かの婆さんに捉まって非戦平和論を話しかけられているのであろう。[23]

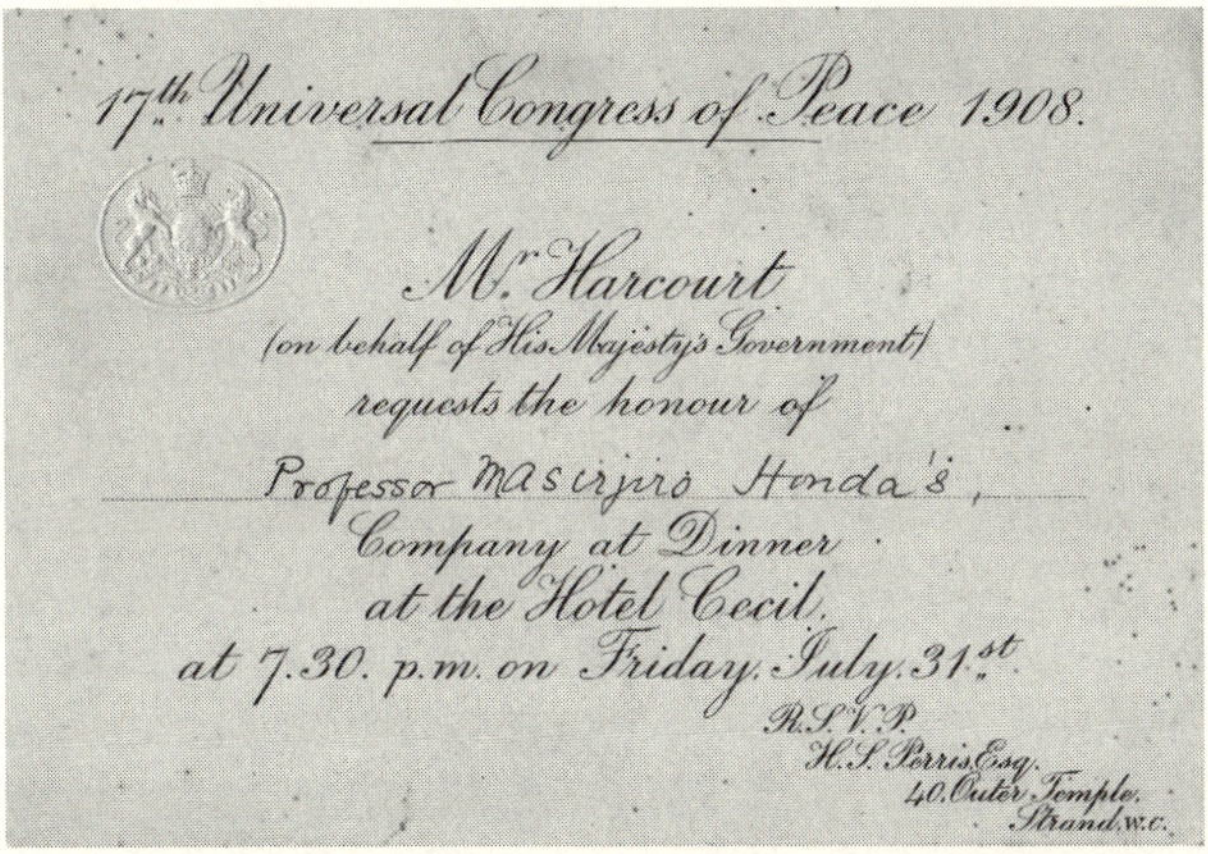
17th Universal Congress of Peace 1908.
Mr Harcourt
(on behalf of His Majesty's Government)
requests the honour of
Professor Masujiro Honda's,
Company at Dinner
at the Hotel Cecil
at 7.30. p.m. on Friday. July. 31st
R.S.V.P.
H.S. Perris Esq.
40. Outer Temple.
Strand. w.c.
第17回万国平和協会大会英国政府主催晩餐会招待状

本田はこのウィンザー城見学について詳細は記していない。「平和大会の参加者は、ある日ウィンザー城を訪れ[24]」と書いているだけで素っ気ない。

次はロンドン観光である。桜井と本田は海老名弾正と共にチェルシー（現、24 Cheyne Row, Chelsea）にあるカーライル[25]（Thomas Carlyle）の家を訪ねている。海老名は世界会衆派（Congregationalists）大会に日本組合基督教会を代表して出席するためこの時滞英中であった。桜井はかつて『英文新誌』でカーライル特集号を組んだことがあるほどのカーライル好きであった。

予は一日〔八月六日[26]〕海老名弾正、本田増次郎両氏と共に、此の哲人〔カーライル〕の家を訪《と》うたのである。チェルシー堤防に沿いて、アルバート橋の袂の左なる小園〔Chelsea Embankment Gardens〕には、画詩人《がしじん》ロセッチ〔Dante Gabriel Rossetti, ラファエル前派の画家・詩人〕の半身銅像があり、右の小園〔Albert Bridge Gardens〕には、ムシャクシャ面《づら》で、蘇格蘭《スコットランド》の百姓然たるカーライルが、椅子に坐して、手を合せて膝に置き、足を組んで大きな長方形の不格好な靴を前に出している。其下に立ちて睇視《ていし》〔目を細めて見る〕すれば、眼の中《うち》には一種慈情《じじょう》の光が籠って、貧民を愛する心が溢れているようにも思われる。予は多年深き教を蒙った恩師の像を見て、嗚呼これがカーライルよと駆寄《かけよ》ったのである。(27)

桜井のカーライルへの思い入れの深さが伝わってくる。本田も高師の講義でカーライルの『英雄崇拝論』を取り上げ、また『英文新誌』にカーライルに関する記事を多数寄せている。本田も桜井同様カーライル好きであることに変わりはなかった。

桜井が玄関の鉄のノッカーを鳴らすと、六〇歳ばかりの婦人（桜井は婆さんと呼んでいる）が出て来て、親切に案内してくれる。一階から三階、地下室、庭と見て回り、最初の応接間に戻って来る。

欧接間に帰ると、婆さんは訪問客名簿に姓名を記入してくれと云うので、予等は日本字で名名《めいめい》に記入した。（中略）

予等は絵葉書を買い、三人連名にて、日本のカーライイリース(28)たる新渡戸博士、内村鑑三氏等に送った。予は又た『サルトル、レザルタス(29)』一冊を買い、之に今日此家にて求めた由《よし》を書き入れて紀念とした。婆さんは裏庭の葛の葉を摘み来り、これはカーライル手植のものなれば、留《とど》めて紀念とせよと云う。(30)

カーライルの家見学の後は、茶店や風景画家ホイッスラー（James Abbott McNeill Whistler）の旧宅等に立ち寄っているが、桜井は日を改め再度カーライルの家を訪れている。この時はさらに一冊『衣服哲学』（*Sartor Resartus*）を買い求め、例の「婆さん」お勧めの葛の葉を挟んで新渡戸に送っている。

最後はテムズ河の舟遊びである。

　十月四日は日曜日であったし、それに倫敦では珍らしい好天気、而も十月と云うのに、頗る暖かい。予《かね》てから本田君の下宿の主人カッスルベルグ嬢等と約束の、テームス舟遊《しゅうゆう》には、実に願うても無い仕合《しあわせ》な日和であった。同行は下宿女主人と其許嫁《いいなづけ》の男、また妹と其許嫁の男、丁抹《デンマーク》の青年其他下宿人一同に、日本人の予等二人を加えたものだ。リッチモンドまで汽車にて往きて、河畔にてボート二艘を傭《やと》うて漕ぎ上《のぼ》ったが、但し本田君も予も共に櫂が取れぬ、まして舵は覚束無い、只だ舟中足手纏《あしでまとい》のお客様、女さえ漕ぐのに、これは気の毒千万であった[31]。

この舟遊びが行われる一ヶ月前の九月五日、本田は以前のシェパーズ・ブッシュの下宿からキャノンベリー・スクエア（Canonbury Squre）の下宿に転居していた。今度の下宿は国際色豊かで、スイス、ドイツ、ベルギー、スウェーデン、デンマーク国籍の人々がいた。「丁抹の青年其他下宿人一同」とあるのはそのためである。桜井も八月には日本郵船の上谷《かみや》続《つづく》の下宿に移っていたので、この舟遊びには本田や下宿人達に合流する形で参加したのである。

桜井はテムズ河を「この美なる河水一条ありて、ロンドン繁栄の源を成すのである。其下流がロンドン市中を流れて海に注ぐは、即ち国家の富となり、上流水緩く岸緑りなるは、英国の飾りを成す[32]」と評している。ロンドン市内ではその水運により産業が盛んとなり、地域経済に資するところ大なるとともに、その穏やかな流れと両岸緑なす景観がロンドン市民の心を癒すとの見立てである。
川面には白鳥が悠々と浮かび、川岸からは柳が垂れその緑が水に映える。緑豊かな堤には瀟洒な別荘が点在している。その中をカッスルベルグ一行は遡上する。途中、柳の木陰で舟を係留して持参した弁当に舌鼓を打ち、さらに漕ぎ登り、ハンプトン・コート宮殿（Hampton Court Palace）の対岸では、一旦上陸して喫茶店裏の芝生でアフタヌーン・ティーを楽しむ。

テームスは上流へ往くほど、其風景の美が増して来る。試みにハンプトン、コートから舟を浮べて、ヘンレー〔Henley〕やウィンゾルあたりまで往くなら、一層の美観であって、而して上流は上流社会の遊び舟が多いとは、後日其処まで往った本田君の通信であった。(33)

本田は翌年の五月三一日に二回目のテムズの舟遊びに出かけた。この日は聖霊降臨祭の翌日に当たり休日で、「川面には陽気な人々が大勢集い、川面でも岸辺でもロマンティックな光景が繰り広げられ、さながら一幅の英国田園風景を見るようだった」(34)という。本田はこの様子をすでに帰国していた桜井に書簡で伝えたのである。桜井は悔しそうに次のごとく『欧洲見物』に記している。

テームスの舟遊なるかな！　これぞ予の忘るる能《あた》わざる滞英中の行楽であった。本田君は今年に入ってから、二度も三度もテームスに遊んだぞ、君と去年の曽遊《そうゆう》を憶《おも》うぞなどと通信しては、予を羨ませたのである。(35)

桜井は「二度も三度も」としているが、もちろん本田はこの年は「一度」行っただけである。それにしても、テムズの舟遊びはよほど両名に気に入られたものである。

さて、この二回目の舟遊びと相前後して、外務省から本田に新しい仕事の打診がなされる。すでにこの年の一月、文部省から三月三一日に期限が到来する留学の帰国費用として小切手が送られてきた。しかし本田はそれを送り返すとともに、自己負担で滞在を延長したい旨を書き送ったという。外務省で新しい仕事、すなわち国際広報の仕事の立ち上げが検討されていることを本田は知っていたのであろう。この外務省からの申し出を本田は即座に受け、七月末までにニューヨークに赴任することになる。

歓迎会が取り持つイートン校見学

最後に、本田が一九一〇（明治四三）年四月一二日に内外出版協会から出版した『イートン学校及び其校風』[36]について触れておきたい。この著作は本田がこのロンドン滞在中に行った取材が基となっている。取材したのは前年の三月八日から一〇日にかけ、すなわち「春の雪も融け、クローカスが花の魁《さきがけ》として笑い初める頃」[37]に二泊三日で行われたが、この取材が可能となったのにはわけがある。

第14章で一九〇四（明治三七）年四月二七日に小石川後楽園で開かれたレセプションに本田が出席したことに触れた。これは日露戦争の傷病兵救護活動で来日した、女医のマギー夫人一行の歓迎会だったが、この時来日した看護師の中に英国人のリチャードソン夫人がいた。彼女は「身は貴族の家から出ながら、令息を南阿戦争に失い、それが動機となって、極東に、印度に、不幸の軍人をいたわる事に老後を送って居られる」[38]人であった。本田は夫人とはこの歓迎会のみならず、広尾の臨時病舎を共に慰問し、帝国ホテルでの送別の茶会でも同席していた。

ロンドン滞在中のある日、ブリストル在住のローブソン夫人という聞き馴れない名の人物から本田に手紙が届く。実はこのローブソン夫人はリチャードソン夫人の妹で、本田がロンドンからブリストルに講演に回ると聞きつけ、自邸の牧師館への宿泊を勧める書簡を送って寄越したのである。本田は喜んでこの好意を受ける。

そして幸運なことに、その息子が教科書も執筆しているイートン校のフランス語教師だったのである。
こうして、本田のイートン校見学が実現する。その様子を本田は次のように記している。

授業中の教室、伝統の懲罰用の鞭と椅子、幻灯を使った歴史の授業、様々なゲームやスポーツ、校内店舗、中庭での点呼の様子等を見学し、最後は、ある高名な貴族の若い息子が待ち構えている部屋で、一緒にハイティー〔夕方の軽食〕を頂いた。(39)

もちろん本田は単に授業を参観しただけではない。イートン校独特の諸制度、風習にも目を向け、野蛮とも思われる尻打ちの罰、上級生の世話をする学僕の存在、チュートリアル制度等を取り上げ、その詳細を論じている。こうした観察を経て、本田は大英帝国の繁栄の礎がこの教育制度の存在にあると述べ、この小著を終えている。

英国が過去二三百年の間、嶄然《さんぜん》として列邦の間に頭角を露わし得たるは、固《もと》より兵力と金力とに倚《よ》ること多しではあるが、其兵力金力の最純産物たる高貴の人物が出来なかったら、今日まで全世界を指導教化するが如き地位を保つことは出来なかったであろう。英国を治むるのみならず、また能く天下を動かす力ある人材を出すの教育が、其基礎をイートンの校風で固めらるると思えば、吾人は三たび敬意を表して其の万歳を祈るべきである。(40)

広報外交に尽力する日々の中でも、本田は教育者としての目を失っていなかった。国家にとっていかに教育が大切であるか、本田はイートン校で再確認したのである。

第18章　東洋通報社

民間の顔を装った政府広報機関

本田増次郎が了承した国際広報の仕事とはニューヨークに設立される東洋通報社(1)(The Oriental Information Agency)のスタッフとなることであった。ロンドンでこの話を本田に打診したロンドン日本大使館参事官の山座円次郎は石井菊次郎外務次官に宛て、「本田は至極適任と認めたるに付相談したる処、文部省さえ異存なくば予てより希望の仕事にもあり欣然《きんぜん》〔よろこんで〕承諾すべき旨を答へ、俸給其他総て異議なし(2)」と、本田が即断即決したことを伝えている。自身の志に適った仕事であり、一も二もなく承諾したのであろう。

東洋通報社は表面的には東京及び横浜の財界人が組織した日米情報会によって設立された一民間機関とされ、実際に資金が同会からも拠出されたが、会の規約もメンバーも外務省サイドが立案しており、その実態は外務省直轄の広報機関に他ならなかった。

一九〇九(明治四二)年五月六日付で外務大臣の小村寿太郎が東洋通報社の主幹となる頭本元貞《ずもともとさだ》(3)に送達した次の任命書は、同社と日本政府との関係を極秘にして活動するよう指示している。

機密送第一七号

明治四十二年五月六日

小村〔寿太郎外務〕大臣

頭本元貞殿

今般貴下を米国に派遣致候に付ては、左記の通御心得相成度此段申進候也。

記

第一、貴下は紐育市に於て東洋通報社（Oriental Imformation Bureau）を開設せられ、在米帝国大使監督の下に当分の内左記の事務を取扱わるべし。

一、帝国大使、領事又は外務省より受けたる材料其他正確なる材料に依り常に帝国諸般の事項に関する調査を為し、外国政治家新聞記者又は事業家等より帝国に関する問合せありたるときは直に之に応じ必要なる回答を与うること。

二、帝国大使領事の承認を受け帝国に関する事実の真相を米国諸新聞雑誌に掲載せしめ、又は米国諸新聞雑誌中に帝国に不利なる報道を為し、又は誤報を伝うるものある場合に、随時之が弁駁又は正誤を成すこと。

三、帝国大使領事又は外務省より受けたる通信を米国諸新聞に報道すること。

四、米国諸新聞の論調を調査し、随時之を帝国大使領事及外務省に報告すること。

五、帝国に関係ある事項に関し内密に聞知せることあるときは直ちに之を帝国大使領事に報告し、又場合に依り之を外務省に報告すること。

前項各号の外尚新聞通信事務を開始することあるべし。但し其開始の時期方法等は追て詮議の上之を決定すべし。

第二、貴下は前項の事項に関し依頼者又は読者より相当の報酬又は代金を収むることを得べし。
第三、貴下は毎月一回通報社業務の実況及貴下の取扱われたる事項に関し外務省に報告をなし、且六ヶ月毎に通報社の収支計算書を外務省に提出せらるべし。
第四、貴下は通報社の業務を表面上純然たる営業の形式と為し、政府との関係は厳に之を秘密と為し置かるべし。(4)

当初の段階では、「外国政治家・新聞記者等の照会への対応」「米国の新聞雑誌への記事の掲載、反論」「日本政府の情報の米国新聞への報道」「米国新聞の論調調査」「諜報活動」が東洋通報社の主な業務である。ここには将来行う可能性のあるものとして「新聞通信事務」が挙げられてはいるが、実際に行うことになる広報雑誌の発行については言及がない。当初の目論見と異なることになったのにはわけがある。

この任命があった年の八月、東洋通報社は主要スタッフとして、日本から『ジャパン・タイムズ』の頭本元貞及び馬場恒吾、英国から本田を迎え、ニューヨークのナッソー通り三五番地にあるテナント数およそ五〇〇のオフィスビルの一五階、一五一二号室で産声を上げた。一七階に日本総領事館があり連絡・打ち合わせには好都合であった。(5)

ところが本格的な業務の開始は大幅にずれ込む。それは主幹の頭本が外務省の命により日本からの渋沢栄一《しぶさわえいいち》を団長とする渡米実業団に同行し、およそ四ヶ月その対応に追われたこと、加えて取り扱うべき業務の一つとされた「帝国に関する事実の真相を米国諸新聞雑誌に掲載せしめ、又は米国諸新聞雑誌中に帝国に不利なる報道を為し、又は誤報を伝うるものある場合に、随時之が弁駁又は正誤を成すこと」という方策そのものに無理があったからである。

頭本は実業団の業務を終えニューヨークに戻ると、直ちに米国の新聞や雑誌に掲載された記事に対する反論や寄稿を開始する。しかし事は捗らない。山崎馨一《やまざきけいいち》ニューヨーク総領事代理が翌年四月六日付で小村に宛てた報告に「過般来当地言論界に於て我対満州政策を攻撃する声起るや、主幹は屢々反駁文を草して投書を試したる趣に候え共、多くの新聞雑誌社は社説に反対なる議論を歓迎せざる気色ありて、充分其の意見を発表する機会無之(6)」とある。ただ単に新聞雑誌に掲載された記事に反論するだけでは、それが相手先で取り上げられない限り、日本の主張を発信するという広報の目的を達成することはできなかったのである。

そこで、現状の方策のままでは対米宣伝の効果が薄いと判断した頭本は、広報誌を発行する腹案を持って帰国する。傍らで東洋通報社の立ち上げを見守っていた水野幸吉ニューヨーク総領事はフラストレーションを募らせ、六月二二日付で外務省の倉知鉄吉政務局長に対し頭本帰国中の所感を次のように報じる。

　元来仝社〔東洋通報社〕は頭本氏当地へ着後、事務所の設立を終んや直に渡米実業団と共に旅行することと相成り、其間四ヶ月は空費し頭本帰紐後に於ても、一向何等の活動をも為さざりし模様にて、頭本氏不在中の今日に於ても、只管《ひたすら》事務員が事務所に出頭し米国新聞雑誌を耽読する外、豪も注目すべき事績無き次第に有之候(7)

水野総領事はもともと頭本の広報誌出版案に反対であった。それはプレスがひしめき、激しい競争を繰り広げている当時のニューヨークの情勢は、かつて頭本が『ジャパン・タイムズ』を立ち上げた頃の東京や、『ソウル・プレス』(*The Seoul Press*)をホッジ(John Weekly Hodge)から引き継いだ頃のソウルとは全く異なるとの判断からであった。頭本に関しては「今日の紐育に事業殊に新聞雑誌も角逐場裡に立ちて世論を相手に画策奮闘するが如きは到底仝氏に望むを得ず(8)」と断定し、鬱憤は部下である本田達にも及ぶ。

全氏〔頭本〕が使用せる人物は、和文英訳英文和訳に於て或は堪能ならんも、教育家出の本田の如き、又は「ジャパンタイムス」より遣《つかわ》し来れる馬場の如き、孰れも仙骨〔優れた人物の風采〕を帯びたる学究にあらずば、宣教師式の英文学者たるに過ぎず。馬場の如きは普通要急の会得にさえ差支うる次第、到底頭本氏を助けて社交界にも立入り、事業にも奮闘し、当地の急潮に処し克つ其任務を全うせしめ得べき柄合には無之候。(9)

本田達は「仙骨を帯びたる学究にあらず」と、一刀両断に切り捨てられる。確かに、本田は公的な教育は小学校のみであるから、かかる批判も理解できなくもない。しかし本田はともかく、馬場は東京専門学校（現、早稲田大学）卒である。それだけではない、水野は、馬場を「普通要急の会得にさえ差支うる」、本田を「宣教師式の英文学者たるに過ぎず」とこき下ろす。帝国大学出の水野からすれば、小学校出も東京専門学校卒も同類に思えたのであろうか。(10)

紆余曲折の末の対米広報誌の発刊

こうして東洋通報社の先行きが懸念される中、外務省との協議を終え、八月、頭本が夫人を伴って帰米する。本省の決定は頭本の提案通り、新たに雑誌を発行し日本の主張を公にしてゆくというものであった。こうして一九一〇（明治四三）年一一月一〇日、雑誌の初号が発刊される。その名は *The Oriental Economic Review*（『オリエンタル・エコノミック・レビュー』）、月二回の発行で頭本が社主兼編集長（Proprietor and Editor）を、本田と馬場が副編集長（Associate Editor）を務めた。

東洋通報社の立ち上げから一年強が経過して、ようやく曲がりなりにも本格的な活動が開始されたのである。ところがこの初号発行直後、予期せぬ問題が持ち上がる。かつて頭本が中心となって立ち上げた『ジャパン・

タイムズ』で経営危機が発生したとの連絡が入る。頭本は同月の二二日に外務省より帰国許可を得ると、「通報社の事務は本田にて差支なし」[11]と言い置いて、あわただしく単身で日本へ向かった。そして年明けには東洋通報社の主幹を辞任、妻女も続いて帰国するのである。従って『オリエンタル・エコノミック・レビュー』はその初号を除き、実質的には本田を編集長として発行されることになった。

もっとも、翌年の二月一〇日の第一巻第七号までは、雑誌上の編集にかかわる表記は引き続き頭本が編集長とされた。表記が編集長(Editor)本田、副編集長(Associate Editor)馬場と変わるのは、二月二五日の第一巻第八号からであり、この時、誌名も『オリエンタル・レビュー』(*The Oriental Review*)とされ、「経済」(Economic)の語が削除されるとともに、発行回数も月二回から一回に変更された。これは統計数値や経済記事中心の雑誌では販売部数に限界があり、総合雑誌にすることで一般の読者層にまで販売先を拡げたいという

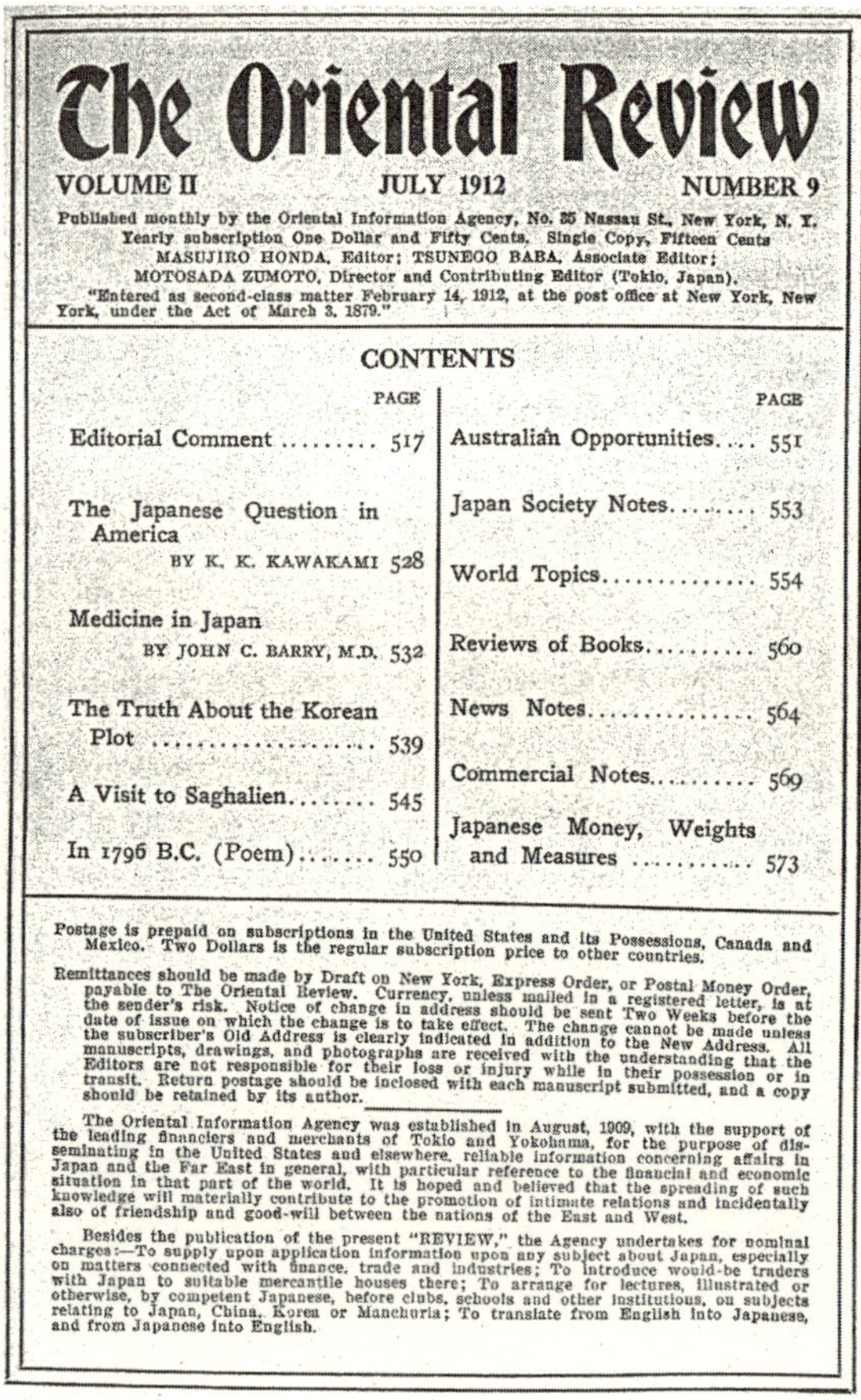

The Oriental Review

VOLUME II JULY 1912 NUMBER 9

Published monthly by the Oriental Information Agency, No. 35 Nassau St., New York, N. Y. Yearly subscription One Dollar and Fifty Cents. Single Copy, Fifteen Cents
MASUJIRO HONDA, Editor; TSUNEGO BABA, Associate Editor;
MOTOSADA ZUMOTO, Director and Contributing Editor (Tokio, Japan).
"Entered as second-class matter February 14, 1912, at the post office at New York, New York, under the Act of March 3, 1879."

CONTENTS

	PAGE		PAGE
Editorial Comment	517	Australian Opportunities	551
The Japanese Question in America BY K. K. KAWAKAMI	528	Japan Society Notes	553
Medicine in Japan BY JOHN C. BARRY, M.D.	532	World Topics	554
The Truth About the Korean Plot	539	Reviews of Books	560
A Visit to Saghalien	545	News Notes	564
In 1796 B.C. (Poem)	550	Commercial Notes	569
		Japanese Money, Weights and Measures	573

Postage is prepaid on subscriptions in the United States and its Possessions, Canada and Mexico. Two Dollars is the regular subscription price to other countries.

Remittances should be made by Draft on New York, Express Order, or Postal Money Order, payable to The Oriental Review. Currency, unless mailed in a registered letter, is at the sender's risk. Notice of change in address should be sent Two Weeks before the date of issue on which the change is to take effect. The change cannot be made unless the subscriber's Old Address is clearly indicated in addition to the New Address. All manuscripts, drawings, and photographs are received with the understanding that the Editors are not responsible for their loss or injury while in their possession or in transit. Return postage should be inclosed with each manuscript submitted, and a copy should be retained by its author.

The Oriental Information Agency was established in August, 1909, with the support of the leading financiers and merchants of Tokio and Yokohama, for the purpose of disseminating in the United States and elsewhere, reliable information concerning affairs in Japan and the Far East in general, with particular reference to the financial and economic situation in that part of the world. It is hoped and believed that the spreading of such knowledge will materially contribute to the promotion of intimate relations and incidentally also of friendship and good-will between the nations of the East and West.

Besides the publication of the present "REVIEW," the Agency undertakes for nominal charges:—To supply upon application information upon any subject about Japan, especially on matters connected with finance, trade and industries; To introduce would-be traders with Japan to suitable mercantile houses there; To arrange for lectures, illustrated or otherwise, by competent Japanese, before clubs, schools and other institutions, on subjects relating to Japan, China, Korea or Manchuria; To translate from English into Japanese, and from Japanese into English.

『オリエンタル・レビュー』第2巻第9号、1912年7月号表紙

本田の意向が働いた結果であった。これにより、以前は二〇頁強、どちらかといえばパンフレットに近いものだったものが、総頁数は六〇程度になり、総合雑誌としての体裁が整えられた。

一九一一（明治四四）年一〇月一日、本田は東洋通報社の半期の収支計算書（同年四月一日から九月三〇日）を外務省宛に提出している。本田が『オリエンタル・レビュー』の発行以外にいかに多くの仕事をこなしていたかがわかるので、少し長いが引用しておく。この報告の最後には会計収支が記されているが、この部分は省略した。

明治四十四年十月一日

外務大臣子爵内田康哉殿

在紐育　東洋通報社主幹代理[12]　本田増次郎

過去六ヶ月間東洋通報社の収支計算書を閣下に提出するに当り、同期間業務の実況及び小生の取扱いたる事項の大要を報告する事左の如し。

一、社報「東洋評論」は従来の如く毎月二回一千五百部ずつ刊行、購読者の数は未だ其三分一に達せざるも、広く新聞雑誌社、図書館、実業団体、平和協会、公人等に寄贈し又は之と出版物の交換を行い、各地新聞雑誌の「東洋評論」を転載又は論評するもの尠からざるのみならず、紐育市に於ける「サン」〔*The Sun*〕「ポスト」〔*The New York Post*〕「ウォールド」〔*The New York World*〕「陸海軍雑誌」〔*The Army-Navy Journal*〕、華盛頓府の議会図書館、全米大陸協会、国務省中の極東局等、我が社報を以て日本帝国の主張方針を代表するものと認めて初号より取寄せ精読するの形跡あり。斯くてジョーダン〔David Starr Jordan〕博士が日本新聞記者の日米感情融和策如何との問に答えたる三ヶ条中（九月十七日東京朝日新聞）、「日本の事情に精通するのみならず、更に米国の事情にも精通せる学識名望ある人が数年間紐育の如き繁華なる土地に定住し、広く人に交って日本の事情を説明するのみならず、更に米国の事情に就き誤解なきよう之を広く日本に紹介する事(13)」と云える使命を遂行するに庶幾《ちか》きを覚ゆ。

二、五月上旬より六月中旬まで一ヶ月有半、膃肭獣《おっとせい》保護会議開催中翻訳其他の事務嘱託を受けて華盛頓に出張、七月中旬より二ヶ月余阪谷〔芳郎〕男爵の為めに欧洲に旅行。この間六月二十八日を以て「コネクチカト」州「ハートフォード」市にある「トリニティー」大学に赴きて文学博士（ドリトル、オブ、レタース）の名誉学位を受く。前年間同大学に於て小生が講演をなしたるに縁み、筆舌を以て国際間の融和を図り人道に貢献するものあるを認むとの推薦に基けるなり。なおまた、米国人道協会々頭ダブルユー、エー《ママ》、スティルマン〔William O. Stillman〕の名を以て名誉証状を寄せ来れるは、小生が昨年十月華盛頓府に赴き万国聯合人道大会に出席して日本動物愛護会の状況を報告せるに因る。

三、前述の如く紐育に留まるの日少なき為め、日米情報会に向って月々の報告を継続する能わざりしは小生の甚だ遺憾とする所なり。而して今後社務以外の事件に精力を頒つ事なしとするも、大使館、領事館、商務官等研究以外に一機軸を出せる有益の報告をなさん事は、小生の能力時間共に之を許さざるを諒せられたし。

四、社報発刊以来一年間の経験に基き、本年十一月その第二年に入るを機会として毎月二回の出版を一回に改め、二回分を併せたる四十八ページに更に若干を加えて一冊十五仙、雑誌の列に入らしめん考案なり。これ閣下の華盛頓府を辞し去らるるに臨みて既に小生の陳説し置きたる所にして、従来の如き小冊子は所謂パンフレットに属して雑誌視せられず、随《したが》って売捌き上にも広告募集にも困難尠なからざればなり。但し時事問題に接触せし議論報導を発表するには、月刊の方多少時機に後くるる憾なきにあらざるも、緊急事件に関しては本社自から日刊新聞に寄書し又は某々の米人記者をして材料を本社に求めしむるの方針を採りて奉仕するの見込あり。異日事情の変化甚だしきを見る事あらんまでは、毎月一回にても二回にても著るしき差違なかるべく、一回雑誌の体を具《そな》うるより生ずる利益は蓋し尠なからざるべしと信ず。

五、東洋通報社の如きものの成立を冀望し、今もなおその存続拡張を主張する一人高峰〔譲吉〕博士の如きは、当初より社報発行に重きを置かず、人に交りて彼我相知り操觚者流と談笑して其操縦を謀る事尤も必要なりと云えり。小生夙に此方面に志し、成るべく社交樽俎の間に事をなさんと務むるも、閣下の本社に期待せらるる処果して孰れに厚きにあるべきや。若し編輯、報告、交遊共に見るべきの功績を挙げんと欲せば、一人の力を分つの多きに過ぐるものなきや。米国の事情に精通せらるる閣下の指揮を仰ぐの外なし。(14)（東洋通報社用箋使用）

客死を覚悟した広報外交

名誉文学博士号授与時の記念写真。
本田45歳（本田家所蔵）

本田は単に対米広報誌の仕事をしていただけではない。この半期報に先立つ前年一〇月には、ワシントンに出張し二つの会議に相次いで出席している。それは二日から八日にかけての第八回万国監獄会議、一〇日から一五日にかけての第一回万国連合人道大会である。いずれも日本代表としての出席で、後者では、一三日午前の動物部会で広井辰太郎の "The Japanese Attitude toward Animals"（「動物に対する日本人の態度」）を代読、併せて日本の動物愛護運動や人道教育の現状を報告している。またこの半期報が触れている通り、この年の五月上旬から六月中旬にかけ再びワシントンに出張、オットセイ保護会議の事務回りの仕事に従事、さらに七月中旬から二ヶ月間は、カーネギー平和財団経済部主催の会議に出席する阪谷芳郎の通訳兼事務方として、スイスのベルンまで出張している。半期報以降でも、一一月にはウースターで開催されたクラーク大学の「日本及び日米関係」をテーマとする大会に関しその準備段階から参画し、新渡戸稲造、朝河貫一、家永豊吉[15]等と共に出席、自身も“Japanese Diplomacy, Past and Present”(「日本外交の過去と現在」)と題し講演している。[16] この大会は翌一九一二(大正元)年一一月にも「中国」をテーマに開かれ、本田は朝河貫一と共に再び参加、この回本田が話した演題は“The United States and Japan in China within the past decade”(「中国における過去一〇年の日本と米国」)であった。[17]

仕事に充実感を抱けることは幸せなことであるが、頭本帰国後、実際に動ける日本人スタッフは本田と馬場だけである。出版の仕事をやりながら、スイスへの出張、各種会議への参加、晩餐会等の社交周りの仕事と余りにも盛り沢山で、本田の言う通り、それは一人の人間がこなせる範囲を超えていたと思われる。日米情報会へ出さねばならない月報も滞り、本田が受けた精神的なプレッシャーは、並大抵のものではなかったろう。ところが当時の本田について、馬場は次のように回顧をしている。

> 紐育に於ける本田君は健康の許るす限り実によく働いた。日本の外交上の立場をよくせんとして、内外人の間に忙がしく立廻った。其間に私が感心したのは、そんなに忙がしく活動している中に、本田君は何所か脱俗した飄逸な処を持っていた事であった。日曜などにはよく私と一緒にセントラル・パークの雪の中を散歩した。五仙の南京豆を一袋買って、栗鼠《りす》に食はして喜んだものだ。ブロンクス公園の動物園に行っては小児のようになって一日を暮らした。ハドソン河の向う岸を散歩した時は田舎のレストラントに入って黒ビール一杯飲んでこんな愉快な事はないと云った。友人仲間では彼れを仙人と呼んでいた。柔道三段だと云われていたが、何処にそんな力があるのだろうと思うほど、無邪気で、優しかった。蓋し腹が

出来ているんだなと、私はひそかに感心していた[18]。

この馬場が抱いた「腹が出来ているんだな」との感慨は、富田常次郎が感じたそれと全く同じである。本田が米国で亡くなったらどうするかとの話になった時、本田が灰を「太平洋の真中で風上から海の中へパーッと撒いて呉れ給え」と答えたことは、第14章で触れたが、本田の身近にいた二人が、期せずして本田の覚悟に同じ思いを抱いたのは、一見飄々とした本田の態度の根底に確たる信念が存在していたことを物語っている。業務で日常を共にする同僚馬場、そして嘉納塾以来の親友富田にはそれがわかったのである。

米国を舞台とした広報外交については、日露戦争収束への画策を図るため一九〇四（明治三七）年に金子堅太郎を米国に派遣したことに始まる。しかしこれは、あくまで日露戦争終結を目的とするスポット的な広報任務であった。一方、本田による巡回講演とこの東洋通報社での英字広報誌の発行は、日米の全般的な相互理解を米国国民全体を相手に行う新しい種類の広報外交であり、金子による日露戦争終結一本に絞った広報活動とは一線を画している。

東洋通報社は「日本政府が初めて海外に設置した本格的な広報機関[19]」であり、また、同社によって「広報機関という組織を通じた初の世論工作[20]」がなされたとされる。本田帰国後の一九一四（大正三）年以降は、河上清による太平洋通信社（The Pacific Press Bureau）と家永豊吉による東西通信社（The East and West Press Bureau）の新聞操縦や講演活動による広報活動が展開されるが、東洋通報社は本田が単独で行った草の根の巡回講演と併せ、金子と河上・家永の間をつなぐ広報活動として、対米広報外交史上、看過できない重要な役割を担ったといえよう。

第19章　外交論を支えた思想

本田の日本外交小史

約二年間にわたって発行された対米広報誌を通して、本田増次郎が米国民に対して訴えかけようとしたことは何だったのか。雑誌の性格上当然に予想されることであるが、当時日米間で懸案となっていたテーマがその中心である。それは関税問題、移民問題、中国問題、朝鮮問題であり、それらに対する日本の立場の説明的、反論的叙述が主体をなす。もちろん、日本や朝鮮の統計数値や日本の文化、現在の社会情勢等が掲載され、日本を幅広く紹介するという広報外交本来の趣旨にも沿っている。

本章では、本田のこれらの著述の根底にある外交論に的を絞り検討を試みる。俎上に上げるのは、本田の外交に関する考えが明瞭に顕れている"The Evolution of Japanese Diplomacy"(1)（「日本外交の発展」）である。記述のほぼ七割が日本外交史の叙述に割かれており、それは短いながら読み応えのある日本外交の通史にもなっている。

まずこの外交史の部分により本田の外交史観を考察し、次いで本田の主張が端的に現れている最後の部分――それは日本外交の将来に触れた部分であるが――を分析し、本田が日本外交の望ましい姿をいかに捉えていたかを明らかにしたい。

本田は外交を「国際取引を通じて、国力を維持し増進する実践的な行為であり、この国力には、物質的利益のみならず、名誉、名声、道徳的影響力も含まれる」[2]と定義する。言い換えるなら、本田の言う国力は軍事、資金、資源等を背景にしたハード・パワーと諸制度、価値観、文化等のソフト・パワーの統合体であり、外交は国際取引によってこのパワーを維持・増進することを意味する。本田は外交をこう定義した上で、日本外交の歴史をパワーの角逐に視座をおいて振り返ることから始める。

日本の諸外国との接触は、その初期、朝鮮、中国、インドから始まった。日本はそれらの国から儒教、仏教、アジアの芸術や科学を学んだが、一方でそれらの国の政治的・知的支配は受けないよう注意を怠らなかった。一六世紀中頃になると、ポルトガル人が次々と日本の沿岸を訪れるようになったが、その目的は交易のみならず宗教的・政治的影響力を及ぼすことにあった[3]。

非常にシンプルな書き様であり、初期の接触の具体的な時期や内容も明記されていないが、朝鮮半島南部で倭国の活躍が見られた四世紀終わり頃を一つの契機として、日本と朝鮮半島との接触が経済的に、文化的に、そして政治的に活発化していったことを指していると思われる。中国の儒教もインドの仏教も朝鮮の百済から伝わったものであり、各種の新技術が朝鮮半島の渡来人によってもたらされたこと、その後も日本が、奈良、平安、鎌倉時代を通じて、政治制度や諸技術を海外より取り入れはしたが、二度にわたる蒙古軍侵攻を退け、政治的な独立を確保してきたことは、歴史の示すところである。そして、大航海時代が幕を開け一六世紀中頃になると、日本にも南蛮人の冒険商人や宣教師が接触してくる。彼等のバックにはポルトガルやスペインといったカトリックの強国が控えており、宣教活動の裏には政治的影響力を行使したいとの思惑が隠されていた。このように日本の対外関係は楽観を許さない状況にあったが、当時の日本の支配者達はプロテスタント国オランダからの情報も得て、カトリック諸国の意図を知り、キリスト教を禁教としイエズス会宣教師を追放、大型船の建造を禁止するとともに、長崎、対馬、薩摩、松前のみを窓口として交易を行う外交政策へと舵を切ったのである。このいわゆる鎖国政策を本田は高く評価する。

この鎖国政策を振り返る時、次のような推測が成り立つ。もし日本がオランダの警告を無視し、カトリックのヨーロッパ諸国と接触を続けていたなら、どうなっていたであろうか。恐らく日出国の領土はフィリピンと同様の地位に甘んじ、キリスト教はより普及したであろうが、政治的独立が保たれたとは到底思えない(4)。

こう本田は推測を交え、一八五三(嘉永六)年のペリー来航までの日本の外交を取りまとめる。そしていよいよ本題である列強角逐の外交史に論述を進めてゆく。すなわち、ペリー来航と相前後して活発化した日本を巡る各国のパワー・ポリティックスの実情である。まず本田はロシアの動きを俎上に挙げる。

ロシアは早くも一七世紀初頭にアムール地域を領有し太平洋の大国となった。日本がロシアと直接的接触をなすに至ったのは、一七〇七年ロシアがカムチャッカの領有を宣言した時だったが、ロシア人はしばしば蝦夷の島々〔北方四島・北海道〕、千島列島、サハリンを訪れており、これらの地域はロシアに吸収されようとしていた。最初の日露間の条約である日露和親条約が締結〔一八五四年〕された後の一八六一年、ロシアが対馬を給炭港として占領した。この時は江戸の英国公使〔Rutherford Alcock〕と英国の東アジア艦隊司令長官〔James Hope〕が共同で抗議し、ようやくロシアは対馬から撤退したが、それには半年の期間を要した。明治維新〔一八六八年〕の後、日本はサハリンのロシア領を二百万円で購入することを提案〔一八七二年〕した。しかし、結局その代わりとして三年後にサハリンと千島列島の名ばかりの交換が成立〔一八七五年締結の樺太・千島交換条約〕しただけだった。[5]

当時日本に影響力を行使しようとしていた国はむろんロシアだけではない。黒船を派遣した米国をはじめ、中国に橋頭保を構えようと画策する英国、幕府と密接な関係を築いたフランスがその主たる国々であった。本田は、ロシアの攻勢を前にして、北海道と千島列島、そして対馬が辛うじて日本に落ち着いたのは、これら列強の力が交錯する中で日本が行使した外交的努力の賜物だったと考える。

続いて本田はマリア・ルス号事件、琉球諸島の日本編入、日本の台湾出兵を俎上に挙げるが、いずれも日本が単独で対処できたものはなく、各国の影響力の直接的、間接的な行使の下に実施されたものであったことを指摘する。そして当時の最大の外交問題であった、日本側に治外法権や関税自主権のない不平等条約、それは日本の無知蒙昧に付け込んだ西洋列強の横暴によるものだったが、これを正すため日本がいかに涙ぐましい努力を続けたかが語られる。すなわちローマ字の採用や体格改善のための西洋人との結婚の奨励、鹿鳴館でのこれ見よがしの舞踏会である。しかし、現実にはいずれも条約改正の役には立たず、結局は日本が列強と対等に外交をなすだけの国力を備えるまで待たねばならなかったこと、つまり、大日本帝国憲法の発布を見、そして日清戦争で日本が勝利して、ようやく不平等条約の改正が実現したことが述べられる。本田は日清戦争を次のように評価する。

この一八九四年から翌年にかけての日清戦争によって、日本の外交は経験を積んで第二段階に突入した。この段階で日本の積極的な自己主張が、その自認する力を背景として優勢な意見として通ることになる。

日清戦争はある意味で近代と中世の衝突だった。なぜなら、日本が望んだのは、朝鮮を二つのアジア列強〔日本と中国〕の緩衝国として独立させ発展させることだったが、中国が主張したのは朝鮮を保守的かつ従属的な国とし、自身が宗主国となることだったからだ。しかし軍事力での日本の勝利も、外交的にいえば政治ゲームの世界における明々白々たる敗北に終わった。すなわち欧州列強の三国〔ロシア、ドイツ、フランス〕干渉によって日本が中国から得たかなりの部分〔遼東半島〕が奪い去られたからだ[6]。

本田は「日本の外交は経験を積んで第二段階に突入した」とし、日清戦争によって日本の外交は新しいステージに到達したと考える。こうして、国力を背景に国際社会の中でようやく自己主張ができるようになったのだと。しかし、そのパワーに頼った外交は軍事的な勝利とは裏腹に、その後の西洋列強との力学の中で綻びを見せる。それが三国干渉による遼東半島の返還であった。従って本田は「結局アジアは、西洋の政治や力のバランスから独立した形で存在できるほどの力は持ち合わせていないのだ[7]」との結論を導き出す。そして三国干渉に甘んじざるを得なかった「日本の外交面での敗北は、日本が欧州や米国で政治的同盟国〔英国〕や親密国〔米国〕を必要としていることに自ら気づくことにもなった[8]」とする。つまり日英同盟の締結は日本が積み重ねてきた歴史的経験の賜物だったという認識である。

貿易立国と相互理解を両輪とする平和国家

そして本田は、最後の検討対象に日露戦争とポーツマス講和会議での日本の外交を挙げ、それを評価する。同盟国である英国、道義的支援者である米国、さらには欧州や米国の人々による、ほとんど国際的といってもよい同情を受けて、海外での戦時国債の発行も可能となり、日本軍は陸海で勝利を収めた。しかし、またしても日本の外交はポーツマスのチェス盤の上で、その敵によって出し抜かれた。その原因は概ね日本が自国の考えや要求に世界のプレスが関心を持つようにする努力を怠ったからだ。[9] 一方ロシアは講和のやりとりの一面を効果的に巧みにアピールする形で、あらゆる国籍の一〇〇人を超える新聞記者達に提供した。ニュースを作り伝えるため新聞記者達がポーツマスには詰めていた。従って代表者が全く何も与えてくれない国に好意を持たないことは火を見るよりも明らかだった。ロシアの外交はこの問題を、米国政府に対しては大統領を通じて、米国国民に対してはプレスを通じて、訴えかけるのに成功した。それは漠然としてはいたが、いつの日にか日本がロシア及び中国の太平洋地域を占領し、次にはフィリピン、グアム、ハワイ、さらにはアメリカ大陸の西側の太平洋地域にまで触手を伸ばしかねないとの危惧の念を抱かせるのに十分効果的なものであった。[10]

いわゆるプレス対策がポーツマス講和会議でなされず、そのため戦争では勝ったが、講和会議では負けたとの事実認識である。こうして本田は「政治上の同盟、協約、協定に対し、プレスが好意的な関心と同情的な態度を寄せているかどうかは、外交的成功にとって重要かつ不可欠なものである」[11]とプレス対策の重要性を認め、さらに議論を進めて、プレスや政府のレベルを超えて「両国民の精神的、物質的ニーズについて大衆の相互理解を深めていく」[12]ことこそが重要であり、この大衆レベルの相互理解が達成された暁には「貿易と友情の絆によって互いに結ばれた確乎たる関係」[13]によって平和な世界が実現すると主張する。

また「一国が外交関係において道徳的、物質的影響力を行使し得るのは、産業や貿易の拡張と繁栄がある時だけである」[14]と本田が言い切っていることから、本田が自由貿易にいかに信頼を寄せていたかがわかる。[15] 自由貿易を通じて国富が増大し、その結果各国の富が蓄積され、加えて国民間の友情の絆が堅固なものとなる時、外交は最もその真価を発揮するのだと。

本田の論述の根底には、ミル（John Stuart Mill）に代表される古典派経済学の自由貿易論があり、それに日本の外交的・地理的特殊事情を加味して日本の立場を説明する点、すなわち帝国主義諸国の草刈り場と化しているアジアにおける唯一の近代国家である特殊な日本との基本認識の上に立ってパワーの角逐を捉える点に、本田の論理の特徴を見出すことができる。本田は若き日、弘文館で、ベンサム（Jeremy Bentham）やミルに親しんだ。古典派経済学に功利主義の思想的基盤を提供したベンサム、そして、アダム・スミス（Adam Smith）を祖とし、リカード（David Ricardo）、マルサス（Thomas Robert Malthus）を経てミルで集大成された古典派経済学の本田は忠実な学徒であった。

最後に本田は自身が「危険を犯して予言を試みる」[16]より、一英国人著者の言葉を引用する方が相応しいとして稿を締めくくる。それはモンゴメリー（Helen Barrett Montgomery）の *The Empire of the East*[17]（『東の帝国』）の一節である。

モンゴメリーが語る近未来の日本は、軍事国家ではなく貿易に立脚した平和国家である。日本は中国貿易の太宗を占めるとともに、米国やカナダとも巨額の貿易を行い、太平洋の貿易国家として繁栄している。また日本の外交政策は、過去のしがらみや進歩を妨げる偏見もないことから概ね穏当なもので、むしろ他国に健全な影響を与える種類のものとなる。さらにモンゴメリーは「日本が偉大な国になることを熱望し続け、従来大国の専売特許であった、貪欲、強欲、攻撃性、威圧的な特性、すなわち弱小国に対する高圧的な態度をもし日本が一切放棄すると堂々と公言するなら、日本は世界史上希に見る優れた貢献をなすことになるだろう[18]」と、薔薇色の夢さえ語るのである。この夢は本田も共有するところだったと思われる。それゆえ、自己の理想を代弁する者としてモンゴメリーを登場させたのであろう。いずれにせよ、本田は自由貿易を通じて達成される産業の発展、その結果として実現される豊かな社会を標榜しており、貿易立国をレゾン・デートルとする国民間の相互理解の進展に、外交の未来を賭けたといってよい。

もちろん現実の歴史では、モンゴメリーが予言し本田がそれに同調したように、日本が弱小国に対する穏当な政策を取って、真の意味で「偉大な国になることを熱望し続け」ることはなく、他の列強同様、アジアを草刈り場とする、ありふれたパワー・ポリティックスの世界に踏み込んでいった。本田は亡くなる年である一九二五（大正一四）年一月、"My Shattered Dreams"(19)（「打ち砕かれた夢」）と題した『ジャパン・アドバタイザー』に寄稿した一文で、依然として帝国主義が渦巻く世界の情勢に落胆の気持ちを漏らさざるを得なかったが、本田が示した自由貿易に信を置いた国家間の経済的相互依存関係に、国民間の深い相互理解が加わった時、確固たる平和な国家関係が実現するという考え方は、決して陳腐なものとはいえず、今もって一つの真理であることに変わりはない。

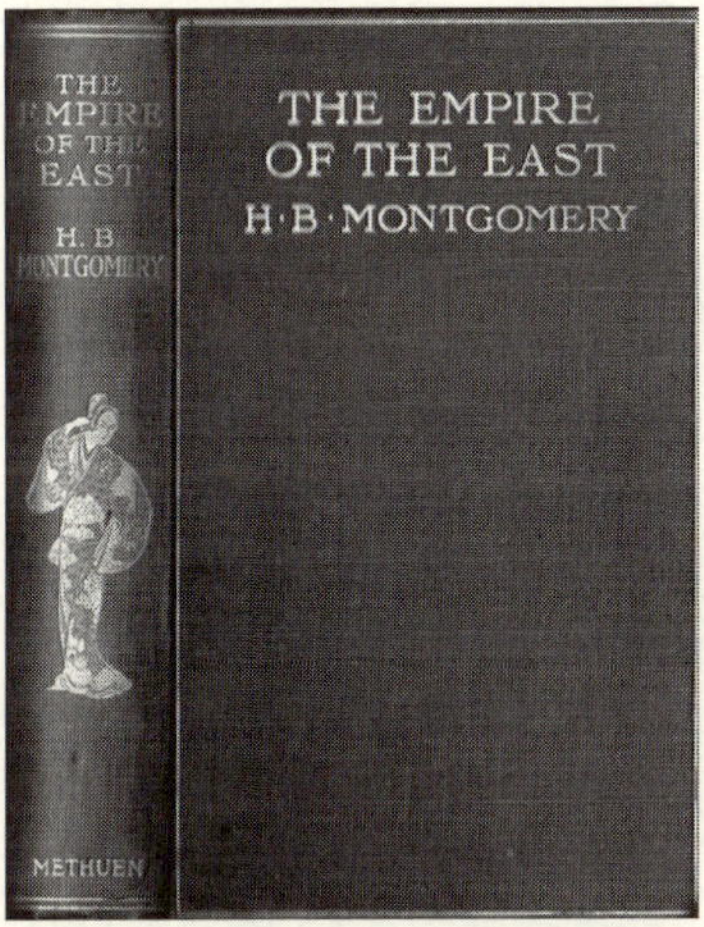
モンゴメリー *The Empire of the East*
英国版初版（1908年）表紙

第20章　入院と広報誌の廃刊

働きすぎによる結核の悪化

遡る一九〇五（明治三八）年七月一八日横浜を発ち、八月二日にサンフランシスコに上陸するまでの二週間、本田増次郎は一八九〇（明治二三）年一〇月二三日から二、三行ながら毎日書き続けてきた日記の筆を折った。(1)この時の気持ちを「何年にもわたって神経をすり減らす仕事をした後では、どんな優秀な船員でも「なすに任せよ」、つまりレッセ・フェール〔laisser-faire〕の気分になるものだ(2)」と述懐している。本田はすべてを忘れてこの船旅に身を委ねたのである。本田にとってこの旅は、肉体的にも精神的にも静養しリフレッシュするまたとない機会となった。

事実、本田の健康状態はこの二週間の船旅を経てかなり回復したと思われる。ディープ・ヘブン・キャンプ滞在中の八月二五日には、慈善パーティーで米国人少年をアシスタントに柔道の実演をして二七ドルを稼ぎ、ニューポートを再訪した際の一一月二〇日には、米国聖公会系のセント・ジョージズ・スクール（St. George's School）で柔道の模範演技もしている。もちろん結核が完治したわけではなかったから無理をすれば再び悪化する宿命だった。渡米の年から翌年にかけての冬は事なきを得たが、二回目の冬は熱や食欲不振に見舞われている。この年の冬は特に寒さが厳しく、加えて「講演の準備が大変で、一九〇七〔明治四〇〕年の三月には絶望的な状態に陥っていた」[3]という。この時期、本田はニューヨーク市教育委員会主催の公開講座やコロンビア大学の講座を担当しているので、これらの準備に追われたためであろう。

しかしこの時は米国の医療によって救われる。薬を使用しない呼吸の治療を半年ほど毎日続け、さらにニューヨーク州のキャッツキル山地にあるオンテオラ峰〔Onteora Peak〕で三ヶ月静養した結果、「私の健康はここ数年では一番良い状態になった」[4]という。その治療法とは次のようなものであった。

大人一人が十分入れる大きさのガラスケースの中に座ると、上部から中の空気がポンプで少し抜き取られる。それから、インドゴム製の管を通して外部の空気を深く胸に吸い込むよう言われるが、この管を医師が外から開け閉めする。[5]

上部から空気を抜けば、ガラスケース内の気圧が下がり同時に酸素濃度も低下する。すると本田の体は、防御反応から可能な限り多くの酸素を体に取り込もうと働く。そのいわば酸素に飢えた状態の時、今度はゴム管で外部の通常濃度の空気が直接本田の口に送り込まれる。本田の肺は懸命に働き通常より多くの酸素を取り込むことになる。これを繰り返すことによって、弱った本田の肺機能が回復を見たのであろう。効果はてき面で、「執拗だった熱も下がり、食欲も数日で回復し始めた」[6]という。こうして本田は健康を取り戻し、その後の英国での講演活動やニューヨークに戻ってからの東洋通報社の仕事に力を注ぐことができたのである。

しかし結局は、東洋通報社で雑誌を発行しつつ社交に努め、各種の国際会議への出席や出張を重ねるうちに、病に侵された本田の体は限界に達する。その結果が半年間に及ぶサナトリウムへの入院であった。本田はこのコネチカット州ハートフォードのワイルドウッド・サナトリウム[7]〔Wildwood Sanitorium〕での体験を『オリエンタル・レビュー』一九一二（大正元）年一二月号に“Nature From a Sanitarium Window”（「サナトリウムの窓から見た自然」）と題し掲載している。その冒頭は次のように始まる。

サナトリウムは自然を観察し学ぶのにはまさに願ってもない場所だ。特に暖かい季節はこのことが実感される。サナトリウムの患者達は通常田園の真っ只中に隔離され、可能な限り俗世間の心配と悩みごとから遠ざけられ、リラックスすることを求められる。そのため患者達は否応なしに自然と一体となった生活をすることになる。森の中で冬眠するかのように、ハンモックに揺られながら、昆虫にも似て、沈思黙考し、あるいはちょうど温室の中に咲く花のように、ガラスの屋根と網戸付の窓に隔てられ、空気のかすかな流れを感じ、微睡ながら昼間を過ごし、一方夜は、空を見上げて星の数を数え、銀色の月を見上げ、カエルやキリギリスやコオロギの鳴き声を聞くことができる。あるいは網戸の外の蛾がなんとかして室内に入り込もうとあがく様を見ることもある。心も体もすっかり休息させている状態では、同僚やそこかしこの友人達のことを真剣に考えるのは得策ではない。なぜなら彼等のことを考えてしまうと必ず自分の心の中に抑え難い喜びや悲しみが沸き起こってくるからだ。これでは「治療」にならない。「休息中の患者」にとって人は人格のない単なる自然の一部にすぎない。つまりここでは患者達は自分達が植物の一部だということを学ぶのである。（中略）

サナトリウムは森や玉蜀黍畑や牧草地や野菜畑に囲まれている。正面の森は建物から広々とした芝生や牧草地を隔てて遠く離れており、長方形の窓枠の中にターナー〔Joseph Mallord William Turner〕の絵のような風景が広がる。(8)

サナトリウムの印象を本田はこう綴っている。このサナトリウムはハートフォード病院（Hartford Hospital）

の分院として設けられたもので、病棟は農場の元厩舎を改造したものであった。それは都会の喧騒とは無縁な静かで豊かな自然に取り囲まれていた。

東洋通報社で本田の留守を預かっていた馬場恒吾は、本田に呼ばれてこのサナトリウムを訪れたことがある。次はその時の回想である。

紐育に於ける最後の一年間〔正しくは六ヶ月間〕[9]は本田君は病気でコネチカト州のハートフォド保養院に居った。其処には各国のブラブラ患者が居た。本田君は皆んなに親しまれていた。併し寂しくなると、紐育に居る私に遊びに来いと云って来る。行くと本田君は保養院の院長に話して、其院長の室を私に明渡させて二三日泊れと云う。院長は本田君を尊敬していたから、本田君が云うがままに、院長室を私に貸して呉れた。書斎と寝室と湯殿がある立派な部屋であった。本田君はそうして私に自由に朝寝坊をさせるほど思いやりが深かった。

此保養院は停車場から二哩ばかりの小山の上にあった。途中まで電車が行く。電車を下りて、だらだら坂を上って行くと、坂の上に私を待ちつつ本田君が立っていた事がある。私が紐育に帰えるときも、坂の上で、私の見えなくなる迄立っていた。其姿が今でも目に見えるように頭に残っている。[10]

院長は、本田と親しかったジョン・マクック(John J. MaCook)教授の長男であったから、いろいろと無理がきいてもらえたのである。本田が米国聖公会系のトリニティ・カレッジから名誉文学博士号の授与を受けられたのも、マクック教授が自身の属する同カレッジの学長フラベル・ルーサー(Flavel S. Luther)に本田を推薦して実現したものであった。

『オリエンタル・レビュー』廃刊の顚末

本田のサナトリウムからの帰還と相前後して、東洋通報社の譲渡・廃止問題に最後通牒が突きつけられる。それは一九一二（大正元）年一一月のことである。前年の八月に第二次桂太郎内閣が瓦解、外相の小村寿太郎も病気のためすでに辞職していた。後継内閣である第二次西園寺公望内閣が対処すべき喫緊の課題は前内閣から引き継いだ財政問題であり、内田康哉率いる外務省は新任の珍田捨巳米国大使に、東洋通報社をニューヨークの日本協会（The Japan Society）に移譲し、外務省としては東洋通報社の業務から撤退できないか協会と詰めるように指示を出した。日本協会による肩代わりの検討がなされたこと自体、同社の事業が有用であると判断されていたことを示すが、この肩代わり[11]については、政治問題に協会がかかわるのは好ましくないとする意見や資金負担の問題があって折り合いはつかなかった。そして結局は軍備拡張の圧力による行財政整理が優先されることになった。こうして軌道に乗りつつあった『オリエンタル・レビュー』は、同年一二月号を最後に本田達の手を離れるのである。

このように東洋通報社廃止の原因は軍備増強のための行財政整理であったから、東洋通報社はいわば軍備増強の生贄になったといえる。しかしその遠因を考えてみる時、ハルピン駅頭での伊藤博文の不慮の死（一九〇九〔明治四二〕年一〇月）、それを支えてきた小村の辞職と病死（一九一一〔明治四四〕年一一月）が東洋通報社の幕引きを早めたとの見方もできる。かつて頭本元貞から『ソウル・プレス』[12]を引き継ぎ、対朝鮮宣伝活動で功績を残した山県五十雄の次の一文がそれを示唆している。

初めて頭本先生に接近したのは一九〇九年先生が伊藤公〔伊藤博文〕の命を受け、*Seoul Press* の経営を私に譲り、New York に於て Oriental Information Bureau を設立し、好《よ》き意味の propaganda 事業に着手された時であった。それにつけても今更のように伊藤公の卓見に敬服せざるを得ぬ。当時はまだ propaganda

という辞さえ人口に上らなかった、然るに伊藤公は我国の国際的威信を昂揚せしむる為めに、弘《ひろ》く海外へ我国に関する正しき知識を宣伝する必要あるを認め、先ず頭本先生をして米国に於て此重要なる事業に当らしめ、続いてLondon, Berlin, Paris等に於ても同様の機関の設立を計画して居られたので、私も五年間*Seaul Press*に勤務した後はLondonに派遣される筈になっていたのである。公の此far-sighted planが実行され、永続されたならば第一次大戦中に於てもまた其後に於てもどれ程我国に利益を及ぼしたであろうかは想見することが出来る。然るに不幸にも公がHarbinに於て朝鮮人の兇手にかかられたため、此事業は中止となった。誠に遺憾千万である。[13]

伊藤博文の秘書であり懐刀だった頭本、その頭本が軌道に乗せた政府の対朝鮮宣伝紙ソウル・プレスを頭本から引き継いだのが山県である。この一文はこの辺りの事情について熟知している山県の発言でありその信憑性は高い。特に注目されるのは「先ず頭本先生をして米国に於て此重要なる事業に当らしめ、続いてLondon, Berlin, Paris等に於ても同様の機関の設立を計画して居られた」との記述である。伊藤は世界的規模での広報外交を企図していたと思われる。従って東洋通報社によって一部実現を見たこの壮大な伊藤の計画は、自身の不運な死によって後ろ盾を失い頓挫したと見ることもできる。

こうして、一九一二（大正元）年一二月一七日[14]廃刊の告知もされ、東洋通報社は解散する。ところが実際には、編集助手だった米国人記者チャップマン（Lucian Thorp

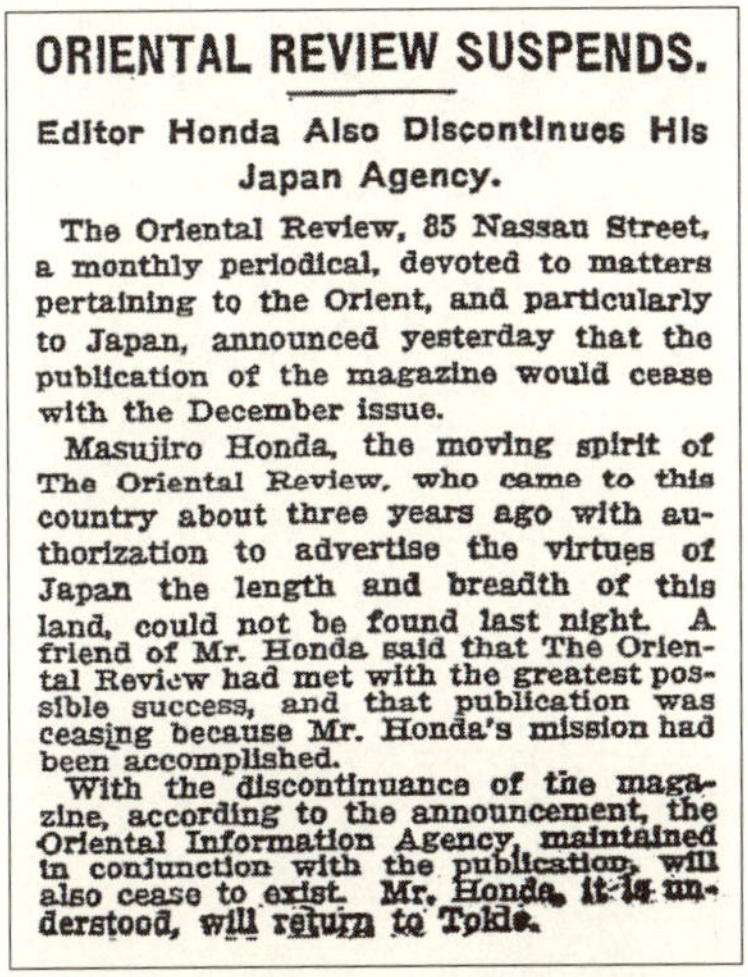

ORIENTAL REVIEW SUSPENDS.

Editor Honda Also Discontinues His Japan Agency.

The Oriental Review, 85 Nassau Street, a monthly periodical, devoted to matters pertaining to the Orient, and particularly to Japan, announced yesterday that the publication of the magazine would cease with the December issue.

Masujiro Honda, the moving spirit of The Oriental Review, who came to this country about three years ago with authorization to advertise the virtues of Japan the length and breadth of this land, could not be found last night. A friend of Mr. Honda said that The Oriental Review had met with the greatest possible success, and that publication was ceasing because Mr. Honda's mission had been accomplished.

With the discontinuance of the magazine, according to the announcement, the Oriental Information Agency, maintained in conjunction with the publication, will also cease to exist. Mr. Honda, it is understood, will return to Tokio.

廃刊を報じる1912年12月18日付
『ニューヨーク・タイムズ』記事

Chapman）がオリエンタル・レビュー出版社（The Oriental Review Publishing Company）を設立、同社が経営を引き継ぎ、ちょうど留学から帰国の途にあった伊地知純正が補助する形でしばらくは発行が続けられた。そのため外務省からの資料提供もなされ、日本の影響力が幾分は残された[15]。本田はこの時ロンドンで開かれた第一次バルカン戦争終結の平和会議に出張中だったため、東洋通報社の閉鎖にかかわる残務処理や伊地知への引き継ぎは馬場が担当した。そして本田は出張先のロンドンからニューヨークには戻らず、翌年三月に欧州経由でそのまま帰国、馬場も本田と同月帰国、伊地知は数ヶ月間業務に携わり、横浜到着は六月となった。こうして日本政府による東洋通報社の業務は名実共に終焉を見たのである[16]。

話題をサナトリウムに戻すが、すでに引用した「サナトリウムの窓から見た自然」でサナトリウムを取り囲む自然の心和ませる素晴らしさを称えた本田だったが、その豊かな自然を大切に思うがゆえに、この一文を米国人に対する怒りを表明して結んでいる。

さて、最後にあえて示唆と批判を申し上げさせていただこう。それは、どうして生木に鉄釘を打つのか。――どうして木の成長を鉄条網で遮ってしまうのかという疑問である。しかもこのことをなぜ最も自然を愛して止まないアメリカ人に向けて言わなければならないのか。恐らく答えはいつも同じで――どんな害があるというのかと、問い返されるに決まっている。むろん切断された木の幹や樹皮がどの程度害を受けているのか科学的に証明することなどできはしないが、動物に対する虐待は動物自身の幸福を破壊するのみならず、我々人間の道徳的感性へもダメージを与える。美しい自然の場合でも、たとえ非生命体ではあっても、可能な限りそのままに残しておくべきではないだろうか。（中略）この想像力に乏しい二〇世紀においては、純粋な宗教的観点からでなく、少なくとも詩的な観点から次のように言うのが公平ではないだろうか。つまり、功利主義に毒された物質主義者の無遠慮で無慈悲な行為を、美の神が嘆いておられるに違いないと。自然は沈黙しているが、母なる地球の命ある装飾品なのである。それを切断しても彼等は良心の呵責すら感じない。このことは程度こそ軽いが、アメリカ人が使用する灌木や、木を植えるためペンキで緑に塗った桶にも当てはまる。この人工的な色は、それが自然の新緑と対比された時、調和したり引き立て合ったりするどころか、天が恵んでくれたすばらしく美しい色彩を損ない台無しにしてしまう。賢いアメリカ人がこの点をしっかりと理解してくれるなら、私の主張を支持する夥しい数の論拠をいとも簡単に見出してくれるに違いない[17]。

米国入国以来本田が感じていた米国人に対する鬱憤が爆発したのであろうか。かなり激しい物言いである。しかし、この愛すべき美しい自然を可能な限り無垢のまま保ちたいとする考えは、本田がクリスチャンとなり隣人愛を知り動物愛護運動に身を投じた時から醸成してきた考えである。自然や生き物、ひいては人を大切にする慈愛の心こそ平和の根本だと本田は確信していた。本田は人類愛の行きつく先に絶対的平和があると信じて渡米し、東洋と西洋の相互理解を深めようと残された命を掛けて尽力していたのである。人類愛を最も理解しているはずの新教の総本山の一つともいえる米国に自然を疎かにする現実のあることを知り、本田は我慢できなかったのだろう。

注

第15章

（1）新渡戸稲造の妻女メアリーの三人の弟の筆頭。ジョセフの下にウィリアム（William Tilman Elkinton）とアルフレッド（Alfred Cope Elkinton）の弟がいた。一族は絶対平和主義を標榜する正統派のクエーカー教徒として著名であった。一九〇五年のエルキントンの来日については、一九一五年三月二七日に開かれた東京英語会月次会の主賓がエルキントンであり、その様子を伊地知純正が『英語青年』に、「因に Elkinton 氏は十年前（一九〇五年）に一度日本へ来られた事がある」（「雑録 新渡戸博士一夕談」『英語青年』第三三巻第二号、一九一五年四月一五日、六一頁）と書いており確認できる。

（2）本田「紐育市より」『英語青年』第四一巻第一二号（一九一九年九月一五日）、三七二頁。

（3）現存せず。徳富蘆花が『不如帰』を書いた旅館として知られる（神奈川県三浦郡田越村）。

（4）本田は広瀬武夫と湯浅竹次郎を旅順港閉鎖作戦で亡くしている。広瀬は海軍より派遣され講道館で柔道を学んだ関係で本田と親しかった。一八九〇年、本田が両親を東京に招待した際には、横須賀の案内役を広瀬が買って出ている。戦艦朝日の水雷長として日露戦争に従軍し、一九〇四年三月二七日福井丸を指揮し第二回旅順港閉塞作戦に参加した際、敵弾を受け戦死した。同船の沈没間際まで部下の杉野孫七を探していた時のことであった。死後中佐となり軍神と称えられた。講道館は両名が戦死した翌年暮れ、下富坂道場で日露戦争歿館員三六名の追悼式を行っている。本田は二人の他にも多くの友を失っている。

（5）本田の姉あさの息子本田笹男（筆者母方の祖父）は、熾烈を極めた二百三高地の戦いに白襷隊の一員として参加した。本田は一九〇四年一〇月四日付の父宛ての葉書で「笹男その後の音信無之候や。如何遼陽の劇戦にて如何相成りやと心配致し居候。御分り事で御一報被下度候」と消息を訪ねている。笹勇は貫通銃創を受けたものの故国の土を踏むことができた。後日、冬の夜等酒が入ると、よくこの激戦の有様を子供達に語って聞かせたという（長谷川満津江談）。

（6）渡米直後の一九〇五年九月二〇日付でニューヨークから大隈重信に宛てた書簡で、本田はその胸の内を「小生は世界人道の上より社会主義の上より将《は》た宗教哲学の上より世界平和戦闘絶滅の理想を少々心がけ研究仕度と存居候」と書き記している。

（7）*The Japan Weekly Mail* YOKOHAMA, July 22ND, 1905, Vol. XLIV（毎土曜発行の週間英字新聞）には船舶の到着・出発

と搭乗者を報じる欄があり、Per America Steamer *Siberia*, for San Francisco via Honolulu のPASSENGERSとして、Mr. Jos. Elkinton と Mr. M. Honda の名が見える。

(8)富田常次郎「旧友本田増次郎君の追憶」『大正十五年度会報』第三九号(嘉納塾同窓会事務所、一九二六年)、二七八頁。

(9)ベーコンには *A Japanese Interior*, 1893, *Japanese Girls and Women*, 1891, *In the Land of Gods*, 1905の著作がある。

(10)ディープヘブン・キャンプはベーコンが経営するニューハンプシャー州アスカム(現、スカム)湖畔にあった夏のキャンプ場。本田はここに八月二一日から九月四日まで滞在した。本田「英米雑俎(一一)」『ジャパンタイムズ学生号』第六巻第一号、一九一六年八月一五日、一三頁によれば、「自分の行った一九〇五年の夏はPortsmouthの平和会議中で、其の結果を知って両三日大に塞ぎ込んだのも茲であった」としている。これは日露講和条約締結の結果、すでに日本が全島を占領していたサハリンの半分をロシアに返還した上、賠償金も取れなかったことを悔やんでのことである。この時点では、一般の日本国民同様、本田も日露戦争がもはや継続不可能である事実を知らなかったと思われる。

(11)佐伯好郎「故本田増次郎君略歴」『英語青年』第五四巻第九号(一九二六年二月一日)、二七九(一五)頁。

(12)一九〇三年一一月五日改正後の文官分限令第一一条第一項第四号は次の通り。なお、本田は高等官であるから休職期間は二年となる。

第十一条　官吏左の各号の一に該当するときは休職を命ずることを得。
一　懲戒令の規定に依り懲戒委員会の審査に付せられたるとき。
二　刑事事件に関し告訴若は告発せられたるとき。
三　官制又は定員の改正に依り過員を生じたるとき。
四　官庁事務の都合に依り必要なるとき。
前項休職の期間は第一号及第二号の場合に在ては、其事件の懲戒委員会又は裁判所に繋属中とし、第三号及第四号の場合に在ては、高等官に付ては満二年、判任官に付ては満一年とす。

(13)本田の留学については、一九〇七年四月二日付で『読売新聞』と『朝日新聞』が報じた。

(14)Dr. Albert S. Ashmead, "Japanese Victories as a Menace to the World."(「世界の脅威となる日本の勝利」)*The Sunday Magazine of the New York Tribune*, July 23, 1905に対する反論記事を某誌に寄せたとされる。表題は"Is Japan a Menace to the World?"(「日本は世界の脅威か?」)。『英文新誌』第三巻第一二・一三号(合併号)、一九〇六年一月一五日、七一一一頁に本田の反駁文全文が紹介されている。

（15）モホンク湖万国仲裁会議とは、一八九五年から一九一六年にかけ、ニューヨーク州モホンク湖畔のモホンク・マウンテン・ハウス（Mohonk Mountain House）で開催された平和運動家の国際会議。ハーグ常設仲裁裁判所の創設や仲裁条約の締結に貢献があった。第一二回の会議は一九〇六年五月三〇日から六月一日の三日間、約三〇〇名の参加者を得て開催された。本田は三日間これに参加し、日中関係、動物愛護について発言した。

（16）ケジック・コンベンション（Keswick Convention）は、一八七五年以来毎年夏に英国北部カンブリア州のケジックで開催されている超教派の宗教大会。これは外務省とは関係なく個人の資格で参加したものと思われる。

（17）大隈重信編纂の『開国五十年史』は、日本では一九〇七年一二月に上巻が、翌年二月に下巻が、同年一〇月に附録が発刊され、英語版の *Fifty Years of New Japan* は、一九〇九年にロンドンの Smith, Elder, & Co. から出版された。英語版の編集はロンドン日本協会名誉書司の Marcus Bourne Huish が担当し、本田が日本文と英文の突き合わせを行った。『開国五十年史』の英訳は、日本の開国以降五〇年の外交、政治等の分野別の歴史を世界に紹介する目的であり、日本の広報活動の一翼を担ったといえる。

（18）万国平和協会大会は、各国の平和団体が一堂に会する国際平和会議である。一八四三年のロンドン大会を初回とし、以降不定期で開催された。第一七回はロンドンのカクストン・ホール（Caxton Hall）で、一九〇八年七月二七日から八月一日にかけて開かれ、日本からは本田を含む四名が大日本平和協会（会長大隈重信）の代表として参加した。

（19）ホテル・セシル晩餐会は、第一七回万国平和協会大会における英国政府主催の晩餐会である。大会終了前日の七月三一日午後七時半より、ホテル・セシル（The Hotel Cecil）にて開催された。当時の記録によれば、定員五〇〇名強の大ホールが満杯だったという（*Official Report of the Seventeenth Universal Congress of Peace*, The National Council of Peace Societies, London, 1909, p. 207）。なお、大会事務局が本田に宛てた晩餐会の招待状が駒子の手元に残されていた。

（20）第一回万国徳育会議は一九〇八年九月二五日から二九日にかけてロンドン大学で開催された。日本政府代表は北条時敬。初日に行われた北条の演説 "An Address on Morals as taught in Japanese Schools"（「日本の諸学校における徳育」）は長屋順耳が代読した。本田は三日目に日英の道徳教育を比較し「イギリスが宗教的道徳ならば、日本は道徳的宗教であります」と述べたと伝わる（平田諭治「第一回万国道徳教育会議における日本政府参加の経緯と影響関係」『日本の教育史学』第三四集、教育史学会、一九九一年、一〇五頁）。

（21）本田は、一九〇九年二月一〇日、午後八時半より、ロンドンのザ・ホールで開催された日本協会第一〇八回例会で講演した。演題は "KŌMŌ ZATSUWA," OR "THE RED-HAIR MISCELLANY." COMPILED BY CHŪRYŌ MORISHIMA, AND PUBLISHED IN 1787, YEDO（「一七八七年、江戸で出版された森島中良編纂による『紅毛雑話』」）である。全文が

Transactions and Proceedings of the Japan Society, London, Vol. VIII, 1907, 1908, 1909, pp. 229-45に掲載された。大英博物館の正面右手にあった書店兼出版社 Luzac's（現在、Jarndyce Antiquarian Booksellers のある場所）で、本田は元英国日本公使館書記官でジャパノロジストの William George Aston の蔵書印の押された『紅毛雑話』を偶然見つけ、この講演のテーマに選んだ。

(22) モズレーはこの書簡で「英国人なら、日本人の誠実さと聡明さに一片の疑いを差し挟むような人はまさかいないと思うが、この紳士と数分間話をしさえすれば、目の覚めるような思いがするだろう」と、本田に会った時の強い印象を告白している。

(23) この留学の発令の裏には本田の動きもかかわっている。

私の旧友、沢柳〔政太郎〕氏は現在貴族院議員であるが、文部次官就任の発令を受け、英国から日本へ帰る途中で、たまたまニューヨークに滞在していた。ロンドン大学で日本の教育について講義をするため英国へ渡っていたが、突然本国召還となり、菊池大麓男爵が代講することになった。アトランティック・シティとフィラデルフィアを案内しながら、沢柳氏に自分の置かれた状況を説明し、アメリカとヨーロッパで日本のために自分ができる仕事はないか、この機会を使って頼んでおいた（Honda, "Story," Vol. 2-No. 3, October 14, 1916, p. 76）。

なお、沢柳は本田が高師教授だった時、一時期同校校長であった。

(24) 永野賢『山本有三正伝（上巻）』（未來社、一九八七年）、二四三頁。

(25) 米国で巡回講演をした家永豊吉は、外務省から三〇〇〇円、南満洲鉄道株式会社から一〇〇〇円、計四〇〇〇円の拠出を得て、講演活動を行った。一九〇九年五月一三日発遣小村寿太郎より在米高平小五郎大使、家永豊吉及阪井徳太郎の使命に関する件「外交政略上阪井徳太郎及家永豊吉海外派遣一件」第一巻（外務省外交資料館）アジア歴史資料センター、Ref. B03030312600（REEL No. 1-0095, 画像番号0086-7）に「本省より金三千円満鉄会社より金千円の補助を与え同人をして随時帝国の事情を米国人民に説明せしめ以て日米間の意思疎通を謀る」とある。

(26) 極秘の仕事について、小村寿太郎が直接本人に依頼した例がある。一九〇九年四月八日付外務大臣小村寿太郎宛在米特命全権大使高平小五郎、家永豊吉及阪井徳太郎の使命に関する件「外交政略上阪井徳太郎及家永豊吉海外派遣一件」第一巻（外務省外交資料館）アジア歴史資料センター、Ref. B03030312600（REEL No. 1-0095, 画像番号0084-5）によれば、高平の所に、家永は小村外務大臣から、阪井は小村外務大臣と桂〔太郎〕総理大臣から密命を受けたとして訪ねて来たが、「果して事実に有之候哉」と小村に問い合わせている。

（27）本田「明治英語学史の一節」『英語青年』第三九巻第二号、一九一八（大正七）年四月一五日、四五頁。

第16章

（1）ウイダ原著、日高柿軒訳『フランダースの犬』（内外出版協会、一九〇八年）、はしがき、三頁。

（2）"Ouida's Life Ends in Abject Misery," *The New York Times*, January 26, 1908.

（3）「新刊紹介」『中外英字新聞』第一五巻第一二号、一九〇八年一二月、三八五頁も本田について言及している。

フランダースの犬　本書は"Ouida"即ち Louise de la Ramée 女史の小説"A Dog of Flanders"を日高柿軒氏が邦文に訳したるものにして原書は在米国本田増次郎氏が山県悌三郎氏に贈り来れるものなりと云う。本田氏の書翰も巻頭に掲ぐ。本書が「世界最良図書百巻」の一に算えらるるを見ても如何に其良著述なるかを知り得べし（内外出版協会発行、定価　金弐拾五銭）。

（4）桜井忠温「年譜」『戦争文学集』現代日本文学全集、第四九篇（改造社、一九二九年）、二四〇頁。

（5）『肉弾』は、一九〇六年四月二五日の初版発行後、五月二〇日再販、七月一日第三版、五日第四版、一〇日第五版、一五日第六版、二〇日第七版、二五日第八版、二八日第九版、八月一日第一〇版と、出版当初から次々と版を重ねた。

（6）桜井忠温『肉弾――旅順実戦記』（英文新誌社出版部、一九〇六年）、目次、一頁。

（7）「Heinz Pier は全然広告用で前に述べた各種漬物の見本を陳列し、味をきかせたり幻灯説明をしたりする建物が二棟あって、其の中で読書、休息は素より手紙を書く用紙や文房具まで自由に使われる」（本田増次郎「英語雑俎（一〇）」『ジャパン・タイムズ学生号』第五巻第二四号、一九一六年八月一日、一三頁）。なお、「あの「五七」種類で有名な」とあるのは、ハインツのキャッチフレーズ"HEINZ 57 Varieties"のこと。

（8）Honda, "Story," Vol. 2-No. 1 (September 30, 1916), p. 12.

（9）アーチボールド・コンスタブル社版には出版月が表示されていないが、本田が一九二五年三月一日付で *The Japan Advertiser* に書いた"My Shattered Dreams: From a Japanese Pacifist's Diary 1905-1923"に、「その本〔*Human Bullets*〕はニューヨークとロンドンで同時に登場した」とあり、同じ一〇月だったことがわかる。なお日本では、本田訳の一部が英文新誌社の英語雑誌『英文新誌』誌上で、同年四月一五日から一〇月一五日にかけ、一〇回にわたって先行紹介され、一一月二〇日に英文『肉弾』として、丁未出版社（発売元英文新誌社）から発刊された。

（10）桜井忠温『銃後』（丁未出版社、一九一三年）、序、四頁。

（11）Tadayoshi Sakurai, *Human Bullets: A Soldier's Story of Port Arthur*, Translated by Masujiro Honda, Edited by Alice Mabel Bacon

(Boston and New York: Houghton Mifflin Company, October 1907), p. 211.

（12）Ibid., p. 231.

（13）Ibid., p. 55.

（14）Ibid., p. 153.

（15）Ibid., p. 57.

（16）Ibid., pp. 149-50.

（17）Ibid., pp. 9-10.

（18）Ibid., pp. 37-8.

（19）Ibid., p. 10.

（20）桜井忠温『肉弾』縮刷版（丁未出版社、一九一七年）、序、三頁。

（21）前掲、桜井『銃後』、二頁。

（22）朝河貫一『日本之禍機』（実業之日本社、一九〇九年）、二三三頁。

（23）Roger J. Spiller, "Introduction to the Bison Books Edition," *Human Bullets* (University of Nebraska Press, 1999), p. xiii.

（24）クレインの代表作。南北戦争を舞台にして、初めて戦場に出た一青年兵士の心の葛藤を描いた戦争小説。戦場にいる兵士の視点から見た戦場の混乱した状態や、次第に戦争の現実を知り、兵士として成長してゆく様を描いている。

（25）桜井の出征時の発言「生きて再び日本の土は踏まない覚悟だ」に対し、注で「死後、肉体なしで魂が故国に戻ることを意味する」とし、死によって肉体は滅ぶが霊魂は不滅である旨を示唆した点、あるいは『太閤記』にある出陣前の結婚式で三々九度を酒ではなく水で行った例を持ち出し、「水杯」が「現世ではなく来世のための契りを意味する」と、来世の存在を強調したあたりが、『アシニーアム』の評者にかかる印象を持たせたのであろう。

（26）ホーマーのオディッセイ（*Odyssey*）における主人公オディッセウス（Odysseus）の二〇年にわたる冒険と殺戮の旅、特に冥界ハデス（Hades）での試練の旅を想定していると思われる。

（27）*The Athenæum: Journal of English and Foreign Literature, Science,the Fine Arts, Music and the Drama*, No. 4177 (November 16, 1907), p. 616.

（28）"HUMAN BULLETS" A REVEALING BOOK: It Makes Plain Curious Differences Between the Japanese and the Western Spirit, *The New York Times*, October 19, 1907.

（29）Ibid.

(30) 原文は 'the East is still the East, and the West is the West,' これはラドヤード・キプリングの詩「東と西のバラッド」にあるエピグラフ 'East is East, and West is West' を押さえての表現であろう。
(31) "American Opinion," (From our correspondent) New York, May 29, *The Times*, May 30, 1905.
(32) Sakurai, op. cit., p. vii.
(33) 桜井忠温『哀しきものの記録』（文芸春秋新社、一九五七年）、一五〇頁。
(34) 黒島伝治「明治の戦争文学」『黒島伝治全集』第三巻（筑摩書房、一九七〇年）、一七〇頁。
(35) アルベルト・シンチンガー「『肉弾』ドイツ語版序文」木村毅編『明治戦争文学集』（筑摩書房、一九六九年）、三七九頁。
(36) 一例を挙げれば、University of Nebraska Press から、ホートン・ミフリン版のリプリントがペーパーバックとして出版されている。
(37) 前掲、桜井『肉弾――旅順実戦記』、二五五頁。
(38) エイドリアン・ピニングトン（Adrian Pinnington）は、"Introduction," *Japanese Propaganda: Selected Readings Series 1: Books 1872-1943*, Volume 4, Global Oriental Ltd and Edition Synapse, 2004, p. 6で、「戦争において日本はロシアというゴリアテと戦うダビデであり、闘志だけで強敵を打ち負かすという神話、それを *Human Bullets* が実際に創造したとはいえないまでも、その神話の生成を助長した」と指摘している。
(39) Tadayoshi Sakurai, *Nikudan (Human Bullets)*（大東亜出版株式会社、一九四四年）、p. iii.

第17章

(1) Honda, "Story," Vol. 2-No. 10 (December 2, 1916), p. 300.
(2) Honda, "Story," Vol. 2-No. 11 (December 9, 1916), p. 332.
(3) 桜井欧村（彦一郎）『欧洲見物』（丁未出版社、一九〇九年）、九三頁。
(4) 同右、序、三頁。
(5) 一九〇五年九月二〇日付大隈重信宛本田増次郎書簡（早稲田大学所蔵）。
(6) Count Shigenobu Okuma, compiler and Marcus B. Huish, editor in English Version, *Fifty Years of New Japan*, Vol. 1 (London: Smith, Elder, & Co., 1909), p. viii.
(7) 前掲、桜井『欧洲見物』、九六－七頁。

（8）一回目は、エリザベス・ヒュースの案内で、ヒュースの下で留学中であった安井てつと三人で行っている。
（9）Honda, "Story," Vol. 2-No. 13 (December 23, 1916), p. 396.
（10）前掲、桜井『欧洲見物』、一三二頁。
（11）同右、一三四－五頁。
（12）同右、一三五頁。
（13）同右、一三六頁。
（14）同右、一三六－七頁。
（15）本田「英米雑俎（一一）」『ジャパン・タイムズ学生号』第六巻第一号（一九一六年八月一五日）、一三頁。
（16）前掲、桜井『欧洲見物』、一三六頁。
（17）本田はリデル滞在のことを桜井から知ったと思われる。
桜井は、祈禱に嫌気がさし、二〇日(月)の朝、湖水地方の風景や詩人ワーズワースゆかりの地を見て廻るため、一〇人ほどの乗客と共に四頭立ての馬車に乗り、アンブルサイドまで出かけている。この時、ライダル・マウントから下った所でリデルと鉢合わせになった。

アンブルサイドの方から二婦人が、一輛の馬車を御して馳せ来たる。一婦人は大きな体格で、顔には白きヴェールを掛けていた。予は此馬車と摺れ違った途端に白ヴェールの婦人を見て、アット低く叫ぶ。馬車も亦た直ちに止まる。馳せ寄り見れば、此婦人こそ余人ならず、熊本回春病院長リデール女史で、日本で久しく知合になっていた人であった（桜井『欧洲見物』、一四五－六頁）。

（18）Honda, "Story," Vol. 2-No. 12 (December 16, 1916), p. 364.
（19）前掲、桜井『欧洲見物』、一四八頁。
（20）同右、二八八頁。
（21）黒板は五高時代の次のような思い出を残している。

リッデルという教師が居ったが、それは宣教師であったが、それとは交際がなかった、僕等は基督教を研究しようというのでなく、イングリッシュを一週間に二回稽古に行ったが、其報酬として日曜日にバイブルを聴きに行った、本田増次郎君が其人の翻訳をして居ったが、時々僕等にやらせられて下手な翻訳をしたことがある（黒板勝美「熊本時代のヘルン氏」『帝国文学』小泉八雲記念号、第一〇巻第一一号、一九〇四年一一月、三五［一四八九］頁）。

（22）記述は、*Official Report of the Seventeenth Universal Congress of Peace*, The National Council of Peace Societies, London, 1909, p.

105によった。

(23) 前掲、桜井『欧洲見物』、二八九－九〇頁。

(24) Honda, "Story," Vol. 2-No. 13 (December 23, 1916), p. 396.

(25) 本田はカーライルを「Scottish mason〔スコットランドの石工〕の子で労働の唱歌を唱えた。円滑平静な慣習の上衣を打ち破って、世態人情を赤裸々にして視察し熱罵した人である。人間は衣服を着破る動物だと喝破した」（二峯生「カーライルと日本人」『英文新誌』第一巻第六号、一九〇三年九月一五日、七〔一四五〕頁）と評している。

(26) この日付については、桜井彦一郎の弟の桜井忠温が一九二八年七月二日にカーライルの家を訪れた折、ゲスト・ブックで三人の署名と共に確認している。次は、桜井忠温『土の上・水の上』実業之日本社、一九二九年、六〇頁からの引用。

　蛙《かはづ》〔桜井忠温〕は棚にある沢山のサイン・ブックの中から、その一つを取り出して、めくっている内にフト兄の名を発見した。それは千九百八年八月六日であって、海老名弾正、本田増次郎両氏と一しょに訪ねて来ている。ホンの偶然《ぜん》にこの中から二十年前の兄の手蹟《しゅせき》を見出したのはなつかしかった。

(27) 前掲、桜井『欧洲見物』、一七〇頁。

(28) カーライリース（Carlylese）は本来カーライル風の文体を言うが、ここではかかる文体の使い手を指している。本田は「カーライルと日本人」『英文新誌』第一巻第六号、一九〇三年九月一五日、六〔一四四〕頁で、次のように書いている。

　日本人はどれ程カーライルを研究したか、又如何に彼を鑑識したか、所謂Carlyleseは日本にどれ程あるか。（中略）新渡戸博士が金箔つきのCarlyleseであって、"Sartor Resartus"を十幾回も読まれたという事も聞いた。博士のBushidoにカーライルのdisguised〔身を変じた〕面影があって、quotations〔引用〕, allusions〔引喩〕などの多い所は〝サーター〟〔*Sartor Resartus*〕そっくりである。

(29) カーライルの*Sartor Resartus: the Life and Opinions of Herr Teufelsdrockh*（『衣服哲学』）のこと。一八三三年から四年にかけ『フレイザーズ・マガジン』に発表、その後、米英で書籍の形で出版された。自身の精神史を論じつつ、制度や形式等は身体を覆う衣服のごとく本質ではないとする論理を展開した。本田は同書を評して「一遍の服装哲学なり、服装を槓桿《こうかん》〔梃〕として説ける人生哲学なり（中略）彼が唯一のnovelなり、而かも彼が身心で閲歴を写せる一幅の絵画なり。彼が研究し思索せる所の華を集めたる彼の人生哲学なり」（雷砧生"Sartor Resartus"（カーライルの文体論）『英文新誌』第一巻第六号、一九〇三年九月一五日、三〇－一〔一六八－九〕頁）としている。

(30) 前掲、桜井『欧洲見物』、一七三－四頁。
(31) 同右、三三九頁。
(32) 同右、三三九－四〇頁。
(33) 同右、三四一頁。
(34) Honda, "Story," Vol. 2-No. 20 (February 10, 1917), p. 620.
(35) 前掲、桜井『欧洲見物』、三四三頁。
(36) 書評(「新刊紹介」『中外英字新聞』第一七巻第六号、一九一〇年六月、一九〇頁)。
イートン学校及〔び〕其校風　本田増次郎著　是れ英国公立学校の随一とも云うべきイートン校の参観記にして、其教場の有様、生徒の服装、及び敬礼法寄宿舎生活、学僕の制度、運動の種類、参観人に対する生徒の態度、教師の後見より、退校の時校長よりの餞別など細大漏さず、英国貴族的学校の模様は本書に由りて略ぼ窺うを得べし(内外出版協会発行、定価金弐拾銭)
(37) 本田『イートン学校及び其校風』(内外出版協会、一九一〇年)、四頁。
(38) 同右、三頁。
(39) Honda, "Story," Vol. 2-No. 19 (February 3, 1917), p. 588.
(40) 前掲、本田『イートン学校及び其校風』、三八頁。

第18章
(1) 東洋通報社(The Oriental Information Agency)は、外務省における設立検討並びに設立直後の段階では、日本通報局(The Japanese Information Bureau)あるいは東洋通報局(The Oriental Information Bureau)等とされた。
(2) 一九〇九年六月二日付石井菊次郎外務次官宛在倫敦参事官山座円次郎電信「紐育に東洋通報社設置一件」第一巻(外務省外交資料館)アジア歴史資料センター、Ref. B03040686700(REEL No. 1-0174, 画像番号0030)。
(3) 頭本の本来の読み方は「かしらもと」とされるが、英文の著作ではZumotoの表記がなされており、これに従った。
(4) 一九〇九年五月六日付頭本元貞宛小村寿太郎機密送達「紐育に東洋通報社設置一件」第一巻(外務省外交資料館)アジア歴史資料センター、Ref. B03040686700(REEL No. 1-0174, 画像番号0011-4)。
(5) Smimasa《(ママ)》 Idditi《(ママ)》(伊地知純正)*MY NEW YORK LIFE*, The Hokuseido Press(北星堂書店)、一九四二年、八頁に「私のオフィスは、かの有名なウォール・ストリートにほど近いオフィスビルの一五階、毎朝そこに通いました。一五階とはいってもニューヨークでは別に珍しくもありません（一七階は日本総領事館です）」とあり、両者が同じビルに所在していたことがわかる。伊地知は一九一二年一一月から翌年の五月まで、本田達撤退後の *The Oriental Review* の編集に一時的に携わった。

（6）一九一〇年四月六日付外務大臣伯爵小村寿太郎宛在紐育総領事代理山崎薫機密送「紐育に東洋通報社設置一件」第一巻（外務省外交資料館）アジア歴史資料センター、Ref. B03040687300（REEL No. 1-0174, 画像番号0251）。在紐育日本総領事館用箋使用。

（7）一九一〇年六月二二日付外務省政務局長倉知鉄吉宛在紐育総領事水野幸吉機密号外「紐育に東洋通報社設置一件」第一巻（外務省外交資料館）アジア歴史資料センター、Ref. B03040687400（REEL No. 1-0174, 画像番号0272）。在紐育日本総領事館用箋使用。

（8）同右、（画像番号0275）。

（9）同右。

（10）もっとも、本田「酔香と蛙禅子」巌谷季雄編輯『酔香遺芳』水野幸雄、一九一五年、二四頁によれば、いよいよ英字雑誌の発行が始まり、本田が『オリエンタル・レビュー』（*The Oriental Review*）の編集長を務めるようになると、水野のこの見方は変わる。水野は、本田を親しみを込めて「仙骨」あるいは「半仙」といった綽名で呼ぶようになった。水野は本田の実力を認めざるを得なかったのである。なお、表題の「酔香」は水野幸吉の号。一方、「蛙禅子《あぜんし》」は、谷本富が東洋通報社（The Oriental Information Agency）を訪問した際、エージェンシーをアゼンシーと発音したことから着想して、水野が即興で本田に付けた号。意味としては「啞然子」（谷本の発音を聞き驚きあきれた人）であろう。「蛙鳴《あめい》蟬躁《せんそう》」から「蛙」「蟬」をとり、「蟬《せん》」を「禅《ぜん》」に変えて造語したと思われる。

（11）一九一〇年一一月一八日付小村寿太郎外務大臣宛水野幸吉紐育総領事電信「紐育に東洋通報社設置一件」第二巻（外務省外交資料館）アジア歴史資料センター、Ref. B03040689200（REEL No. 1-0175, 画像番号0036）。

（12）頭本帰国後も東洋通報社内部での呼称は、頭本が主幹、本田が主幹代理、馬場が助手とされた。

（13）一九一一年九月一七日付の『東京朝日新聞』の記事「平和博士の野外講演」によれば、来日中のスタンフォード大学総長ジョルダン（David S. Jordan）は、同年九月一五日の早稲田大学での講演後、安部磯雄による「日米戦争論の起るが如き、これ畢竟彼我の間に感情の融和を欠くが為なりとせば、是が救済に関して博士の意見如何」との質問に対し、要約三ヶ条で答えたとされる。本田の引用は、その内の（二）に当たる。他の二ヶ条は次の通り。

（一）日本の歴史に精通せる学識名望ある人――例えば大学教授の如き――先ず米国の大学に至りて、日本の国民性に就て歴史的説明を試み、更に一般社会に之れが普及を計る事。
（三）米国に於ける日本移民、特に布哇より転航したる日本移民中には、往々にして無能無品性の労働者ありて法外に低廉なる賃銀を以て労働する者あり。此等悪質の移民を内地に招還し、同時に優良なる移民を送る事に努められたき事。特に日本学生の渡来は米国より最も歓迎する所なり。

（14）一九一一年一〇月一日付外務大臣内田康哉宛在紐育東洋通報社主幹代理本田増次郎半期報「紐育に東洋通報社設置一件」第二巻（外務省外交資料館）アジア歴史資料センター、Ref. B03040689400（REEL No. 1-0175, 画像番号0178-80）。なお、宛先の外務大臣内田康哉は一九〇九年一二月から一九一一年一〇月まで米国駐箚（ワシントン）日本大使であった。

（15）本田はパリ講和会議に際しての旅行の帰途、一九一九年九月一三日にニューヨークのウールワース・ビルディング一四階の家永を訪ねるが、不在でこの日は会えず、翌々日にローヤーズ・クラブ（The Lawyers' Club）で会食している。この時、同年出版されたK. K. Kawakami（河上清）の *Japan and World Peace* の贈呈を受けている（本田増次郎「紐育より」『英語青年』第四五巻第九号、一九二一年八月一日、二八〇頁及び第四五巻第一〇号、同月一五日、三一五頁）。

（16）このクラーク大学主催の「日本及び日米関係」をテーマとする大会は、一九一一年一一月二日から二五日にかけて開かれた。前々年は「中国及び極東」、前年は「近東及びアフリカ」がテーマとされ、この年は三回目に当たった。本田以外の日本人出席者は、新渡戸稲造、朝河貫一、家永豊吉、一宮鈴太郎、安達金之助であり、高峰譲吉の講演は本田が代読した。各人の演題は次の通り。

新渡戸稲造　"Japan as a Colonizer"（「一植民者としての日本」）
朝河貫一　"Some of the Contributions of Feudal J. to New Japan"（「新日本に対し封建日本が貢献したるところ」）
家永豊吉　"Japan in Southern Manchuria"（「南満州における日本」）
一宮鈴太郎　"The Foreign Trade of Japan"（「日本の外国貿易」）
安達金之助　"New Literature of the New Japan"（「新日本の新文学」）
高峰譲吉　"The Japanese in the United States"（「合衆国における日本人」）

この大会の論文集である *Japan and Japanese-American relations: Clark University Addresses*, New York: G. E. Stechert and Company, 1912の編集者であり、クラーク大学の歴史学教授であるブレークスリー（G. H. Blakeslee）はその序で、大会をアレンジする段階から本田に世話になったことに触れ謝意を表している。大会の出席者に、右記の日本人以外に元お雇い外国人のグリフィス（William E. Griffis）、モース（Edward S. Morse）等の名も見える。ジュリアス・モリッツエン

(Julius Moritzen) は、*The Peace Movement of America*, G. P. Putnam's Sons, New York and London, 1912, pp. 313-5で、この年の大会に言及し、その人選がハッピー・チョイスであり大会も盛り上がりを見せたと指摘している。

(17) クラーク大学の「中国」に関する大会は一九一二年一一月一三日から一六日にかけて開催された。朝河貫一の演題は"Some Suggestions on the Evolution of the 'Open-Door' Principle in China"（「中国の『門戸開放』主義の進展に関する若干の示唆」）。

(18) 馬場恒吾「紐育に於ける本田君」『英語青年』第五四巻第九号（一九二六年二月一日）、二八五（二一）頁。

(19) 高橋勝浩「日露戦争後における日本の対米世論工作――ニューヨーク東洋通報社をめぐって」『国史学』第一八八号（国史学会、二〇〇六年三月一日）、五二頁。

(20) 同右。

第19章

(1) Honda, "The Evolution of Japanese Diplomacy," *The Journal of Race Development*, Vol. 8-No. 2 (October 1912), pp. 188-200. 一九一一年のクラーク大学の大会で本田が発表した"Japanese Diplomacy, Past and Present"をペーパーに落としたもの。同年一一月には*The Oriental Review*, Vol. 3-No. 1, November 1912, pp. 38-45に再録された。また、一二月に同大学が日米関係をテーマとした論文を集成した*Japan and Japanese-American Relations: Clark University Addresses*, New York: G. E. Stechert and Company, 1912, pp. 221-33にも収録されている。なお、本田がより詳しく外交を扱ったものとして、武信由太郎の*The Japan Year Book 1923*, 英文日本年鑑社、一九二三年七月一〇日、一一二-一二九頁に寄稿した"Diplomacy"がある。

(2) Ibid., p. 190.

(3) Ibid.

(4) Ibid., p. 191.

(5) Ibid., pp. 191-2.

(6) Ibid., p. 196.

(7) Ibid.

(8) Ibid.

(9) 後代、外務省も同様の見解を取っている。外務省編『小村外交史』原書房、一九六六年はロシア全権ウィッテの回顧録を引用し、ウィッテが講和談判に臨むに際して「米国に於ける新聞紙の怖るべき勢力に顧み、操觚者の総てに慇懃に接近し、これに全幅の注意を払う」(五七三頁)ことに留意していたこと、また小村の新聞対応について、ウィッテが「日本の小村全権は大過失を演じた。(中略)彼は新聞記者を避け、寧ろ新聞紙から隠れようと努めた」(五七四頁)との感想を漏らしていたことに触れた後、「ウィッテのこの外交戦術に対する我が態度は実は余りに端正、正直、単純であった」(五七五頁)と、控えめではあるが自己批判し、当時の日本外交がプレス対応を誤ったことを認めている。

(10) Honda, 1) op. cit., p. 197.

(11) Ibid.

(12) Ibid., p. 198

(13) Ibid.

(14) Ibid.

(15) Honda, "Story," Vol. 1-No. 21, August 12, 1916, p. 652で、本田は自身を「自由貿易主義者(a free trader)」と呼んでいる。

(16) Honda, 1) op. cit., p. 199

(17) H. B. Montgomery, *The Empire of the East* (Methuen & Co., 1908), pp. 294-5. なお、本田は出典を一九〇九年としているので、英国版ではなく米国版(Chicago, A, C, McClurg & Co., 1909)を参照したと思われる。

(18) Ibid., p. 295.

(19) Honda, "My Shattered Dreams: From a Japanese Pacifist's Diary 1905-1923" *The Japan Advertiser*, January 11, 1925に本田は次のように記している。

一八六六年に生を受けてからこの方、特に茲許《ここもと》の一八年間は、自分や自国のためばかりでなく、人類同胞のために、意識的に、直接的に、そして実践的に生きるよう心がけてきた。平和主義者として遅ればせながら反戦運動に全身全霊をもって身を投じたのである。この運動は日露戦争後、米国や欧州でそのエネルギーを倍加させ活発になったものだが、この一八年のうちに新たに平和主義者となった私の熱意も、次第に冷めていかざるを得なかった。それはこの一八年間、西洋や東洋で私が目撃し、耳にし、遭遇した事柄がそうさせたのである。

第20章

(1) Honda, "Story," Vol. 1-No. 20 (August 5, 1916), p. 620.

(2) Ibid.

(3) Honda, "Story," Vol. 2-No. 6 (November 4, 1916), p. 172.

（4）Ibid.

（5）Ibid.

（6）Ibid.

（7）現在は、シダー・マウンテン（Cedar Mountain）と呼ばれる小高い丘の四三エーカーの広大な土地（現、705 New Britain Ave., Hartford）に、ケアセンター、コテイジ、コンドミニアム等を備えたエイベリー・ハイツ（Avery Heights）という名の大規模な高齢者施設になっている。

（8）Honda, "Nature from a Sanitarium Window," *The Oriental Review*, Vol. 3-No. 2 (December, 1912), pp. 108-9.

（9）本田は「大西洋上より（其二）」『英語青年』第四二巻第一号、一九一九年一〇月一日、一九頁で期間を「六ヶ月間」としている。また時期については、「コネチカット州ハートフォードの郊外にあるこのワイルドウッド・サナトリウムに私がやって来たのは林檎の花も終わろうとする頃であった。玉蜀黍が植えられ、そして刈り取られるのが見られた。野イチゴやブラックベリーを摘み、栗を拾った。そして草に覆われ露にぬれた地面でシーズン最後の林檎を集めた。そして黄水仙やクロッカスの球根が植えられるのを見た」（Masujiro Honda, "Nature from a Sanitarium Window," *The Oriental Review*, Vol. 3-No. 2, December, 1912, p. 108）としているので、五月頃から一一月頃までの半年間だと思われる。

（10）馬場恒吾「紐育に於ける本田君」『英語青年』第五四巻第九号（一九二六年二月一日）、二八五（二一）頁。

（11）一九一二年三月二一日付内田康哉外務大臣宛珍田捨巳米国大使電信「紐育に東洋通報社設置一件」第二巻（外務省外交資料館）アジア歴史資料センター、Ref. B03040689600（REEL No. 1-0175, 画像番号0255）は、珍田がワシントンからニューヨークへ出張した際、日本協会と折衝した結果を内田に報告したものであるが、「東京出発前御内諭の通、日本協会をして該雑誌を引受けしむるの件は到底見込なく」と伝えている。

（12）『ソウル・プレス』は朝鮮における日本政府の広報機関である。戦後になって山県五十雄は、「私の主宰する *Seoul Press* の任務が我国のための海外宣伝であり、Oriental Information Bureau のそれと同じであった」（「馬場恒吾氏の追想」*The Current of the World*（『英文世界時潮』）第三三巻第六号、一九五六年六月、五一頁）としている。

（13）山県五十雄「頭本先生の追憶」『英語青年』頭本先生記念号、第八八巻第一二号（一九四三年三月一五日）、三四二（一四）頁。

（14）『ニューヨーク・タイムズ』が一九一二年一二月一八日付で"Oriental Review Suspends"と題して報じているが、その中で、昨日公表されたとある。

（15）本田が『オリエンタル・レビュー』から手を引いて以降筆者が確認できた最も新しい号は、一九一三年発行の第三巻第七・八号（五月、六月合併号）であるが、その中に日本の影響を示すと思われる記事として、次のものがある。
家永豊吉 "The Ghost of War"（「戦争の亡霊」）pp. 495-6.
河上清 "How California Treats The Japanese"（「カリフォルニアはいかに日本人を扱っているか」）pp. 499-503.
伊地知純正 "Western Influence on Modern Japanese Thought"（「現代日本人の思想に対する西洋の影響」）pp. 516-22.

（16）この経緯を「片々録」『英語青年』第二八巻第九号、一九一二年一〇月一日、二八七頁がその要点を伝えている。Oriental Review の廃刊 三四年前日本の真相を米国に紹介するの目的で頭本元貞氏は紐育に Oriental Information Agency を設立し其の機関として Oriental Review を発行して居た。頭本氏が Japan Times を経営すべく帰朝してからは本田増次郎氏が社長と〔な〕り日米の親交に力を尽くして居たが、惜むべし弥々昨年十二月より Oriental Information Agency を閉じ Review を廃刊する旨態々本社へも言って来た。然るに紐育で発行する Japanese American Commercial Weekly によると Oriental Information Agency は閉じたが、Oriental Review は Chapman 氏が経営して発行を続ける由である。但し本田氏は此雑誌の発行には今後関係を絶つとのことである。創立以来同社に在りて活動した馬場恒吾氏は四月頃〔実際は三月一八日〕帰朝する事となった。そしてパリより紐育に渡った伊地知純正氏は Chapman 氏を助けて Oriental Review を編輯するとのことである。

（17）Honda, 8) op. cit., pp. 111-2.

第四部

「陰の外交官」

1913-1925

帰国後も本田増次郎はジャーナリズムを軸足に、外交論文や日本文化紹介の記事を英字媒体に寄稿するとともに、グリーン、エリオット両英国大使との接触、来日した英国皇太子（後、エドワード八世）、タイムズ社主ノースクリフ卿等に対する接遇を通じて、日本の外交を側面から支えた。パリ講和会議の取材に際しては欧米を一巡し、晩年は正倉院宝物に関する英文の紹介書の出版を企図し調査を進めたが、関東大震災後、健康が悪化し、郷里に近い津山での隠棲を前に亡くなった。

甲板に微笑むノースクリフ卿（昨日横濱入港のセントアルバンス號にて）

遠來の新聞王ノースクリフ卿

の爲めに今日は—

珍田伯爵主催……午餐會

後藤市長主催……茶話會

セントアルバンス號は豫定を少し遅れて二日午後一時半横濱に入港桟橋に繋留された、新聞王ノースクリフ卿は秋空高く穏かな港外で、出迎への内外新聞記者

數十名 及び後藤市長代理鶴見祐輔氏珍田伯代理本田増次郎氏其他内外人の出迎へを受け、鼠色メルトンの背廣灰色の中折れ帽赤のネクタイと云ふ瀟洒な服装で心地好げに甲板上で夕刊所載の如きステートメントを發表したが

華盛頓 會議に就ては一切口を緘して語らなかつた一行はスフード秘書外六名で上陸後グランドホテルで晩餐直に根岸町グランド英人倶樂部主催のゴルフに出場し二日午後五時上京紅葉館で京濱新聞記者を招待した今三日は珍田伯主催の午餐會に午後には後藤市長主催の茶話會に

出席し 其後日光箱根京阪各地を見物し歸途朝鮮經由北京に赴くさ

ノースクリフ卿来日を報じる1921年11月3日付『時事新報』

第21章　帰国

ニューヨークの真っ只中での仕事

本田増次郎は東洋通報社の事務所があった場所や様子については何も語っていないが、東洋通報社の便箋に35 Nassau Street, Room 1512 New York City とあるので、所在地と部屋番号は確認できる。それは東をナッソー・ストリート（Nassau Street）、西をブロードウェイ（Broadway）、南をシダー・ストリート（Cedar Street）、北をリバティー・ストリート（Liberty Street）に囲まれた街区に当たる。現在その区画一体は開発され、マリン・ミッドランド・ビル（The Marine Midland Building）の高層棟が建ち、ブロードウェイ側の広場にあるイサム・ノグチ（Isamu Noguchi）の真っ赤なキューブの彫刻が人目を惹いている。当時はその街区のナッソー・ストリートに面した一角に本田が執務するビルがあった。

本田や馬場恒吾が帰国した後の数ヶ月間、チャップマンを助けた伊地知《いじち》純正《すみまさ》は、一五階の「事務所の窓からウォール・ストリート［Wall Street］は見えないが、石を投げれば届く距離にある」[1]と書き残している。実際一〇〇メートル強しか離れておらず、あながちオーバーな表現ではない。本田達が執務したビルはマンハッタン島最南端のロアー・マンハッタン（Lower Manhattan）の真っ只中にあった。

伊地知によればこのビルには主な入口が二つあり、一つはスイング・ドア、今一つは回転ドアであった。郵便局、電報局、警官の詰所、各種の店舗があり、玄関ロビーではタバコやキャンディーが売られ、地下では食事をとることもできた。各階には郵便物の投入口があり、そこに手紙を投函すれば自動的にビル内の郵便局に送られるエアーシューターの設備もあった。このように一つのビルの中にオフィスとして必要とされる機能がほとんどすべて備わっていたのである。

朝、エレベーターで一五階に上がり、1512と表示された部屋のドアを開け執務室に入る。冬であれば暖房が効いているのでコートと帽子をハンガーに掛け自席に座る。ほどなく靴磨きがやって来る。事務室には電灯がともり職員各自の机の上には電話機がある。速記タイピストの女性もおり口述すればたちどころに文書に仕上げてくれる。そんな世界最先端の至れり尽くせりの執務環境で本田達は仕事をした。

当時の、すなわち二〇世紀初頭のニューヨークは、いまだ一九世紀の面影を色濃く残しながらも、急速な変貌を遂げつつあった。スカイラインで存在感を示していた教会の尖塔は次第に影を潜め、次々と竣工する摩天楼がその座を奪っていった。特にウォール街一帯はその急先鋒であった。

本田がロンドンから転じ東洋通報社のビルに通い始めた一九〇九（明治四二）年には、この地区で覇を競っていたのは四七階建て、高さ一八七メートルのシンガー・ビル（Singer Building）と三四階建て、高さ一四二メートルのシティー・インベストメント・ビル（City Investment Building）であった。前者はその高さで、後者はそのボリュームでそれぞれの存在感を誇示していた。しかし、翌年に三三階建て、高さ一二〇メートルのリバティー・タワー（Liberty Tower）が、さらに一九一二（明治四五）年に三九階建て、高さ一六五メートルのバンカーズ・トラスト・ビル（Bnakers Trust Building）が竣工し、ウォール街のスカイラインの様相は一変した。ウォール・ストリートは「峡谷」（canyon）とも呼ばれ、林立する高層ビル群の谷間に沈んだ。伊地知は次のように当時のニューヨークのオフィス街を描写している。

ダウンタウンを歩いてみたまえ。林立するビルが山のように高く聳えているので、まるで峡谷を歩いているような気がする。ロンドンではあの有名な霧のため青空がほとんど見えなかったが、ニューヨークも同じで、摩天楼が視界を遮るため紺碧の天穹はまず拝めないのだ。(2)

どうやら伊地知にはニューヨークを手放しで褒め称えることはできなかったようだ。これは本田も同様であった。『新公論』一九一〇(明治四三)年六月号に「世界一の騒がしき都《みやこ》」と題した記事をニューヨークから寄稿し、街の喧騒を訴えている。

西にハドソンの大河あり、東にイースト、リヴァーあり、四方水を以て囲まれて居る紐育は第一に大小幾千万の海船《かいせん》河舟《かしゅう》から発する昼夜間断なき汽笛の響き、殊に自働船の石油発動船の声、次には三方から寄せ来り、出《い》で行く列車の汽笛、無数の製造所の汽笛、機関車が停車場《ステーション》又は踏切にて打ち鳴らす凄じき音、街路に枕形の角石にて蒲鉾型《かまぼこなり》に列べたる石道《いしみち》から発する荷車の大鉄輪の音、荷馬《にうま》の鉄蹄《てってい》が石に当って火を発しつつ生ずる響き、何れも皆鼓膜を傷け、臓腑を貫く想いを起さしめるのである。(中略)中にも最もいやなのは高架鉄道の昼夜間断なき蛮音である、時には急行と往復との三つの車が同所を走る時の如き、丸《まる》で百雷の怒号する如き響きを出す。(3)

水上で、地上で、高架で、そして本田は触れていないが地下でも、ニューヨークの街は至る所で騒音が渦巻いていた。地下鉄は一九〇四(明治三七)年に、スタテン島フェリーはその翌年に開通している。一九〇七(明治四〇)年にはメーター付タクシーが導入され、量産に適したT型フォードはその翌年に発売された。辻馬車、乗り合い馬車、路面電車、高架鉄道はすでに前世紀に走り出していた。移行期の当時はこれら新旧の交通機関が入り乱れ、想像を絶する騒音を生み出していたのである。

確かに文明の最先端を走るニューヨークの都会生活にはこういったマイナス面もあった。しかし、そこには我々現代社会が持つ様々な要素がすでに出現していた。ニューヨーク自体が、当時最先端の近代文明が創り出した華やかなドリームランドと言えた。プラザ・ホテルでの晩餐、週末のコニーアイランドの賑わい、ホット・ドッグをほおばる家族連れ、休日の郊外へのピクニック、クリーム・ソーダを飲むのが流行り、家庭には冷蔵庫（Ice Box）が普及し、季節を問わず冷たい物も飲むことができた。そこにすでに現代の都会生活を彷彿とさせる人々の生活があった。

ビジネスでも、都会生活でも、当時のニューヨークは世界最先端をひた走っていた。スピードと効率を最優先する都市生活がそこにあり、莫大な利益を生み出す経済活動が行われていた。物質的側面において当時の米国が日本を凌駕していたことは論を俟たない。また、精神的な面においても、キリスト教精神をバックボーンに据えた西洋文明は合理性を備えた優れたものとして本田の目にも映ったはずである。滞米生活の最後の四年間この世界最先端のニューヨークの生活を本田が体験したことは、その後の本田に決定的な影響を及ぼしたと思われる。

出国時、再び故国の土は踏まないと覚悟して日本を離れた本田であり、また東洋通報社での働きぶりを見れば、本田が健康の許す限り仕事に専心したことは疑いの余地がない。身をすり減らすような折衝や時間に追われての準備作業、思い通りにならない難問にも遭遇したはずである。しかし恐らくはこの滞米最後の四年間が、本田がその人生で最も充実感を抱くことのできた時期だったのではないだろうか。海外に出て活躍したいという若き日の本田の願いがここでまさに実現し、しかもそれは憧れてやまない西洋文明の中心地においてだったのである。

郷里で最後の親孝行

こうして八年間、日米の相互理解の推進に力を尽くした本田は、東洋通報社廃止の連絡を受け、第一次バルカン戦争の停戦会議のため出張していたロンドンからそのまま帰国する。

大正二年の一月十七日最後の英国訪問(4)から帰朝すべく、自分は Fenchurch Street Station から汽車で北野丸の碇泊処たる、Thames 河上の Tilbury Docks へと赴いた。(中略)例の濃霧で予定の早朝解纜が出来ず、十二時間遅れて漸く十八日の7 p.m. に船体が動き始めた。此船には Colombo から新任英大使 Sir Conygham Greene が join せらるると云うので、同大使と London で相識れる徳川〔家正〕氏夫妻は、Captain の食卓で大使、夫人、令嬢二人の相客たるべく arrange されてあった。(5)

三月五日、北野丸は横浜港に着岸、本田は八年ぶりに故国の土を踏む。なお、右記引用にあるように、この本田が乗船した日本郵船北野丸には英領セイロン(現、スリランカ)のコロンボから新任の英国大使一家が乗船した。これが本田と英国大使一家との最初の出会であった。詳細は章を改めて述べるが、実はこれが本田の次の仕事の始まりでもあった。

本田の帰国日と翌日の行動は詳らかではないが、少なくとも帰国二日後の七日の夜には本田の姿が岡山駅頭にあったことはわかっている。八年間の不在を詫び無事の帰国を報告するため岡山まで出向いたのである。その夜、本田は打穴里から父杢蔵と兄竹四郎を招き岡山駅前の料亭旅館三好野花壇(6)で宴を催した。次は本田杢蔵「諸事拾集記臆書」からの抜粋である。

本田増次郎氏明治三十八年七月東京より帰村、同月十八日東京出立洋行す。横浜出船し外国へ渡り滞在すること八ヶ歳間也。昨年七月明治天皇の崩御に就き年号改正相成、本年大正二歳三月五日帰朝いたし、其御歓喜として種々進物を戴き、其品々左の通り。

一　灘乃上酒　壱斗　　一　鯛の実蒲鉾厚焼　三本　　一　奈良漬　二桶

一　印度セイロン島釈迦如来御誕生の地に椰樹の木有り。其木の実は椰子と申して皮に毛あるをよくとりたるを、入れものとなしたる珍敷《めずらしき》品なり。

一　鶴の肉かんづめ　　一　ぞうげの箸　一　　一　香港焼茶呑五つ

一　蓮の肉白きかんづめ　　一　瑞西《スイス》焼筆建老人の土産に呉れたる品

一　額一面　是は但馬国出石《いずし》公園に鶴の居る所。大阪白藤丈太郎と申す人の進物なり。増次郎帰朝之節持帰り候。

大正二丑年三月五日　　本田増次郎帰朝

岡山駅前三好野花壇　　電話百十三番

同月七日晩喰　御馳走

本膳　上酒

汁、えびのみとうど　　わさびおろし大こん　　左向いに風流の皿、鯛のみ

さんしょうのすりみ　　中猪口《なかじょく》木地のぬり物　　しょうがのめ　　志ょうゆ

二の膳　すまし汁、あわびの貝　　うど　　きゅうりの菜に、かんぴょうあしらい

向いに茶わんむし　　鶴のだんごと玉ねぎ

三の膳　このわたと久ねんといか二きれ　　ぱなまは芭蕉の実なり

同　てんぷらは、なすとさわら

我れ座に就きたる時、膝ざの左脇きに備えたる道具は脇息《きょうそく》と申して青貝ぬり也

本田のせめてもの親孝行が土産の形で、また、岡山駅前の料亭での会食となったのであろう。なお、引用文中に「大阪白藤丈太郎と申す人の進物なり」とあることから、おそらく本田は、横浜着後外務省や嘉納治五郎に挨拶を済ませ、その足で大阪に向かい嘉納塾同門で大阪玉造の実業家白藤丈太郎に会った後、岡山へ入ったのであろう。

李蔵達はそのまま二日間岡山に滞在した。竹四郎の長男菅美芳《すがみよし》は鉄道院（一九二〇〔大正九〕年よりは鉄道省）におり、この時はちょうど岡山駅に勤務していた。翌八日には朝から菅の案内で、李蔵、竹四郎は、菅の長男の寿恵男を加えた総勢四人で、岡山市内を巡った。

大男の前後を太鼓を打ち鳴らしラッパを吹き鯉幟を押し立てて触れ歩く活動写真の宣伝隊、本田が小学校卒業後兄と訪れた門田の岡山県師範学校（旧岡山師範学校）、土を掘り起こして行われている下水道工事、後楽園、第六高等中学校（現、岡山大学）、五百羅漢の御堂（一九三九〔昭和一四〕年焼失）などを見物する。この御堂下の庭には白梅が咲き誇り馥郁たる香りを放っていた。さらに九日は陸軍練兵場を見るが、「大意何百町と申程相見え候[7]」と、その広さに李蔵は度肝を抜かれている。

父李蔵がこのように三好野花壇での料理の一つ一つを、また岡山で見聞きしたことを事細かに記録したこと自体が、李蔵の満足感と昂揚感を物語っている。出世頭の息子の無事の帰国と再会が何よりもうれしかったのである。

この翌年一九一四（大正三）年一一月一日、李蔵は息を引き取る。享年八四歳、天寿を全うしたと言ってよいであろう。葬儀には公務多忙を理由に本田は帰省していない。従ってこの帰朝直後の三月七日の三好野花壇での再会が父子面談の最後となった。

次は一八八六（明治一九）年九月二四日付李蔵宛本田書簡からの抜粋である。本田二〇歳、弘文館で教えながら東京物理学校で学んでいた時期のものである。本田の両親に対する心情がよく表れており、ここに引用しておく。

只此上は一日も早く出精立身致し、御両尊様に御安堵被遊候様致し度、何卒行末を御見届け被降候様奉願候。小生不肖ながら御両尊様に孝行致し度所存は胸一杯に候得ども、何分修学中之身にては何之孝行も難出来、只心に思う計りに御座候。乍併一日も早く出精して十分之孝養仕度事は決して忘れ不申候間、此辺十分に御含み被降、決して御恨み被降間敷様奉祈候。今御膝元にて孝養致候は安き事に御座候得ども、左様致し候ては後日之出精出来申さず、出精致し申すには今日御両尊様へ御心配相掛け不孝之身と相成、何とも残念至極之事に御座候。只此上は小生之出精を孝行と御思召諦め被降度、一旦出精致し候上は又如何様之孝行も出来可申、くれぐれも御長命被成候て小生之行末御見届被降候事希望之至に奉存候。

両親の膝元で孝養を尽くしたい。しかし、そうしていては自身の進むべき路に邁進することができないという矛盾。それゆえできうる限り長生きして自分を見守っていてほしい。これが若き日の本田の願いであった。母やえは一八九八（明治三一）年一二月二三日、六二歳で他界、この希望に十分に添うことはできなかった。一方、杢蔵は八四歳まで生き、洋行帰りの息子に会えたのである。本田の願いに十分応えられたといえるであろう。

加藤高明との中国視察旅行

帰国後の本田は帝国ホテルを生活の拠点としたが、帰国翌月の四月一日から大磯の長生館で一旦静養、[8]同月二五日には東京を発ち、加藤高明と神戸に向かっている。[9]この旅行は視察旅行とされたが、元外務大臣がわざわざ中国方面へ出向くのである。それが物見遊山的な視察旅行などであるわけもなかった。この旅の詳細に触れて本章を終えたい。

本田はこの旅行については、次の一文を残しているだけである。

それ〔帰国〕から数週間東京で休息をとって、再び中国本土、満州、朝鮮の旅に出た。偶々《たまたま》第二革命〔この時孫文や黄興が亡命〕勃発前の上海と北京に行ったわけだ。幸運にも前外務大臣の加藤子爵の一行と一緒だったこともあり、中国の反政府勢力のキャンプで多くの興味深い人物に出会い、時事問題について喧喧諤諤たる議論がなされるのを耳にし、また多くの名所旧跡も訪ねた。[10]

加藤の一行とは偶然一緒だったと受けとれる書き方をして、外務省の仕事で同行したことを伏せようとしている。また「中国の反政府勢力のキャンプで多くの興味深い人物に出会い」とは書いているものの、誰に会ったかは明らかにしていない。

そこで、伊藤正徳編輯『加藤高明（上巻）』第一二編第一章（五）再び支那視察へ（内政不干渉主義の思想発表）によりこの旅の中身を見てみよう。

伯〔加藤高明伯爵。この視察の時点では男爵〕の支那視察は、毫も消暇の企てでは無く、其所には政治・外交上の理由があり、而してその影響に至っては、予期以上、遙に重大であった。大正二年四月二十五日に東京を立って、六月七日に帰京した月余の支那旅行は、其結果を数年の後まで伝えるのであった。（中略）

伯が上海に着いたのは四月三十一日であった。それから、九江・南京・漢口・長沙を経由して、五月十七日に北京に至り、滞留一週間の後、山東省に向い、済南・青島を視察し、再び上海に戻った。『この間、伯に対する諸所の歓迎は非常なもので、袁世凱の如きは、特別列車を仕立てて出迎え、北京に着くと直ちに自邸に招待し、午餐会を開いて応待した程である』と、随行者の本田増次郎氏は語っている。また北京滞在中は、袁世凱氏以外、時の各国務員に面接懇談し、上海では、南方の重鎮たる孫文、黄興等の諸氏と、おのおの二回までも会見を繰返した。而して是等の会見の主題が、日支懸案の解決にあった事は言う迄もなかった。

上海から長崎に到着したのは六月三日で、当日午後は長崎商業会議所、四日午後は下の関経済会、六日午後は大阪銀行集会所に於て、それぞれ視察感想を披瀝し、七日夜八時二十分、新橋に着いた。(11)

この旅は加藤が立憲同志会（後の憲政会）への入党を決め、対中国政策を模索しようと企図して行った視察旅行であった。本田が明示しなかった「中国の反政府勢力のキャンプで多くの興味深い人物に出会い」というのは、実は袁世凱、孫文、黄興だったことがわかる。加藤はこの時の会談を通じて得た袁世凱等の考え方や、現地で掌握した中国全般の情勢を基に対中国政策を練り上げたのである。それは一年半後、対華二一ヵ条の要求として結実する。詳細は第23章で述べるが、本田はこの要求の正当性を訴えかける論文を米国の政治誌に宛てて寄稿する。本田は加藤が対華二一ヵ条を練り上げるその原点を自身も同席して見聞きしているのである。まさに本田はその適任者と言えただろう。

加藤は上海から長崎へ直帰したが、本田は直接帰国せず、山東省で加藤と別れた後、天津、北京、哈爾浜《ハルビン》を経て朝鮮に入り、京城の山県五十雄邸にしばらく滞在、旧交を温めている。これは『英語青年』「片々録」の個人消息から知られる。

Seoul Press の布施知足氏が六月十八日片々子〔喜安璡太郎〕に寄せた信書の一節に曰う。『本田増次郎氏去る十五日満州より着、本日山県氏宅にて三人打ち寄り申し候。本田氏例の話上手にいたく小生共を笑わせられ候』と。(12)

結局、帰国は六月下旬となり、旅行期間は二ヶ月に及んだ。さらに帰国後も、下関から帰東途中の六月二七日朝には、岡山で菅美芳と一時間ばかり面談し、京城案内本、造り雉子、両眼鏡、旅順戦没記念火箸といった父宛ての土産を託している。菅はその時の本田の様子を、本田が「近来稀なる愉快之旅行をなした(13)」と上機嫌で、「増次郎氏至極壮健之由(14)」と杢蔵や竹四郎に伝えている。

この面談の後、本田は午前九時五〇分岡山発の列車で東上するが、神戸でも途中下車し、日本聖公会の信徒で加島銀行常務の星野行則邸(兵庫県武庫郡住吉)に立ち寄っている。機会があれば友人知己に会い旧交を温めるのを本田は常とした。

この旅行を機に本田と加藤は交流を深めた。本田・加藤の没後、『英語青年』が本田宛の加藤の書簡を紹介している。

加藤首相と本田増次郎氏　本田増次郎氏は今より十余年前加藤高明伯と共に支那を旅行した事もあって、英学者と政治家は可なり親しく交際して居たようである。政治家が大命を拝して内閣を組織した頃、英学者の方は病みて奈良別府と転々して居た。英学者が東京の親友の邸で逝《ゆ》いてから二月ばかりして一月廿八日一代の宰相も脆くも逝去してしまった。茲に本田氏の親友白藤丈太郎氏の厚意により、加藤伯が本田氏に寄せた書簡をここに紹介する。

拝　啓　御清栄奉賀候。過日は御懇書被下難有拝誦仕候。殊に China To-day より御写取り御送被下候論文、面白く一読御厚意之段奉多謝候。支那の事も種々急速の変化にて孫黄〔孫文と黄興〕の悲運同情に堪えざるも、其今日の結果に終るべきは初より殆んど疑いなかりし事を企てたるは、如何にも無謀なりし如くなるも、又已むを得ざる事情に迫られたる次第に可有之乎と被存候。

小生四五日中大磯別荘へ行き当分休養之積に候。自然彼地方御通過のこともあらば御一遊有之度。別荘は停車場に程近き処にあり、同所にて御聞合被下ば直ちに御分り申候。先者《まずは》乍延引拝答御礼迄。如此候。　草々頓首

八月一日　加藤高明

本田先生[15]

この加藤の書簡が何年のものかは書かれていない。しかし詳細に読むと、一九二五（大正一四）年の八月一日、すなわち第二次加藤高明内閣成立前日のものだとわかる。書簡中にある「孫黄の悲運」とは、革命の成就を見ずに黄興と孫文が病死したことを指している。黄興が亡くなったのは一九一六（大正五）年一〇月三一日、孫文が癌で亡くなったのは一九二五（大正一四）年三月一二日である。文中で孫文の死が触れられている以上、この書簡が書かれたのは孫文の死去以降の八月一日でなければならない。一方この書簡の受取人である本田が亡くなったのは一九二五（大正一四）年一一月二五日であるから、この八月一日は一九二五（大正一四）年の八月一日をおいて他にはない。

書簡の紹介文にもあるが、実はこの書簡が『英語青年』に掲載された一九二六（大正一五）年三月一日には本田も加藤もこの世の人ではない。本田はこの書簡を受け取った後、三ヶ月を経ずして亡くなり、加藤も年明けの一月二八日に没した。

加藤は本田の亡くなった翌月から体調を崩した。そして年明けに風邪に罹るが、一月二一日は無理をして

帝国議会に登壇、首相として施政方針演説を行う。そして翌日、答弁中に倒れ、六日後の二八日に逝ってしまう。この書簡を書いた加藤も、この書簡を受けとった本田も、自分達が踝を接して亡くなるなど、夢にも思わなかったであろう。

この書簡は同じ経験をした者でなければわからない共通認識を下地に書かれている。加藤は自身の二人の革命家に対する同情の念と同じものを、本田も抱いているとの思いで筆を執ったのではないか。加藤はその思いを本田と語り合いたかったのである。それゆえ、大磯の別荘への本田の来訪を促したのである。

第22章　久しぶりの家庭生活

『ヘラルド・オブ・エイシア』への参画

本田増次郎は帰国の翌年、頭本元貞が主宰する『ジャパン・タイムズ』に参画する。こうして東洋通報社での『オリエンタル・エコノミック・レビュー』発刊当時のコンビが復活することになった。社長に頭本元貞が、編集長には馬場恒吾がおり、そこに本田が加わったのである。当時『ジャパン・タイムズ』の編集に携わっていた花園兼定《かねさだ》は「本田さんは時々編輯局に見えた(1)」としており、本田が常勤ではなかったことがわかる。

当時の住まいは帝国ホテル。霞ケ関の外務省や日比谷公園南側の『ジャパン・タイムズ』に顔を出すには好都合な場所であった。

その後一時永田町の富田常次郎邸の二階を間借りしたが、一九一五（大正四）年九月、日本女子大学校（現、日本女子大学）に通っていた姪の駒子と家政婦の三人で、小石川区林町六三（現、文京区千石）の借家で暮らし始めた。駒子は津山高等女学校を卒業後本田の資金援助を得て日本女子大学校（本田は同大学の協賛者の一人）に進んでいた。

次に引用するのは、同居を始める前、寮住まいの駒子に本田が宛てた英文の葉書で、永田町の富田邸から出したものである。

市内小石川区雑司ヶ谷丁 暁星寮(2) 本田駒子殿
永田丁 本田増次郎 〔一九一五年〕六月十八日
君からの電話照会に回答します。日曜の午後二時に会えると伝えることができて嬉しい。許可が取れるなら、早めの夕食が終わるまで滞在して、まだ明るいうちに戻ったらいい。健康状態も良く毎日働ける状態だ。天に感謝。

自身が居候している富田邸に来るよう促す葉書であり、同居を始める数ヶ月前に当たる。この頃から林町で生活を共にする話を進めていたのであろうか。

駒子は林町時代の本田の様子を「この頃叔父は外務省の仕事を週に一度して他は毎日散歩と読書に過して居りました(3)」としている。本田は同居の直前に『ジャパン・タイムズ』を辞めており、この時点では外務省の仕事だけになっていたからであろう。もっとも、翌一九一六(大正五)年三月に状況は一変する。『ヘラルド・オブ・エイシア』と『ジャパン・タイムズ学生号』(*The Japan Times Student Edition*)に本田は参画することになるからである。実はこの本田の『ジャパン・タイムズ』退職から『ヘラルド・オブ・エイシア』などへの関与に至る一連の動きには国策絡みの裏事情がある。

遡る東洋通報社設立の頃から外務省では、海外のニュースの収集と日本の情報を海外に発信する機能の両様を持つ日本独自の通信社を設立する事案が検討されていた。当時極東地域のニュースの受配信は英国のロイター通信(Reuters)が独占しており、海外のニュースはすべてロイターの目を通したものが伝えられ、逆に日本からの情報は同社のフィルターを通して同社が好ましいと判断されたもののみが海外に流された。いかに日本政府が発信を望むニュースがあったとしても、ロイターのお眼鏡に適わなければ海外に流されることはなかった。従って、自前の通信社を持つことが日本政府の悲願であった。

一九一四（大正三）年三月、不完全な形ではあったが、ようやくその悲願が達成される。[4] この国際通信社設立の立役者は元AP通信社東京支局長のジョン・ケネディ（John Russell Kennedy）である。ケネディの構想は通信社と新聞社を一体で運営し、併せて国際通信業に打って出るというものであった。その結果、頭本が長年にわたり心血を注いできた英字新聞『ジャパン・タイムズ』はケネディの国際通信社の傘下に置かれることになった。こうして同年四月、頭本は社長の座を降り、この時『ジャパン・タイムズ学生号』（一九一一［明治四四］年八月創刊）と『ジャパン・タイムズ少年号』（一九一二［大正元］年八月創刊）が『ジャパン・タイムズ』の経営から切り離され、頭本の傘下に移された。

頭本の胸中やいかばかりであったろうか。『ジャパン・タイムズ』の社史である『The Japan Times ものがたり――文久元年（一八六一）から現代まで』（一九六六［昭和四一］年）は「頭本社長は全社員を二階の社長室に集めて訣別のあいさつを述べた。頭本はすべての事業が国際通信社に移ることを語り、最後に社員一同の健康を祝した。タイムズへの愛情にあふれたその言葉は、聴く者の耳をうった」[5] と記している。頭本にとってみれば、可愛い我が子を奪われた上、長年住み慣れた我が家を追い出されるようなものである。頭本と親しい記者達が『ジャパン・タイムズ』を離れたのも無理からぬことであった。本田が一九一五（大正四）年八月に辞めた裏にはかかる事情があった。馬場もこの時『国民新聞』の外報部長に転じている。

こうして、頭本は『ジャパン・タイムズ』を去り、ジャーナリズムから英語教育界に一旦は転じる。しかし唯々諾々としてこれで済ましてしまうなど、頭本にはどだい無理な話だった。学生時代より英文報国を志し、日本人による初めての英字新聞『ジャパン・タイムズ』を立ち上げ、『ソウル・プレス』を軌道に乗せた人物である。この退陣劇の二年後、新たに『ヘラルド・オブ・エイシア』を創刊したのは必然と言えた。これこそ頭本が英文報国を実践するための『ジャパン・タイムズ』に代わる新しい舞台であった。それゆえ、一九一六（大正五）年三月の『ヘラルド・オブ・エイシア』創刊と同時に、本田は同誌へ参画したのである。

この時、本田の家族にも変化が生じた。駒子が日本女子大学校を卒業し、福岡県京都《みやこ》郡行橋《ゆくはし》町の京都女学校（現、京都高等学校）に英語教師として赴任したからである。代わりに、跡見女学校の寄宿舎に前年三月の卒業後も一年にわたり残留していた一人娘の華子が退寮して同居人となる。渡米時七歳だった娘はこの時一八歳となっていた。すでに述べたように、二人は完全な意味で生活を共にしたことはなかったし、華子の多感な時期に本田は海外にいたのである。当初はギクシャクした親子関係で、中々打ち解けることができなかった。

本田の海外生活の八年間、学費や生活費の面倒は見てもらっていたとはいえ、親戚をたらい回しにされ一人置き去りにされたとの気持ちを華子が抱いていたとしても不思議ではなかった。華子が跡見卒業後もそのまま寮に留まったのは、親戚を転々とした時の苦痛を思えば、不自由な寮生活のほうが遥かに幸せに思えたからである。しかし同居を始めると、「最初は何となく気づまりでしたけれど、何時となく打解けて後には随分我儘もいいあえるようになりました[6]」という。

この『ヘラルド・オブ・エイシア』時代の本田については、『ジャパン・タイムズ』から同社に転じた花園が書き残しているので、次に該当箇所を引用しておく。

> 私が本田さんをよく知るようになったのはヘラルドに本田さんが来られてからである。ヘラルド社はヂャパン・タイムス社と同じ側にあって、日比谷公園の傍であるので、私共は、昼飯の時間によく公園を歩いたものである。私共の一日の中最も楽しみな時間であった。（中略）
>
> 本田さんは、大判の罫紙に細いペン字で原稿を書いた。本田さんはタイプライタは出来なかったらしい。英文家の中で、頭本さんも、高橋〔一知〕さんも、山県五十雄さんもタイプライタは用いられない。本田

さんの字は虫眼鏡でも要るような字で、綺麗に書いてあったが、可成り判読を要する箇所もあった。冬でも、社に出て来ると、編輯室の片隅の、自分のデスクの傍の障子を、がらりと開け放って、外套を着たまま筆を走らせた。これは氏の健康法で open air treatment〔外気療法〕の原則から来たものである。

本田さんは芝居が非常に好きであった。帝劇へは、かわり目ごとに行っていた。よくその時分アドヴァタイザ〔*The Japan Advertiser*〕の主筆をして居たバイアス〔Hugh Byas〕君夫妻を招待して、帝劇のボックスに居たりした。ヘラルドへ芝居の評も書いて居た。本田さんは、大体が、はでであったようである。と云って、アメリカから帰って来てからは、殆んど質素な日本服ばかり着て居たが、そしてまた住んでいた小石川林町の家も質素な家であったが、時々一流の料理店へ、アメリカ流にいろいろの人たちを一座に招いたりした。(7)

劇評家としての顔

本田は『ヘラルド・オブ・エイシア』には、一九一六(大正五)年三月二五日の初号から一九二〇(大正九)年七月一七日まで記事を書いたが、花園が「芝居の評も書いて居た」としているように劇評が多見される。例えば、一九一七(大正六)年三月一〇日には "Sakura Sogo" Staged(『佐倉宗吾』の上演)が、同年三月三一日には Imposter Tenichibo(詐称者 天一坊)が、四月七日には Theory and Practice of "Kiri-Hitoha"(『桐一葉』の理論と実践)がある。

いずれも実際に劇場に足を運び観劇した上で、演目の上演歴や特徴、粗筋をはじめとして舞台デザインや演者などについて触れ、評釈を加えている。本田は中々手厳しいコメントも残している。帝国劇場で上演された坪内逍遥の『桐一葉』について「『桐一葉』の舞台を見るとがっかりだ。酷く退屈させられる」(8)と容赦がない。そして『桐一葉』に続いて上演された『助六』も併せての総合評価を、「興業的には成功しても、支払った高い席料に見合う芸術性を期待した普通のお客は、興業全体にはがっかりするだけだろう[9]」と結んでいる。

もちろん本田は『ヘラルド・オブ・エイシア』に劇評ばかり書いていたわけではない。劇評以外にも、書評や、茶道、文楽、人形浄瑠璃、南画といった日本文化を紹介する記事も多い。しかし、当時の本田が最も興味を持ち得意とした分野は、やはり劇評だったと思われる。劇評は他に『ジャパン・アドバタイザー』にも見い出される。

本田は当時の日本の英語界における劇評の第一人者であった。『ジャパン・アドバタイザー』は、一九二〇(大正九)年六月一八日付で本田の"The Stage Art of Japan: An Account of its Origines, Conventions and Customs"(「日本の舞台芸術——その起源、しきたり及び慣習をめぐって」)を載せたが、主筆バイアスは本田について「本田博士は当代一流の劇評家の一人である。この一文を読めば、氏が大衆演劇の歴史と発展に造詣の深いことがわかる[10]」と記事の冒頭に書いている。

実は、本田が演劇に興味を持ち始めたのは渡米の五年前、一九〇〇(明治三三)年に遡る。この年の夏休み、本田は高師教授の英国人ラルフ・ワトキン(Ralph Grainger Watkin)と日光の寺で共に過ごした。そしてそこで二人の米国人女性と遭遇する。一人はヘレン・ハイド(Helen Hyde)、今一人はジョセフィン・ハイド(Josephine Hyde)である。この時、前者は木版画を学び、後者は歌舞伎の調査を行っていた。この時本田は二人の手助けをするのであるが、ジョセフィンと共に歌舞伎や役者を調べていくうち、本田自身も歌舞伎に魅入られてゆく。明治の三大役者、九代目市川団十郎、五代目尾上菊五郎、初代市川左団次等の生の舞台を観る機会もあり、その名演技に感激し一層興味をそそられたのである。

英米滞在中、本田はシェークスピア劇をはじめとし様々な舞台を観ている。シェークスピア物としては、*The Tragedy of Hamlet, Prince of Denmark*(『ハムレット』)、*Romeo and Juliet*(『ロミオとジュリエット』)、*The Life of Henry the Fifth*(『ヘンリー五世』)、*As You Like It*(『お気に召すまま』)、*The Merry Wives of Windsor*(『ウィンザー

の陽気な女房たち』)、*Macbeth*(『マクベス』)がある。また新作では、ジョージ・バーナード・ショーの*Getting Married*(『成婚』)、ジェローム(Jerome Klapka Jerome)の*Passing of the Third Floor Back*(『裏三階』)がある。ジェロームの演目はロンドンとニューヨークで観ており、両上演共ビクトリア朝期におけるハムレット役者の白眉とされたロバートソン卿(Johnston Forbes-Robertson)が主役を演じ、妻のガートルード(Gertrude Elliott)も出演していた。音楽絡みのものとしては、ミュージカル・コメディー*Fantana*(『ファンタナ』)、オペレッタ*The Mikado*(『ミカド』)、オペラ*Madam Butterfly*(『蝶々夫人』)がある。特に『蝶々夫人』は本田がプリマドンナのジェラルディン・ファーラー(Geraldine Farrar)から批評を頼まれ、メトロポリタン歌劇場に出向き日本人の観点からアドバイスをしたという。

ある日の夜、メトロポリタン歌劇場を訪問して改善した方が良い点を三〇以上書き留めた。指摘した点は彼女の歌唱に関するものは一切なかったが、多くの提案が直ちに採用された。今でも覚えているのは、お蝶さんの侍女が「黒足袋」、つまり黒い靴下を履いていた点だ。(中略)ヒロインがアメリカ人の夫の帰りを心から歓迎するため、髪を梳いてもらう場面では、スタンド・ミラーも、膝の上の子供も、櫛を持って立つ後ろの侍女も不格好で混乱の極みだったので、三者の位置関係もこちらの指示する順番でだんだん高く配置してみてはどうかと提案しておいた。[11]

こんな体験もして本田は、西洋人が日本を題材に創ったオペラを日本人が観る場合、「色彩の調和や優雅な動きや見えの仕草を求めてはいけない。(中略)音楽こそを楽しまなければならない」[12]と結論づける。どうせ、「外国人が舞台上で再現するアイデアや方法は、本国人には往々にしてばかげて見える」[13]のだから、見えないもの、すなわち音楽にこそ耳を傾けるべきだと。

本田の劇評は、かかる西洋演劇の実体験が土台になっていた。西洋人に日本の舞台芸術を理解させるには、西洋人の視点から説明する時、最もその効果が現れる。英米での八年間にわたる生活体験を持つ本田にあって、それは初めて可能になったのである。

本田は日本の歌舞伎と西洋の演劇を、「観ると聞く[14]」(Seeing and Hearing)の違いだと喝破している。日本では観劇という言葉があるように、観ることに重点が置かれる。一方西洋演劇では台詞による内容理解が重視される。それゆえ「歌舞伎は表現し想像力に訴えるが、西洋演劇は説明し理解力に訴える[15]」と本田は言う。日本と西洋との舞台芸術の違いを押さえ、その上で西洋人が理解できる表現で解説を施すことが本田にはできたのである。そこに本田が「当代一流の劇評家」と評された一因がある。

花園が、本田はヘラルド時代、「帝劇へは、かわり目ごとに行っていた」と書いたが、本田は華子を連れて度々劇場に通った。これが華子がその後劇作家山本有三に嫁ぐ遠因となる。

第23章　外務省の仕事

マル秘の稟議書

日本郵船北野丸がコロンボに停泊し、日本に赴任する英国大使一家が乗船した時から、本田増次郎の新しい仕事が始まったことは第21章で触れたが、一体この仕事とはいかなるものだったのか。「まえがき」で本田が華子に漏らした「陰の外交官」という言葉を紹介したが、本田はこの意味深な言葉を残しただけで、その詳細を語ることはなかった。山県悌三郎も本田を追悼する記事の中で、本田の国家への貢献に言及したが、その具体的な中身を公にすることはなかった。

実はその鍵となる資料が外務省外交史料館に残されていた。一九二〇（大正九）年四月に非公式の形で外務省に情報部が新設されるが、その直後に書かれた一連のマル秘の稟議書である。

【稟議書一、外務省情報部稟議書】

本田増次郎氏補助の件

同人に対し試験的に六月一日より向う一ヶ年間

一、手当月額金参百円
二、交際費月額金百円
　但し右は主として本邦へ渡来する外人との交際費に充つること
を支給すること。
右支給に対し本田氏は将来内密情報部と聯絡を取り必要の事項に付ては其指示を受け若くは自己の自由裁量にて内外の雑誌新聞等に寄稿し及本邦に渡来し又は在住する外人の啓発を行う等、内外に対して本邦の事情及立場を闡明《せんめい》するに力《つと》むること。
大正九年六月一日(1)
(外務省用箋を使用。上部欄外右端に㊙の押印。上部欄外に情報部長及び次官のサイン、右欄外に本田の自筆で「本田」及び「H. m.」の書き込みがある)

【稟議書二、外務省稟議書】
　本田増次郎氏補助の件
従来外務省より一ヶ月金百円の手当を支給し来れる所、到底右支給にて生活するを得ず。従て同人に於ては此際外務省の関係を打切り他方面に向って自由に発展の途を採るか、又は外務省より生活の絶対必要の額の支給を受くるか其一を選ばざる可らざるの羽目にあり。就ては此際外務省より
一、手当月額金三百円を給し(2)
二、外に主として外賓等との交際費として月額金百円を給し
以て極力同人をして勉励活動せしむる様致度、右仰高裁。
大正九年六月四日　　松岡〔洋右〕総領事(3)

（外務省用箋使用。上部欄外右端に秘の押印。上部欄外に、大臣、情報部長、情報部次長及び次官の押印またはサインがある）

いずれの稟議書にも、いわゆるマル秘の判が押されており、それらが対外秘の稟議書だったことがわかる。このことは本田の仕事もまた表に出せない秘密の仕事だったことになる。それゆえ本田も山県もその内実を明かせなかったのである。

【稟議書一】の欄外には本田の自筆で名字とイニシャルの書き込みがあり、この稟議書が本田にも示されていたことがわかる。六月一日に【稟議書一】で部内稟議を行い、三日後の同月四日に内田康哉外務大臣に【稟議書二】を上げ、最終の大臣決済を取ったという流れである。また【稟議書二】には「従来外務省より一ヶ月金百円の手当を支給し来れる所」とあることから、一九二〇（大正九）年以前においても本田が外務省の嘱託だったことがわかる。つまり帰国後も、東洋通報社時代と同様、外務省嘱託として仕事を続けていたと理解される。

稟議の内容を要約すれば、本田の仕事は「内外に対して本邦の事情及立場を闡明する」ことを目的とし、その目的を達成するため「内外の雑誌新聞等に寄稿」をなし、「本邦に渡来し又は在住する外人の啓発を行う」ことである。

前者の寄稿の仕事は、それが自由裁量によるものか外務省の指示によるものか区別することは難しい。しかし、少なくとも本田の外交論と日本文化の紹介記事は、外務省の仕事と考えてよいであろう。ここでは外交論のみリスト・アップしておく。

1、内外の雑誌・新聞への寄稿

(1) "The Reasons for Japan's Demands Upon China,"（「日本の対中要求〔対華二一ヵ条〕理由」）*The Journal of Race Development*, Vol. 6-No. 1, July, 1915（大正四年）, pp. 1-11.

(2) "The Far Eastern Diplomacy and America,"（「極東外交と米国」）*The Journal of Race Development*, Vol. 8-No. 4, April, 1918（大正七年）, pp. 401-10.

(3) "National, Racial and International Sentiments: Japanese-Chinese-American Relations in the League of Nations,"（「国民的、人種的、国際的感情――国際連盟での日本、中国、米国の関係」）*The Journal of International Relations*, Vol. 10-No. 3, January, 1920（大正九年）, pp. 245-50.

(4) "Is Japan Isolated?: Mutual Fear and Suspicion a Result of the Great War,"（「日本は孤立せるか――大戦の結果は恐怖を伴った相互不信」）『大阪朝日新聞』一九二〇（大正九）年一月二〇～二五日。

(5) "Questions to Be Settled Are Complex: But There Is Common Ground for Lovers of Peace in Disarmament,"（「問題の解決は複雑――しかし、平和愛好家には軍縮の共通基盤がある」）*The Japan Times & Mail*, January 1, 1921（大正一〇年）。

(6) "Compulsory Emigration and Race Equality,"（「強制移民と人種平等」）『大阪朝日新聞』一九二一（大正一〇）年一月二三～二五、二七日。

(7) "Lord Northcliffe in Japan, Korea and China,"（「日本、朝鮮及び中国でのノースクリフ卿」）*America-Japan*, Vol. 1-No. 14, Novenber, 1921（大正一〇年）, pp. 195-8.

これらの中には、一九一五（大正四）年と一九一八（大正七）年のものもあり、前出の外務省稟議が書かれた以前にあっても外交論を執筆していたことが確認できる。これら以外にも『ヘラルド・オブ・エイシア』や

『ジャパン・アドバタイザー』にも外交問題や日本文化を扱った記事がある。[4]

次に、在住するあるいは来訪する外国人に対する広報活動であるが、在住する外国人への啓発と渡来外国人への啓発に分け、対象となった主要な人物名などを次に掲げておく。

2、本邦に在住する外国人への啓発

(1) カニンガム・グリーン（William Conyngham Greene）英国大使。

(2) チャールズ・エリオット（Charles Eliot）英国大使。

(3) ヒュー・バイアス（Hugh Byas）『ジャパン・アドバタイザー』主筆。

これらは二代にわたる英国大使と英字雑誌の編集長である。

3、本邦に渡来する外国人への啓発

(1) 一九一七（大正六）年五月／米誌『マクルアーズ・マガジン』主筆マクルアー（Samuel McClure）と関西、山陽、九州を旅行。[5]

(2) 一九二〇（大正九）年八月／米国議員団を奉天に出迎え、中国、朝鮮を旅行。[6]

(3) 一九二一（大正一〇）年三月／英紙『マンチェスター・ガーディアン』記者ハミルトン（J. G. Hamilton）の取材旅行に同行。[7]

(4) 一九二一（大正一〇）年一一月／英紙『タイムズ』社主ノースクリフ卿（Lord Northcliffe）に同行し、関西を経て朝鮮・中国を旅行。[8]

(5) 一九二二（大正一一）年四月から五月／プリンス・オブ・ウェールズ（後のエドワード八世）に随行し、京都から最終地鹿児島まで旅行。[9]

(5) 一九二二(大正一一)年七月から八月/米誌『ハースト・インターナショナル・マガジン』記者ハリソン女史(Marguerite E. Harison)と関西旅行の後、北樺太経由ニコライエフスクまで同行。[10]

一九一七(大正六)年のものを除いて、いずれも外務省稟議書以降のことであり、手当が増額されたことで本田の来日する外国人に対する啓発業務が本格化したと推測される。なお、右記のうち英国皇太子への対応は厳密に言えば宮内省嘱託としての仕事[11]になるが、啓発業務[12]の一環と捉え、あわせてここに列挙した。

対華二一ヵ条要求擁護の論陣を張る

以降、これらの啓発業務の具体例を取り上げその内容を検討していくが、「2、本邦に在住する外国人への啓発」及び「3、本邦に渡来する外国人への啓発」については後の章にゆだねるとし、本章では「1、内外の雑誌・新聞への寄稿」を取り扱う。

対象とするのは本田が一九一五(大正四)年七月発刊の *The Journal of Race Development*(『ジャーナル・オブ・レース・ディベロップメント』)Vol. 6-No. 1, pp. 1-11に寄稿した"The Reasons for Japan's Demands upon China"(「日本の対中要求理由」)である。なお、『ジャーナル・オブ・レース・ディベロップメント』は、クラーク大学のブレークスリー(George Hubbard Blakeslee)とホール(G. Stanley Hall)が、一九一〇(明治四三)年に創刊した外交専門誌である。後に *The Journal of International Relations*(『ジャーナル・オブ・インターナショナル・リレーションズ』)と改称した。

表題の「日本の対中要求理由」の中にある対中要求とは、日本が第一次世界大戦中、この大戦を奇貨として中国に突きつけた対華二一ヵ条要求を指す。後世この外交政策は「世紀の失敗」と酷評されることになる。かかる悪評を受けるに至った理由は、要求内容が総花的かつ権益拡大の意図があからさまで、爾後中国は言うに及ばず英米との関係にまで悪影響を及ぼすに至ったこと、また、この交渉の進め方、特に希望条項五号を同盟国英国に秘匿して交渉を始めた結果、中国サイドのリークを招き外交戦で辛酸を舐めることになったためである。

本田はこの政策を全面的に擁護する論陣を張る。時の内閣総理大臣は大隈重信、外務大臣は加藤高明である。すでに触れたように、大隈とは本田が直接ものを言える間柄にあり、加藤は中国旅行を共にしたほど親しい関係にあった。本田が全力を傾けこの要求の正当性を理論づけ、説得性を持たせるべく腐心し、次に紹介する論考を練り上げたことは間違いない。

第21章で触れたように、対華二一ヵ条要求は加藤高明が本田との中国旅行を基に練り上げ[13]、一九一五（大正四）年一月一八日に北京の日置益《ひおきえき》公使を通じて袁世凱に提示したものである。本田がこの論考を米国宛てに発送したのは同年五月五日であり、この時点で当初の要求提示からすでに三ヶ月半が経過していた。この間、日本政府は二五回にわたる会議を開催、同時に関係各国への根回しをしつつ中国当局と折衝を重ねていた。次は冒頭に付された投稿先雑誌編集者一同による本田論文の解説である。

> 以下の日中の交渉に関する重要かつ啓発的な論述は、本田博士が〔一九一五年〕五月五日付で東京から郵送してきたものである。博士が書いている通り、この日は「日本の修正案〔四月二六日提示〕を中国が〔五月一日〕拒絶したことを受けて、北京に最後通牒を送る直前」に当たった。この記事が書かれた後、中国は日本が必須と考える要求〔要求事項の一号から四号〕は受け入れたが、その他の要求〔希望条項の五号〕は今後の討議事項とした[14]。

ここで対華二一ヵ条要求の詳細に立ち入る紙幅はないが、同要求は一号から五号[15]で構成されており、最後までもめたのが五号であった。この本田の論考が掲載されたのは七月であり、両国間ですでに決着していたため、編集者一同は解説で「その他の要求〔希望条項の五号〕は今後の討議事項とした」とその交渉の結末にまで言及している。しかしこの表現はいささか正確性を欠いている。なぜなら日本が中国に提示した最後通牒ですでに五号は削除されており、日本サイドに再交渉の思惑はあったとしても、もはや両国が合意した「今後の討議事項」とは言えなかったからである。この本田論文が発送された二日後、日本政府は五号を削除した最後通牒を正式に提示し、さらにその二日後、すなわち九日、中国はこの最後通牒を受諾したのである。

本田が「北京に最後通牒を送る直前」と記したように、この本田論文の発送日は、対華二一ヵ条要求の外交交渉のタイム・テーブルにおいて極めて重要な日であった。実は前日の深夜、喧々諤々の閣議の最中に英国から五号の削除を求める電報が届き、ただでさえ長引いていたこの日の閣議は紛糾、翌日の明け方まで続けられた。そして五号削除の方針が決定されたのは五日の早朝になった。本田はこの日本政府の最終方針決定を受け、自身の書いた論文を発送したのである。

当然、本田は自身の論調とこの政府方針が齟齬を来さないよう細心の注意を払ったに違いない。本田は外務省嘱託として外務省の動向を逐一把握できる立場にあった。外務省情報部の【稟議書一】の欄外に、本田のイニシャルが書き込まれていたことを想起されたい。

本田は論述のスタイルとして、一から五号に至る要求内容を事細かに論じるのではなく、中国での各国の角逐の歴史とパワー・ポリテックスが渦巻く現状分析の論述から入り、そこから隣国である日本こそ他国である西洋列強に優越性を有するとの結論を導き出し、それを論拠に対中要求の正当性を論じてゆく。端的に言えば、いわゆる「アジア・モンロー主義」(16)に対中要求の論拠を求めた。

中国に外国貿易への道を開いたのは大英帝国であり、その後、同様に日本を長い鎖国から目覚めさせたのはアメリカ合衆国であった。長江〔揚子江〕での日本とドイツの角逐が重要性を帯びる以前は、中国貿易の太宗は英国の手中にあった。後に日英同盟が結ばれたのはインドと日本双方の安全を脅かすロシアの中国進出を牽制するのが主な目的であった。今や島国帝国である日英は、南洋、太平洋、インド洋からドイツを駆逐するため、世界戦争〔第一次世界大戦〕の一環として共に戦っている。(17)

まず冒頭で、一九〇二〔明治三五〕年の日英同盟の締結が「ロシアの中国進出を牽制するのが主な目的であった」こと、その攻守同盟の趣旨に則って、現在「日英は、南洋、太平洋、インド洋からドイツを駆逐するため、世界戦争の一環として共に戦っている」ことが語られる。日本が参戦に至るまでの英国とのやり取りについては次章で触れるが、一九一四〔大正三〕年七月二八日の第一次世界大戦勃発の翌月二三日、日本は英国の要請に基づき参戦し、一〇月一四日には赤道以北のドイツ領南洋諸島を、翌月七日には青島を手中に収めていた。「共に戦っている」とはこれらのことを指している。

次に本田は中国での西洋列強の角逐の歴史に筆を進め、日清戦争後の三国干渉で日本が日清戦争で清国から割譲を受けた遼東半島を返還せざるを得なかったこと、そして日本のこの返還が「ロシア、ドイツ、フランス、そして英国が中国の領土を占領、または「租借」する結果になった(18)」こと、中国進出の遅れた米国はノックス〔Philander Chase Knox〕国務長官が鉄道中立化構想を提示して「中国に加担したが、その結果、以前ライバル関係にあった日本とロシアは、結局満州と蒙古で手を結び、両者の関係はより強固〔一九一〇年の第二回日露協約〕なものになった(19)」ことが語られる。そして本田は中国での列強角逐の歴史を次のように総括する。

日清戦争と日露戦争は日本が欧州の支配や領有から台湾、朝鮮、満州を守る結果になった。一九〇〇年の義和団の乱では日本は西欧列強の側で戦ったが、日本が最も注力したのは中国の分割を阻止することであった。一九一四年の青島攻撃の英国との共同作戦は、日本に関する限りドイツの政治力を中国から一掃することを目的とした。極東の島国帝国日本がこうした四回にわたる高価な代償を払って戦争〔日清戦争、日露戦争、北清事変、第一次世界大戦〕を遂行した上は、その隣国の大陸国家〔中国〕が暗愚で非効率で手に余る状態にあるので、日本自身が可能な限り大きな影響力を持つべき資格があると考えるのは自然な成り行きである。それは現在独立しているアジアの一部地域〔中国〕をアジア人のために保全するのであり、侵略者が東洋の国であれ西洋の国であれ、中国が将来その侵略者に対抗するだけの十分な力を持つに至るまで、今後起こり得る侵犯を責任を持って阻止しようとすることなのだ。[20]

こう本田は角逐の歴史を総括した上で、「現在独立しているアジアの一部地域をアジア人のために保全する」ことこそ、アジアの守護者として日本がなすべきことだと主張する。近代化の遅れた中国を列強の侵略から守ることができるのはアジアで唯一西洋列強に対抗する力を持つ日本だけである。日本にはそれだけの重責があると主張する。そして、この重責を日本が担わねばならない理由を、列強角逐の詳細を分析しつつ敷衍してゆく。

日本の中国への要求は、かかる考えに基づき一九一五年一月一八日提出された。中国政府は複数の条項を拒絶したが、それらは中国の主権を制限するか、あるいは列強の既得権益を犯すというのがその理由だった。考えてみれば列強は領土保全と機会均等を以前から尊重してきたのではなかったか？ しかし実際は、例えば外蒙古は名目上も実質上も、中国よりはむしろロシアが統治しているではないか？ チベットを、ロシア、中国、インドの実質的な緩衝国に貶めているのは大英帝国ではないか？ 長江ではロシア、ドイツ、フランス、米国が権益を得ているが、そこは本来英国の勢力範囲ではなかったのか？ 一方英国自身も華北に鉄道やその権益を持つが、そこは南満州及び東蒙古の日本の勢力範囲ないし隣接する地域ではなかったか？ アメリカ合衆国を除いて「利害関係」を持つ国で領土保全の原則を実際のところ真摯に順守している国など一つもない。その例外であるはずの米国でさえ、その企業は中国と種々の契約を結んでおり、その中には一定の分野で一定の期間、実質的に独占権を持つ場合があり、また他の契約では日本の影響下にある福建でドックや武器庫を修理ないし建設することが認められている。勢力範囲の理論は門戸開放と機会均等の理念とは相容れない。その結果角逐する列強は常に互いを非難し、その都度自己に都合の良い原理に基づいて中国に対しその欲するところを要求することになる。従ってこの状況の核心は、自身の運命が中国の命運によって決定され、これ以上の中国への侵略を阻止せざるを得ず、また実際に阻止できる能力を持つ唯一の国家〔日本〕こそが、二つのアジア国家〔中国・日本〕が共に持つ敵愾心に、他のいかなる国家もあえて挑戦し得ないような確固たる地位を中国に築くべきだという点にある。[21]

こう本田は角逐の現状を捉え「勢力範囲の理論」（一定の地域での列強の影響力を勘案して利害を調整する考え方）に頼る現状では、いたずらに列強の利害が対立するばかりで中国の門戸開放と機会均等の目的は果たされない。それゆえ中国の領土を保全するには、西洋列強と立ち位置が異なり中国と運命共同体の関係にありかつ列強に対抗する力のある日本こそが、中国に圧倒的な影響力を行使する地位に立ち、中国を守る以外ないと主張するのである。そして米国の言う門戸開放と機会均等は、この日本が主体となって中国を指導する時初めて実現すると。

海外の批評家に喚起を促したいのは、中国の独立を願う皆の思いとは裏腹に、中国はこれまで一度として独立国として扱われたことはないし、「勢力範囲」の要求が実際に取り下げられたこともないのである。このような事態は機会均等の原則とは全く相容れない。英国、フランス、ロシア、ドイツ、日本は皆、様々の口実や事情を理由に、中国の領土を大小様々ではあるが切り取っている。これらの列強とアメリカ合衆国はいわゆる外交特権の名の下に、中国の領土に自国の軍隊を駐留させ、自国の通貨を流通させ、自国の郵便制度を保持している。また海関〔税関〕もすべて外国の支配の下にある。中国人の希望は聞かず、中国の存在が各国の間で保障されているとは奇妙なことだ！（中略）平たく言えば、現在の取り決め〔二一ヵ条要求〕は中国に日本との実質的な同盟を強いるものだ。しかしその結果、一方〔日本〕の戦闘力という資源と他方〔中国〕の自然資源とが相俟って双方に利益が生まれ、自衛も可能となり、商業上の門戸開放と経済上の機会均等とが世界にとって確かなものとなる。[22]

二一ヵ条要求によって日本と中国は実質的な同盟関係（日本を盟主とする形ではあるが）となる。そうなれば「商業上の門戸開放と経済上の機会均等とが世界にとって確かなものとなる」と本田は言う。つまり日本が中国の盟主となることによって、各国に中国は開かれ、中国での各国の機会均等が保障されるとの主張である。もっともこれには、盟主となった日本が極めて公平無私となり、権益を独占することなく、真の意味で他の列強に中国を開放し、自由な貿易をさせる前提がなければ、実現しないことは言うまでもない。

もし中国が西欧列強の支援を得て日本を拒絶し続けるなら、国全体に混乱が生じることは必至である。日本は自身の生命と独立を守るためその混乱を防がねばならないからだ。そうしなければ極東の運命はアフリカ大陸の二の舞、すなわちヨーロッパ列強の力関係をそのまま反映した出先機関と化してしまう。それにアメリカ合衆国の人々は、まさに二〇世紀的なこの問題に同情的な感情を持つに違いない。アメリカ国民の先祖は母国〔英国〕からの政治的・精神的独立のために戦った経緯があり、これは二〇年前の日清戦争〔日本は日清戦争の目的を朝鮮の清国からの独立のためとした〕と見事に呼応している。最初の諸州が年月をかけ領土と力を加えた結果、連邦政府は十分な力を得たと判断しアメリカ大陸へのヨーロッパのさらなる影響力行使を完全に排除するためモンロー主義を宣言したのだ。今や米国はメキシコを意のままにできるのであり、議会正常化に向けて直近の機会を利用させようが、米国の影響下に置こうが、他国や他の大陸から干渉を受けることはない。

遂に日本が極東で優越的地位を事実上要求する時がきた。そして同時に、限りなく解決困難な中国問題がこれを最後に決着するのだ。[23]

日本は米国と同じことをアジアの地で行おうとしているにすぎない。日本がアジアの盟主となり混乱にある中国を指導勉励する。それこそが西洋列強から中国を守り、また日本を守り、ひいては機会均等のルールに則り世界に中国を開放することになるとの主張である。「アジア・モンロー主義」という言葉こそ用いていないが、本田の主張の論拠はまさにこの一点に尽きると言えよう。

本田は決して中国人を卑下していたのではない。第9章で清国留学生教育を扱ったが、この時本田は「偉大な儒者孔子の国で生まれた彼等を、どうして尊敬しないでいられるだろうか。儒教の理論と古典文学には、私より遙かに通暁しているのだ！」と、中国人学生への尊敬の念を表明していたことに触れた。加えて本田はクリスチャンである。しかも動物は言うに及ばず植物にまで愛憐を説く人物である。人種の平等は本田の信念であり、他国民を貶めて考えるなどあり得ないことであった。しかしパワー・ポリティックスが跋扈し、植民地が実在する当時の世界では、先進国が未発達の国家を指導し導くのは理とされた。

新渡戸稲造も一九一九（大正八）年一二月一七日ロンドンの日本協会で、日本が併合した朝鮮を念頭に置いて「謙虚さをもって、しかし確信を持って言えることは、日本は極東の向上という大仕事を任せられた執事なのである」[24]と発言している。これが当時の国家と国家を律する当然のルールであった。この本田の主張を読むとき、いかに人類愛、博愛に篤い本田にあっても、自身の属する時代の思潮から逃れることはできなかった事実に、いまさらながら気づかされるのである。

そして、この本田をはじめとして当時の人々が主張した「アジア・モンロー主義」は、太平洋戦争の勃発に至るまで日本の多くの外交関係者が繰り返し唱えてゆく言説となる。一九三一(昭和六)年の満州事変、翌年の傀儡国家満州国の樹立、一九三三(昭和八)年の国際連盟脱退を経た日本は、一九三七(昭和一二)年から日中戦争に突入する。いかに中国の独立確保が目的であると謳おうが、日本が中国に排他的権益を確保しようと行動していることは、もはや糊塗できない事実であった。それにもかかわらず、日本はこの主張を繰り返してゆく。

元海軍大将で学習院院長だった野村吉三郎は、南京陥落の前日、すなわち一九三七(昭和一二)年一二月一二日に開かれた日米協会[25]の会合で、次のように日本の立場を闡明した。

今米国で、日本も日本人も嫌われていることはわかっています。それでも日本は開国以来常に米国を最良の友としてきたのです。

しかし、あの有名な宣言をモンロー大統領が発した時代に、貴国がどのような状況に置かれていたか思い起してほしいのです。

今の日本はその状況に酷似しています。日本はこの世界の片隅で、地域の安定に寄与したいと腐心していますが、中国の動向が懸念材料なのです。中国は列強と政治的に、特に軍事的に結びついており、日本の存立そのものが脅かされ、その結果極東の平和が乱れる恐れがあるのです。それゆえ日本は中国との良好な関係の下に共存を図り、今後いかなる列強にもこれ以上新たな陸海空軍の基地を中国の地に絶対に造らせないようにしたいのです。これこそが極めて重要な点であり、日本の切に望んでいるところです。モンロー主義、つまり善隣政策として最近有名になった汎アメリカ主義[26]は、いかなる外国勢力であれこのような基地をアメリカ合衆国の近隣に造ることを決して許さないと認識しています。

日本は歴史のある国ですが、近代的な外交の交渉には慣れていません。日本が騒ぎ立て過ぎているせいで、多くの誤解が生まれているのです[27]。

日本が中国で行っていることはかつてのモンロー主義と何ら異なるところはない。日本は米国が南北アメリカ大陸に適用しているところを、中国大陸に適用しているにすぎないのだとするこの主張は、本田の言辞と瓜二つである。言い古された言説を繰り返すしかなくなった日本に、世界を納得させる力は残されていなかった。野村は後に短命に終わった阿部信行内閣の外務大臣を経て第二次近衛文麿内閣の駐米大使となり、日米の開戦回避に苦悶しつつワシントンで日米開戦を迎えることになる。

第24章　グリーン英国大使

英国大使に対する誤解に反論

前章で「陰の外交官」とは何かを俯瞰し、それが「内外の雑誌・新聞への寄稿」「本邦に在住する外国人への啓発」「本邦に渡来する外国人への啓発」であることを見た。そして「内外の雑誌・新聞への寄稿」の実例として外交論文一編を対象に、その内容を検討した。本章では「本邦に在住する外国人への啓発」の一例としてグリーン英国大使(Sir William Conyngham Greene)との接触を取り上げたい。日本郵船北野丸の船上で始まった大使一家との交流は、六年の長きに及ぶことになるが、この間本田と大使並びに同一家との間にいかなるやりとりがあったのか。その実態に迫りたい。

唐突であるが、ここで一九一九(大正八)年四月五日に目を転じる。この日グリーン大使は日本での任を終え、カナダ経由で帰英の旅に発つ。『時事新報』は前日四日夕刊の紙面を割いてこれを報じた。実はこの記事に対し本田増次郎が激怒する。本田の怒りを買うことになった記事は次の通りである。

花に来て花に……故国へ帰る英大使――五日午後三時ロシア号で横浜を

帰国の上は再び官界に出ないと云う

七年前《ぜん》に英国大使館前の千鳥ヶ淵が桜花で飾られた頃赴任した英国大使グリーン氏は、今を盛りと咲き匂う桜花と別れて、明五日午前九時四十五分東京駅発汽車で、夫人令嬢を伴って故国へ帰る事となった。「花に来て花に帰る」と、今日此頃グリーン氏が口癖にして居ると云う事である。グリーン氏は沈黙の人――寧ろ小胆な質《たち》で、自身が公職にあると云う責任を大事に思ってか、七年の其間新聞記者を始め、日本の政治家に対しても却々《なかなか》寛《くつろ》ぎはしなかった。従って此の永い間日本に居ても胸襟を開いて語る友人は遂に一人も出来なかったと云う事である。永久に日本を去るに当っても、面会謝絶の一天張りで怎《ど》うしても会わない――グリーン氏は遂に日本人に親しむ事の出来なかった人である。福岡書記官は「明日《みょうにち》の午後三時にロシア号で横浜を出帆するのですが、国への土産としては紫檀の器具や、美術品等を集めた様ですが、然《しか》し高価なものは一つもありません。国には海軍属のバリントン（卅一）と飛行将校のゼフリー（廿六）の二人の息子があります。帰国の上はロンドンに住《すま》って官界へは出ない相《そう》です。後任大使は定《き》まりませんが、当分の内《うち》北京の参事官であったホルストン氏が代理大使となります。大使の帰国に当っても、館員に対して送別の宴などは催されません。我外交官としては至って貧しい一家です」と語った。[1]

そもそも大使が日本に到着したのは、すでに触れたように六年前の三月五日である。三月初めに千鳥ヶ淵に桜が咲いていているはずがない。にもかかわらず本文中には、「千鳥ケ淵が桜花で飾られた頃赴任した」としている。帰任の現在が春たけなわであることから着想して、来日時も桜が咲いていたと、かなり強引な脚色をしたのであろう。表題も「花に来て花に……故国へ帰る英大使」と美文調である。ところがこれらの明るい長閑な情景を彷彿とさせる記述に続く内容は、大使に対する悪口雑言の羅列である。大使は気が小さい、人付き合いが悪い、腹を割って話せる日本人の友人もいないと続く。大使に対して悪感情を抱いた新聞記者が意図的に悪

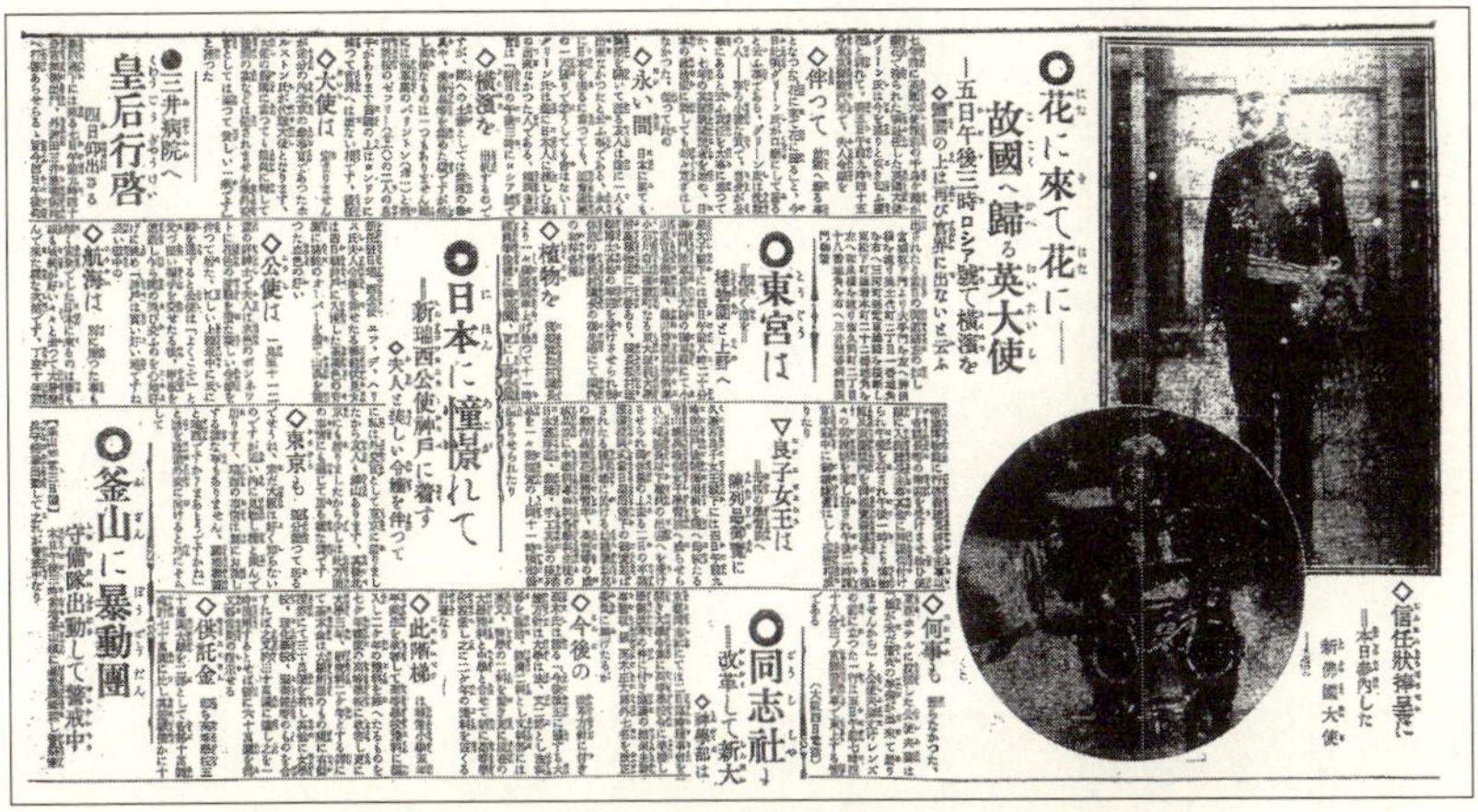

本田の怒りを買った2つの記事(『時事新報』1919年4月4日夕刊)

口を書いたのではないかと疑いたくなるような内容である。

実は本田はこの記事を掲載した『時事新報』に「離任せるグリーン大使[2]」と題した、大使側の諸事情を記した一文を書き投稿していた。しかしその記事が同社に到着したのは、この「花に来て花に」の記事が掲載された日の翌朝であった。『時事新報』は早速到着翌日六日の朝刊に本田のこの寄稿記事を掲載するが、時すでに遅しである。

憤懣やるかたない本田は八日 "Sir Conyngham Greene and Japan"[3](「カニンガム・グリーン卿と日本」)と題した記事を書き上げ、『ヘラルド・オブ・エイシア』に寄稿する。それは一二日の掲載となったが、その一文は本田と大使一家との交流の実態を解明する上で極めて有用なので、次に解説を挟みながら全文を訳出紹介しよう。

寄稿

カニンガム・グリーン卿と日本

『ヘラルド・オブ・エイシア』編集長殿

各位　カニンガム・グリーン卿、夫人それに令嬢の「日本人最初の友」として――かかる表現をしたのは、彼らが私を大使一家の英国の友人や同僚の外交官に紹介してくれ、また、我々が初めて知り合ったのは一家が日本に到着する以前、つまり一九一三年二月、コロンボから航海中だった北野丸の船上だったからである――それゆえ、今月五日、カナダ経由英国に向け出航した英国大使並びにそのご家族について私が知っていることを、貴誌読者諸氏に述べることをお許し頂けると思う。

本田はこう述べて、自身が大使一家を相識ったのが大使の日本着任以前からだったこと、また、大使にその友人等を紹介してもらうほど親しい関係にあったことを強調して文を始める。

大使一家が永久に日本を去った今、また、一部の日本人や外国人の知己達の間で、グリーン大使一家が日本での滞在を心から楽しんでいたわけではないとの噂が広まっているがゆえに、私は大使一家のためにいつでも率直にものの言える「日本人最後の友」となって、大使一家がその赴任した土地の美点のみに思いを馳せることができなかったとすれば、それは日本の風土の過酷さと大戦〔第一次世界大戦〕の重荷がそうさせたのだと、ここで素直に認めておきたいと思う。

本田は世間の噂どおり大使一家が日本の生活を楽しめなかったことが事実であることを正直に認める。そしてその理由を「日本の風土の過酷さと大戦の重荷」に求め、続けてその詳細を説明してゆく。

私は一家が出発する日、『時事新報』に寄稿〔「離任せるグリーン大使」〕したが、その中で述べたように[4]、グリーン夫妻が日本にやって来たのは、英国に引退する直前に大英帝国の同盟国で最後の公職を平和裡に過ごすためであって、すでに諸外国で長年にわたり任務に従事された後だったのである。

大使が日本駐箚特命全権大使兼総領事の発令を受けたのは一九一二（大正元）年一二月一日、この時大使はすでに五八歳であった。これは日本での仕事が、大使の長年の外交官としての労苦に報いるため、英国政府が用意した最後の仕事であることを意味した。なぜなら日本は同盟国であり、両国間で問題が発生することは、通常ならあり得ないからである。

しかし神は別の道を用意された。一家が新しい環境に慣れるべく努力しつつあった一年半が経つか経たないうちに大戦が勃発し、三年目の賜暇帰休も不可能となった。五年目が終わろうとしてもまだ大戦は続いており、もちろん任務に忠実である限りその最中に辞任や退任ができるはずもなかった。我が国の気候が大使一家の健康の脅威となり、かつて大使自身重篤な病に臥されていたことは私の知るところである。しかし、それにもまして大戦に関係した職務や不安の方が遥かに重荷となったのであり、しかもそれは必ずしも自国英国や英国政府の責任というわけではなかった。おそらく大使にとって一番耐え難かったのは、日本の一部新聞記者から受けた日英同盟に関する厳しい批判ではなかったか。中国での戦争に関する政策で自国が過ちを犯したことを、同盟国英国自身がはっきりと認めて以降、特にそうであった。しかし、私が最後に東京で大使と話した時、大使はそのことでさえ過去のことでありごく「内輪のこと」だと一笑に付された。そして、平和会議〔この時開催中のパリ講和会議〕で必ずや日本が賢明な決定を下し、戦争を共に戦った同士である欧州や米国と平和のために協調するよう、心から希望すると付け加えられただけだった。[5]

第一次世界大戦の勃発により三年の賜暇休暇はとれない、当初予定されていた任期の五年が過ぎてもリタイアできない。その上日本の高温多湿な気候が大使の健康に追い打ちをかける。さらに大使の精神的重荷となったのは日本の新聞による日英同盟批判であると、畳みかけるように、本田は大使の代弁者として懸命にその事情を訴える。

大使は一度ならず、大英帝国は大戦後も日本との同盟を継続し、それを日清「協約」[6]と日米友好のためのいわば緩衝材にしたいと考えていると私に語ったものだ。日本の一部の新聞記者が米国や中国やシベリアの米国人に取材に向かうと、大使は決まって事態を憂慮されるようで、日本と、英国、米国及び中国との関係、いやむしろ現在の敵国以外の国すべてとの関係に悪い影響が及ばなければよいがと、率直に懸念を表明された。

日本の記者が、米国本土はもちろんのこと、中国やシベリアといった日米の利害が対立している現地に行って、自身の利権を声高に主張する米国人に取材し、センセーショナルな書き方をされると、日米の対立がことさら強調され協力関係にひびが入るのではないか。日英同盟を基軸として日本が諸外国と友好を保てるよう腐心している大使であるからこそ、かかる心配もするのだと本田は言う。

大使が次のように言われたことも、またそう考えておられることも、おそらくないと思うが、今や日英同盟なしでも十分やっていけるとの考え方が日本政府の一部にあることに、日本在住の英国人の中には危惧の念を抱く人もある。彼等がかかる懸念を抱くようになったのは、明らかに最近のパリと東京間のやりとりに起因している。[7]私は過去、現在、未来にわたって日本が英国と同盟を結ぶことが不可欠だと信じる者であるから、外交上の事をなし、また発言をする場合は、何度も繰り返された決まり文句「日英同盟は帝国外交の骨髄たり」を決して忘れてはならないと、官界、民間人を問わず自国民に忠告している。たとえば徴兵制や人種差別の廃止についていえば、英国はいかなる具体的な措置を行うにしても、その措置を講じる前に目配りしなければならない地域を最も広範に抱えている。英国はまず最初に進んで同盟国である日本の希望は尊重するだろうが、大英帝国自身や親密な大国との良好な関係を混乱に貶める危険を冒してまで日本を支持してくれると、我々が期待してならないのは当然だ。

本田がこの記事を書いた時、すでにパリ講和会議は始まっており諸問題の討議が進行中であった。日本が特に力を注いだのは、山東半島並びに南洋諸島のドイツ権益の継承と人種平等条項の国際連盟規約への挿入であった。このうち山東のドイツ権益については、第一次世界大戦中の英国等との密約もあり、日本の主張は認められてゆく。ところが、人種平等条項については最後まで英国の賛同が得られなかった。それはオーストラリア連邦の強硬な反対があり、英国が賛成に踏み切れなかったためである。本田はこの広大な植民地を抱える英国の立場を、そして大使の苦しい立場を理解するよう促している。口を閉ざし世間には何も語らなかった大使に代わって、本田は自分と同じく日英同盟の有用性を理解し日本の外交に気配りする大使の弁護を、頼まれもしないのに買って出ているのである。

そして最後に、本田の怒りの矛先は新聞社の経営者や編集者に向かう。

最後に新聞社の社主や編集者に一言申し上げたい。それは経験浅い若手記者が外務大臣や大使に「インタビュー」を強要し、馬鹿げた質問をしないよう指導して頂きたいということだ。実際のところ、いかなる国の外交上の代表者であれ、見知らぬ「インタビュアー」を信頼の置ける友人のごとく受け入れてはならないと訓令を受けている。我が国に到着した欧州の一公使が、日本が初めてでまだ何も見てもいないのに、日本に恋していると書き立てるとは常識外も甚だしい！　たとえ日刊紙の「社会」面であれ、懸命に働いた六年間にあって大使には我が国に真の友人がいなかったと書くなど、外交上の礼儀を欠くにもほどがある！　ただ余りに忙しく帰国の直前まで記者に会う時間がなかっただけなのだ。

敬具

本田増次郎

大森　大正八年四月八日

「我が国に到着した欧州の一公使が、日本が初めてでまだ何も見てもいないのに、日本に恋していると書き立てるとは常識外も甚だしい！」と本田が怒りを向けたもう一つの記事は、『時事新報』の「花に来て花に……故国へ帰る英大使」と同紙面の左側に掲載された「日本に憧《あこが》憬れて＝新瑞西《スイッツル》公使神戸に着す」(8)との、スイス公使が神戸へ到着したことを報じた記事である。

もっとも注意して読めば、スイス公使は「丁度十年前《ぜん》に私は外交官として東京に居りましたから友人も沢山あります」(9)とあり、「日本が初めてでまだ何も見てもいないのに」との記述は本田の誤解以外の何ものでもないのであるが、本田からすれば同一紙面に怒りを買う記事がよりによって二本も並んでしまったのである。「花に来て花に」と「日本に憧憬れて」の二つの記事の相乗効果で本田は怒りを倍加させた。

もとより大使の真の友人だと自負する本田である。大使に関して「永い間日本に居ても胸襟を開いて語る友人は遂に一人も出来なかった」と書かれては、居てもたってもいられない気持ちになったのであろう。その結果怒りはかかる記事を書いた新聞記者(10)と、それを書かせた社主や編集者に向かったのだと思われる。

大使一家との親密な交流

これほど本田が熱くなった事実こそが、本田と大使の親密さが並大抵のものではなかったことを示唆している。二人の間には確固たる信頼関係があり、胸襟を開いて話のできる関係があったと推測される。そしてその親密さはただ単に外交問題のやりとりを介して生まれたものではない。そこには六年間にわたる日常の交流の積み重ねがあり、その中で確かな信頼関係が醸成されていったのである。それを示す資料が残されている。大使が本田に宛てた三通の連絡箋で、[11] いずれも英国大使館の用箋に書かれている。封筒が残されておらず連絡箋のみだったため年代は当初不明であったが、日付と曜日そして大使の在任期間が手掛かりとなり、一九一五(大正四)年であることが判明した。[12]

【一〇月四日(月)付連絡箋】

明日、火曜日午後一時に昼食をご一緒していただけませんでしょうか。お借りしていた本をお返しします。

心より感謝の意を込めて

カニンガム・グリーン　一〇月四日

【一〇月二二日(金)付連絡箋】

私と上の娘は明日日光に発ちますが、妻のリリー〔Lady Lily Greene〕と下の娘は日曜に行われる柔道の模範試合を大層見たがっています。もちろんあなたが話題にされていた試合の招待状を送ってくだされば話ですが。大使館の他の人達にも伝えておきます。また、会場の住所を連絡して下さることも言っておきます。

一〇月二二日　カニンガム・グリーン

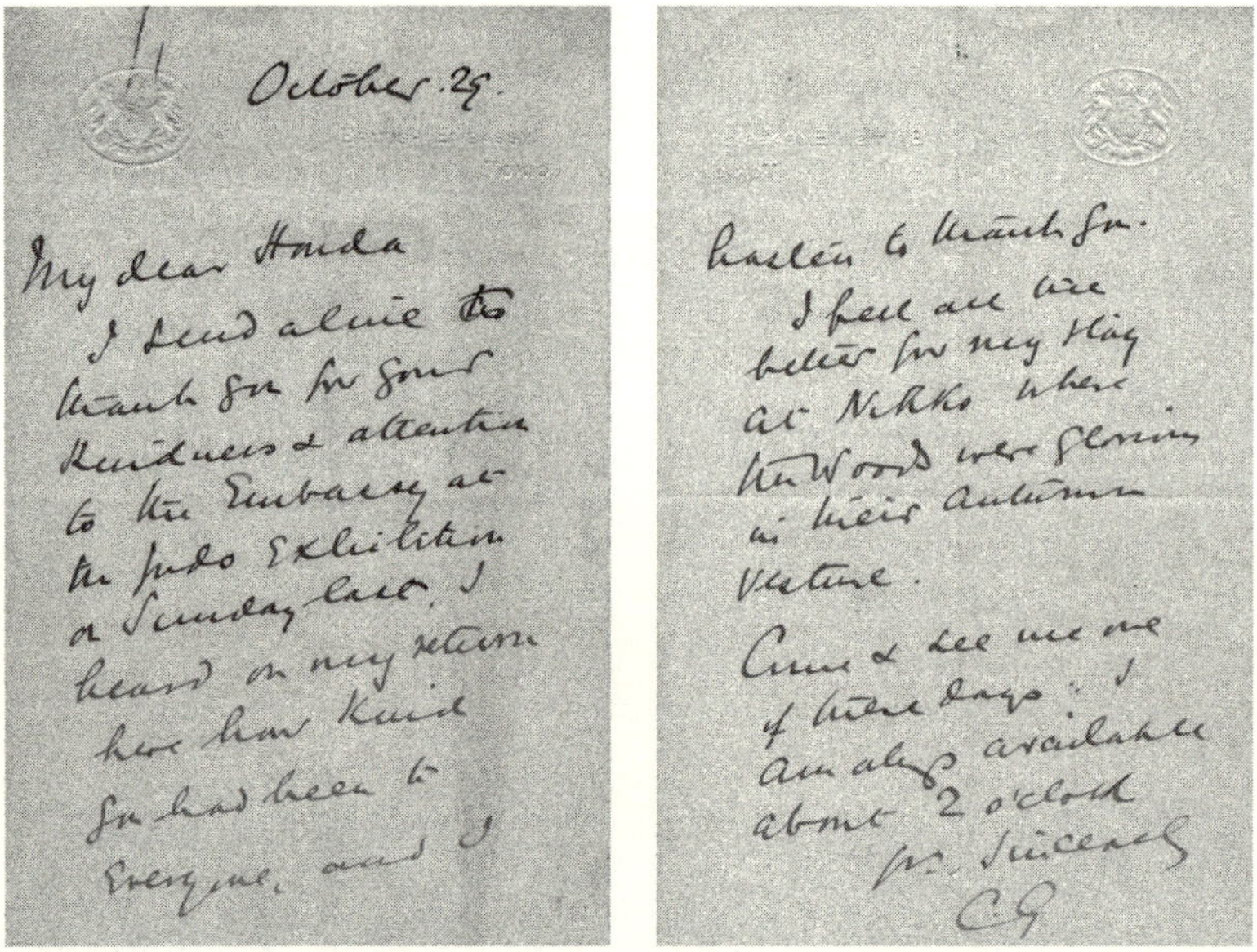

October 29.

My dear Honda
I send a line to thank you for your kindness & attention to the Embassy at the Judo Exhibition on Sunday last. I heard on my return here how kind you had been to everyone, and I hasten to thank you.
I feel all the better for my stay at Nikko where the woods were glorious in their autumn vesture.
Come & see me one of these days: I am always available about 2 o'clock
yrs sincerely
C.G.

1915年10月29日付本田宛グリーン英国大使連絡箋

【一〇月二九日（金）付連絡箋】

一〇月二九日

本田様　この前の日曜〔一〇月二四日〕に行われた柔道の模範試合に関するご配慮と大使館へのお心使いに対し感謝申し上げます。ここへの帰り道、あなたが皆にいかに親切にしてくださったかを知り、取り敢えず一筆お礼申し上げる次第です。日光では木々が秋の衣を纏い輝いており滞在中気分は最高でした。近日中に会いに来て下さい。二時頃なら何時でも構いません。

心より感謝の意を込めて

カニンガム・グリーン

これらの連絡箋は大使着任後二年半が経過した時点での交流の一端を示している。本田と大使一家との付き合いは、この時点で食事を共にし本を貸し借りする親密な関係に発展していた。推測も含めて、三通の連絡箋からやりとりの流れを要約すれば次のようになる。

一〇月四日㈪の連絡箋で大使は、翌日五日㈫の昼食に本田を招待する。おそらく本田はその招待を受け、火曜に大使館へ行き大使に貸していた本の返却を受ける。そしてその時本田は二四日㈰に講道館で演じられる柔道の模範試合のことを話題にする。その話を聞いた大使夫人と次女はその見学を希望する。そこで大使は長女と日光へ発つ前日二二日㈮の連絡箋で、二人分の招待状と大使館員の分を本田に依頼する。そして大使と長女は予定通り二三日㈯に日光へ発つ。一方、大使夫人、次女、加えて幾人かの大使館員は二四日㈰に本田の案内で講道館で試合を観戦する。そして日光で五日間を過ごし東京に戻って来た大使は、二九日㈮の連絡箋で、大使夫人達を本田が歓待してくれたことに感謝の意を表すとともに本田に再訪を促す。

今一つ、彼等の交流を示す資料がある。「松村みね子様へ」と題した本田が『英語青年』に書いた一九一八(大正七)年一月一日付の記事である。内容は、アイルランドの劇作家シング(John Millington Synge)の *The Playboy of the Western World* の訳書『いたづらもの』(発刊は前年六月)の巻末に、訳者の松村みね子(片山広子)が記した疑問点について、その後判明した点を誌上に報じたものである。

拝啓『いたづらもの』御出版以来既に半歳を過ぎ候ところ、巻末に御掲げなされ候 Irishism〈アイルランド方言〉に関する疑点につき、今日まで専攻家の意見発表これなき様子にて遺憾の事と存じ候。小生は門外漢にて何等御助けを致すべき資格もなく候処、既に間接に御相談なされ候事もこれ有り候 Lady Lily Greene にお願い致し、大要次の如き御親切なる示教を得候につき御知らせ申上候。(13)

こう前置きを述べ、続いて本田は判明した諸点と依然不明な諸点とを順次述べてゆく。文中にある「既に間接に御相談なされ候事もこれ有り候 Lady Lily Greene」とは、松村が翻訳の過程で人を介し、アイルランド出身の大使夫人に疑問点を問い合わせた経緯があったことから、かかる表現をしたのである。松村が訳書の巻末に疑問点を列挙せざるを得なかったことを見れば、以前の大使夫人の回答が不十分だったことが窺える。そこで本田は自ら乗り出し仲介の労をとったのである。

それでも不明点は残った。本田は「自国語を知らぬは慚愧の至り」(14)としつつ、夫人と大使館のアイルランド出身の武官が、それぞれ母国の姉妹に照会をしているので、今少し待てば回答が得られるはずだと期待感を示している。今回は本田からの直接の依頼であり、夫人のみならず他の大使館関係者も親身になって対応したのであろう。

この事例から、本田と大使一家との交流が本の貸し借りや、会食といったレベルを超えて、アイルランド文学の翻訳の手助けといった文化交流的側面にまで及んでいたこともわかる。コロンボ以来育まれてきた本田と大使一家との間の親密な交際は、両者間に確たる信頼関係を築き、共に両国民の間に立って心のこもった交際ができるまでになっていたのである。

多出した外交上の諸問題

本田は大使在任期間のことを「日英同盟成立以来最もトライングなりし六ヶ年」(15)と評したが、大使の日本滞在中、確かに多くの外交上の問題が生じている。とりわけ第一次世界大戦の勃発以降は、大使の対処しなければならない事案が続発し、仕事は熾烈ともいえるレベルに達したと思われる。

一九一四(大正三)年の夏、大使一家は七月六日から日光の別荘に滞在していた。日本で迎えた二回目の夏である。すでに六月二八日ボスニアのサラエボでオーストリア＝ハンガリー帝国大公夫妻の暗殺事件が発生していたが、事を重大視する向きはなかった。ところが七月二八日に同帝国がセルビアに宣戦布告すると、ドイツが八月一日ロシアに、三日にはフランスに宣戦布告、事態は一気に緊迫する。三日、大使は急遽日光滞在を切り上げ、夕刻千鳥ヶ淵の大使館に戻る[16]。

日本がドイツに宣戦布告し第一次世界大戦に参戦するのは、この大使帰京の二〇日後になるが、そこに至るまでの日英の協議は煩雑かつ紆余曲折を極めた。

大使は戻ったその日の夜、加藤高明外相と面談するため外務省を訪問、前日の夜本国より着電した電報を示して、英国グレイ（Edward Grey）外相の判断によれば日英同盟の条項に基づく日本参戦の可能性は極めて低い旨を伝えた。ところが事態は一変する。翌四日朝、そのグレイから英国大使館に着電があり[17]、一昨日の電報とは打って変わって、英国がドイツと開戦する可能性があり、戦争が極東に波及し香港と威海衛が攻撃に晒された場合には日本に援助を求めたい旨が記されていた。大使はまず閣議中の加藤外相にその電文を届けた上で、午後外務省を訪れ打ち合わせを行う。そして事態はグレイが日本への援助要請を示唆した方向に向かう。同夜英国がドイツに宣戦布告したからである。そして七日、大使は本国からの訓令に基づき外務省を訪問、極東におけるドイツ仮装巡洋艦の捜査及び破壊に限って日本海軍の出動を要請する。

しかし事態はこれで決着しない。もともとこの戦争を天佑とし一気呵成に東洋からドイツの影響力を排除しその後釜に座りたいと考える日本と、極東では日本の力に頼らざるを得ないが新たな権益を日本に与えたくはない英国との間に、外交方針の齟齬があった。日本側は限定的な参戦はできないと主張、これを阻止したい英国は日本への参戦要請を一旦は撤回する事態にもなる。最終的には英国は日本の参戦を呑むが、日本の単独行動や広範囲の行動はしない条件での参戦となった。

二三日の日本の参戦に至るまでの二〇日間をとってもこの有様である。その後も第一次世界大戦中には、すでに触れた日本の対華二一ヵ条要求、日本艦隊の地中海派遣、ロシア革命、日本を含む列強のシベリア出兵と、一筋縄ではいかない外交問題が踵を接して起こった。これらの外交問題を日本国内で外務省を相手に、矢面に立って対応するのは大使をおいて他にはいない。どれ一つとして大使が絡まずに済む案件などなかったのである。そしてそれらには、英国本国からの訓電、日本政府への伝達、他国大使との協議等、細々とした外交手続きが付随した。

戦争という極めて重大な外交問題が発生したのである。当然、各社の記者は大使館に張り付き、大使の動きを監視する。[18]そんな折、もし大使が一言でも何か洩らそうものなら、それには尾ひれがついて、あることないことを書き立てられることは目に見えていた。大使が新聞記者に対し口を閉ざしたのも頷ける。そういった四面楚歌の状況にあって、本田は大使が心を許した数少ない日本人の一人、本田の言を借りれば「昵近者親友の一人[19]」だったのである。

おそらく『時事新報』の記事で本田が最も腹を立てたのは、「永い間日本に居ても胸襟を開いて語る友人は遂に一人も出来なかった」と「グリーン氏は遂に日本人に親しむ事の出来なかった人である」のくだりであろう。本田は日本人の中では自分こそが大使の立場や考えを最もよく理解していると自負し、大使と腹を割って話せるのは自分だけだと考えていた節がある。それゆえ本田は黙っていられなかったのである。

加えて本田が怒りを爆発させた背景には、自分が両国の外交関係を円滑に進めるため、いかに腐心してきたかを表立って言えないもどかしさや、いらだちがあったかも知れない。

要するに、外務省嘱託だった事実とこの本田の怒りの記事を併せて考えると、本田は単に大使一家と親しく交流していただけではない。次々と発生する日英間の外交上の諸問題について意見を交換しながら、大使と共に両国間に生じる懸案に心を砕いていたのである。

こうして本田は、自身が言うように、英国大使一家の「日本人最初の友」にして「日本人最後の友」となった。次章で触れるが、一九一九（大正八）年七月本田は英国南部の保養地クライストチャーチ（Christchurch）で、その時はすで退任していたグリーン元大使と再会する。

第25章　パリ講和会議

一人娘・華子の結婚

ＪＲ大森駅の山王口を出て八景坂を下り、左手のガードを潜ると、大田区大森北一丁目に出る。ここはかつての東京市外不入斗である。一九一八（大正七）年の冬、ここに本田増次郎と華子は転居し、家政婦の菅沼さとその幼い息子を加えた四人での生活が始まった。

当時の大森は海苔の養殖や海水浴場で有名だったが、本田達の借家は大森駅から海側へ数分歩いた所にあり、海水浴場に向かう京浜電気鉄道の南側に当たった。現在はこの電気鉄道の線路は跡形もなく、アーケードのある大森銀座商店街 Milpa（ミルパ）を核に、各種店舗が軒を連ねる商業地に変わっているが、当時は表通りには商店があるものの、少し入ると閑静な住宅街が広がっていた。

いわゆる田園都市が人々の注目を集め出したのは一九一〇（明治四三）年代に入った頃からである。工場の都心立地による空気の悪化が健康に悪いとの認識が広まり、新たに開発された郊外住宅地に都市住民が移り住むようになった。渋沢栄一による田園調布の開発がその端緒に着いたのも、本田が大森に転居する二年ほど前のことである。

持病に結核を持つ本田にとって清浄な海風は願ってもない薬だったし、いまだ緑豊かな自然の残っている大森は散歩をする場所にも事欠かなかった。山王の高台に登れば東京湾が一望され、海苔の養殖地や行き交う船の姿が遠望された。そして何より都心へのアクセスが良い。[1]「大森は涼風よく通り候処。東京へ行く用事なき時自宅で仕事するは楽な方に候[2]」と、本田は駒子に様子を伝えている。

本田の借家（東京府荏原郡入新井町大字不入斗字堀後三一七）は敷地が広く、建物は周囲を池で囲まれており築山があった。「下が六畳、四畳半、台所に玄関脇の六畳、上が四畳の次の間つきの八畳、という二階家[3]」だったという。動物好きの本田は犬を数匹飼い、「日当りのよい二階で冬は鉢植の花を愛で、夏は四方山の草花を庭園に植えては楽ん[4]」だ。また、林町時代と同様、毎月決まったように華子を伴い芝居見物に出向いた。

大森の山王側が住宅地として本格的に開発されるのは一九二二（大正一一）年からであり、この時梅園で有名だった八景園も住宅地として分譲される。この頃から昭和にかけて、尾崎士郎、広津和郎、室生犀星、北原白秋などの文士が移り住み、大森は馬込文士村と呼ばれるようになる。一九二一（大正一〇）年一〇月には、本田の隣家に作家の吉屋信子が引っ越してきている。[5]

華子は容姿端麗かつ理知的で皆に愛される性格だったが、二〇歳を過ぎても縁談がなかった。ところが大森へ転居した年の暮れ、華子に跡見女学校の学監跡見李子《ももこ》から山本有三との縁談が持ち込まれる。自身が乗り気で進めた山本の結婚が破綻し困り果てた母ナカが、良妻賢母の教育で定評のある跡見に息子の結婚相手の紹介を依頼したのである。華子が「文学方面の趣味もあり、字も上手に書ける、（中略）お父様の本田増次郎先生は、帝劇などにもよくいらっしゃるそうだし、劇作家とはお話も合うだろう[6]」と考え、跡見は華子に白羽の矢を立てる。華子の方は「相手が十歳も年上であり、しかも一度結婚した経験があるということに抵抗とためらいとを感じた[7]」が、自分の戸籍上の欠点（本田の認知がない）を考え合わせ結婚を決意したという。二人が最初に相まみえたのは暮れも押し迫った一二月二七日、この大森の本田邸でのことであった。その後互いの理解を深めるため交際を続け、山本は自分達が相思相愛であると確信するに至る。示し合わせもしないのに、桜田本郷町（現、西新橋一丁目）の交差点近くで偶然出会ったことも、両者が心を通わす契機となった。

結婚式は年明けの三月八日、田端の割烹料理屋天然《てんねん》自《じ》笑軒《しょうけん》で行われた。媒酌は佐伯好郎夫妻が務めた。先立つ二月二〇日、『時事新報』が二人の結婚の予定を次のように報じている。

> 新郎新婦戯曲家及舞台監督として盛名ある文学士山本有三氏（卅一）は今回本田増次郎氏の長女井岡（養家先の姓）花子嬢（廿三〔正しくは二一〕[8]）と婚約成り、来る三月上旬結婚の式を挙げる事となった。山本氏は帝大独逸文科の出身で、現在は早大文科に教鞭を採って居る。花子嬢は跡見女学校出身の才媛である。

ところが、こうして本人達をはじめ皆が良縁と信じて成立した結婚も、華燭の典のわずか一一日後に危機を迎える。山本の執筆を最優先にする文士独特の昼夜を選ばない生活に合わせることに、華子が体力的にも精神的にも疲れ果て、大森に戻ってしまったからである。

山本は結婚相手に、自分の創作活動を生活面から二四時間献身的に支えることを求めた。しかし、本田からすれば、それは一方的な奉仕、一方的な敬愛の強要と映る。嫁いで行ったのは自分の血を分けた一人娘である。本田にそれが許せるはずもなかった。理由を聞いた本田は華子に離縁を命じ、入籍せず井岡姓のままだった華子を、本田家の籍に入れるのである。[9] こうして誠に皮肉なことに、華子は初めて本田の娘として認知される。本田が華子を自分の籍に入れたのは、山本には渡さないという強い意思表示であった。

この時、すでに本田の渡欧が決まっており、落ち着いた話し合いが持てる状況にはなかった。結局華子は、大阪の白藤丈太郎の家に預けられることになる。そして四月二七日、本田はこの問題を抱えたまま、パリへ向けて出立する。

パリ渡航の真の目的

本田の渡仏は、国際新聞協会執行委員の資格で、各国通信員の活動状況を視察する形をとった。

講和期欧行日誌

本田増次郎

東より東へ急ぐ旅

仏国に於ける講和会議には外交官政治家通信員（correspondents）の真うちが世界各国から聚って居る。如何に講和難が海底電線（cable wires）を白熱化する程報道せらるればとて、今頃になって前座の民間外交子、独立の操觚者（unattached journalist）が駆けつけたとて、行悩みの外交はやはり行悩みで、各国主張の衝突も多数主義（Bolshevism）の天下横溢も日本男児一人の力では何とも致し方がない。しかし又局面転回何時うまく事がはか取って、四月下旬に極東を出発したものが巴里に着かぬ中に平和の新世界がもう生れて居ないとも限らぬ。自分は東京なる国際新聞協会執行委員の一人（a member of the Executive Committee of the International Press Association, Tokyo）であるから、独探〔ドイツのスパイ〕でも英米探でもない旗印にこれを押立てて旅行券（passport）をもらい、講和期に於る各国通信者の活動を見物に行くのである。彼等は日本通信員の或ものの如く自国政府の攻撃を売物にする心で、所謂新聞販売策（newspaper selling policy）としての黄色主義（yellow journalism）を実行して居るか。彼等の中には政党本位の者があって、善悪ともに国家又は世界の大局から事物を観察せぬような事はないか。更に又自国中心主義を奉じて聯合与国はどうなろうと、自国全権の主張要求は理でも非でも通過させようとする者はないか。こんな点は遠方から一寸判り兼ねるから行って見て来たいのだ。が、外にも其場所（on the spot）でなくては見えぬ事柄がある。世界の新聞界通信社（journalism and press agencies）は今尚お戦時に於ける覚悟を維持して、挙国一致で敵方を屈伏させせよう、身方に名誉利益あれ、と祈って居るか。或は営利事業の本性に立戻って、政府、人民、世界を単純なる新聞種供給（news-supply）者と認めて居はしないか。更に立入って皮肉な観察を下して見たら、講和難が成るべく長く続けばよい、も一度戦争の新奇蒔直しなら一層面白い、独逸との単独講和で打切り、あとの一般平和問題（such as a League of Nations or the Abolition of Discrimination）は Washington or Hague でゆるりと議してもらっても新聞通信万歳だ、などと思って居る不埒者は一人もないであろうか。斯うい う事は見ても見えず尋ねてもらえず、まあ談笑の間に感知する位の所であろう。いや面白い世の中だ。いざ再び米大陸の地を踏んで四たび(10)仏国の風物に接せんかな。(11)

本田は冒頭で自身を「民間外交子、独立の操觚者」としているが、本田は外務省の嘱託として広報外交に従事しているのである。「民間」、「独立」の表現は実態を正しく表しているとは言い難い。外務省との関係を伏せて活動している以上、かかる表現をせざるを得なかったのであろう。もっともここに書かれた渡航の目的が、各国新聞記者の動向の把握だというのは、これはこれで一面の真理ではあろうが、国際新聞協会自体外務省の息のかかった親睦団体であり、本田が外務省の命を受け赴いたことは間違いない。本田渡欧の目的には、各国新聞報道の取材以外の使命もあったように思われる。

本田がパリに到着した六月八日からベルサイユ宮殿鏡の間で条約が締結される二八日までの二一日間を中心に、本田がどのように行動したかを確認してみよう。本田が『英語青年』に宛てた紀行文（連載七七回）を基に、本田の滞在場所などと面談者をまとめると次頁の表のようになる。

次席全権牧野伸顕《のぶあき》のパリ到着が一月一二日、会議の第一回全体会議が開かれたのは同月一八日、首席全権西園寺公望のパリ到着は三月二日である。「四月下旬に極東を出発したものが巴里に着かぬ中に平和の新世界がもう生れて居ないとも限らぬ」と本田も認めているように、講和会議報道関連の取材が主な目的であれば、少なくとも会議の開始直後にはパリに到着していないとおかしい。ところが本田の到着は牧野に五ヶ月、西園寺に三ヶ月遅れ、条約締結の二〇日前である。これでパリ講和会議関連の取材が十分にできるとは到底思えない。また、本田は原敬首相が機密費で雇った通訳だとの説[12]もあるが、そもそも本田は機密費で雇われている外務省嘱託であるから、わざわざ原の名前まで出して機密費で雇う理由がない。それに本田が通訳であるなら会議の当初からパリに滞在していないと意味がない。この説は、本田が英語のプロフェッショナルであることからき

【一九一九（大正八）年渡欧時の本田行動表】（最下段は本田以外の動き）

一月一二日		次席全権牧野伸顕パリ到着
一八日		第一回全体会議
三月　二日		首席全権西園寺公望パリ到着
四月二七日	横浜出港（ハワイ・米国経由）	
六月　八日——一七日	パリ滞在　面談者：坂田重次郎（スペイン公使）・伊集院彦吉（全権：イタリア大使）・亀井陸良（時事新報）・伊達源一郎（読売新聞）・松岡洋右（随員）・斎藤博（随員）	
一八日	ランス（激戦地ヴェルダン視察）	
一九日——二四日	パリ滞在　面談者：伊集院彦吉・珍田捨巳（全権：英国大使）・松井慶四郎（全権：フランス大使）・牧野伸顕（次席全権）	
二五日	車中（四〇時間）	
二六日——二八日	ローマ滞在（市内観光）	ベルサイユ条約調印
二九日	フィレンツェへ移動	
七月　四日	パリ帰着	
	英国・米国経由一〇月二七日帰国	

た思い込みであろう。

しかも、本田がパリに到着してから調印に至る二一日間、パリに滞在したのは一六日間であり、会議中でさえパリに詰めていたわけではない。本田の渡欧目的がパリ講和会議にかかる各国通信員の活動視察であるとするなら、条約締結まで会議の行われている本拠地パリに滞在し取材を続けているはずである。ところが、一八日には終日ランスを視察、二〇日にはイタリア視察のビザ取得に動くなど、本田が講和会議そのものの取材をメインに据えていたとは考えにくい。

確かに面談した人物には、次席全権の牧野伸顕に始まり、全権の伊集院彦吉・珍田捨巳・松井慶四郎、随員の松岡洋右・斎藤博がおり、当然会議のことが話題になり、かかる方面の取材も可能だったろう。しかし本田の立ち位置から考えて、より重要な使命はおよそ二年後の一九二一(大正一〇)年七月に期限が到来する日英同盟更改交渉を見据えて、それに関連した情報の収集、そして第一次世界大戦後のヨーロッパ並びに米国の情勢全般の把握ではなかったか。帰国後に発表した「戦争と家庭の破壊」(『婦女界』)、「仏、英、米、加奈陀を視て」(『有効乃活動』)、「欧米に於ける社会運動の現状」(『開拓者』)、「巴里生活の内面観」(『太陽』)、講演活動では「仏伊英加奈陀を視て将来の文化改造を論ず」(東京高等師範学校講堂)、「欧米女界の紊乱」(実践女子校)が、外部に公表可能なその成果の一端だったと思われる。

日英同盟関係の情報把握については、パリ到着後四日目の六月一二日の段階で旧知の元英国大使グリーン(この年の四月英国に帰任。この時点では後任が決まっていない)に八、九月頃会いたいとの連絡をとっている。[13]これは単なる思い付きではなく、外務省の意を受け日本出発時から計画していた行動だと推測される。この面談は本田の想定より早まり、七月三一日英国クライストチャーチの貸別荘ウォーターフォード・ロッジで実現している。

本田が『英語青年』に寄稿した「Normandy と London(下)」『英語青年』第四三巻第一二号、一九二〇(大正九）年九月一五日、三七〇頁に、面談当日の様子が記されている。

9:30 train で Ambassador Greene を訪うべく、南の方 Bournemouth へ行って次の local train（express でない列車）で少し後戻りしようとした。八月四日の Bank Holiday（日本の盆祭のような大切な年中行事の一）を当て込んで海岸へ押し寄せる乗客雲霞《うんか》の如く、自分は二時間余り中腰で立ち通しであった。着車が遅れたから Christchurch Station へ迎いに出して下さった馬車は帰った。Motor で駅の馬車屋へ行き、迎いの馬車でグリイン氏の仮寓へ送ってもらった。William the Conqueror〔征服王、ウィリアム一世〕の上陸を記念する old Church があるので、こんな地名が残って居る。食後海岸へ散歩して別来の notes を compare し、喫茶後二人で車站《しゃたん》〔駅〕まで徒歩して其処で goodbye を告げ、9:30に London へ帰着した。

「別来の notes を compare し」とは、何をテーマにした文書に関する意見交換だったのであろうか。いずれにしても、本田は旧交を温めるとともに、大使の後任人事の状況を聴き、併せて日英同盟継続の意義を語ったと推測される。グリーンも本田に対しては同盟の継続に賛意を表したであろうが、その後の同盟協約の運命は歴史が示すところである。

日本による対華二一ヵ条要求の波紋が、年月をかけてボディーブローのように日本外交に影響を及ぼしていった。中国における権益を拡大しようと画策する日本の行動は国際社会の反発をかい、次第に中国の門戸開放を要求する米国の主張が影響力を持ち始めていた。

英国政府が条約の更改を見送ることになったのは、手短かに言えば日本との関係より米国との関係を重視する立場をとるに至ったからである。英国の外交政策はカナダ、オーストラリアなどの英国自治領や極東在住者達の見解を無視しては実施できなかった。彼等が喧伝するところは、日本との同盟はすでに役割を終え、国際連盟という新しい枠組みと米国重視の外交政策に力点を置くべきだとするものであった。グリーンにしても本田に対しての発言はともかく、大英帝国の元大使としての立場に立つ時、日英同盟更改は英国にとって害あって益なしとの判断に傾いていた[14]。

本田が帰国したのは一九一九(大正八)年一〇月二七日、本会議終了後およそ四ヶ月をかけ欧米を一巡しての帰国であった。すでに六月、大阪から大森の本田の留守宅に戻っていた華子は、父親代わりの内野倉に相談したり、リデルに連絡を取ったりと、今後の身の振り方を思案する。自分の気持ちとしては山本家に戻りたいのであるが、本田に離縁を申し渡されている以上、黙って帰ることもできない。

本田の留守中、華子は山本から度重なる「ラブレター」(山本からもらった書簡を、後年華子はこう呼んで大切に保管していた)を受け取る。これが華子の気持ちを再び山本に向けることになった。

帰国した本田は、山本に戻りたいと言う華子に激怒する。山本の意を汲んだ内野倉が説得しても本田の怒りは収まらない。業を煮やした華子はその年も押し詰まった一二月二六日、本田を残し本郷区神明町の山本邸へ帰るのである。その後も佐伯や駒子がとりなすが、中々本田は首を縦に振らない。もっとも親子の縁を切ることと引き換えに、山本家への復帰だけは認めることになった。和解とはほど遠かったが、翌年華子の籍は本田から山本に移されたのである[15]。こうして山本家と本田との間は冷めた関係になったが、大正一〇(一九二一)年一〇月二五日、山本家に本田の初孫有一が誕生すると、それまでのわだかまりは一気に解消に向かう。

次は、山本が駒子に宛てた有一誕生の知らせ。

岡山県津山高等女学校寄宿舎第三舎
本田駒子様

東京市本郷区駒込神明町三二二

山本有三

啓　初冬御清適一層と存じ候。陳者華子儀本日午後二時男子出生、母子とも健在に候まま、取あえず御知らせ申上げ候。

十月二十五日

追而《おって》華子への御文通は牛込下宮比町〔現、新宿区下宮比町《しもみやびちょう》〕吾妻病院内に願太《ねがいたい》。

何とも飾り気のない要点のみを記した無骨な文面であるが、「母子とも健在に候まま」の一言から、山本の安堵感と喜びが伝わってくる。

第26章　国内の取材旅行

大本教本部で出口王仁三郎と会見

本田増次郎は国内でも取材旅行に赴いている。奈良、綾部、日向を巡る旅で、それは外務省から別途取材費二五〇円を得て行われた(1)。新聞・雑誌への寄稿が目的であり、来日外国人に対する神経をすり減らす仕事とは異なり、本田の好奇心も満たしてくれる愉快な仕事だったと思われる。

一九二〇(大正九)年一一月五日、本田は愛用のカメラを片手に大森の自邸を後にする。国内旅行としては珍しく二週間にも及ぶ長旅であった。この旅行の記録は、「神代より廿世紀へ」と題して同月一七日から二一日の五回、「綾部一昼夜の印象」と題して翌月五日と六日の二回、計七回、『読売新聞』に連載された。奈良では奈良女子高等師範学校(現、奈良女子大学)、法隆寺、奈良帝室博物館(現、奈良国立博物館)、正倉院を、綾部では大本《おおもと》教本部を、宮崎では西都原《さいとばる》、武者小路実篤の「新しき村」、青島を訪問している。

東京を発った日の翌日、本田は奈良の女子高等師範学校を訪問する。前庭のフランス式のシンメトリカルな花壇や、後庭の花卉や果樹の手入れが行き届いた様子を見て、「園芸を此女校の一特色として居らるるは嬉しかった(2)」と記す。

「十一月七日は理想的の晴天であったから、奈良帝室博物館を午後に廻して、朝の中《うち》奈良ホテルから大阪の白藤氏と法隆寺へ出かけた。氏は大和十津川〔奈良県〕の産でありながら未だ法隆寺の建築も壁画も観た事がないと云った。鉄道駅から二三十町稲田の間を人力車で走って、帰りには穣々《じょうじょう》たる豊作の模様を撮影した」(3)。そして午後は奈良帝室博物館を参観している。夥しい数の古美術品が本田に深い感銘を与える。詳細は後に譲るが、最晩年を奈良を中心とした日本文化の研究に力を注いだ本田の原点がここにある。

さて、次の訪問地は京都府の綾部である。ここは当時急速に勢力を伸ばしていた新興宗教大本教の本部があった。大本教は一八九二（明治二五）年に開祖出口なおが神憑りになった時に始まる。「三千世界の立替え立直し」をキャッチフレーズに信者を増やし、特に大本に入信し、なおの末娘すみの入り婿となった出口王《でぐちお》仁三郎《にさぶろう》が一九〇〇（明治三三）年に、なおの「お筆先」（ひらがなと数字で書かれた開祖なおの直筆）を体系化し、教団の組織化と布教に注力した結果、大正期には全国的規模の教団となっていた。

「大本教の俘虜とならぬよう用心せよ」(4)との友人の忠告を受けたクリスチャン本田は奈良から京都経由で綾部に向かう。

「綾部駅から人力車に乗って、手荷物を宿屋に置いて直ぐ近所の大本教本部へ行った。井上圓了博士〔真宗大谷派の僧で東洋大学の前身哲学館の創設者〕が和田山に造った哲学園〔現、哲学堂公園〕をずっと俗悪にしたような処で、事務所や大小の宮や講堂や泉池や織縫室や寄宿や雑然として目まぐるしく、且つ仏教、神道、基督教、儒学、言霊学などをごちゃまぜに代表して居るようだった」(5)と、本田の第一印象はあまり良いものではなかったようだ。当日は五六七《みろく》殿での説教を聴き、翌朝はまず鎮魂帰神の実習に参加し、いよいよ黄金閣の書斎で出口王仁三郎教主補と会見する。

第一問

本田　「教義として菜食を主張さるるか(6)」

出口　「一切自由何をたべても構わぬ事になって居るが、修行が積むに随って肉でも魚でも臭くて厭やになる、自分は香々と飯だけであるが噛めば噛むほど好い味がでる」(7)

第二問

本田　「全体どうして此理想（日本人による道徳的世界統一）を実現するのか」(8)

出口　「日本人は神人合一神ながらの生活をする模範人種に造られて居るのだから，此皇道大本教を信じ行うものは道徳的に世界人心を指導統一する資格があるのだ。旧来幾多の宗教は霊界の事と物界の事とを別々に取扱ったのであるが、今はそれ等の宗教の上に立って神人合一人類一体の道を講ずべき時代となったのだ」(9)

第三問

本田　「然らばやはり日本人が世界各国の政治をも行ってやるのか」(10)

出口　「否英国には英国の国魂《くにたま》の尊《みこと》があり、米国には米国の国魂の尊があるから、英人の国王又は米人の大統領が其の神様の旨を受けて政治をすれば善いのだ、それが即ち大本教で欧米人が其れを知らぬから教えてやるだけの事だ」(11)

この問答の末、本田は「要するに大本教は出口直女のお筆先きを中心として種々雑多の教義実行を諸方面から持ち込み、自然の淘汰又は外部の批評に由《よ》って今最後の形を成さんと進化しつつあるもので、お筆先きの予言教義も聖書の黙示録も畢竟古事記や日本書紀に収められた皇道を闡明する階梯又は方法だと説く方面に進みつつあるようだ」(12)と総括している。

このように大本教は世界の宗教を包含すると公言し、日本人による精神的世界統一を謳った。日露戦争に勝利して一等国になったと喜ぶ当時の日本人の自尊心をタイミング良くくすぐったのである。壮年層の「直霊軍」、青少年の「青竜隊」「白虎隊」が幟を押し立て太鼓を打ち鳴らし布教を行い、チンドン屋と見紛うばかりの宣伝を全国規模で展開したことも功を奏した。さらに一九二〇（大正九）年には日刊紙『大正日日新聞』を買収し、教団の主張を連載した。しかし、こうした急激な巨大化とペンの力まで手に入れた国家主義的宗教権力の顕現は、当局の危惧を招くことになる。

本田がこの取材を行った三ヶ月後の翌年二月、当局は出口に皇位を奪う下心があるとし、不敬罪と新聞紙法違反で出口を含む幹部を検挙する。この第一次大本弾圧事件は大正天皇の崩御に伴う大赦令によって免訴となるが、再び一九三五（昭和一〇）年から翌年にかけ、以前にも増して徹底した弾圧が加えられる。この第二次大本弾圧事件では、結社や出版の禁止に加え、私有財産を含む全国の教団施設の没収と教祖の墓地を含む施設の破壊がダイナマイトまで使って実行され、教団は一旦壊滅するのである。教団が再び歩み始めるには一九四五（昭和二〇）年の日本の敗戦による平和の回復を待たねばならなかった。

「新しき村」の理想への共感と危惧

次は九州である。本田は一二日午後一時に日向の妻駅（現在廃駅。西都バスセンター付近）で下車、人力車夫に導かれ妻町（現、西都《さいと》市）の西都旅館に入る。「新しき村」へは翌日向かうこととし、当日は神話と伝説に彩られた遺跡、西都原を散策する。そして翌一三日「午前八時の定期乗〔合〕馬車でキャメラ一つを携えて立つ。僅か二十町足らずで下車して山道の方へ岐《わか》れ入る。愈々《いよいよ》険路にかかろうと云う所で農家の人に尋ねると石川（ママ）〔河〕内まで三里だと答える。館主の三里と主張した全距離が五里近くになる訳だ[13]」

実は前日車夫は近頃開通した高鍋線（一九二〇〔大正九〕年九月開通。現、日豊本線）の利用を勧めたが、旅館の主人が頻りに健脚の案内人付の徒歩を主体とするルートを主張するので、本田はこれに従ったのである。酷い目にあったと思いつつ喘ぎながら登る本田だったが、「紅葉は未だ爛熟して居ないが、山容樹色共に我邦稀に睹《み》るの景色である[14]」とその美しさには大いに満足している。そして渡し舟で小丸川を渡り、午後二時「新しき村」に到着する。

「武者小路氏に初対面の挨拶をすると、明日は『新しき村』の土地買収創建の二周年祝いをするから泊って行かぬか、今から妻町へ帰るのは如何《どう》だろうと心配してくれた[15]」。本田は有難くこの好意を受け、「もう午後二時なので兎も角お茶漬を御馳走になりたいと遠慮ない提案をする[16]」。こんなところがざっくばらんな本田らしい。

こうして本田は武者小路家の客人となる。房子夫人手作りの塩鮭と沢庵漬の麦飯で腹ごしらえをした本田は、「河原で先生（村人武者小路氏を呼ぶの称）を撮影し村の耕作馬をも草原でキャメラに収めた[17]」後、「共同食堂で牛肉入りオムレツ、鮭の塩引などの夕飯をたべ、沐浴してから十数人団座して八時過ぎまで談《かた》り過した[18]」という。

翌日は朝から「新しき村」の二周年記念演説会があった。本田は武者小路や村の新会員の話を三時間ばかり聞いている。そして次のような結論を出す。

此村を共産主義者の巣窟がだ《(ママ)》の危険思想の温室だなどと心配する人々はトルストイのように筋肉労働と精神向上とを結び付けて努力する世界幾多の者の心が解らぬのである。但レ《(ママ)》〔し〕ヤスヤナ、パリヤナ〔Yasnaya Polyana, ヤースナ・ポリヤーナ。トルストイが相続し改革を志した荘園〕と『新しき村』との相異は伝統的宗教の羈絆《きはん》より解放されて自由の天地を自己の為めに開拓した事と、人道的協力主義から出発して同志の家族的団体を拡張しつつ各々自由に精神界に分け入る事とであろう。第一第二の二村三里を隔て併せて十町余の土地を買収又は賃貸《ちんか》しし五組の夫婦者を合せて凡そ三十の村人があと三年を期して自給自足に達せんと努力して居る[19]。

本田の大本教に対する評価が、同教がいまだ形を成す過程にあり、要するに海の物とも山の物ともつかぬとの後ろ向きなものだったことを思うと、本田の「新しき村」に対する評価は対照的である。しかし一方で、労働と個々の精神活動を重視する理想の共同体の実現に努力する若者達を目の当たりにし、本田はその理想主義・精神主義に不安を感じずにはいられなかった。

物質的性格の改造を主とする社会とは全然出発点と帰趨とを異にし、人間らしく生きん為めには人皆『新しき村』の兄弟姉妹となれと主張する点に於て己れ独りを清うせんとする修道院的遁世的人物と違う。但し文芸の方面から悟入した青年の理想団であるから、此試みは物質的にも精神的にも成功と云う一点に到達する迄には、幾多の艱難も蹉跌も落伍者も起る事であろうが、兎も角他の道を進んだらもっと物質的にコムフォートを得らるべき人々が、俗界の野心を唾棄し人類共通の真心に生死《しょうし》せんと精進しつつあるは世人の敬意を以て視察すべき新運動である。[20]

おそらく本田は、武者小路達のこの運動に日本の新しい息吹、次代を背負う若者達の静かな挑戦の姿勢を見て取った。その余りに理想に走った行動に不安を感じながらも、もろ手を上げて拍手喝采してやりたい。この運動を理念だけに終わらせることなく、長く歴史に残る形で成功させてやりたい。これが若き日「百姓道」を唱えた本田の偽らざる心境であったろう。

「五十余年の生涯に斯れ程楽しい有益な廿四時間を費した事は稀である」[21]との言葉を残して、本田はその日の午後二時、夫妻に見送られながらこの村を後にした。前日の難路に懲り復路は、徒歩で高鍋駅に出、鉄路で妻町に戻るルートを取った本田であった。

言うまでもなく「新しき村」は白樺派の文学者である武者小路実篤が提唱し生まれた。本田が赴く四年前、一九一八（大正七）年一一月、全国から集まった同士は一八名（うち子供二名）[22]、彼等は宮崎県児湯《こゆ》郡木城《きじょう》村石河内《いしごうち》字城（現、同郡木城町）に最初の鍬を入れた。「此処は新しき村誕生の地なりすべての人が天命を全うする事を理想として我等が最初に鍬入れせし処は此処也」と、木城町の創立記念碑は語る。

武者小路は鍬入れの七年後離村し、村外会員として執筆により村を財政的に支える道を選ぶ。一時は五〇名ほどに達することもあったという[23]。

ところが思わぬことから彼等は移住を余儀なくされる。それは一九三八（昭和一三）年、県営ダムが建設されることとなり、「新しき村」の主要部が水没することになったためであった。翌年、二家族は水没を免れた場所に残ったが、他は埼玉県入間郡毛呂山町葛貫《つづらぬき》に新たに開いた東の「新しき村」に移住する。本田が懸念したようにその後も紆余曲折があった。第二次世界大戦の魔の手は村を疲弊させ離村者を生んだ。戦後となり村は再び蘇るが、今度は日本全体を覆う過疎化と高齢化の波が押し寄せている。今、「新しき村」は存亡の危機にある。

第27章　招かれざる客人

英国の新聞王来日に身構える外務省

帰国後の本田増次郎が手掛けた外務省の三つの仕事について、第23章で「内外の雑誌・新聞への寄稿」を、第24章で「本邦に在住する外国人への啓発」を取り扱った。本章と次章では、最後の「本邦に渡来する外国人への啓発」を扱うが、俎上に挙げるのは、中でも最も重要かつ困難であったと思われる「ノースクリフ卿」への対応である。

「ノ卿」こと、ノースクリフ卿は本名をアルフレッド・ハームズワース（Alfred Charles William Harmsworth）といい、アイルランド生まれの英国の新聞王である。学生時代から学校雑誌の編集や一般紙へ投書を始め、読者からの質問に答える形式の週刊紙『アンサーズ』（*Answers to Correspondents*）を創刊したのを皮切りに、『イブニング・ニューズ』（*The Evening News*）の買収、『デイリー・メール』（*The Daily Mail*）及び『デイリー・ミラー』（*The Daily Mirror*）の創刊と、漸次業容を拡大、発行部数を大きく伸ばしていった。さらに一九〇八（明治四一）年には高級紙『タイムズ』（*The Times*）の経営権も取得し、一代にして大新聞王国を築いたのである。まさに立身出世を絵に描いたような人物で、「フリート・ストリート[1]（Fleet Street）のナポレオン」と称された。

この英国『タイムズ』の社主ノ卿が来日すると聞き、日本政府は外務省を中心に対応策を練るため、ノ卿の発言やその動向に神経を尖らせた。なぜならノ卿は筋金入りの日英同盟廃棄論者であり、日英同盟を極力存続させたい日本政府とは相容れない立場の人物だったからである。しかも、ノ卿の発言の影響力は計り知れず、第一次世界大戦中のキッチナー(Horatio Herbert Kitchener)陸軍大臣の辞任申し出騒ぎや、アスキス(Herbert Henry Asquith)内閣の瓦解は、ノ卿の激しい攻撃が一つの原因になったとされた。しかも、一新聞人の立場をわきまえず、パリ講和会議への参加を公言したり(実現はせず)、言論の力を傘に着た横暴な振る舞いも見受けられた。

警戒してもしすぎることはない。いわば仇敵が日本に殴り込みをかけてくるようなものであり、対応する外務省は身構えた。そして出発地のロンドンから、最初の訪問地ニューヨークから、続くワシントンからと、刻々と入る情報に耳をそばだてながら対応策を練ったのである。

以降、外務省情報部の記録を基に、ノ卿来日までの日本の対応を見てみよう。引用する外務省電の月日(着信日)は、いずれも一九二一(大正一〇)年のものであり、暗号電番号、着信時間、文書番号は省略した。

まずロンドンの林権助大使からノ卿来日予定の第一報が入る。

【七月六日　内田康哉外務大臣宛林権助英国大使】
「ノースクリフ」卿は近々出発、極東殊に太平洋問題視察の途に上る可く、勿論日本に立ち寄るべし。就ては本使と会談の機を得ることを希望し居らるる旨「スチード」〔『タイムズ』編集長 Henry Wickham Steed〕氏より申越せるに付両三日中卿を引見すべし。五日[2]

この段階ではノ卿は出立前であり、判明しているのは来日の目的のみで、旅程の詳細は明らかではない。旅程が朧げながら見え、対応策の立案がなされるには、同月一五日の林大使からの続報を待たねばならなかった。

> 【七月一五日　内田康哉外務大臣宛林権助英国大使】
> 「ノースクリフ」卿は九月下旬頃濠洲出発「比列《ママ》〔律〕賓」〔フィリピン〕経由本邦に赴く由。同卿本邦滞在中の待遇振りに関し、政府側としては閣下に於て東宮殿下拝謁許可を取計い、其他相当御接待相成る程度にて可なる可しと存ぜらるる処、同卿今回旅行の目的は、親しく太平洋問題を研究し、且つ本邦政治の実情其他一般国情の視察に在るを以て、成る可く民間殊に新聞関係者側をして充分歓迎の意を表せしむる様致したく、右取計方予め閣下より英国関係の有力者其他適当の筋と御内議置き相成度し。[3]

なお、この着電控えの上部余白には「本田氏へ話ずみ」の書き込みがあり、対応に当たる本田にこの情報が伝えられたことがわかる。

ノ卿は七月二三日にニューヨークに着いているので、当時の大西洋航路の所要日数から判断して、この電信が打たれた頃ロンドンを発ったと思われる。林大使はノ卿の出発時に計画されていた訪日までの旅程を聴取し、これを発したのであろう。これにより、ノ卿来日直前の訪問地がオーストラリアであり、途中フィリピンに立ち寄ることが明らかになった。また、林大使が考えるノ卿来日時の対応策は、東宮殿下（後の昭和天皇）との会見の設定と新聞関係者による歓迎会の開催であり、英国関係の有力者や関係筋との擦り合わせも行うよう促している。日本における英国関係の有力者の最たる者といえばチャールズ・エリオット[4]（Charles Norton Edgecumbe Eliot）英国大使であろうから、常日頃から大使館に出入りし大使と接触している本田の出番である。本田は日本側が考えている歓迎方法の概要を英国大使に伝え、擦り合わせたと思われる。ところが突然、思いもよらぬ出来事が、思いもよらぬ場所で持ちあがる。

【七月三一日　内田康哉外務大臣宛幣原喜重郎大使(在ワシントン)】
目下華盛頓滞在中の「ノースクリフ」卿が廿八日夜「ステートメント」を発表し、在当地英国大使館は曩《さき》に仝卿当地滞在中大使館を其の旅館に提供せんことを申出、且つ仝夜仝館に於ける晩餐会に招待したるが、突然理由を示さずして右両個の招待を撤回せり。右は「カーゾン」卿〔George Nathaniel Curzon 外務大臣〕の印度に於ける遺方に徴し、其の訓令に基きたるものなること明かなり云々と述べ居れり。在英大使へ転電せり。(終)[5]

ノ卿の宿泊や晩餐会の開催を約していたワシントンの英国大使館が突然一切を拒否したのである。英国外務省は表向きはワシントンのゲデス〔Auckland Campbell Geddes〕大使が独断で行ったことだと弁明したが、大使が本国の了解を得ずして単独でかかる行動をとるなど外交の常道としてありえず、ノ卿が言うようにカーゾン外務大臣の訓令に基づく措置であることは火を見るよりも明らかであった。

その原因は、ノ卿の『タイムズ』が、ロイド・ジョージ(David Lloyd George)首相とカーゾン外務大臣を、近々開催が予定されているワシントン会議の代表者として不適任だと酷評したためであった。その意趣返しが、このワシントンでの突然の騒ぎとなったのである。

こうなると、ノ卿を迎える日本の立場は微妙なものとなる。英国政府がそっぽを向いている相手を歓迎しすぎては英国政府の心象を害する。一方、ノ卿を冷たくあしらえば、英国政府は満足しても、ノ卿がこれまでにも増して日英同盟更改反対論を吹聴し、日本の立場に悪影響を及ぼすことになりかねない。仲違いした英国政府とノ卿との間に立って、両者が満足する歓迎を演出しなければならないのである。この事件を受けて林大使は内田外務大臣に宛て、念押しの電信を送る。

【八月一日　内田康哉外務大臣宛林権助英国大使】

（前略）同卿の日本立寄は本年十月位となるべきが、其際或は在本邦英国大使に於て同卿の謁見に関し何等斡旋の労を執らざるやも計り難きも、同卿及同卿に関係ある諸新聞紙殊に「タイムス」の勢力に顧み、仮令《たとえ》英国大使に於て同卿の皇太子謁見を斡旋せざる場合に於ても、帝国政府に於て内規の如何に不拘、特別に同卿に謁見を許さるる様御取計相成度く、尚其他に就ても出来得る限りの便宜を供与せらるること可然と存ず。(6)

林大使はたとえ英国政府がノ卿を無視する態度に出たとしても、日本としてはあくまでノ卿歓迎に最善を尽くべきだと主張する。当初林大使が建言した通りの皇太子との謁見を柱とする歓迎プランである。英国の地でノ卿の影響力の大きさを目の当たりにしている大使ならではの見解といえようか。なお、この電報の上部余白にも「本田氏へスミ」の書き込みがある。

その後もシドニーから、次の訪問先のマニラから、さらに香港からと、ノ卿の発言や行動が逐一伝わってくる。情報が集まれば集まるほど、ノ卿の日英同盟廃棄の主張と米国重視の姿勢は、誰の目から見ても明らかであった。それはまさに確信犯であり、日本滞在時の日本政府の対応如何でそれが覆ることなどあり得ない話であった。

対ノ卿の接遇方針

実は、この林大使からの着信のおよそ一週間前の七月二四日に『マンチェスター・ガーディアン』（*The Manchester Guardian*）の外交記者ハミルトン（J. G. Hamilton）が外務省に宛てた書簡(7)が残されている。ハミルトンはこの年の三月、本田がその日本での取材旅行に同行した人物である。それは旅先のウィーンから出されたかなり長文のもので、多くはワシントン会議について割かれているが、ノ卿への対応についても触れており、ここではノ卿に関する部分のみを抜粋する。ハミルトンの見解は、外務省が最終的に対応方針を固めるに際し資するところ大だったと思われる。

次に「ノースクリフ」に関して一言せんに、彼は極端なる米国贔屓なり。彼は恐らくは今や私《ひそ》かに自己を以て華盛頓会議に於て英国を代表すべき最適当なる人物なりと思惟しつつあるべし。彼は一箇の偏執と日本の宣伝に対する猜疑とを以て日本に着くなるべし。彼は又(「ロイドジョージ」及「カーゾン」に対する憎悪よりして)仏国贔屓なるを以て彼の悪戯の能力は殆ど計り知るべからざるものあり。彼が主宰する新聞紙は此方面に於て最有力なり。予の想う所にては彼を遇するには努めて率直に、而かも隔意なき態度を以てするを可とすべし。充分而かも自由に談話する機会を彼に与うべし。強て体裁を作るが如きことなきを要す(就中《なかんづく》普通下品なる宣伝に見るが如き好言を尽し術数を用いることは禁物)。幾多の欠点あるにせよ結局彼は鋭敏にして怜悧且非常に油断なき人物なるが故に、彼を遇するに大儀なる芸者の饗応を廃し之に代うるに会談を以てせば利益する所蓋し僅少にあらざるべきか。(8)〔外務省要訳〕

そもそもこの部分に先立つ書簡の冒頭には「彼の「ノースクリフ」の如き人物に対しては宣伝の法を誤れば実に限りなき弊害を齎すや必せり」の文言も見られ、外務省に対する警告から始まっている。受け取った外務省は身のすくむ思いだったろう。「大儀なる芸者の饗応を廃し」とは興味深い指摘だと思うが、「彼を遇するには努めて率直に、而かも隔意なき態度を以てするを可とすべし」にこの書簡の提言のポイントがある。つまり、媚を売るなど小手先の手法は通用しない。正々堂々とやれということであった。

この書簡の要訳文が手書きの訳文ではなく、正式にタイプ打ちされていること、また、書簡原文には各所に下線が引かれ、余白に「仝感」の書き込みが散見されることから、外務省が最終的決断をする際、この書簡を重視したことが窺われる。

さて、こうなると外務省も腹を括らざるを得ない。四日後にノ卿の到着が迫った一〇月二九日、内田外務大臣が林大使に宛てた電信がそれを物語っている。

【一〇月二九日　林権助英国大使宛内田康哉外務大臣】

ノースクリッフ卿は十一月一日横浜着の予定なるが、当方に於ては夫々準備を整え、東洋の現状我国の立場等各般の問題に関し同卿に対し充分なる説明を為す手筈となり居るも、御承知の通り同卿の濠州、マニラ、及香港に於ける言説に徴すれば、同卿は既に日英同盟並に英国の極東政策に関し一種腹を定め居るものと存ぜらるるのみならず、当初本邦には三週間滞在の予定なりし由なるが、俄に之を変更して一週間に短縮したる等の事情を以て見れば、当方の努力も果して幾何の効果ありや疑なきを得ず。此等の事情は貴官に於ても予め御含み相成たし。尚同卿一行の歓迎については民間有力者とも相計り、英国政府の感触を害せざる方法によりて十分歓迎の誠意を示したき腹案なるが、先般間接の方法によりて英国大使の意嚮《いこう》を探らしめたる処、同大使は自分は一切歓迎の宴会等には列席せざるも、館員には自由行動を取らしむる心算なりと語りたる趣なり。在米大使並に在欧各大使に特電ありたし。(9)

腹は括った。接待の効果ももはや期待できない。こうなっては「英国政府の感触を害せざる方法によりて」しかも芸者で篭絡するのではなく「十分歓迎の誠意を示」すことのできる方法が、ただ一つ取るべき方策なのである。右記の外務大臣の文面にある「先般間接の方法によりて英国大使の意嚮を探らしめ」とあるのは、本田が本件に関してエリオット英国大使と接触しその意向を確認したことを示唆している。外務省と英国大使との間に立ち、大使と外務省との意思疎通の円滑化を図ることは、本田の重要な役回りの一つであった。

既述したように、本田は外務省から逐一ノ卿の状況を知らされており、英国政府とノ卿の双方が満足するバランスの取れた対応が必要であること、ノ卿が日英同盟廃棄と米国贔屓に凝り固まった考え方の人物であることは、充分すぎるほど理解していたはずである。

もっとも、ノ卿一行に実際に接する本田からすれば、無理を承知とはいえ最善を尽くそうとするのが道理である。本田が広田弘毅書記官に宛てた一〇月二四日付の書簡[10]を見ると、到着予定の神戸(実際には横浜となるが)まで出迎える必要があるか、もし出迎える必要があるとすれば『タイムズ』東京特派員のペンリントン(John Newton Penligton)や『東京朝日』の関係者の出迎えはどうするのか、以前英国大使に提案したこと(皇太子との謁見のことか)を再度提案しなくともよいかなど、きめ細かく外務省の意向を確認している。

結局、一一月二日横浜港でノ卿を出迎えたのは、珍田捨巳伯爵代理としての本田、後藤新平東京市長代理の鶴見祐輔、『タイムズ』のペンリントン、『東京朝日』の社主村山龍平を含む内外の新聞関係者であった。エリオット大使もワシントンの英国大使同様、ノ卿歓迎は拒絶したため、横浜出迎えの者の中にも、翌日の珍田伯爵夫妻主宰の昼食会にも、後藤東京市長の茶話会にもその姿はなかった。

第28章　「ノ卿」との一〇日間

予見不能な行動に翻弄される

本田増次郎がノ卿来日の経緯から始めて、ノ卿との旅の様子を日米協会機関誌*America-Japan*（『アメリカ・ジャパン』）一九二一（大正一〇）年一一月号に寄稿しているので、次にその抜粋に解説を付しながらこの旅を辿ってみたい。記事は"Lord Northcliffe in Japan, Korea and China"（「日本、朝鮮及び中国でのノースクリフ卿」）である。

日本、朝鮮及び中国でのノースクリフ卿

「ワシントン会議を是が非でも大成功を！」と、ノ卿はオーストラリアと極東で吹聴しているが、本心は日英同盟の無条件廃棄を目論んでいるのだ。ノ卿にしても他の多数の英国臣民同様、極東のあらゆる問題の核心である中国問題が日英間の理解なくして解決できないことはわかっているが、中国人や極東在住の英国人や米国人が、中国と米国の利益を確実に守るためには日英同盟が有害だと口をそろえて非難するので、日英同盟さえ破棄すれば太平洋の平和が確保されるはずだと考えているのである。法律用語でいえば「協約」と呼ばれる日英同盟の有効期限の到来について、この新聞界の大物が公式見解を出したのは一〇月香港でのことだったが、日本にもノ卿とは別の観点からではあるがこの協約の更改問題について、条項をいかに修正しようが協約は破棄すべきだと、ノ卿と同様の見解をとる人が多々あることにノ卿は明らかに気づいていなかった。ノ卿は日本人から歓迎されないことを見越していたかのように、横浜へ向かう船の中から公私を問わず日本では行事の招待は受けない、いかなるテーマでも議論はしない、新聞記者のインタビューにも応じないと、早々と無電を打ってきた。その理由は東京滞在が一日だけだからということだったが、その後の連絡で外務大臣〔内田康哉伯爵〕並びに同伯爵夫人、ラフカディオ・ハーン未亡人〔小泉セツ〕、東京在住の主要な紳士淑女には会いたい、代表的な庭園、慈善病院、東京帝国大学は見学したいと伝えてきた。(1)

ノ卿は日本と無電でやり取りをする中で、最初の頑なな態度を和らげ、会いたい人物や場所を具体的に表明する。内田外務大臣夫妻と会うことで日本の外務省に花を持たせ、ハーン未亡人を呼ぶことで日本文化に敬意を払おうとでもいう腹積りだったのであろうか。そして一一月二日午後一時三〇分、ノ卿一行が横浜桟橋に着岸する。

一一月二日、多数の日本人、米国人、英国人が横浜でノ卿の汽船を出迎えたが、その中にはロンドン・タイムズの極東特派員二名〔東京特派員のペンリントン、北京特派員のフレーザー[Fraser]〕も含まれていた。筆者〔本田〕は桟橋上陸前にノ卿に二つのメッセージを届ける光栄に浴した。ノ卿はロンドンで知り合いだった珍田伯爵夫妻による翌日の昼食会の招待は受ける一方、東京の新聞協会〔春秋会〕と国際新聞協会による合同の歓迎の夕食会は謝絶した。ところが、夕刻六時に東京の帝国ホテルに着くや、招待のしっぺ返しといわんばかりに、日本と外国の新聞記者を何とその晩の七時半から紅葉《こうよう》館〔料亭。別称、メープルクラブ〕での日本料理による夕食会に招待したのだ！ そして、翌日の夜の上野公園での新聞記者の招待による夕食会〔上野精養軒〕への出席を、まさにその時承諾したのだ。珍田伯爵夫妻主宰の昼食会は千駄ヶ谷の山本唯三郎(2)邸の美しい庭園で開かれた。そこは元紀州公のお屋敷で、この偉大な来訪者が会ったのは牧野〔伸顕〕子爵。これは『タイムズ』の編集長スティード（H. W. Steed）氏が欧州で知己であった関係からだった。また、以前ロンドンにいた井上〔勝之助〕侯爵夫妻、それに伊集院〔彦吉〕並びに松井〔慶四郎〕両男爵等だった。続いて後藤東京市長の私邸で開かれた茶話会に回ったが、これは市長の義理の息子で鉄道省の鶴見祐輔氏が前日横浜で口頭の招待をしていたものだ。鶴見氏はノ卿にロンドンで会ったことがある。ここでは徳川慶久公、小村〔欣一〕侯爵、目賀田〔綱美〕並びに三井〔高保〕両男爵、『国民新聞』の徳富一郎氏〔蘇峰。本名は猪一郎〕や淑女達だったが、その中にハーン夫人もいた。後藤男爵はノ卿の求めに応じて日本家屋を隅々まで見せるため、九〇歳を超える母上の和室も案内した。午前中〔翌日〕は明治神宮、英国大使、『東京朝日新聞』の社屋を訪ねた。(3)

到着日と翌日の様子が記されている。出迎えの日、ノ卿は本田が携えた珍田伯爵夫妻主催の昼食会と鶴見が携えた後藤市長の茶話会は受けたものの、本田が携えたもう一方の新聞記者合同の夕食会は謝絶した。自身が携えた招待の一つが謝絶されたのである。本田は内心穏やかではなかったろう。しかし、ノ卿は謝絶したまま横浜のグランドホテルで昼食を摂り、続いて根岸リンクでの英人倶楽部主催のゴルフ会に加わった後、午後五時に車で東京に向かう。そして六時帝国ホテルに入るや、突然、日本の新聞記者達を当日の七時半から芝の紅葉館に招待すると言い出すのである。手配を任された『東京朝日』の関係者はあたふたと予約を取り何とか開催にこぎつける。そして今度は、一旦断っていた新聞記者合同の招待を受けると言い出す始末であった。

本田はこのノ卿の行動を怒るのではなく、冷静に「鈍重なEnglishでもthoroughgoing〔入念〕なScotでもないノ卿は、newspaper politicianに無くてはならぬ機敏さと直覚とを持って居る」[4]ため、「内なるものが外にexpressさるる時dramaticになってしまうのだ」[5]と解釈している。つまり直感的に理解し機敏に反応するため、第三者からするとその行動が芝居じみて見えるというわけである。

七時半に始まったノ卿主催の夕食会は盛会裏に九時過ぎ散会したが、席上ノ卿からは『国民新聞』の馬場恒吾の通訳で、「着京匆々《そうそう》何の準備もなく突然今夜日本著名の記者諸君を御招待申上げたに対し定刻に斯くお集り下されたのは私の心から欣快とする所です」[6]との挨拶があった。これに対し出席者を代表して村山龍平は、自分達が粗宴を設けて歓迎しようとした矢先、「今朝御入京早々我等を御招き下されたるお得意の閃電《せんでん》的逆襲に転《うた》た度胆《どぎも》を抜かれました」[7]と返し、ノ卿の行動を逆手にとって座を盛り上げた。

翌三日のノ卿の訪問先を要約すれば、午前九時半明治神宮、その後英国大使館、一一時半東京朝日新聞、続いて赤坂離宮での観菊会、珍田伯爵の昼食会、午後三時後藤市長の茶話会、四時半東京倶楽部、五時一五分帝国劇場、六時半が一旦謝絶した上野精養軒での夕食会であった。

一一月四日朝、ノ卿は一行〔卿の義兄でクインズランド〔オーストラリア〕のミルナー〔Milner〕氏、ダージリン〔インド〕のコリンソン〔Collinson〕氏、卿の右腕であるロンドンのプリオロー〔Prioleau〕氏、タイピスト、従者〕に、北京のフレーザー氏、東京のペンリントン氏、『東京朝日新聞』の代表者達〔杉村広太郎〔楚人冠〕[8]他三名〕、それに筆者を従え、特急列車で東京を発ち夕刻京都の都ホテルに到着した。列車の窓や展望車から目に入る水田、大麦畑、そこで働く人々、木々に実るミカンや柿の実、桑の木やお茶の葉、それらの風景のすべてが感受性の鋭い卿を惹き付けたようだった。しばしば日本の風景の素晴らしさ、その魅力について言及があった。翌〔五日〕朝は午前中を使って旧御所とその庭園、本願寺、そして生糸場を見学し、午後には絹物を大量に買い込んでいた。〔四日の〕夜の九時には、二時間前に原〔敬〕首相が東京で刺殺されたとのニュースがホテルに舞い込み、ノ卿は直ちに内田伯爵宛てに哀悼の意を表する電報を打った。翌〔六日〕朝、全員で大阪へ移動、大阪城址、四天王寺を見学、『大阪朝日新聞』の昼食会に出席した。この昼食会は日本のノ卿たる村山氏が社屋で開いたものだった。続いて中座で観劇をした際には、楽屋でスター役者の〔中村〕鴈治郎と面談した。最後は大阪倶楽部で大阪・神戸の人達〔日本人及び外国人〕を前に話をしたが、ノ卿はワシントン会議は六ヶ月間続けるべきで、日本の代表団は討議の範囲を限定せず、議題になるものなら何でも喜んで徹底的に議論することが強く望まれると指摘した。彼等特に米国の大衆は極東問題の歴史や詳細を全く知らないから、そうすることによって初めて参加国の国民すべてで公平な結論を導き出せるのだとの話だった。(9)

これは四日から六日にかけての動きである。なお、本田の記述は日付に関し記述が前後する箇所があり、適宜〔 〕内に日付を補った。

原敬首相の暗殺で予定変更

整理すれば、四日は基本的には東京から京都への移動日であるが、ノ卿は午前八時半、まず神田和泉《いずみ》橋の和泉橋慈善病院（現、三井記念病院）を訪問、その足で東京駅へ車で移動、本田を含む一行と九時半発の特急列車で京都に向かう。そして宿泊先の都ホテルで原首相の薨去の知らせを受けノ卿は早速弔電を打つ。翌五日は修学院離宮、二条離宮（二条城）、本願寺（西本願寺）、製糸場の見学で、午後一時過ぎには一旦ホテルに戻り、午後は買い物に費やし、都ホテルにもう一泊したという流れである。

実は、五日のノ卿のスケジュールは当初計画したものとは異なることになった。なぜなら本田が都ホテルから外務省情報部の伊集院彦吉部長に宛てた五日付の書簡に、「今日京都にて原首相との会見を得る手筈なりし」[10]とあり、この日にノ卿と原首相との会見がセットされていたことがわかるからである。原首相は同日の午後一時から開かれる自身の属する立憲政友会の近畿大会に出席する予定だったから、恐らくは午前中にノ卿と原首相の会見が組まれていたのであろう。四日午後七時過ぎの中岡艮一の突然の凶行によってノ卿と原首相の会見は不可能となったのである。

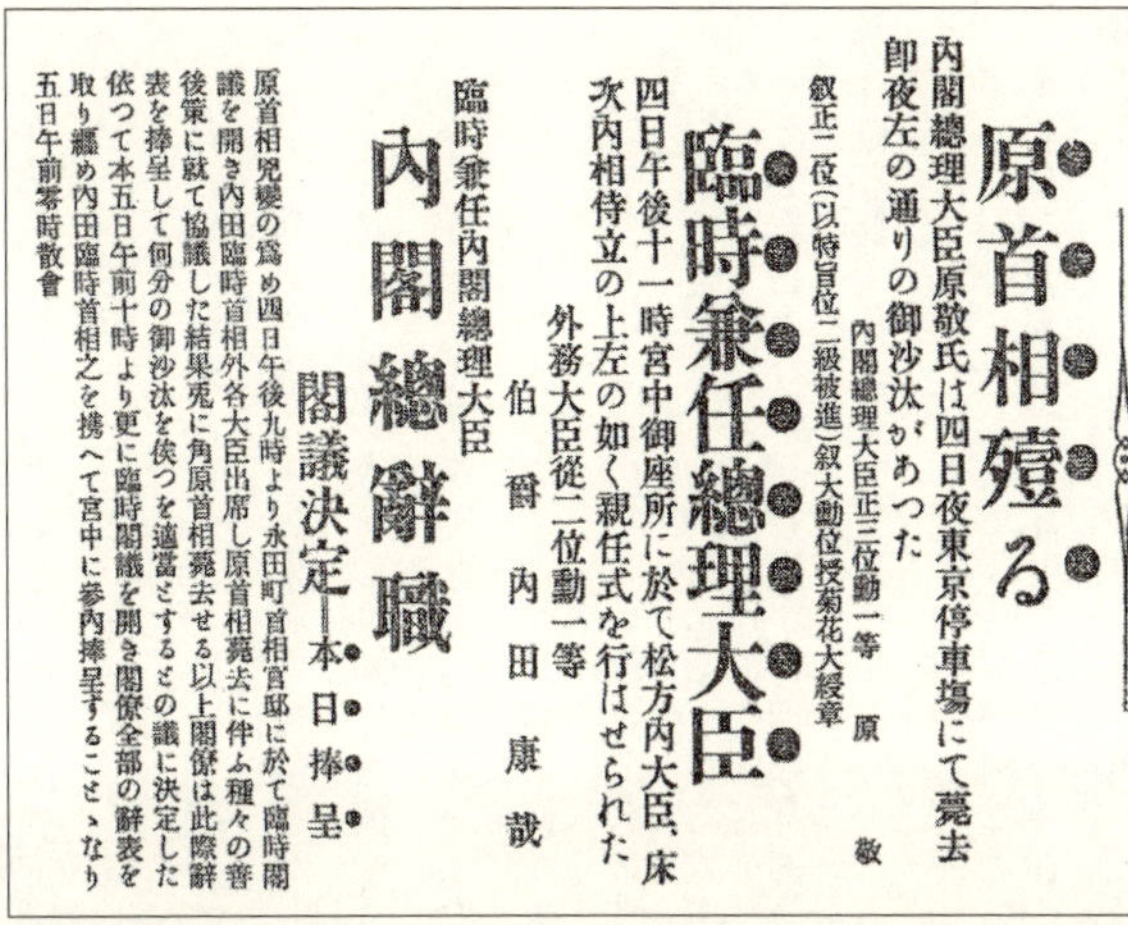
原首相殪る

内閣總理大臣原敬氏は四日夜東京停車場にて薨去卽夜左の通りの御沙汰があつた

内閣總理大臣正三位勳一等　原　敬
敍正二位（以特旨位二級被進）敍大勳位授菊花大綬章

臨時兼任總理大臣

四日午後十一時宮中御座所に於て松方内大臣、床次内相侍立の上左の如く親任式を行はせられた

外務大臣從二位勳一等　伯爵　内田康哉
臨時兼任内閣總理大臣

内閣總辭職

閣議決定—本日捧呈

原首相兇變の爲め四日午後九時より永田町首相官邸に於て臨時閣議を開き内田臨時首相外各大臣出席し原首相薨去に伴ふ種々の善後策に就て協議した結果兎に角原首相薨去せる以上閣僚は此際辭表を捧呈して何分の御沙汰を俟つを適當とするとの議に決定した依つて本五日午前十時より更に臨時閣議を開き閣僚全部の辭表を取り纏め内田臨時首相之を携へて宮中に參内捧呈することゝなり五日午前零時散會

原敬首相暗殺を報じる1921年11月5日付『東京朝日新聞』記事

そして六日は朝一番で京都を発ち午前一〇時四〇分に大阪の梅田に到着。そのまま車で大阪城址、四天王寺を見学、一二時四〇分に大阪朝日新聞社に入り、村山社主の昼食会に臨んだ。昼食後は、社内を見学、午後二時文楽座、続いて中座、大阪倶楽部での茶話会をこなし、午後六時半大阪発の特別列車で奈良に向かった。なんとも息つく暇もない過密スケジュールである。そして奈良での投宿先は奈良ホテルとなった。

一行が奈良ホテルに着いたのは一一月六日、翌日の午前中は法隆寺で一二〇〇年前の寺院、塔、有名な壁画、仏像、その他の美術品を鑑賞した。昼食を奈良倶楽部（奈良公会堂）でとった後、一行は神聖な鹿寄せ（およそ七〇〇頭が太古からある春日大社の境内で飼われている）の儀式でもてなされた。ラッパの合図で集まってくる鹿に倶楽部のベランダから餌がやれるのだ。皇室の宝物や国宝を収めた正倉院では、ノ卿から英国人一行に向かって英国式冗談まで飛び出した。「日本人や朝鮮人や中国人が、こんな美しいものを作り愛でていたというのに、ここにいる君ら英国人の先祖達は皮膚以外何もまとわず裸で狩りをしていたというわけか！」と。続けて筆者に向かって、「長年にわたってこの素晴らしい自然や芸術を愛し、大切に残してきた国民が戦争や殺戮をしていたなんて想像もできないね」と呟くように言った。ノ卿から身を粉にして働く人々の勤勉な習慣や幸せな笑顔の秘訣は何なのかと聞かれたので、太古の昔からいかに日本人が自然や美を愛してきたか、また、八〇〇年前に圧倒的な大軍の蒙古の侵略を撃退して以来、いかに愛国心を醸成してきたか、さらにイエズス会の日本布教以来三〇〇年この方、中国やフィリピンの苦い経験を知っていたので、いかにこの愛すべき国を外国の侵略から守ろうと決意を込めてきたかを、その場を捉えて説明しておいた。堂々たる太古の森に囲まれ、古そのままの意匠の提灯や灯籠が連なる神秘の神社。その春日大社が醸し出す神聖な雰囲気は、特別に演じられた厳粛かつ優雅な巫女の舞と相俟ってノ卿に深い感銘を与えた(11)。

七日は奈良見物で終始している。本田の記述からノ卿が日本の美術・工芸や日本人の勤勉さに感銘を受けた様子が伝わってくる。蒙古襲来やカトリック布教を先兵とした西洋の侵略の実例を挙げて、日本がいかにその独立を守るために腐心してきたかを本田は説き、日本人の団結とその真摯な性質を示してノ卿を啓発したが、これはノ卿から質問があり、これを利用したものである。

実は本田はこちらが話したいことは、こちらからは話さない方針を取っていた。前述した五日付の伊集院彦吉宛の同じ書簡の中で「小生は勉めて彼〔ノ卿〕に自ら求めて進んで接近するを避け、政治外交の我が立場はフレイザーをして小生に聞かしむるよう協力為《な》し居り候(12)」としており、積極的に啓発したい事柄については、逆に自身からは持ち出さず、相手から聞かせる工作をしていたことがわかる。こちらから言い出せば足元を見られるとの判断からであろう。

また同じ書簡で、道中「「朝日」の杉村などが頻りにデモクラチックぶって日本の旧文明を冷笑する[13]」とも記して不快感を示している。啓発を行う本田の立場からすれば、たとえ過去のことであっても、自国を貶めるようなことを不用意に口にすることは慎むべきだと考えていたのであろう。

ノ卿に同行し北京へ

この日正倉院の見学を終えた一行は大阪に向かった。そして午後五時、朝日新聞がチャーターした大阪商船の紅丸《くれないまる》に築港(大阪港)より乗船、朝日新聞の村山社主以下十数名が同船した。紅丸は翌八日の午前一〇時頃瀬戸内海に到着、日中を宮島観光で過ごし、午後四時一〇分、列車に乗り換え下関に向かった。なお、朝日新聞関係者はここでノ卿一行に別れを告げたが、杉村のみは下関まで同行している。一方、本田は紅丸に乗船はせず、先回りする形で汽車で下関へ直行、北京まで同行すべくノ卿一行の到着を待った。

この本田の北京への同行は五日に本田がノ卿の意向を聞き、翌日ノ卿より「北京まで同行、ゆるゆる話を望む[14]」との希望があって決まったものである。前出の五日付の本田の書簡の余白に、七日に四〇〇円を本田に送った旨の書き込みが見えるが、これは追加で発生した下関と北京との往復費用を外務省が本田に送金したことの備忘であろう。

ノ卿一行と本田は八日夜関釜《かんふ》連絡船で下関を出港、翌日朝釜山に到着し急行列車で京城に向かっている。京城では水野錬太郎政務総覧の官邸で日本料理による饗応を受け、朝鮮人街や日本人街をドライブ、朝鮮ホテルで妓生の歌舞を鑑賞する。安東(現、丹東)で三〇分間の散歩とドライブ、奉天(現、瀋陽)では英国人の通訳を交えて軍閥の張作霖と会見、そして一〇日の夜行列車で北京に向かっている。北京到着は翌一一日夕刻。本田とノ卿は明朝別れの挨拶をすることを約し、ノ卿は北京グランド・ホテル(Grand Hotel de Peking)へ、本田はワゴン・リ・グランド・ホテル（Grand Hotel des Wagons=Lits）へと向かった。ホテル着後本田が駒子に宛てた私信が残されている。

［封筒］
（消印）PEKING 12. 11. 21［一九二一［大正一〇］年一一月一二日］
日本岡山県
津山高等女学校
第三寄宿舎
本田駒子殿

［本文］
十一月十一日午后八時四十五分
増次郎
本田駒子殿

ロンドン、タイムス持主ノースクリフ卿に同行、東京より京都、奈良、大阪を見物して下関より釜山に渡り、京城奉天経由今夕多《まさに》北京安着。一二日滞留の上同じ途を引還して帰宅します。北韓南満は氷雪の天地でしたが奉天から北京の間は日本の小春日和のようで快適でした。休戦満三年を祝する為め欧米人は此ホテルで夜会並演会を環らして居ます。下の関已来身体を浄める暇なく不快ですから、これから自室付属のバスルームへ行って久々の安眠を貪るつもりです。　左様なら

なお、本田がこの書簡を書いた日は三年前にドイツが降伏した日に当たり、第一次世界大戦の終戦記念日に当たった。そのためホテルではダンスパーティーが行われていたのである。二日横浜にノ卿を迎えてからの一〇日間、失敗の許されない仕事をこなした本田は肉体的にも精神的にも疲労の極にあったはずである。「久々の安眠を貪るつもりです」と書かれた一文から、本田のやり終えた安堵感と全身に重くのしかかる疲労感が伝わってくる。

翌日本田は、約した別れの挨拶をするため北京グランド・ホテルのノ卿を訪ねる。次は『英語青年』に本田が書いた"Ten Days With Lord Northcliffe"(「ノースクリフ卿との一〇日間」)からの抜粋である。

> 東京から北京まで私はノ卿を送て行ったので、卿の横浜着を迎えに行ったのは十一月二日の朝、卿と最後の goodbye を交換したのは十一月十二日の朝、Grand Hotel de Peking の三階に於る彼の drawing room であった。日本でも朝鮮でも When will you come to London next? You must come to see me〔次はいつロンドンに来るかね? 必ず会いに来てくれよ〕と云ったが、愈々お訣れの時には I shall be offended if you don't come to see me when in London〔もしロンドンに来たとき会いに来なかったら、ゆるさんからな〕と、友情を籠めた挨拶をされた。(15)

北京までの同行を依頼された事実、加えてこのやり取りである。ノ卿の発言には社交辞令の面もあるだろうが、本田がノ卿に気に入られたことは間違いないであろう。

内田外務大臣も一一月七日付の在英国林大使宛て電信で「二日来朝せる「ノースクリフ」卿の接待に関して御来電の次第もあり、当方に於ては相当意を用いる所あり。珍田伯依頼の形式を以て本田増次郎をして横浜に同卿を迎えしめ、且つ滞京中常に同卿に接近直話せしめ、尚卿の希望により北京迄同行せしむることとせり(16)」と、外務省として最善を尽くした旨を強調している。来日外国人に対しては、本田を前面に押し立て対応することが、当時の外務省のベスト・チョイスだったのであろう。

好印象を抱いてノ卿は離日

それにしても外務省主導のこの歓迎は、ノ卿と不和の状態にある英国政府に配慮し皇太子との面談を取り下げたこと、不慮の事故により原首相との会見が不可能となったことの二点を除けば、まさに国賓待遇であり、ノ卿の希望に合わせ可能な限り日本の知己を集め、京都、奈良は言うに及ばず瀬戸内海の遊覧も加え、至れり尽くせりのもてなしだったと言えよう。

さすがのノ卿も、この日本側の歓迎には心から満足したようで、後日『タイムズ』に次のような感想を掲載して、日本政府と日本人のもてなしに感謝の意を表している。引用は朝日新聞訳。

変った風土人情やコントラストの頗《すこぶ》る著るしい所を見度《みた》いと望む人士《じんし》には、恰度《ちょうど》余のとった旅程をとる事を薦《すす》めたい。日本では贅《ぜい》を尽した款待《かんたい》に款を尽し、政府の手厚い待遇を受け、それより直に朝鮮を訪い支那に入ったのである。余は日本着匆々《そうそう》日本軍閥の反対者なる事を公言した。且つ軍閥は世界にとっての危険なるを屢々《しばしば》説いたにも拘《かかわ》らず、一行は日本到着の瞬間から善美を尽し胸襟を開いた歓迎を受け、東京訪問の第一日から興趣《きょうしゅ》尽くる所無き此国土を後に朝鮮に渡る下関の最後の日まで絶えず異る事が無かった。（中略）日本旅行はすべて愉快であった。都鄙《とひ》押並《おしな》べての美しき人情風俗の面白さなど興の尽るを知らない余は、今更乍ら日本政府の心尽しに厚く謝意を表し、且日本人が外国人に対しベストを尽して衷心《ちゅうしん》之を犒《ねぎら》う美徳を強く且不可思議な力を以て感じて居る。実に日本は厚遇と礼節を兼備した美しい国である云々。[17]

本田達の腹を括ったもてなしは充分その目的を果たしたと言えるだろう。日本と日本人に対して悪印象さえ与えなければ、それで満足しなければならないところを、好印象を持って日本を去らしめたのであるから。

もっともその後ノ卿が中国で行った講演は、覚悟していた通り、やはり日英同盟廃棄を強調したものであった。一九二一（大正一〇）年一一月一八日付の『ペキン・デイリー・ニューズ』（*The Peking Daily News*）が前日北京の英米協会（The Anglo-American Association）で行われたノ卿の講演を報じたが、そのヘッド・ラインは「ノースクリフ卿の演説／英米の結束を強調、また日英同盟の破棄を主張」となっている。

本田が北京でノ卿に別れを告げたまさにその日、ワシントンで注目の国際会議が開始された。それは翌年の二月六日まで、およそ三ヶ月にわたり続けられたが、外務省が日英単独での更改を望んでいた日英同盟は、年越し前の一二月に「太平洋に関する四国条約」（日本、英国、米国、フランス）が締結され廃棄が決定する。英国政府はギリギリまで同盟更新の基本姿勢を崩さなかったが、最終的には米国と国境を接するカナダ自治領のメーゲン（Arthur Meighen）首相の強硬な反対があり、同盟の廃棄に踏み切らざるを得なかった。メーゲンは日本と米国が戦争になった場合、攻守同盟である日英同盟では英国は米国と戦わねばならず、米国に接するカナダがその矢面に立たされると主張したのである。

そして翌年二月には「中国に関する九カ国条約」（日本、英国、米国、フランス、イタリア、中国、オランダ、ベルギー、ポルトガル）も締結され、米国の主張する中国の領土保全・門戸解放が締結国共通の基本認識として認められた。こうして「帝国外交の骨髄」とまで称された日英同盟は、米国、英国、フランス、日本等の緩やかな関係の中に溶解し、日本政府はファジーな多国間協定の枠組みの中に取り込まれてゆく。中国問題についてこの時点で一応の妥協が図られた形ではあったが、その後の歴史が示す通りこの枠組みは次第に綻びを見せ、石井・ランシング協定の破棄と相俟って日米の利害対立が顕在化し、同時に日英の親密な関係も冷却に向かってゆく。

一一月一二日朝、ノ卿に別れを告げた本田はワゴン・リ・グランド・ホテルにもう一泊する。そして「支那人と交遊し、支那戯場を訪い、支那の骨董や書籍を少々買って帰った。北京東京間は四昼夜の旅程で、私は京都で東福寺（通天橋）と嵐山との紅楓を賞でて十八日の朝帰宅した[18]」。なお、京都の東福寺と嵐山では、白藤丈太郎と一〇時間にわたり共に過ごしている。

第29章　英国皇太子と本田のユーモア

人生最後の花道となる宮内省嘱託

一九二一（大正一〇）年の暮れにかけ、本田増次郎の私生活は落ち着きを取り戻す。本田と山本家との確執が同年一〇月の孫有一の誕生を機に解消したことは第25章で触れた通りである。また公務についても、前述したノ卿への対応を最後に大きな仕事はない。一二月八日にテロに倒れた原敬首相の法要に盛岡へ出張、年明けの一月一七日に大隈重信の葬儀に参列している程度である。次の駒子宛ての葉書が当時の様子を伝えている。

今日〔一七日〕は大隈候葬式に行く。風邪は大抵全快、十一日は学校〔外語校〕、十五日は教会〔聖パウロ教会〕出席のあとで教会の友人十数名を東京駅ホテルで誕辰午餐に招いた。十九日には大久保〔利武〕〔元大阪知事〕氏一家と新富座に行く。

外語校で若い学生達に英語を教え、教会関係の友人達との交流を楽しみ、演劇通として名士を劇場に案内したりと、神経をすり減らす公務を離れて比較的ゆったりと過ごしている。「誕辰午餐」とあるのは、一月一五日が本田の誕生日であり、自身で主催して誕生会を開いたのである。

もっとも、「風邪は大抵全快」の記述は文字通りには受け取れない。後から見れば、一九二二（大正一一）年は本田の健康状態が悪化していく分水嶺にあたる。一〇月には微熱に悩まされるようになり、一一月一四日には内野倉医院で喀血している。葉書にある「風邪」は、結核による発熱を糊塗して書いたと思われる。

こうして本田の健康状態がなんとか平常を保っている一月二八日[1]、本田にとって人生最後の花道となる宮内省嘱託の話が舞い込む。『読売新聞』が翌月一七日付でこれを報じている。

本田増次郎氏が宮内省に入り

初奉公に鹿児島県知事から英太子に呈する賀表を起草

英国皇儲《こうちょ》殿下[2]〔Edward Albert Christian George Andrew Patrick David〕の御来朝が眼の前に差し迫っている矢先、宮内省嘱託という名義で本田増次郎氏が宮内省に入った。本田氏の仕事というのは英文一切と英米人に関係する事の処理が任務であるというから、扨《さ》ては宮内省には英語の判る人がないと早合点しては困るが、実をいうと攝政宮殿下〔裕仁、後の昭和天皇〕が渡欧遊ばされて此の方、宮内省は雲上のお役を勤めるというばかりでは行かなくなり、諸外国との交渉も従って多くなった。其の近い例では英皇儲殿下の御来朝で宮内省が直接扱う仕事が多くなったので、翻訳官だけでは手が廻り兼ねるという所から、其の専任係りを設けるというのが本田氏の宮内省入りとなった訳だという。同氏は高等師範出の言わば英語専門という点からは畑違いの部ではあるが高等中学校や高等師範の先生を勤めたり、女学校長もやって、前後七八遍も欧米に渡り外国の事情にも通じている。嘗てジャパンタイムスの記者をしたこともあり、紐育では極東通信社〔正確には東洋通報社〕を経営し外務省の嘱託もやった事がある。現にアドヴァタイザーにも筆を執ている英語達者である。本田氏は語る『宮内省に入ったといっても一週に月水金の三日出勤で英文と英米人に関係あることを受持つ事になった訳で、従って之れといった役名もない。出勤しても仕事がなければ帰ってくるといった自由な役目である。英国皇太子殿下が来朝あれば自然私の仕事も増える訳だ。之れは直接宮内省の仕事というのではないが、英皇儲殿下が鹿児島に御寄港の砌同県知事から賀表を捧呈するについて、日本文は西村天囚氏〔本名時彦。朝日新聞記者〕が書き、英文を私が書くというまあ之が宮内省入りの初奉公である。十七日宮内省当局及び同知事等と相談をする事になっています』。

本田を高師出とするなど事実誤認を含む記事であるが、少なくとも本田が宮内省嘱託となった理由が「英皇儲殿下の御来朝で宮内省が直接扱う仕事が多くなった」ためであったことは確かであろう。前年、摂政宮裕仁親王が三月から九月にかけ欧州巡遊を行っており、この返礼の意味もあり英国皇太子〔後、エドワード八世〕の訪日が組まれたのである。三月二日、本田は大森の自邸から駒子に宛て、この新聞記事の切り抜を同封して、次のような書簡を送っている。

外語校〔東京外国語学校〕卒業生が記念アルバムに用いるから写真をくれろと云ったので撮らせた。一枚贈る別包で。
お約束の読売新聞切抜封入。
(中略)二月二十七日彼等四人〔嘉納夫妻、外務大臣子爵本野一郎未亡人久子、劇作家長田秋濤《しゅうとう》未亡人仲子〕と飛行家石橋勝浪君〔仏国の陸軍飛行隊に志願し活躍〕とを「銭水」の夜饗に招き、折柄の雪観を墨田川を瞰下《みおろ》しつつした事になる。自分が酒を呑み過ぎて酔って居たのを婦人連が心配したとの事で、有楽丁まで は嘉納先生方の自動車で送られ、有楽丁から自宅までは石橋氏が見送ってくれた。なにそんなに大酔したのではないが下戸ばかりだから心配したのだ。宮内省の仕事は中々面白い。メイリイ内親王(3)〔Victoria

Alexandra Alice Mary）の御結婚に寿する我が両陛下及び摂政殿下からの祝電などを英文でかいた。庭の梅は二本とも満開、此間の雪で色あせてしまった。

三月二日
増次郎
駒子ディヤ

「宮内省の仕事は中々面白い」とあるように、本田は宮内省の仕事を大変気に入ったようである。新春を迎えた高揚感と共に新しい仕事に向かう本田の期待感も伝わってくる。

この書簡の後、三月中旬からは、佐賀の香椎神社を皮切りに、別府、宇佐八幡、四国高松の栗林公園、広島の縮景園、伊勢神宮、金沢の兼六公園等を巡り、大阪の白藤宅や四日市や宇治山田の友人宅にも立ち寄って、月末近く東京に戻っている。

さらに四月八日からは、内野倉家の徹と富美子を連れて三人で箱根を訪れ、塔ノ沢の環翠楼に宿泊し蘆ノ湖に遊ぶ楽しい日々も過ごしている。環翠楼は一八九〇（明治二三）年本田が両親を奉じて訪れた思い出の場所でもあった。古くは水戸光圀等の大名や豪商が、明治に入っては伊藤博文、島崎藤村等の政治家や文人墨客が訪れた渓谷美溢れる温泉宿である。

こうして三月、四月と、本田は英気を養い英国皇太子の到着を待ったのである。

ユーモアで英国皇太子を魅了

英国皇太子（以降「皇太子」と呼ぶ）の外遊の目的は、一つはガンジーを中心とする独立運動で英国より離反しようと動くインドを懐柔すること、今一つは同盟国日本との絆を深め、英国、米国、日本の協力体制によた。

り国際平和の実現を図るところにあった。もっとも、皇太子が日本に到着した時点では、前章で触れたように日英同盟は廃棄となっていたが、それでも日本国民は皇太子を大歓迎し、新聞もこぞって歓迎の記事を掲載した。

お召艦レナウン号が鹿児島経由横浜に入港したのは四月一二日、接待係は天皇陛下の御名代の東伏見宮依仁親王が務めた。横浜港には宮自身が出迎え、共に特別列車で東京駅へ向かい、東京駅頭では裕仁親王が出迎えた。皇太子はその足で宮中へ参内、午餐を宿泊所の赤坂離宮で喫し、午後二時半からは各宮家を歴訪、さらに午後七時からは宮中晩餐会に出席した。到着初日から公式行事の目白押しである。その後も東京帝国大学、英国大使館、聖アンデレ教会、代々木練兵場、徳川家達公爵邸、鍋島直映《なおみつ》侯爵邸、新宿御苑、浜離宮、帝国劇場、前月五日から開催中の上野公園の平和博覧会、吹上御苑、日比谷公園、外相官邸等、一八日までは隙間なく公式行事が組まれていた。一九日、ようやく公式行事から解放された皇太子は、午前中駒沢村のゴルフ場(現、駒沢公園)で裕仁親王とゴルフを楽しんだ後、日光へと旅立った。

本田が初めて皇太子に挨拶したのは横浜到着の翌日、英国大使館でのことだったが、この時は挨拶だけで終わっている。ところが公式行事の最終日一八日の午後、間近で接する機会を得る。

四月十八日の午後皇城内で打毬〔ポロ様の球技〕、幌曳〔幟を靡かせて馬で走る余興〕、柔道、剣道等のexhibitionを台覧に供せられた時は、我が摂政宮殿下をはじめ、淳宮〔後、秩父宮雍仁親王〕、閑院宮〔載仁親王〕、東伏見宮の三殿下と共にH. R. H.〔His Royal Highness = 皇太子〕は前列に御着席で、私は其の後ろで陪覧したのであるが、柔道の乱捕に多大の興味をお感じになった様子で、柔道家に一々握手をたまわってHave you been England〔英国に住んだことがあるか〕など仰せられた。(4)

本田は皇太子の後ろに座り、出し物について説明したり質問に答える役回りであった。「Have you been England など仰せられた」とあるので、皇太子は本田の話す英語がキングス・イングリッシュであるのに気づき、そう尋ねたのであろう。いずれにしても皇居内ではそれで終わったが、この後の霞が関の外相官邸で、本田一世一大の誇らしい事件が起こる。同日の午後八時一〇分、皇太子は内田康哉外相の官邸に入る。それは公式行事の最後を飾る夜会であった。次は『英皇太子殿下御来朝記念写真帖』の記述である。

大玄関に出迎えた主人夫妻の後方には東郷〔平八郎〕元帥、加藤〔友三郎〕海相夫妻、高橋〔是清〕首相の顔が見える。後藤〔新平〕市長も見える。大臣宰相が皆奥さんを引連れてのお出迎えだ。殿下は緋毛氈を敷詰た階段をお登りになって、階上御休憩の間で今宵の一同に親く握手を給わる。(5)

内田外相が歓迎の挨拶をした後歓談が始まる。皇太子は東郷元帥と何度も酒を酌み交わし、贅を尽くした上野精養軒の料理に舌鼓を打ち、座は大いに盛り上がる。午後九時に晩餐は終了、いよいよ演劇通の小村欣一侯爵が知恵を絞った余興が始まる。

外相邸の奥庭に拵《こしら》えた余興場は実に大掛りなもので歌舞伎座を引抜いて此庭へ持って来たような立派なものだ。絵に描いた桃山御殿の中をウロつくようなきらびやかなもので、黒骨雪洞《くろぼねぼんぼり》〔灯台〕型の電灯が春の夜にふさわしく和《やわら》かに正面大舞台を照している。ここへ外相夫人が英太子殿下のお手をとって御座に案内する。(6)

余興の幕が切って落とされたのは午後九時一五分。演目は「四人娘道成寺」。春の野を背景に四人の烏帽子を被った白拍子が舞い踊る三〇分の艶やかな舞台である。皇太子はこれを大変気に入り、西洋の演劇に倣って大きな拍手をして何度もアンコールを求めた。本田もこの時のことを四月三〇日付の『大阪毎日新聞』に、「予定のプログラムが済んで居るのに『モウ一つ』『モウ一つ』と御所望があった」と語っている。そしてこの時、皇太子が英国大使館の某夫人に「今夜私のすぐそばに座っている紳士はだれですか。日本で会った方々の中で一番愉快な人です(7)」と囁いたのである。

このことを本田が知るのは後日のことであるが、本田もよほど嬉しかったものと見え、駒子に宛てた四月二一日付の葉書で、さっそくそのことに触れている。

昨朝花子と有一が来て一泊した。有一はブリブリ肥えて元気だ。陽子〔駒子の一人娘〕も丈夫にしてやりたい。英皇太子の御来遊で今学期はまだ学校〔外語校〕へ出られぬ。外相官邸の演劇ではお後ろに坐して二時間已上も御下問に答えた。日光へお立ちの前彼の面白い紳士にも一度会いたいと仰せられたそうで、今夕三井男〔三井高棟男爵〕の能楽御饗の席へ出で挨拶を申し上る筈。白藤氏二三日中に上京来泊の事になって居る。

「彼の面白い紳士にも一度会いたい」は、某夫人から聞いた皇太子の言葉とはかなり異なるが、本田なりに脚色した表現なのであろう。結局、本田は四月二七日の朝京都に着いて、皇太子が五月九日に鹿児島を出発するまで随行することになる(8)。この間、駒子に宛てた葉書が二通残されている。

【四月二九日付葉書】

二十七日朝京都着。昨日〔二八日〕は琵琶湖の御舟遊に隋行し、午后五時彦根から自動車で英人二人と京都へ帰った。長良川の鵜飼から殿下の御帰りは午前一時であったのに、今朝西本願寺へ行って見ると後庭のコートで盛んにテニスを遊んでお出になった。金閣寺へも一英人を案内した。今夕は馬渕〔鋭太郎京都〕市長の歓迎式と日本式宴。（京都ホテル絵葉書使用）

【五月六日付葉書】

昨朝奈良より大阪神戸に入り、今日午后高松公園と屋島に行き景福丸に帰って喫茶した処。明日は宮島、明後日は呉と江田島、五月九日鹿児島でおしまい。大阪で白藤氏を訪う時間なかりしは残念。同氏は三月三日の晩まで大森の家に泊まって居た。（栗林公園絵葉書使用）

皇太子を本田が何と言って笑わせたのかはわからない。ただ、本田がユーモアの才に長けていたことについては多くの証言が残されている。

華子は「父は学問をする人には珍らしく陽気でユーモラスな人でした[9]」と述懐している。駒子は「叔父は神経質の六か敷い所もありましたけれど愛も理性も共に強く、一方非常に快活で人生を楽観的に見て居りました。人を憎む事の出来ぬ性質で、喧嘩して帰って来ても相手の事を同情をもって話して居りました。諧謔味も多大に持ち合せて居りました。英太子が日本で会った人の中一番面白い紳士だと仰せられたと嬉しげに話して聞かせました時の面影は今猶眼前に浮んで参ります[10]」と述懐している。山県五十雄も「君は談話に巧に、humour に富み、珍らしい facts に豊かであった。其 talks は多くの人を惹きつけ、茶話会晩餐会等に於て君はいつも中心であった[11]」と記している。実際、本田は座を盛り上げることが得意だったようで、英語の通信教育や英語雑誌で知られる今井信之は次のように回顧している。

本田氏の英語の lecture は実に巧妙なもので、諷刺と humour に富んで聴者を酔わしむる点他の追従を許さなかったものがあるといわれて居た。[12] 僕は不幸にして一度も本田氏の英語の lecture は聴いた事はなかったが、氏が公衆を前に置いて長広舌を揮うたと同じく、否寧ろそれ以上に四五人のサークルに於て、その底知れぬ lecture を縦横に発揮する点、氏は英学界稀有の坐談の雄であったと思う。

そしてその坐談はいつも上品な humour に富んで居た、イヤに江戸ッ子がかッたシカシ変に脂切ッた洒落とは違い、本田氏の諧謔はスラスラと出て始めは白湯を飲むように感じて後で何とも云えぬ味を持たせるのであった。例えば支那料理を食べて居ると bacon が何かのとり合わせに出て来る、これはハムか知ら、イヤ ham ではない bacon だと隣りの人が云うと，本田氏は唇辺に薄笑を湛えながら「これがその Abraham Bacon と云うやつで……」と来る、感の悪い聴手が「ナルホド油味の沢山あるハムだからアブラハムベーコンかナ……」と気の付くうちに本田氏の話はもう外の題目に飛んで居る。[13]

マーク・トウェインのユーモアとも通じる「人格の光」

ユーモアについて本田が正面切って論考を加えた記事は、管見による限り存在しない。ただ、英国と米国のユーモアの違いについて「英国は moral で生活が窮屈であるから深刻な humour を産み出したが米国は空気も陽気で humour は深刻でない gross である、駄洒落だ」[14]と語った記録が残されているだけである。しかし幸いにして本田は、米国のユーモアの代表格と目されるマーク・トウェインに関する論考を残している。そこで、この『英語青年』への寄稿記事を俎上に挙げ、本田のユーモアとは、またその本質とは、いかなるものだったのかを明らかにしたい。

本田が初めて『英語青年』に寄稿したのは、マーク・トウェイン（Mark Twain, 本名 Samuel Langhorne Clemens）のユーモアを紹介する記事であった。それは、第二三巻第五号、一九一〇（明治四三）年六月一日付の「余の知れるマーク・トウエン」であり、滞在中のニューヨークから馬場恒吾を介して寄せたものである。この記事の冒頭に「Mark Twain が死去したので米国の文界は頓《とみ》に寂寥を感ずる事になった。文学の孰れの範囲に於ても彼と名声を争う者は残って居ない(15)」とあり、同年の四月二一日にトウェインが亡くなったことに触発されて寄稿したことが推測される。

この記事の中で本田は、ニューヨークやハートフォードのトウェインゆかりの地を訪ねたことに触れ、併せてトウェインのユーモアを二例紹介している。それらは本田好みのソフトで、後味の良いユーモアである(16)。

扨 Mark Twain も此 Club〔Onteora Club〕に属して能く前記の Inn〔Fox and Bear Inn〕にも宿ったのであるが、一体に簡樸《かんぼく》〔質素〕を主とした木造小屋ばかりの事であるから、部屋と部屋との堺も板が一重か二重かに過ぎぬ。そこで Humorist 先生曰く "The partition is so imperfect that you can hear a man change his mind in the next-room!"〔「大変粗末な壁のため、隣室にいる人が心変わりしたのが聞こえる！」〕

これも三四年前どこか田舎の別邸へ賊がはいって先生の knives and forks など銀器と覚しい物を盗んだ。処が避暑地の事で実は本物の銀器ではなかった。先生早速その家の表に掲示して曰く、御用の泥棒さんは何時にても nickel ware を取って行かるべし、しかしかの部屋のどの戸棚に置くから籠ごと進上致す。但し台所口からソット安眠妨害にならぬよう這入られたし(17)。

本田のマーク・トウェインに関する記事は、この記事一本で一旦終わる。ところが、一〇年以上を隔てた一九二四（大正一三）年四月一日から翌年四月一日にかけて、今度は全一六回の連載記事として再登場する。基となったのは、一九一〇（明治四三）年に Harper & Brothers から出版された *Mark Twain's Speeches; with an Introduction by William Dean Howels*（『ウィリアム・ハウルズ緒言——マーク・トウェイン演説集』）であり、本田は同書に掲載された一〇三本のスピーチの中から一四本[18]を選び、それぞれに評釈と短評を加えている。

ここでは「大統領候補に打って出るなど無論一場の笑話であるが、例の滑稽の中に幾多の諷刺あり、警句あり、真理の洞見ある事は、本文を味う誰にでも首肯せらるるであろう[19]」と本田が文末に評を付した「Mark Twain の文学観」を見る。本田の訳注内に括弧付で挿入されたコメントの中に、短評を兼ねたものがある点、留意されたい。なお、英語のスピーチ本文は省略した。

ADDRESS AT THE ROYAL LITERARY FUND BANQUET, LONDON, MAY 4, 1900.

Anthony Hope introduced Mr. Clemens 〔トウェインの本名は Samuel Langhorne Clemens〕 *to make the response to the toast "Literature."*

ロンドン王立文学会基金募集の饗宴席上で、翁が文学に対する乾杯辞に答えた演説。当夜の司会は英国文豪のアントニ・ホウプ〔Anthony Hope Hawkins〕で、彼自ら乾杯辞を述べてから翁を紹介したのである。

（英語本文省略）

【訳注】此の乾杯はホウプ君の辞に悉《つく》されて、私の一言はもう無用なのですが、原来私は寛大な生れつきです〔から、何時でも命に応じて立つのです〕。故に若し彼が反駁又は正誤を要するような理論でも提起しようものなら、私は〔遠慮なく〕反駁又は正誤したでしょう。若し彼が平素慣習として居るより一層強い陳述でもしようものなら、〔これ亦遠慮なく〕私は処分したでしょう。

実を言えば私は彼の陳述の穏かさに驚いたのです。私ならばそうしようと思っても、あんな陳述はとても出来なんだでしょう。というわけは、誇張することのみに依って私は真理に近づき得るからです。主義の無い者に理論は有り得ない。主義は偏見の別名に過ぎぬ。私は政治、宗教、文学、其他何事にも偏見を一つも持って居ない。

私は大統領の候補に立つため正に故国へ帰ろうとして居ますが（十月ロンドンで演説して、十一月に紐育で演説して居る）、それは競争場裏にまだ候補者が不足で（反語）、既に打って出た人々は彼等の主義即ち偏見に捕われて居るからである。

私が米国へ帰るのは政界の空気を廓清する為めである。私は各人の賛成する各事に賛成です。（何等の皮肉！　何等の警句！）大統領たらん者は全国民に満足を与うべきで、国民の半分を満足させるのでは半分大統領たるに過ぎぬ。

私の政綱ほど広闊なものは他にあり得られぬ。私はどんな事でも一々賛成する。禁酒でも不摂生でも、品行方正でも制限つきの不品行（日本で品行円満）でも、金貨本意《ママ》でも自由銀説でも。

私は従来様々の仕事を試みたものだから、それで一国の統治者という大責任の地位に立って見たくなったのです。私は探訪員、記者、出版業、著作家、弁護士、強盗と順々にやって見たものです。斯く下から歴《へ》上った如く、今後も向上したいと思って居ます。（大統領を強盗以上と罵る、何等の風刺ぞや。）

今日或る雑誌で私の見た処によると、基督教国全体で昨年中に五万五千種の書籍が新刊されたとある。これは何を意味するかお考へ下さい。五万五千の新刊書は五万四千の新著者を意味します。（千人位は前からのが残って居たと見る。）我等は此大数の人々を早晩手に掛けて世話せねばならぬのですから、文学基金を倍加して御寄附あらんことを願います。（自分の諧謔を聞かんために招かれたのだから、本題の方にはわざとあっさり触れたのもうれしい[20]。）

本田が訳注で指摘している箇所以外にも、「主義は偏見の別名に過ぎぬ」や「国民の半分を満足させるのでは半分大統領たるに過ぎぬ」は「皮肉」と言えるであろうか。

本田増次郎とユーモアの関係について論じた勝浦吉雄は、「本田増次郎とマーク・トウェイン（上）」『現代英米研究』No. 6、一九七一（昭和四六）年で、本田が『マーク・トウェイン演説集』（*Mark Twain's speeches*）を取り上げ、その解説を『英語青年』に連載したことに着目し、なぜ本田がトウェインに惹かれ、またトウェインの他の作品ではなく、演説集に惹かれたかについて、「飽くまでも憶測であるが」との断り書きを付して、次のように指摘している。

もし氏がトウェインの主な作品よりも演説集により多くの魅力を感じたとすれば、長い小説では味わえぬものを演説集の一篇一篇に感じとったのではなかろうか。演説家としても一世を風靡したマーク・トウェインの演説の一こま一こまに直裁簡明なユーモアや諷刺を、手っとり早く、その場その場で味わうことが出来ることと、そうした鋭いユーモアや諷刺は多くの聴衆を眼の前にして語られるものだけに寸分の無駄も許されないものであることを感得したからにほかならないものと思われるのである。(21)

一九〇五（明治三八）年、本田は渡米し米国各地を巡って講演活動を展開した。自身の講演の中にユーモアを挟み込み聴衆を惹き付けることは、講演者である本田にとって必要不可欠ともいえる技量であり、その習得に腐心したであろうことは想像に難くない。そう考えると、本田がトウェインの演説の中に散りばめられた「直裁簡明なユーモアや諷刺」に惹かれたとしても不思議はない。

トウェインのユーモアは、「寸分の無駄も許されない」ものだったから演説を聞く聴衆は一刻も気を抜くことができない。諧謔や皮肉や警句の洪水に聴衆は見舞われ、翻弄され、酔いしれたのである。本田はトウェインの演説を直接耳にしたことはなかったが、演説稿を読みこれらの聴衆と同様その演説に魅入られたのであろう。

本田がいかにトウェインのユーモアに心酔していたかは、トウェインの演説に本田が付した短評を見れば一目瞭然である。それは「機智縦横滑稽突梯の妙は誠に神に入ったものだ[22]」「諧謔の中にキザならざる諷刺あり[23]」「英語で滑稽婉曲にもの云う軌範[24]」「聴者を笑わせるのみで不快を感ぜしめぬ処に演者の性格がほの見える[25]」と続いている。本田は『マーク・トウェイン演説集』の紹介記事の初回で、トウェインを「かの humourist 兼 moralist[26]」と紹介しているが、詰まるところトウェインが単なる言葉だけのユーモリストに留まらず、終始一貫して道徳的風刺に徹した点に感銘を受けたのである。トウェインの演説の背後に存在する「人格の光り[27]」すなわち、トウェインの高潔な人格そのものに本田は惹かれたといえよう。

「皇太子を笑わせた男」

英国皇太子がなぜ本田を気に入ったのか。そのヒントがこの本田のトウェイン評にある。本田は自身が皇太子に評価された理由を、「英人ならば君臣の関係から高官と雖も stiff〔かた苦しい〕になり易い。日本人ならば若しや不敬になってはと遠慮する。私は赤裸々の人間として我等に接せらるる殿下をやはり人間として取扱い、心の底からお笑いになるようなお話しを申上げたまでである[28]」と語っている。

この言葉から、本田が身分の違いを越えて、人間対人間として、互いの人格に信を置いて、ざっくばらんな会話を楽しんだことが窺われる。それが皇太子に強い印象を残したのである。英国人の気質を知り尽くした本田ならではの応対[29]と言えるだろう。皇太子は「自分を恐れぬ人物を好む[30]」性格であった。本田のユーモアは、人格と人格がぶつかり合い、響き合うことによって、その効果が最も発揮され得るといった性質のものであった。それゆえ本田は、英国大使館のクロウ（Edward T. F. Crowe）参事官の言う「皇太子を笑わせた男[31]」となったのである。

駒子の手元に残された書籍の中に *Four English Humourists of the Nineteenth Century*（『一九世紀英国四人のユーモリスト』）がある。これは一八九五年の一月から翌月にかけて、ロンドンの王立科学研究所でケンブリッジ大学名誉教授リリー〔William Samuel Lilly〕が、ディケンズ〔Charles Dickens〕、サッカレー〔William Makepeace Thackeray〕、エリオット〔George Eliot〕、カーライル〔Thomas Carlyle〕について行った連続講義をテキストに落としたものである。リリーはこの書で、ユーモリストを「世事及び人事にかかる直観を、我々に対し諧謔を用いて示してくれる芸術家[32]」と定義している。もちろんここでいう「芸術家」とは、単に画家や彫刻家や音楽家を指すわけではない。ユーモリストは、画家が筆を、彫刻家が鑿を、音楽家が楽器を用いるように、諧謔によって芸術表現をなすとの謂である。

本田がこのユーモリストの高邁な定義に適う人物、すなわち対象である世事及び人事に判断や推理等の思惟作用に頼るのではなく直接肉薄し直知する能力を備えていた人物だったかどうかは定かではない。しかし、本田が理想とし目指していたところは、どうやらこの定義に言う「芸術家」〔トウェインもその一人と見なせる〕だったといってよいであろう。

五月九日、皇太子は鹿児島湾内に停泊中の御召艦レナウン号に艦載艇で移動、鹿児島を後にする。「斯くて同〔九日〕四時、三旬〔三〇日〕に近き我国の御遊覧を終らせ給い、お名残り惜しくもレナウン号は海波を蹴ってダーバン〔供奉艦〕を随え、御帰国の途に就かせられた[33]」のである。

皇太子を見送った後の一〇日以降の本田の動きは、次の本田が駒子に宛てた五月一八日付の書簡で知られる。

お手紙拝謝五月十日の朝英国大使、東郷元帥、徳川頼貞氏夫妻等と同車で鹿児島出発自分は熊本に三時間下車して癩患者に談話した。リデル氏は十一日横浜へ帰着したそうだ。十一日の正午前玉島〔現、新倉敷〕駅頭で美芳夫婦と突に会い、其晩は大阪白藤氏に一泊、十二日の夕刻帰宅した。〔中略〕此夏子供〔陽〕をつれて来て母上〔まつ〕も一緒に此家で避暑したら如何。自分は大磯に一軒かりて時々彼処に行き、平日は内野倉氏の子供数名を入れて置くつもりだから、此家〔大森不入斗の自邸〕に居る事は少しも遠慮する事はない。そして講習会にでも出たら一層好かろう。
陽子を大切に　五月十八日

駒子殿まいる

本田増次郎

一〇日は途中下車した熊本の回春病院で患者達と過ごし、翌日は正午前に玉島駅で菅一家に会い、大阪では往路に会えなかった大阪の白藤宅に一泊、帰宅は一二日であった。

本章の冒頭で筆者は宮内省嘱託が「本田にとって人生最後の花道となる」と書いたが、この本田の花道は、皇室外交という華やかな舞台での活躍であった上に、皇太子にも気に入られたため、本田の心に強く刻まれることとなった。

そして文面にあるように、この年の夏、本田は大磯に別荘を借りる。しかし本田に残された時はもはや長くはなかった。大磯で本田の姿が最後に見られるのは翌々年の春であり、この後本田は漂白の旅に身を委ね、辛うじて戻った東京で終焉を迎えるのである。

第30章　関東大震災

軽井沢夏期大学で講演

本田増次郎はなぜ大磯に別荘を借りたのか。

もともと大磯は東海道の宿場として栄えた町であるが、明治に入ってからは山県有明、伊藤博文、西園寺公望、大隈重信、加藤高明、原敬、岩崎弥之助、浅野総一郎、村井吉兵衛等、政界や財界の大物が別荘を構え、鎌倉と並んで文人、墨客も多く住んだところであった。また、湘南の海や空気は健康に良いとのことで、リューマチや結核で健康を害した人々の療養の場ともなっていた。これは海軍軍医総監を退官した松本順が、一八八五（明治一八）年に海水浴場を開設したことが契機となった。

本田が一九〇三（明治三六）年八月に『黒馬物語』の緒言を書いたのは、大磯の大運寺であったし、また英米からの帰国直後の一九一三（大正二）年の春にも大磯の長生館で静養している。おそらく本田は、旧知の加藤の別荘があり、療養の適地としても知られていたことから、大磯を選んだのであろう。

本田の借家は大磯北本町《きたほんまち》大和久方(1)であり、大運寺や役場が近い大磯の中心地にあった。この別荘を借りた一九二二（大正一一）年の夏は、内野倉家の子供達や当時大森の家で面倒をみていた白藤信子（白藤丈太郎の娘。音楽学校受験のため本田の大森邸に寄宿していた）を呼びよせ、にぎやかに日々を送っている。また『英語青年』の編集長である喜安璡太郎《きやすしんたろう》や聖パウロ教会牧師の松井米太郎の来訪もあり、気心が知れた友人達との交流も楽しんでいる。こうして何事もなく夏は過ぎるのであるが、東京に戻り秋口になると状態は一変する。微熱の出ることが増え、一一月一四日には訪れた内野倉医院で喀血するのである。一二月六日付で駒子に宛てた葉書がぼかした形であるが、それを伝えている。

> 病中で陽子の誕生日（一二月四日）迄此葉書が書けなんだ誠に残念。十一月十四日内野倉氏で発病五泊して漸く帰宅。明日頃始めて外出して見るつもり。大丈夫なら追々役所（宮内省）へも出て見よう。悪い風を引いたので心配する程ではない。昨日雪かアラレが少し降った。東北は降雪多しとか。時下御自重を祈る。

「悪い風を引いた」と、風邪であり重病ではない様を取り繕っているが、実際は結核の悪化であった。結局、内野倉医院に五泊して加療し退院にはこぎつけたが、回復は思うようにははかどらなかった。

> 晴天の時宮内省へ出る外此冬は一切外出せぬ事とし、教会へもお断りしてあるので、十五日の例会は開かず寛々《ゆるゆる》過し、十四日日曜日の午餐に信子、富美子、みな子を東京駅ホテルへ呼んだ。信子さんは風邪で欠席。此地方雪は少ないがどうも寒さが強くて時々微熱が出て困る。

これは年明け一月一七日付の駒子宛の葉書であるが、引き続き微熱が続き、公務も教会も思うにならない状態で、前年東京駅ホテルで開いた本田主催の一月一五日の誕生会も、この年は開けなかった。

もっとも三ヶ月後の四月二三日付の葉書では「春暖の為め神経痛も風邪も大に軽快」とあり、回復したとも解せるが、六月二九日には「暖気の為めか此二ヶ月程神経痛は殆んど全快、咳嗽発熱の方は服薬により少し快方」とあり、五月、六月とさらに二ヶ月を経ても、「全快」や「快方」とは言っているものの、依然として咳や熱が抜けていない。

このように健康状態は依然微妙な状態にはあったが、本田は軽井沢夏期大学[2]での講演を引き受ける。テーマはアイルランドの劇作家シング（John Midllington Synge）で、かつて本田が取り上げたことのない作家である。本田が日本に紹介した英米の作家は、トーマス・カーライル[3]、ジョン・ラスキン[4]、フランシス・ベーコン[5]（Francis Bacon）、チャールズ・ラム[6]（Charles Lamb）、エマソン[7]（Ralph Waldo Emerson）があるが、いずれも名立たる思想家あるいは哲学者、著名な詩人と、文字通りその分野の王道を行く人々である。一方シングは作風も異質なアイルランドの劇作家である。

本田はなぜかかる特異な作家を取り上げたのか。この年の七月二八日、松村みね子の『シング戯曲全集』が新潮社から出版されている。本田が軽井沢で講じたのは七月三〇日から八月三日であるから、おそらくこの出版に合わせる形でこのテーマを選んだのではあろう。とはいえ、二八日の出版を受けて二日後の三〇日から話をするというのは、準備期間もないに等しく、今一つ腑に落ちない。

『シング戯曲全集』は、シングの戯曲「谷の影」（“In the Shadow of the Glen”）、「海に行く騎者」（“Riders to the Sea”）、「鋳掛屋の婚礼」（“The Tinker's Wedding”）、「聖者の泉」（“The Well of the Saints”）、「西の人気男」（“The Playboy of the Western World”）、「悲しみのデアドラ」（“Deirdre of the Sorrows”）を収めているが、実はこの中の一篇「西の人気男」に、本田は以前から深くかかわっていた。

この全集発刊のおよそ六年前、一九一七（大正六）年六月三日に、松村は全集の中の一篇「西の人気男」を、当時は『いたづらもの』の訳語を当てて東京堂書店から出版したが、本田は直後の八月二五日に、その書評を

“A Japanese Translation of J. M. Synge”（「J・M・シングの邦訳」）と題して、『ヘラルド・オブ・エイシア』に寄稿している。

シング作品の文学的長所は、その詩的想像力、鋭い洞察力、「手放しの優しさ」、そして天性のユーモア感覚にある。それらによって世の片隅に埋もれた些細な物語は、万人共通の興味の対象となり、永続する価値を持ったみごとな作品に生まれ変わる。（中略）アイルランド人と日本人との間には共通な心的傾向があるから、シングにも、シェークスピア、ゲーテ、そしてモリエールと同等の価値を認めても何の不思議もないと思う。(8)

ここに本田がシングを高く評価する理由が列挙されている。前章で本田のユーモアについて触れたが、本田はトウェインのユーモアの本質を、トウェイン自身が発する「人格の光」に見た。恐らく本田はシングからもこれと同じもの、すなわちシングの人格が持つ「天性のユーモア感覚」を感じ取ったのである。

松村は『シング戯曲全集』の結びの部分で「Playboy の訳は全部本田増次郎先生に御覧を願ったものである(9)」との謝辞を記している。おそらく本田は書評を書いて以降、シングを介して松村との交流（この一端は第24章で触れた）を持ち、旧訳『いたづらもの』から新訳「西の人気男」に至るおよそ六年間、松村の翻訳を手助けしながらシングに対する想いを深めていったのである。

加えて「私〔本田〕は軽井沢の夏期大学で八月三日まで五日間に亙ってシング劇紹介の講演をして来たが、私の Synge を鑑賞し得るに至った参考書は悉く同女史〔松村〕から借りたものである(10)」としているので、本田が松村から他のシングの原書も借用しシングの劇作をより深く知るようになったことも推測できる。いずれにせよ本田は、松村の戯曲全集の完成を心から祝福し、講義に臨んだに違いない。

軽井沢はＳＰＧの宣教師ショー（Alexander Croft Shaw）が開いた別荘地として知られている。宣教師をはじめとする西洋人達の当時の保養地としては、日光、箱根、北海道が考えられるが、やはり軽井沢がその白眉であろう。そこには別荘を割り当てる委員会があり、夏の二ヶ月間宣教師達はこの別荘地で静養し、テニス、乗馬、ゴルフ等のスポーツにも汗を流した。また、会議や知的な集まりも開かれ、日本に住む外国人の一大社交場となっていた。

八月三日にシングの講義を終えた本田は、翌日の夜駒子と軽井沢ホテル[11]で晩餐を喫している。駒子はこの時のメニューを手元に残していた。一九二三（大正一二）年八月四日、軽井沢ホテルのディナーは次の通りである。

軽井沢ホテル
メニュー
軽井沢＿＿＿＿
ディナー

1 パテのスープ
2 焼き鮭とマヨネーズ・ソース
3 冷ハムのゼリー添え
4 牛肉のブラウン・ソース煮
5 ロースト・ポークとりんごソース
6 茹でジャガイモ
7 いんげん豆のソテー

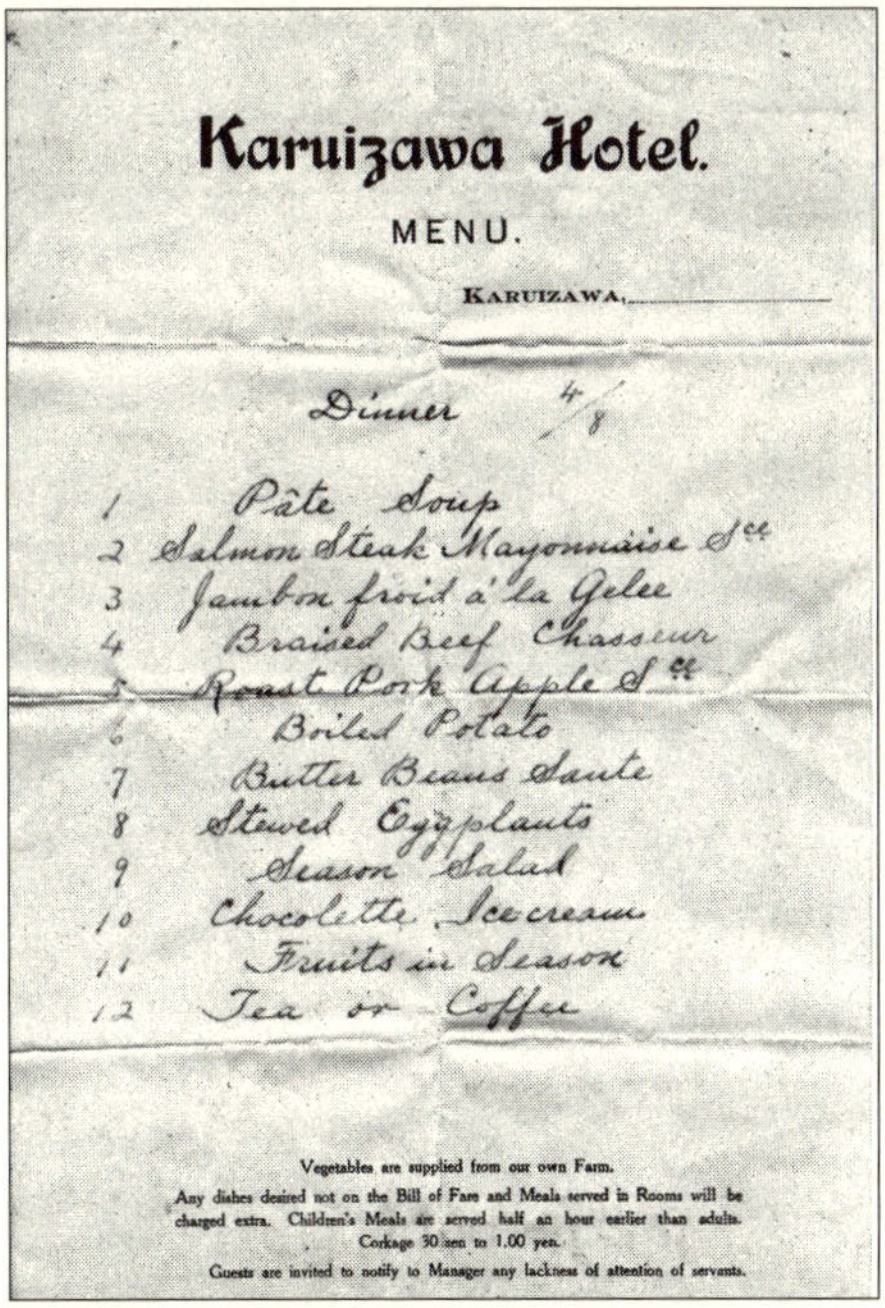
Karuizawa Hotel.
MENU.
KARUIZAWA, ________
Dinner 4/8
1 Pâte Soup
2 Salmon Steak Mayonnaise Sce
3 Jambon froid à la Gelee
4 Braised Beef Chasseur
5 Roast Pork Apple Sce
6 Boiled Potato
7 Butter Beans Saute
8 Stewed Eggplants
9 Season Salad
10 Chocolette Icecream
11 Fruits in Season
12 Tea or Coffee
Vegetables are supplied from our own Farm.
Any dishes desired not on the Bill of Fare and Meals served in Rooms will be charged extra. Children's Meals are served half an hour earlier than adults.
Corkage 30 sen to 1.00 yen.
Guests are invited to notify to Manager any lackness of attention of servants.

8　茄子のシチュー
9　季節のサラダ
10　チョコレート・アイスクリーム
11　季節の果物
12　紅茶またはコーヒー

野菜は自社農場から供給しています。メニュー以外の料理もお作りします。また、ルームサービスには特別料金を頂きます。お子様の食事は三〇分早くお作りします。持ち込み料金は一円につき三〇銭頂きます。サービス不充分な点は何なりと支配人にお申し付け下さい。

甘い物好きで、微熱に見舞われていた本田のことである、デザートのチョコレート・アイスクリームはさぞ美味しく、かつ心地よく感じられたことであろう。駒子の回想によれば、この軽井沢夏期大学の時、「叔父は非常に衰弱して居り」[12]、この時昨冬の喀血のことを聞かされたので、「伯父の生命の先の短いのを知り非常に煩悶致しました」[13]と述懐している。

そして多くの犠牲者を出した、あの日が目前に迫っていた。

震災後、帝国ホテルへ避難

今から思えばその予兆はあった。一九一二（明治四五）年二月、伊豆大島の三原山が噴火を開始、一九一四（明治四七）年五月まで溶岩流の噴出を含む噴火が断続的に繰り返された。噴火の収まった翌年には九十九里浜で群発地震が、一九一七（大正六）年と翌年には箱根でも群発地震が発生した。そして一九二一（大正一〇）年一二月には茨城県南西部で、翌年四月には浦賀水道で、また同年五月には茨城県南西部で、いずれもマグニチュード六、七クラスの地震が連続して起こったのである。

一九二三(大正一二)年に入っても地震は一向に収まる気配がなく、一月には茨城県南西部でマグニチュード六クラスの地震が、五月には銚子付近で群発地震が発生、関東地方はまさに一触即発の状態に置かれていた。そして九月一日(土)午前一一時五八分、その時帝国ホテルは当日の全館オープン記念式典の準備に追われていた。調理のためにオーブンに火が入れられ、それは一番危険な時間帯でもあった。

突然、マグニチュード七・九の巨大地震が関東地方を襲った。浅草の凌雲閣(一二階)は八階上部から上が崩れ落ち、木造家屋は言うに及ばず多くのビルが甚大な被害を被った。特に地震後発生した火災の被害は熾烈を極め、本所の被服廠跡ではおよそ四万の人々が焼死した。火災が鎮火したのは翌々日の午前一〇時頃のことである。死者、行方不明一〇万五千人余、被災者はおよそ三四〇万人、被害総額は推定で当時の一般会計予算の四倍に上った。東日本大震災を経た今日においても、日本災害史上最悪の地震と言える。

帝国ホテルは無傷とはいえなかったが、建築家フランク・ロイド・ライト(Frank Lloyd Wright)の設計による新館は、少なくとも使用可能な状態で残った。当時としては珍しく調理関係を含め熱源が電気であり、スイッチさえ切れば釜の火を瞬時に落とすことができたのである。支配人の犬丸徹三のメイン・スイッチを切る咄嗟の機転が、地震で最も怖いとされる火災からホテルを救った。地震から六日後の九月七日付の『東京日日新聞』は「帝国ホテルに立ち退いた者」との見出しで、次の記事を載せた。

焼失の為帝国ホテルの室を借り受けて営業及び事務をしているものは現在の所左の如し。
東京朝日新聞社、日本電報通信社、東京電灯株式会社、国民新聞社、パラマウント会社、王子製紙株式会社、大倉組、同商事一切、三引商事、泰正銀行、共同火災、京浜電力、入山採炭、ユニバーサル、米国大使館、樺ふと林業、大正閣、松本楼帝国ホテルは焼け出された会社事務所や大使館のいわば救護所と化した。

大震災直後の九月一四日、本田は田端駅を発して関東地方を、続いて軽井沢、富山、金沢を経由して京都へ向かい、帰途には東海地方でも震災の影響を調査している。これは宮内省及び外務省の意を受けて、大震災が日本及び日本人全体に与えた影響を海外向けに英文で発信するためであった[14]。この時足を延ばし打穴里の生家や津山の駒子を訪ねているが、これが本田最後の帰省となる。さらに一〇月一日には廃墟となった鎌倉を訪れ、軽井沢夏期大学で初めて挨拶を交わした西洋近代文学の紹介者として名高い京都帝国大学教授の厨川白村《くりやがわはくそん》[15]夫妻の津波遭難の現場を訪れ、「此辺まで seismic wave〔津波〕が打ち上げて来たのだ、あの橋〔滑川の海岸橋〕が破壊されてしまったのだと指示されて、博士終焉の scene of tragedy を visualize した[16]」と感慨に浸っている。

こうして本田は震災関連の視察を終えると大森の自邸を離れ、同月二八日[17]『ジャパン・タイムズ』時代から慣れ親しんだ帝国ホテルに移動する。これは焼け跡から立ち上る灰やほこりが咳を誘発したからであった。その意味で本田も事実上の救護所となった帝国ホテルに救いを求めた一人であった。

次は、本田が避難後の帝国ホテルから駒子に書き送った英文の葉書。

> 君の素敵な手紙、確かに受領。感謝感激。健康状態は良好なので、どうか心配しないでほしい。埃と冷気を避けるためマスクをしている。帝国ホテルにいることは、冬の間であっても必然的に蒸気か電気で暖められた部屋にいて、栄養の有る食事を食べることになる。これこそ大森から東京に出て来た第一の目的だ。私が帝国ホテルにいる間に是非破壊された東京に来てほしい。そうしたら心のこもったおいしい食事を一緒にした後で、帝国ホテルの建築上やその他の特徴的な点[18]を見せることができる。山本と華子は私がここに来て最初の木曜日〔一一月一日〕に訪ねて来た。内野倉夫人を招待して〔中村〕福助の踊りを見た。

大正一二〔一九二三〕年一一月一二日　君の本田増次郎より心をこめて

関東大震災後の帝国ホテルは本田にとって砂漠で見つけたオアシスであった。生活の不便はなく空調も効き、埃とも無縁なホテルはまさに願ったり適ったりであったろう。本田もこの時は娘夫婦の来訪を喜び、観劇や会食と明るく振る舞っている。しかし、本田はこれを境に次第に孤独感に苛まれるようになる。「私が帝国ホテルにいる間に是非破壊された東京に来てほしい」と、本田は駒子に上京を促している。孤独の影が、本田の心に忍び寄り始めていた。

第31章　永遠なるもの

しのびよる孤独

帝国ホテルでの生活を楽しそうに姪に語った本田増次郎だったが、舌の根も乾かないわずか一〇日後、次の英文の葉書を駒子に送り、孤独に喘ぐ胸の内を吐露する。

仕事を年末までに終わらせようと思っていたが無理だ。引っ越しのために荷物を詰めたり整理したりする必要はない。持ち物は全部他人にやったか、内野倉医院に預けているか、ここ〔帝国ホテル〕に持って来ているかだ。君に一つ頼めるとすれば、それは手紙や葉書を私宛に書いてほしいということだ。しかし、やはり荒廃し瓦礫に埋もれた、愛しい東京を見るためにだけでも来るべきだ。夏休み中、内野倉医院は混雑するはずだ。一日に二、三時間だけここに来てくれればよい。寄宿舎を見つけるのは恐らく難しいと思う。ミス・フィリップス（Elinor Gladys Philipps）に手紙で泊めてもらうよう頼んだらいい。地震で破壊された街で難儀することだけは覚悟してくれ！　地震前の大森での生活と較べたら、ホテルでの生活はまるで監獄にいるようだ！　ごきげんよう。

何という変わり様であろう。「地震前の大森での生活と較べたら、ホテルでの生活はまるで監獄にいるようだ！」と表現するほどに、本田にとって一人での生活は耐え難いものとなっていた。

若き日に結核でふでをなくし、京都女学校《みやこ》への赴任で駒子が去り、山本有三との結婚で華子を手離し、遂に家財も捨て去って、本田は孤独そのものに陥っていた。大森での最後の生活はもはや近親者はおらず、家政婦の菅沼まさ母子と犬や猫との暮らしとなっていたが、それでも華子と暮らした思い出のある大森での生活が、夢のように幸せに思えたのであろう。「手紙や葉書を私宛に書いてほしい」との一文に、本田の寂しさが凝縮されている。

実はすでにこの時、本田は一つの決断を下していた。家財道具一切を処分したのも、そのためであった。『赤毛のアン』の翻訳で知られる村岡花子（はな）が次の一文を書き残している。

或る日近所に住む松村みね子氏が、『本田増次郎先生が大森の家を片付けて旅に出るので電話を誰かこの震災で打撃を受け、これから再出発しようとしている方に譲って上げたい、金儲けをしようと思えばいくらでも儲けられるけれど、私は自分の電話の在家《ありか》として、後々いつ考えても心が愉しくなるところへ置いて行きたいが、適当な人はないかとおっしゃるので、私はあなた方こそ先生のお望みに合うように思うが如何？』と言って下すった。

本田増次郎先生といえば、有名な英学者であり、殊にその翻訳になる『黒馬物語』という名作は、私が少女時代の愛読書だったから二重にも三重にも光栄を感じて、早速、松村みね子氏に連れられて、大森駅に近い先生の寓居をお訪ねして、電話譲受けの一切の手続を踏んだわけである。だから、当時法外にあがっていた電話売買の相場をよそにして、乏しい私たちの経済でも払える値段で売っていただいたのであり、その取引は一切先生と私との間で行われた。即ち私名儀の電話の由来である。
大森がまだ東京の郊外だった頃だから電話の番号も今のように四こえの必要はなかった。『あなたのところの電話は八《は》七《な》〇《まる》と憶えればいいのねえ、おはなさん』とよく友だちの誰かれが大発見をしたように言ったものだ。本田先生のたった一人のお嬢さんは花子さんというお名だそうだ。偶然にも同じ名前の私がお電話を譲っていただいたのだ。先生が世を去られてから長くなるが、私はどうしても電話の名儀人を当時の儘にして置きたい気持が失われないのである。(1)（抜粋）

本田の生家にもビクターの手回しの蓄音機や柱時計（振り子の付いた掛時計）が残されており、本田から贈られた物だと伝わる。恐らくこの時本田が実家に送ったのであろう。

暮れにかけ、本田の体調は次第に悪化してゆく。一二月一六日には加療のため内野倉医院の門を叩くが、年が明けても外出さえままならない状態が続く。年明けの一月二八日付の駒子宛ての葉書が、その間の事情を物語る。

一月七日初出勤の数日後の頃にて宮内省解嘱の事申出で、(2)三四月の頃暖地へ旅行又は転住する時まで一切外出せざるの自由を得、近来諸病候とも大に軽快御安心下され。一月廿六日御慶事〔裕仁の婚儀〕の夜十一時過向側の家より出火、二三時間雨雪中に安全なる隣家へ避難せしも当家は幸に無事。此方の病気にさわらず御心配無用。此冬は例外の温暖で仕合せなるも、社会的雰囲気は正に世界的革命の渦中にある日本、(3)タイムに死してイターニティーなき偽事を棄てて歴史美術など新文化の基礎となるものに余生を捧げたしと思う。

本田は自身の生い先の短いことを意識し、宮内省を辞職し転地した上で最後の仕事に取り掛かる決意をした。「タイムに死してイターニティーなき偽事を棄てて歴史美術など新文化の基礎となるものに余生を捧げたしと思う」、すなわち時の経過によっても色あせることのない永遠の真実を記録し発信すること、これこそ本田が最後に選んだ仕事であった。

日本の美への開眼

第26章の本田が奈良帝室博物館の参観に赴いた箇所で、筆者は「最晩年を奈良を中心とした日本文化の研究に力を注いだ本田の原点がここにある」と書いたが、本田はこの時心に期した思いを、およそ四年の歳月を経て、今こそ行動に移すべきだと確信したのである。

「神代より廿世紀へ（第五信）」『読売新聞』一九二〇（大正九）年一一月二一日に、この着想を得たことが窺える記述がある。該当の一文は同月七日の取材について述べた部分に当たり、本田はこの日午前には法隆寺を、午後には奈良帝室博物館を参観している。

午後は奈良博物館を参観したが、絵画一覧、彫刻一覧、書蹟一覧と云うように別々の目録が出来て居るのは便利だ。一度に凡てを精覧する事も不可能、同一人が凡てに理解趣味を有《も》つ場合も少かろう。絵画のキャタログだけは英文のがあったが、不幸にして一九一五年の出版のままで現今の陳列と少し違った所がある。（中略）飛鳥時代、奈良時代、平安時代、鎌倉時代、桃山時代、江戸時代と、順序を立てて美術古物を研究又は識別するには、大和国は最も好適な中心だと思うた。陸奥伯夫人〔Countess Iso Mutsu〕が英文で鎌倉を詳細に記述されたように、英文の大和めぐり日向《ひゅうが》案内などが出来たり、東洋文化の偉大を世界に紹介する一大便法だろうと思い続けた。

ここにある「陸奥伯夫人が英文で鎌倉を詳細に記述された」とは、陸奥イソが丸善から出版した *Kamakura: Fact and Legend*[4]（『鎌倉――その史実と伝説』）一九一八（大正七）年である。陸奥伯とは陸奥広吉（陸奥宗光の長男で広吉と同じく外交官）のことであり、その妻女は英国生まれで本名はイザベラといい閨秀文学者として名を知られていた。

特にジャーナリストになってからの本田は、日本をいかに海外に紹介するかに腐心しており、この陸奥夫人の書に触発されたのである。奈良で見た日本美術の精華、すなわち「東洋文化の偉大」を世界に知らしめたいと、本田はこの時から考え始める。

本田が東洋の美、そして日本の美に目を向けるようになったのは、八年間にわたる海外生活が関係していると思われる。「大抵の人が外国を観たり研究してから一層愛国心の強くなるは、自国の長所を喜ぶことと他国の美点に感ずることとが、比較の上から深く心を刺戟するによるのである[5]」と、本田も書いており、日本を離れ外国の地で異文化に直に接した者は、自然に、外国、日本、双方の相違に目が向き、その結果、西洋の優れた点に気づくと同時に、逆に祖国日本の良さにも思いが至る。

渡米前には帽子を被る等洋装もしていた本田が、帰国以降は和服で通している。このことも、本田の心の変化、すなわち日本の文化へ回帰する心情が強くなっていたことの証左であろう。また、本田は外務省嘱託として来日する外国要人に同道する機会が多く、その度に京都や奈良を訪れている[6]。度々の訪問が一層本田の古都奈良への憧憬を深めさせたといえるかもしれない。

もっともいかに決意を固めようが、健康が回復しない限り先へは進めない。静養中の内野倉医院から『英語青年』に寄稿した一文で、本田は自身の現状を自嘲気味に語っている。前年暮れに亡くなった日本の英語教育の祖、神田乃武《ないぶ》の一九二四（大正一三）年三月一五日付の追悼号に寄せた記事である。

数箇月男爵の温容に接せず居るうち、自身も病気静養〔rest-cure〕の為めに一切外出を禁ぜらるる事となり、敬愛する先輩神田男の霊に最後の告別をする事もかなわなんだ。(中略)私も御多分に漏れず英語教師たるを恥じた一人で〔前段で mere language teachers と蔑まれるのを恥じたことを話題にしている〕、英文学など研究して学究の列に入る野心も根気もなく、唯下手の横好きたる writing and speaking in English でもって、東西文化の mutual understanding〔相互理解〕とか the lasting elements of the Far Eastern fine arts〔東洋美術の恒久的要素〕の紹介とかを志して、明治三十八〔一九〇五〕年以来江湖に放浪し今や tottering health〔危うい健康状態〕に prop〔壁にもたれかかる〕して居る処である。神田男の終始一貫〔生涯英語教育に専念〕も羨ましいが井上氏〔井上十吉/『新訳和英辞典』等の辞書編纂に功績〕の今日の境涯も満悦らしく見える。唯私は外に行くべき途が無いから既に選んだ第三の途を嬉々として進むより外はない。[7]

自身の行ってきた仕事を少し離れた視点からシニカルに眺めた物言いであるが、いずれにしても「志して、明治三十八年以来江湖に放浪し今や tottering health に prop して居る処である」の箇所に、この時本田が置かれている状況への、すなわち志はあっても前に進むに進めない健康状態への口惜しさや苛立ちが込められている。

三月に入り待ちに待った内野倉医師の外出許可が下りる。本田は同月二二日大磯の別荘に移動する。[8]駒子宛ての二五日付の葉書では「幾分東京より暖かきも空気の清浄が何より心地よろし。(中略)此頃当地はブリの大漁で今日は漁夫たち宅お祝いして居る。曇天にて風寒き為自分は辱中に休息」とし、四月三日の英文の葉書には「まだ弱っているので、長時間は歩けない。暖かい日には海岸や三宅書店に行く」[9]と書いており、まだ最後の仕事に取り掛かれる状態にはない。それでも四月二八日の書簡では「大磯滞在一ヶ月の成価は十分良好といえる。此順ならあと二ヶ月で旅行に堪えらるるようになるだろうとホープして居る」と期待感を示している。五月一一日には気分転換で伊豆の河津へバス旅行に出掛けており、健康に少し自信を取り戻したのであろう。

正倉院の調査を開始

この旅行の後、本田は奈良に移動し、奈良ホテル[10]を拠点に最後の仕事に取り掛かる。六月七日付の駒子宛ての葉書には「奈良は何とも云われぬ古雅閑却な処」とあり、久しぶりに奈良の風物を満喫している様が伝わってくる。この正倉院の調査は、駒子に付き添いを頼んでの夏の山陰旅行[11]や瀬戸内海での静養で中断されるが九月に再開、今度は宿泊先を日吉館[12]（奈良市登大路町）に変えて一一月まで続けられた。この間、嘉納治五郎や山本有三を正倉院に案内し、楽しい時も過ごしている。しかし体調が決して良かったわけではなく、内野倉医師から薬を送ってもらいながらの綱渡りの調査であった。そしてこの正倉院での調査を終えると、本田は静養のため一一月三〇日別府に入る。

別府では賄い付きの大分銀行の社宅[13]に逗留し付き添いの看護師を頼み、リューマチによる痛みや発熱と悪戦苦闘しながら越年する。年明け一月二九日付の駒子宛ての葉書によれば、「別府ではまだ四十度を下に降った事なし」としており、温泉治療や鍼等で療養に努めるものの執拗に続く高熱に悩まされている。肺をはじめとする胃腸等の内臓の衰弱がベースにあり、症状が一進一退を続けていたのであろう。三月には高熱のため人事不省に陥ってさえいる。

辛うじて回復した本田が別府を発ったのは五月一日、別府港から大阪商船の紅丸[14]で神戸港に向かい、数日間星野行則邸に逗留している。この星野邸から駒子に宛てた五月五日付の書簡には、「東京に帰ってからも半年や一年で金もうけの活動が出来るようになるか如何か甚だ疑わしい」と書いており、健康状態に自信の持てる状態ではなかったことがわかる。本田が星野邸を発ったのは五月八日の朝、前年の五月に奈良で正倉院の調査を始めて以来およそ一年ぶりの帰京であった。

旅に出る前、大森の借家は解約しており、そこに戻ることはできない。本田は内野倉医院に立ち寄った後、午後には麻布の山県ホテルに移動[15]、その後も旅館や日光金谷ホテル[16]等を転々とする。腰を落ち着けたのは八月に入ってからで、宿に定めたのは大森不入斗に近い山王暗闇坂上の大森ホテル[17]であった。ここで最後の力を振り絞って執筆を始めたのが、第11章で題名のみ紹介した英文の *THE SHŌSŌ-IN*（喜安璡太郎が付けた仮題）である。これは本田死後の一九二六（大正一五）年二月一五日付『英語青年』第五四巻第一〇号、三一五頁に、本田の絶筆として紹介された。

本田はまず、奈良の都としての成り立ちから説き起こし、そこに創建された正倉院の目的・意義、建物の形状・構造等を解説、続いて、「個別の宝物の解説を始めるに先立って、専門用語と手順について触れねばならない[18]」として、四つの工芸上の専門用語、平脱《へいだつ》、平文《ひょうもん》、撥鏤《ばちる》、抹金鏤《まっきんる》を説明する。そして宝物を取り上げる順序を、北倉から南倉へと部屋ごとに行うと宣言し、北倉第一室の宝物から解説に着手する。ところが金銀平《きんぎんひょう》文琴《もんきん》、螺鈿紫檀阮咸《らでんしたんのげんかん》、銀平脱合子《ぎんへいだつのごうす》、螺鈿紫檀五絃琵琶《らでんしたんのごげんびわ》の計四つの楽器について解説を加えたところで頓挫する。喜安は「本田氏はここまで書いて斃れてしまったのである[19]」とこの引用を結んだ。

この冒頭の記述から、本田が書こうと意図したのは、一室ごとに、一宝物ごとに解説を加え、その美を紹介していく形式の正倉院宝物の総合カタログとでもいうべきものであったことがわかる。本田の死を最も早く伝えた『ジャパン・アドバタイザー』は、次のように佐伯好郎の言葉を伝えている。

本田博士はほとんど調査を終えているので、この仕事が国内外の識者に完成した形で示せずに終わるのは真に心残りである。それゆえ、東京外国語学校の片山〔寛〕教授と私は調査結果を取りまとめて出版することにした[20]。

東京市外大森新井宿大森ホテル

本田の遺志を継いで佐伯等による出版の動きもあったが、結局、日の目を見ることはなかった。*THE SHŌSŌ-IN* は未刊に終わった。本田が興味を抱いて尽きなかった美の世界、日本の古代美の世界は、残念ながら本田の筆によって世に問われることはなかった。

真実を愛する心

次章で紹介するが、本田が大森ホテルで書いた英文日記によれば、本田がこの *THE SHŌSŌ-IN* に最後の筆を入れたのは一一月一四日である。その後亡くなる二五日まで著作物には手を付けていない。もちろん私信や日記は亡くなる直前まで書いているが、*THE SHŌSŌ-IN* が著作物としての本田の絶筆であり、その重要性に疑問の余地はない。

しかし、実はこの絶筆の数日前まで本田が書き続けてきた別の記事がある。それは「語学雑俎」と題した語源等をテーマにした『英語青年』の連載記事である。日記によれば、七日に「Seven Deities of Luck」（「七福神」）を、一〇日に「笑話一束」と「東西語原の話し」を書き上げ、編集長の喜安に送っている。いずれも本田の死後掲載されることになったが、どのような記事であったかを示すため、最後に掲載された記事「東西語原の話し」を抜粋で次に紹介しておく。

東西語原の話し

東西と云っても主に日英語の事であるが、其前に世界的となった支那語一つと、梵語一つとを紹介する。一は申す迄もなく茶で、我々の知る限り、チヤ、ティー、テーで通って居る。(中略)

梵語の方は砂糖のサが、saccharin のサであると云うのだ。原来支那の糖は飴の一種でネバネバしたもの、決して砂のようにザラザラしたものでなかった。それを砂糖と呼ぶに至ったのは、サッカリンのサを漢字で表わした迄の事である。

さて、日英語原の話しに立戻って、先づ日本語の方で、蛍は垂れる火即ち drooping fire である。蜆は肉見で、少し貝を開くと flesh が visible になるから付けた名。蛤は浜にある栗の形ちしたもの、蜻蛉は flying stick で、棒切れのようなものが空を飛ぶと云う事。(中略)

英語に ventriloquism と云う語があって、邦語では腹話、肝言術などと訳してあるが ventri は腹で、loqui は elocution, loquacious(多弁)などに関聯して居る。私も米国の寄席 = vaudeville theatre で聞いた事があるが、どうしても天井の方から物を言っているとしか思われなんだ。

英語に Manicure、理爪術と云うがあって、manufacture, manipulate(手加減してゴマかす事)など凡て手 manu につながって居る。toe-nails の掃除する方を chiropody 又は chiro-practice と云って、西洋人の足の爪が靴の為めに肉に喰いこんだのを治療したり、corn 即ちマメを除いたりするのである。此 pedy が足を意味して、自転車の pedal、徒歩者の pedestrian などと関連して居る。

余り長くなるから、語原の話しはこれで打切り。[完][21]

この種の記事が『英語青年』に最初に登場したのは、一九一八(大正七)年一〇月一日、第四〇巻第一号で、この時は「聯想語学」と題されていたが、一九二一(大正一〇)年四月一五日、第四五巻第二号で「外国語雑俎」に名称を変え、さらに一九二三(大正一二)年三月一日、第四八巻第一一号からは「語学雑俎」となった。

死後掲載された「語学雑俎」も含めて、掲載期間はおよそ七年、掲載回数は総計六四回にも及ぶ。しかも、同種の記事を本田はそれ以前にも他の英語雑誌に寄稿している。それは『ジャパン・タイムズ学生号』に一九一七（大正六）年九月一日、第七巻第二号から連載を始めた「語学覚え帳」である。これは翌年七月一日、第七巻第二二号で終了しており、総連載回数は一九回である。従ってこれを加えるなら、かかる種類の記事の掲載期間は八年、総掲載回数は八三回に及ぶことになる。記事の一つ一つは小記事であっても本田の著作物におけるその重要性は高いといわざるを得ない。この語源を研究する学問、すなわち説文学も本田の頭を長年にわたり占めていた重要なテーマであった。

本田がこの説文学に興味を抱くようになった理由は、一九〇二（明治三五）年六月一日付の『英学新報』の記事が明らかにしてくれる。

外国語を学ぶ興味愉快は一段一段進歩するにつれていくらも出て来る。邦語に無い音を出す稽古をしてやっと其音が出るようになれば、唖が物を言い盲が物を見るようになったも同然で鬼の首を取った嬉しさであろう。ステーションとか煙草とかランプとかホテルとかが一々英語として出て来るとどんなに嬉しかろう。やがて横文字で書いた看板や広告がポツポツ分かる、英字書から引き出す事も覚える。英米人の言うて居る事が一言二言は聞き取れる、もう時候の挨拶位は出来て来る。ははあステーションが英語なら勧工場《かんこうば》〔複数の小型の商店を同一の建物内に入れたマーケット〕も英語かと聞いて教師を驚かした若殿様も、もうそんな鈍馬な事は謂わ無くなる。馬の尻を洗うからバケツかと思って居たがさては英語か、小さく刻むから千六本〔千切り大根〕だと思って居たが然らば支那語の繊蘿蔔《せんろふ》か。繻珍《しゅちん》〔繻子地に模様織りを施した布。日本語〕は支那語でなく合羽〔ポルトガル語〕も日本語でないかというように眼があいて来る。追々にはたった一語の中に千年前の歴史や宗教の大真理や美術の妙趣などが籠って居る事も分って来る。言語は即ち道徳である、人物を表わす記号であるというような面白い観察も脳に浮んで来る。[22]

英語を学び一語一語の意味を把握していく中で、本田は言葉への興味を増幅させていった。多くの人々の人格が作り上げ歴史の中で形造られてきた言葉、言い換えれば、歴史や宗教、文化等に彩られた言語の歴史に本田は惹き付けられたのである。

THE SHŌSŌ-IN は著作として絶筆だとの栄誉を担ったが、導入部の草稿が残されただけに終わった。一方「語学雑俎」は *THE SHŌSŌ-IN* に最後の筆が入ったその四日前まで、八年間にわたって書き続けられてきたのである。

本田が最晩年に書き、また最晩年に至るまで書き続けたこれらの作物は、一体いかなる思想に支えられていたのか。*THE SHŌSŌ-IN* は宝物の案内記であり、「語学雑俎」は語源を解説したものである。一見しただけでは、この二つに共通した何らかの拠って立つ基盤は見えてこない。しかし、本章ですでに引用した一九二四(大正一三)年一月二九日付の駒子宛ての葉書に本田が残した言葉「タイムに死してイターニティーなき偽事を棄てて歴史美術など新文化の基礎となるものに余生を捧げたしと思う」を吟味すると、これらの作物を支えた本田の思想や理念が見えてくる。

一九一六(大正五)年本田は嘉納塾同窓会で、嘉納治五郎夫妻、富田常次郎等を前に講演をしているが、その中で「我国民の世界に卓越せる点[23]」を日本人が持つ「美術心[24]」に求めている。その例として「無学の一農夫が一本の植木に手を入れて枝を右に矯め左に直しては後に下って銜え煙管であらゆる事を忘れて見入る様は、他の国では到底見る事の出来ない事である。欧洲で伊太利国民は美術心に富むといわるるが、之は或階級に限られて日本の如く高貴の人より賤夫に至るまで美的感情を有するとは言えない[25]」とし、「何れの方面の理想も美を以てせねばならない[26]」と結んでいる。ここに言う「何れの方面」の意味として、本田は、政治、経済、社会、文化等、あらゆる分野を念頭に置いて話している。

つまるところ本田が言う「美術心」とは、真実を愛する心の謂である。美術を例にしたため「美術心」という言葉を用いただけであり、他の分野であれば、その分野ごとに適した表現がなされるべきものなのである。真の美、すなわち時の流れによっても色褪せることのない永遠なるもの、つまり真実、それを希求し続ける人間に本田は最大の信頼を寄せていたと思われる。真実を愛する人間、すなわちあらゆる分野で真の芸術家たる人物が、それぞれの分野でその能力を発揮する時、人類の進歩がもたらされるというわけである。

それゆえ本田は、古の芸術家がその鋭い鑑識眼で選別した日本や東洋の古代美術の精華、つまり美の真実たる正倉院の宝物をテーマに選び、また、「たった一語の中に千年前の歴史や宗教の大真理や美術の妙趣などが籠って居る」言葉を対象に、真実を語り尽くそうと力を傾けたのである。蓋し、「言語は即ち道徳である、人物を表わす記号」である。人が発する言葉は、その人格の表出であり、従って言葉は人格そのものともいえる。本田は「語学雑俎」によって、言語という記号を題材として、人間の営みが紡ぎ出した言語の歴史を、つまり言葉に込められた歴史の真実を伝えようと試みたのである。

最後の一ヶ月間、悪化する健康状態の中で本田の活動範囲は大森ホテルに限定され、内外に多くの知己を持つことで知られた本田でさえ、ホテルを訪ねた友人は片川悦蔵と白藤丈太郎の二人にすぎなかった。本田が葉書を送り意思疎通を図ったのは、親族の駒子や華子、内野倉家等ごく少数の人々であった。それでも、この段階にあっても、『英語青年』との間に確たるパイプがあり、外部との接触は保たれていた。最後は孤独に苛まれ、交友も仕事上のやりとりも極端に狭まっていたとはいえ、亡くなる直前まで、自身で選んだ自身のやりたい仕事に執念を燃やし、『英語青年』に「語学雑俎」の記事を寄稿し、*THE SHŌSŌ-IN* の完成に向け、悪化する体調の中で果敢に執筆に取り組んだのである。

第32章　最後の日々

病状の悪化と深まる孤独感

本章では、本田増次郎最後の一ヶ月を『英語青年』に掲載された本田の英文日記[1]と富田常次郎の述懐を中心に辿ることにする。日記は日付のみの記載となっているが、すべて一九二五（大正一四）年一一月である。なお、編集長の喜安璉太郎が取捨選択しており、日付には欠落がある。

五日　晴天、暖かい。片川悦蔵、昨日の約束通り来訪、昼食を共にしその後雑談した。片川氏との会話を受けて、再度駒子を励ますため葉書を書いた。

片川悦蔵は本田の外語校時代の教え子で、駒子の奉職先津山高等女学校の校長である。
本田がこの日駒子に宛てた葉書は「昨日今日と両度片川氏のお出であり殊に今日は午食を共にしてゆっくり話した。駒子の病気の事は医者にもよく聞いたが、三週間位で全快するとの事であって安心して静養なさい」となっており、日記の通り駒子を励ます内容となっている。

七日　晴天、暖かい。新しい薬のお蔭で夜良く眠れた。七福神に関する語学雑俎を書いて喜安氏に送った。

この「七福神に関する語学雑俎」は前章で題名のみ触れたが、本田の死後「Seven Deities of Luck.」と題して『英語青年』第五四巻第六号、一九二五（大正一四）年一二月一五日、一七四（一四）頁に掲載された。

八日　良く晴れた日曜。午前中に『青年』の「語学雑俎」を準備した。午後は孤独を癒してくれる訪問者も手紙もない。華子と有一に来てほしかったが。

一〇日　暖かくて良く晴れている。「語学雑俎」を終え喜安氏に送った。ボーイの青山氏が薬を補充してくれた。

本田が喜安に送った「語学雑俎」は二本で、「笑話一束」と前章で内容を紹介した「東西語原の話し」である。これらは本田の二号にわたる追悼号に分散掲載された。薬は大森ホテルのボーイが内野倉医院に取りに行っていることもわかる。注目されるのは八日の「孤独を癒してくれる訪問者も手紙もない」のくだりで、本田は孤独感を募らせている。

一四日　暖かい日。昨日は片川氏と姪に手紙を書いた。数日来続けている正倉院を午前中書き、午後は夜良く眠れるように、ゆったりと過ごした。

昨日書いたという二通のうち、駒子に宛てた手紙は次の通り。

お葉書拝見同便で片川校長からも別紙の通信がありました。今年中に全快する事は確実であるが、動きたくとも今少し辛抱せねばなりませぬ。三分までは熱と認めずとも僅に二分でも熱は熱である。華子一家も今年末にて吉祥寺（井ノ頭公園の方）へ引越す(2)から此際いっそ津山へ隠遁しようかとも思って居ます。同居の出来るような大きな家はないでしょうか。

（大森ホテル用箋使用）

同封されていた片川校長から本田宛の「別紙の通信」は次の通り。

拝啓　過般は参上御世話に相成御礼申上げ候。南日（恒太郎）先生（当時富山高等学校長）は御上京中にて御目に可かれず残念に候。本田こま女史の容態につき主治医にたずねし処、六分通り直り悪性の結核なく本年末までには全快すとの事につき御安神下され度候。御身御大切に祈り上げ候。喜安氏にいつか御目に可かり度しに付御面会の節其旨御伝えおき下され度し。　敬具

十一月十一日　　片川悦蔵

本田先生

（津山高等女学校用箋使用）

駒子の病状は重篤なものではない。また、本田が自身の郷里に近い津山町田町《たまち》一二（現、津山市田町）に住む姪一家と新たに家を借りて同居する意志を固めつつあることもわかる。孤独感から逃れたい一心が、かかる思いを抱かせたのである。

一六日　晴天、暖かい。午後内野倉富美子（内野倉明の長女）が冬着を運んで来てくれた。一緒にアフタ

ヌーン・ティーを飲んだ。白藤氏が夕食前に御所柿の土産を持って訪ねて来た。
一七日　一人で淋しく最近良く眠れない。駒子一家と同居したい。

本田は他家のものとなった華子ではなく姪一家との同居を望んだ。華子にはこの時すでに二人の幼子（長男有一、四歳。長女朋子、一〇ヶ月）がいる上、山本の世話、家計の切り盛りと多忙であり、娘一家には頼れないと考えたのであろう。一方、駒子の方は、かつて本田が授業料一切を負担し、日本女子大学校の英文科に通わせた経緯がある。また、跡見女学校卒業後赴任した女学校に奉職中結婚するが、その後結婚を解消し(3)、津山で母子家庭となっていた。駒子の母まつ（本田の長兄竹四郎の妻）が不憫に思い、打穴里から津山に出て同居していた。本田にしてみれば、自身が世話になるにしても、駒子達を庇護してやれるといった気持ちも働いたのではないだろうか。

一八日　昨日から今日にかけ曇り、時々雨。駒子から長文の手紙が来た。彼女は確実に良くなっている。返事を葉書に書いた。津山行について内野倉医師にも葉書を書いた。

文中にある駒子宛ての葉書は次の通りである。

御手紙有難う。元気御恢復のよし何よりお目出とう。私の津山行の事はさし当り御心配に及ばず。一二ヶ月は対山館で様子を見てから借家問題をきめてもよろし。（中略）内野倉氏は私の身体に合う薬をくれて安心して居るのです。ホテルでは何分淋しくて困ります。陽子でも誰でもジャマしてもらうのが宜しい。

駒子は、そんな大きな家はすぐには見つからないし、津山に来てもらっても娘がうるさくて大変だと書いたのであろう。それでも構わないと思うほど本田は寂しくて堪らなかったのである。前年の夏休み、駒子が本田に付き添いを頼まれ、娘の陽（三歳）を連れて三人で瀬戸内等を旅した際、騒ぐ陽に腹を立てた本田は陽を船の柱に縛り付けたという。(4) このことが駒子の頭をよぎり、本田に念押ししたのかも知れない。

一九日　曇りだが雨は降らず。華子に葉書を書いた。夜はほとんど眠れない。朝五時に起床、アダリン〔ドイツ、バイエル社の睡眠薬〕を飲んだが効かなかった。りんごを食べるのもビールを飲むのも止めた。二度気分が悪くなった。
二〇日　昨晩から暖かい。朝雨が降り始めた。
二一日　一一時にアダリンを飲んだが、夜は一睡もできない。

誰も予期できなかった突然の死

本田の体調は悪化の一途を辿る。それでも、孤独に耐えかねた本田は津山行を強行しようとする。

二二日　良く晴れた日曜。午後にはボーイの青山氏に付き添ってもらい、内野倉医院に移動することに決めた。そのことについて華子に手紙を書いた。

そして三日後、移動先の内野倉医院で本田は亡くなる。このような成り行きであったから、本田の死が近いことは誰にも知らされることはなかった。従って本田の死は、親しい友人達にとって突然の出来事と映った。山県五十雄は、本田が体調を崩していると聞いて妻女を見舞いにやったが、事態を重くは受け止めなかった。

以前から本田が薬餌に親しみ病弱であることを知っており、これまで何度も回復を見ていたことから高を括っていたのである。本田の死を知った後、自分自身が見舞いに行くべきだったと後悔する。喜安は、本田の連載記事「語学雑俎」の原稿を本田から郵送で受け取っており、本田はただ単に大森ホテルで静養しているだけだと考えていた。早朝の電話で本田の死を知らされ狼狽する。

富田も講道館本部からの電話で訃報を受け、それほど悪かったのであればなぜ親友の自分に事前に連絡をくれなかったのかと訝った。次は富田の述懐。

去年〔一九二五年〕霜月二十五日の朝、講道館本部詰の関順一郎君から電話がかかって来た。私は何か講道館に関する用事であろうと予想しつつ、受話器を耳にすると驚いた。

今朝三時頃、本田増次郎さんが亡くなられたそうですから、念の為にお知らせ申します。と言う事であった。

本田君の病気で弱って居られることは、予てよく知ってはいたが、併し、突然此の訃音に接しようとは、実に意外千万であった。同時に私は少しく不満の念を生じた。

抑《そもそ》も本田君と私とは四十有余年来の旧友である。然も只長いばかりではない。互に打明けて親しく交際していた中である。なぜ生前に、重態とか遅くも危篤とか言う時に、一寸知らせて呉れなかったろうと思ったからである。(5)

富田がそう考えたのも無理はなかった。本田も富田も講道館草創期のメンバーであり、入門以来であるから、すでに四二年間親しい付き合いを続けている。本田の渡米後初めての英語講演に立ち会ったのも富田であった。本田は富田のニューヨークの道場に寝泊まりしたことがあり、富田は妻子を連れてはるばる本田の実家も訪ねている。

富田は続ける。

間もなく、速達郵便は正式に君の逝去の事を知らせて来た。私は、直に小石川の内野倉医院に駆けつけた。そうして、君のわすれがたみの唯一女山本華子夫人に会って、段々臨終の様子を聴いて見ると、前々日の二十三日〔本田の日記では三日前の二二日〕に、大森ホテルを引揚げて、郷里岡山に帰ると言うので、内野倉方に立寄られた。其処で、例によって内野倉院長が一応診察した処が、大分衰弱しているから、今少し東京で静養して後に出かけた方がよかろうと勧めたけれども、中々聞き容れない。何んでも明朝は立つから、汽車の切符と寝台券とを買って来いと言われるので、余り逆ろうてもと思い、兎に角それを求めて手渡しした。

処が、君は大に満足の態で、颯々と独り便所に行って来てから、其の切符を握って寝所に入り、其のまま翌朝二時から三時頃までの間〔除籍謄本によれば午前三時三〇分〕に、誰れも知らぬ間に、遂に再び還らぬ旅路に旅立たれたと言う事である。(6)

こう聴かされれば富田も納得せざるを得なかった。つまり本田はむろん、内野倉医師をはじめ娘の華子も、数日の内に本田が亡くなるとは思ってもみなかったのである。親友に対してであれ誰に対してであれ、通知ができるはずはなかった。

本田の埋葬式は一九二五(大正一四)年一一月三〇日午後二時より、麻布飯倉坂上(現、港区芝公園三)の聖アンデレ教会で執り行われた。親戚総代は山本勇造(有三の本名)、友人総代は嘉納治五郎と内野倉明、弔辞朗読は富田常次郎、略伝朗読は佐伯好郎であった。

次は二五日付で出された会葬通知。二八日付の『東京朝日新聞』にも黒枠の訃報通知（日付を除き文面は会葬通知に同じ）が掲載された。

本田増次郎儀病気之処、本月廿五日死去致候間、此段謹告仕候。尚故人後継者無之候に付、香奠其他一切の御贈与堅く御断り申上候。

追而十一月三十日午後二時芝区栄町八番地（麻布飯倉坂上）聖安得烈教会堂に於て埋葬式執行可仕候。

大正十四年十一月廿五日

親戚総代　山本　勇造

友人総代　嘉納治五郎

内野倉　明

通知には故人に後継者がいないため香典等一切を断る旨の記載がなされたが、これは華子の発案によるものであった。

この埋葬式で佐伯は、本田の略伝を「文字通り声涙共にくだって」(7)語り、岡倉由三郎は、佐伯の読み上げる略伝を「過去の感想が潮のように押しよせて」(8)くる悲しみの中で聴いた。弔辞を朗読した富田は、旅行中訃報に接し開始一〇分前に車で駆けつけた共通の恩師嘉納に感謝し、「此の一事は故人となった増次郎君の霊が如何許り喜んだことであろう」(9)との感慨を抱いた。

そして当日の夜遅く、すでに二六日午後一〇時に落合火葬場で荼毘に付されていた(10)本田の遺灰は菅美芳に抱かれて、本田の脳裏に焼き付いて離れない二上山を望む国宗谷へと旅発った。

菅が持ち帰った本田の遺灰は生家の裏手にある墓地に埋葬された。本田の墓は両親と長兄竹四郎夫婦の間に立ち、墓石上部には十字架が刻まれ、従五位英文博士の肩書きが付されている。戒名は増徳院賢光智深明道居士。墓石の裏には略歴が、次のように刻まれた。

默蔵翁三男。慶応二年一月十五日生、上京入嘉納治五郎氏之塾。学英語柔道三段也。歴任熊本高等学校、大阪高等英学校、東京高等師範教授。三十八年渡米投操觚界。訪欧及二回。大正二年帰朝、遊支那。八年講和会議之際到巴里。一女花子嫁山本有三氏。十四年十一月廿五日於東京内野倉氏邸歿。

生年月日を「慶応二年一月十五日生」と、暦年は旧暦で、月日は新暦でと、新旧折衷で表記した上、旧暦の年数を一年取り違えているのは単純ミスだとしても、渡米後およそ四年後にジャーナリズムの世界に転じたにもかかわらず「三十八年渡米投操觚界」と、あたかも渡米と同時にジャーナリストに転じたかのように記し、実際は三回に及んだ訪欧を「訪欧及二回」としているのは、本田が詳細を家族にも明かさず亡くなったからで、近親者でも本田の正確な経歴が摑めていなかったことを物語っている。

戦後、華子より栃木市近龍寺《きんりゅうじ》の山本家の墓に引き取るとの話も出たが、菩提寺の両山寺《りょうさんじ》や本田家の意向があり沙汰止みとなった。

第33章 「地の塩」

意を尽くした『ジャパン・アドバタイザー』の死亡記事

本田増次郎の亡くなった翌日二六日、一早く『ジャパン・アドバタイザー』が第一面に写真入りで長文の死亡記事を書き、続く二七日、『ジャパン・タイムズ・アンド・メール』[1]（*The Japan Times & Mail*）が山県五十雄の寄稿で、やはり長文の追悼記事を載せた。しかし、邦字紙で訃報を掲載したのは、管見によれば『東京朝日新聞』と『読売新聞』（共に二七日）だけであり、しかも注意しなければ見逃してしまうほどの極めて小さい扱いであった。

以降比較のため、先陣を切った『ジャパン・アドバタイザー』の"MASUJIRO HONDA, ESSAYIST, IS DEAD,"と邦字紙二紙の記事を次に掲げる。

【『ジャパン・アドバタイザー』一九二五（大正一四）年一一月二六日】
随筆家、本田増次郎逝く
国内外によく知られた卓越した学者

以前オリエンタル・レビューを編集
米国の著名人の友
コネチカット州ハートフォード〔正しくはトリニティ〕・カレッジ名誉博士

日米両国人に著名な、卓越した学者であり随筆家の本田増次郎博士が、小石川の内野倉医院で昨日午前三時三〇分、六〇歳〔数え年〕で永眠した。死因は腎臓病である。[2]

高名な作家に嫁いだ山本夫人が一人残された。本田博士は長年にわたり築地の聖パウロ教会の会員であった。葬儀は芝の聖アンデレ教会で月曜午後二時から執り行われる。

本田博士は先週の日曜〔二二日〕まで大森の大森ホテルに滞在していた。病状の悪化にもかかわらず、岡山の郷里の町〔津山〕へ帰りたいと強く希望した。友人も親族もその時点では岡山への旅にも何とか堪えられると考え、東京を離れ帰省する準備を整えた。

先週の日曜、長年にわたる友人の内野倉医師に預けておいた身の回り品を取りに同医院へ立ち寄った。すでに岡山行きの汽車の切符も買い、明らかに旅の準備は整えられていた。にもかかわらず、容体は急変した。

ニューヨークに三年

一九〇九〔明治四二〕年本田博士はニューヨーク市で発行する日本の英字雑誌『オリエンタル・レビュー』の編集長に就任するため同市に赴いた。[3]そこに三年留まり、日本の文化・文明を米国人に知らしめるため、ほとんどの時間を献身的に費やした。この期間の編集者としての貢献に対し、コネチカット州のハートフォード〔正しくはトリニティ〕・カレッジは文学博士の称号を贈った。アメリカ全土を広範に回り、米国の諸機関で講演をした。

滞米中多くの米国人の学者や政治家、またあらゆる職業の在米日本人とも親交を結んだ。米国から帰国後は日本語や英語の雑誌に記事を寄稿してきた。最近英語の雑誌に載ったものとしては『スペクテイター』[4]（*The Spectator*）がある。『ノース・アメリカン・レビュー』[5]（*The North American Review*）にも複数寄稿した。

皇室宝物の調査許可

本田博士は深い学識を持ち、外交政策、特に中国と諸外国との関係に関心が深かった。日本の文化・文明に対する学識の深さの故に、宮内省の求めに応じ、古代日本の文化・文明の西洋的要素の研究に力点を置いた特別調査を行った。この資格があるため、奈良にある皇室の宝物殿である宝蔵院〔正倉院〕への出入りは自由だった。そこは一〇世紀以上にわたる皇室の古文書や美術工芸品が夥しい数保存されている場所である。

本田博士の長年の友人で東京高等工業学校〔現、東京工業大学〕の佐伯好郎教授は「本田博士が亡くなられて最も残念なことの一つは、この研究が突然中断されたことだ。また、これは日本にとっても大変な損失だ。なぜなら本田博士は古代日本人の生活を、その巧みで正確な英語をもって外国人に伝えるだけの知識と能力を兼ね備えているからだ」という。

さらに、「本田博士はほとんど調査を終えているので、この仕事が国内外の識者に完成した形で示せず終わるのは真に心残りである。それゆえ、東京外国語学校の片山〔寛〕教授と私は、調査結果を取りまとめて出版することにした」と語った。

本田博士は独学の人であり、大学には通ったことがない。高名な教育家にして講道館柔道の創設者として知られる嘉納治五郎の下で学び、ここで柔道の技を極め、講道館柔道三段の腕前を持つ。

大阪の桃山中学校では明治二八（一八九五）年〔正しくは明治二六（一八九三）年〕から数年間校長〔正し

くは副校長）として教鞭を執り、その約五年後には立教大学（正しくは立教女学校）でも英語を教えた。渡米前一〇年間は東京高等師範学校の英語教授陣の一人だった。

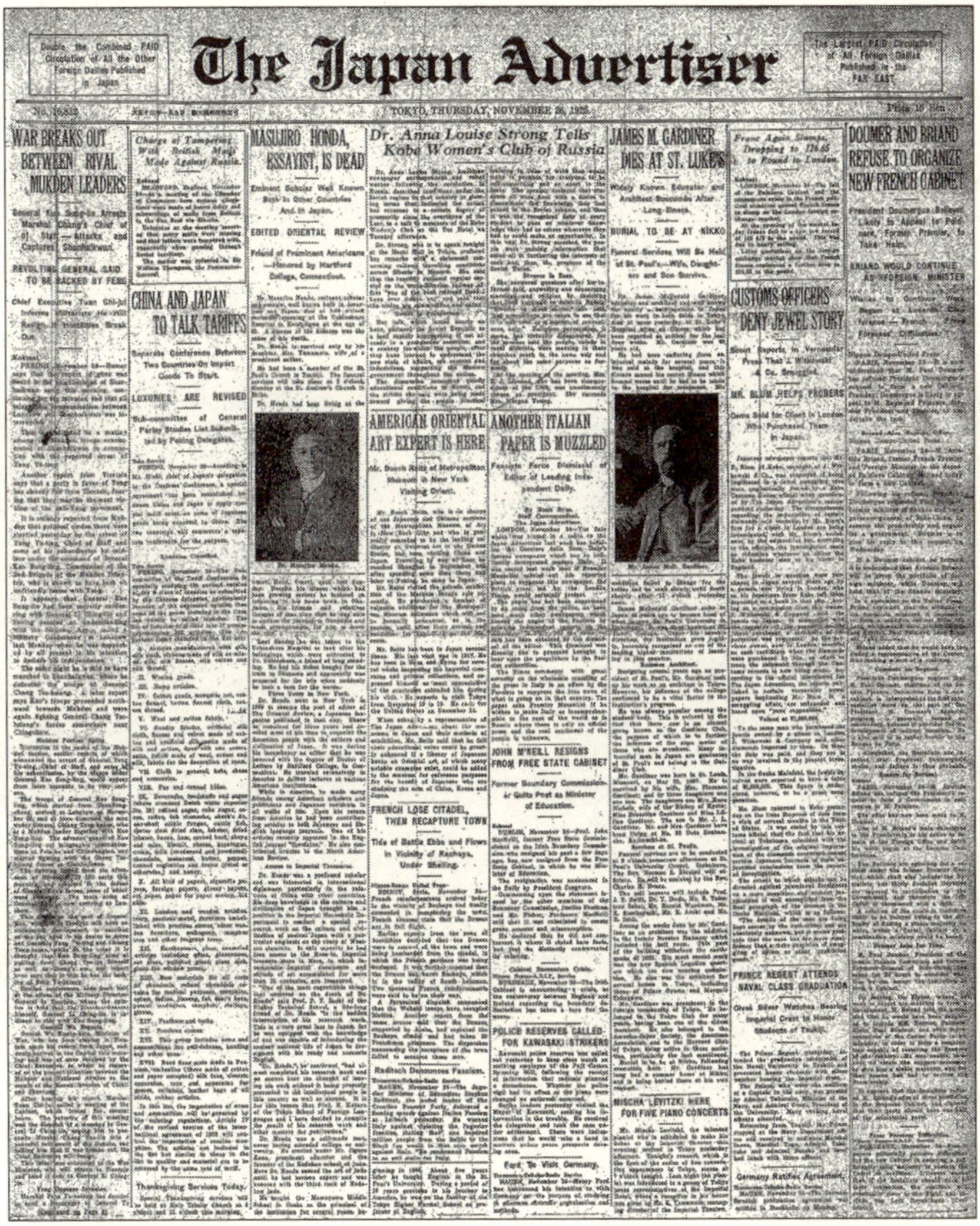

Double the Combined PAID Circulation of All the Other Foreign Dailies Published in Japan

The Japan Advertiser

The Largest PAID Circulation of All Foreign Dailies Published in the FAR EAST

TOKYO, THURSDAY, NOVEMBER 26, 1925.

WAR BREAKS OUT BETWEEN RIVAL MUKDEN LEADERS

REVOLTING GENERAL SAID TO BE BACKED BY FENG

Charge of Tampering With British Mails Made Against Russia

CHINA AND JAPAN TO TALK TARIFFS

Separate Conference Between Two Countries On Import Goods To Start

MASUJIRO HONDA, ESSAYIST, IS DEAD

Eminent Scholar Well Known Both In Other Countries And In Japan.

EDITED ORIENTAL REVIEW

Friend of Prominent Americans —Honored by Hartford College, Connecticut.

Dr. Anna Louise Strong Tells Kobe Women's Club of Russia

AMERICAN ORIENTAL ART EXPERT IS HERE

ANOTHER ITALIAN PAPER IS MUZZLED

JAMES M. GARDINER DIES AT ST. LUKE'S

Widely Known Educator and Architect Succumbs After Long Illness.

BURIAL TO BE AT NIKKO

Funeral Services Will Be Held at St. Paul's—Wife, Daughters and Son Survive.

Franc Again Slumps, Dropping to 126.65 to Pound in London

CUSTOMS OFFICERS DENY JEWEL STORY

MR. BLUM HELPS PROBERS

DOUMER AND BRIAND REFUSE TO ORGANIZE NEW FRENCH CABINET

President Doumergue Believed Likely to Appeal to Poincare, Former Premier, to Take Helm.

BRIAND WOULD CONTINUE AS FOREIGN MINISTER

本田の死を伝える1925年11月26日付『ジャパン・アドバタイザー』第1面。左より3段目及び4段目下部が本田の記事。なお、右より3段目には本田と同日に亡くなったJ. M. ガーディナーの死亡記事が見える。

【『東京朝日新聞』一九二五（大正一四）年一一月二七日】

本田増次郎氏逝く　英文学者本田増次郎氏は今春以来慢性腎臓炎で療養中、廿五日午前三時半長逝した。氏は高等師範学校教授として功績あり。柔道にては嘉納氏の高弟たり。明治四十二年以来在ニューヨーク・オリエンタル・レビュー主筆たる事三年、帰朝以来英文の著述に従事し居り。晩年正倉院美術の英文記録を作らんと努め、その業を卒えずして死去した。行年六十。葬式は三十日午後二時芝区栄町アンドリュース教会にて執行。

【『読売新聞』一九二五（大正一四）年一一月二七日】

本田増次郎氏逝く　英文学で知られる本田増次郎氏は予て慢性腎臓炎にて小石川西古川町内野倉病院に入院中、二十五日午前三時半睡眠中突然長逝した。同氏は高等師範学校教授として功績あり。柔道にては嘉納氏の高弟たり。明治四十二年以来在紐育オリエンタルレビュー主筆たる事三年、帰朝以来英文の著述に従事し居り。晩年正倉院美術の英文記録を作らんと努め其業を卒えずして死去した。葬式は三十日午後二時芝栄町教会で執行。

本田が亡くなったのは二五日の午前三時三〇分。突然の死だったことを考え合わせると、年代、学校名、地位等に多少の誤りはあるものの翌日の朝刊にこれだけの内容を盛り込んだ『ジャパン・アドバタイザー』の記事は驚嘆に値する。おそらくかつての同紙主筆ヒュー・バイアス（Hugh Byas）と本田との親密な関係がベースにあり、バイアスと本田の共通の友人である佐伯にインタビューし急遽取りまとめたのであろうが、本田を高く評価し力を入れて報道する意志と姿勢がなければ第一面に肖像写真入りで掲載することはない。

それにしても邦字紙二紙の記述は木で鼻を括ったような書きぶりで、両記事を入れ替えても誰も気づかないと思われるほど両者は酷似している。本田は『読売新聞』にも『大阪朝日新聞』にも連載記事を寄せたことがある。自紙に寄稿実績のある著名な人物が亡くなったにもかかわらずこの扱いである。

それではなぜこれほど取り扱いに差が出たのか。筆者が詮索するまでもなく親友の山県五十雄が憤怒に駆られて『英語青年』に次のように書いている。

> 恐らく我国現在の新聞に満足して居る人はあるまい、多分之を作りつつある記者諸君と雖も新聞が其職責を全うして居るとは思って居られまい。私は現在の新聞について種々の点に於て不満を感じつつある者であるが、中にも最も感服しない事の一つは或新聞が他に先だって或事件の報を掲載する場合に、他の新聞はその事件が充分 news value の有るに拘わらず、之を黙殺して知らぬ顔をして居ることである。これは恐らく商売敵の観念から出るのであろう。最近に其一例を本田増次郎君の永眠に関聯して実験した。本田君は学者としても操觚者としても、又個人としても内外に知られて居る名士である。此人の永眠は一の大切な出来事である、新聞として是非とも世間に伝えねばなり《(ママ)》〔ら〕ぬ事件である。然るにこれについて東京の大新聞は朝日読売の外殆どすべて一行の記事をも出さなかった。それは Japan Advertiser が逸早く、本田君永眠の翌日詳細に、肖像迄入れて、其記事を出した為めであろうと察せらる。かく出し抜かれた為め他の新聞（Japan Times を除く、これには私が執筆して追悼文を出した）は例の狭い、ケチな根性から何も書かなかったのである。このような例はザラにある。我国の新聞記者は雅量というものを持合わして居られぬと見える。笑止千万である。――山県五十雄[6]

『ジャパン・アドバタイザー』が出し抜いたため他の新聞が記事掲載に消極的になったとの見立てである。

紙面を構成すべき記事の選択がニュースの重要性ではなく他紙掲載との絡みで決まるとしたら、これはもう何をか言わんやである。

もっとも、「まえがき」で引用した山県自身の言葉「君が外務省の嘱託として、又は宮内省の御用掛として我国の為めに貢献した功は世にはよく現われては居ない」が示すように、世間一般には本田の広報外交や「陰の外交官」としての仕事は知られていないのである。せいぜい「外交に詳しい英学者」といった認識であろうか。そうであれば、英字紙に出し抜かれた邦字紙がおざなりに済ませてしまったことも理解できなくもない。表立って言えない本田の仕事の性質がそうさせたとも考えられる。

「地の塩」たる所以

年明け早々、この『ジャパン・アドバタイザー』元主筆バイアスから片山寛に宛てて次のような英文のレターがロンドンから届いた。

ロイヤル・ソサイエティーズ・クラブ
セント・ジェイムズ通り
S. W.1
一九二六年一月五日

親愛なる片山〔寛〕教授

今日、ジャパン・アドバタイザー〔同社ロンドン事務所〕で、親友の本田さんの死を知ったところです。このショックをどう表現したらいいでしょう。ほんの数週間前、大森ホテルから手紙をもらったばかりなのです。いつもの楽しげな雰囲気がない手紙でしたから、家内は直感的に彼の具合が良くないと見抜いたのですが、あの手紙が懐かしい親友からの最後の手紙になるとは、全く思いもよらないことでした。本田さんと知り合ったのは、私共が一九一四〔大正三〕年日本に行った時からです。爾来、お付き合いは年を追うごとに親密になってゆきました。日本滞在中の最後の数年は、「元日の初客」、つまり新年最初の訪問客は、必ず本田さんになるように決めていました。一緒に楽しく食事をし、観劇に出かけたものです。離日直前の最後の日曜は本田さんと終日過ごしました。彼は私達にとって親友の中の親友であり、彼の親切と彼の仲間達と過ごした喜びを決して忘れることはありません。本田増次郎のような人こそ地の塩です。本田さんは英国にもたくさんの友人を持っているに違いありませんが、私達が最も親しい一家だと思います。生きている限り本田さんのことは忘れません。

親族として残されたのは娘さんお一人だと思います。お悲しみでしょうから、私共の深い哀悼の気持ちをお伝え下さい。直接手紙を出したいのですが、住所もわかりません。

あなたと、良き友である佐伯〔好郎〕教授にも、我々共通の友人の死を深く悼む手紙を出しました。どうか佐伯教授にもよろしくお伝え下さい。つい先日、佐伯教授の古い友人であるチャムリー（Lionel Berners Cholmondeley）氏に佐伯教授の話をしたところです。奥様、ゆきさん、おいちゃん（名前が違っているかも知れません）、間違っていたらごめんなさい。おいちゃんのことは、しっかりと覚えていますから。

敬具

ヒュー・バイアス[7]

バイアスはスコットランド、グラスゴーの生まれ。一九一〇〔明治四三〕年にロンドンの『タイムズ』に入社。その後一九一四〔大正三〕年から八年間、東京の『ジャパン・アドバタイザー』の主筆を務めた。一九二二（大正一二）年に同社のロンドン特派員となるため帰英しており、[8]右記の書簡はこの帰国後にロンドンから出されたものである。その後のバイアスは本田没後の一九二六（大正一五）年に再度来日し『ジャパン・アドバタイザー』主筆に復帰したが、その後『タイムズ』や『ニューヨーク・タイムズ』の専属特派員に転じ、一九四一（昭和一六）年には日本を去っている。[9]

右記の書簡にもある通り本田との付き合いは来日時より始まっている。むろん本田は啓発業務の一環として初めはバイアスに近づいたはずである。しかし年を重ね互いの気心が知れるにつれ交友は家族ぐるみに、さらに友人も加えた関係に発展していったのであろう。

バイアスは書簡の中で「本田増次郎のような人こそ地の塩です」と言い切って、本田に対する信頼の念と尊敬の念を表明している。「地の塩」とは『新約聖書』の「マタイによる福音書（マタイ伝）[10]」等に出てくる言葉であるが、このバイアスの文脈に従ってこの一文を解釈するなら次のようになろうか。塩には防腐効果があるがこれは人の場合も同様である。本田こそ、この社会の塩、すなわち社会の堕落を防止し社会を健全に導いてくれる世の鏡となる信仰に篤い人物であると。

第28章で触れたノ卿対応のような、たかだか一〇日間の交流ではない。八年間に及ぶ付き合いである。そうした長い交際の中では表面的な啓発一本やりの交際によったのでは必ずどこかで化けの皮が剝がれてしまう。ところがバイアスは「お付き合いは年を追うごとに親密になっていきました」としており、日を重ねるにつれ、ますます本田に魅入られ、スコットランドで幸運を呼び込むと信じられている「元旦の初客[11]」に本田を選び、一年のスタートを切る特別な日を共に過ごしたのである。これは本田の人格そのものに魅力がなければあり得ないことであろう。

山県が本田の亡くなった直後の一一月二七日に、『ジャパン・タイムズ&メール』に寄稿した追悼記事がその理由を説明している。前段で本田の経歴を詳しく述べた後、それでも飽き足らぬと見えて山県はさらに本田評を続けてゆく。

以上が本田教授の略歴である。これでは未だ彼の人となりを説明し切れていない。三〇年来の友として、本田氏評をさせて頂きたい。まずもって、彼は実直な侍であり、洗練された好みと繊細な感覚を備えていた。

自然の愛好家

並外れた勇気と断固とした意志を持っていたが、一方で愛と優しさに溢れていた。貧者を助ける心構えが常にできており、裕福ではなかったが、目的に適うだけの価値ある嘆願がなされた時は、一瞬たりとも迷わず財布を空にした。自然を心から大切にしたが、特に動物を愛した。東京にある動物虐待防止会の推進者の一人であり、動物に対する若い人達の愛情を育てる目的で、奉仕の仕事として『黒馬物語』を翻訳出版した。

また本田博士は、友人の間で最も信頼がおけ、かつ面倒見の良い人物だった。いつでも進んで助けてくれたが、そのためには、多くの場合自分の利益を犠牲にした。当然、友人も多かった。事実、彼を愛し、信頼し、できることなら何でも喜んでする類の親友や好感を抱く友人を、本田氏ほど多く持つ幸せな人は少ない。本田氏が静かに息を引き取ったのは、内野倉医師の私邸だったが、彼こそこの友人達の代表例である。内野倉医師は、本田氏の安寧と幸福に資することなら何でもしてくれたのであり、二人は生涯にわたり兄弟のようなものだった。

独身を通す

作家としても、本田博士は当代におけるトップクラスの人物だ。美しい英語を使い、彼の記事は、新しい情報、目を見張るような独特の見解、上品なユーモアに溢れており、好みの喧しい読者連をいつも大いに楽しませた。また一級の講演家でもあり、決して雄弁とはいえなかったが、そのユーモアには脱帽したものだ。米国滞在中には講演家として大成功を収めた。

本田博士は独身を通した。若き日ロマンティックな恋愛があったが、彼が愛した女性が若くして亡くなり、彼の心には癒し難い傷が残った。それが生涯を通じて独身だった理由だ。二人の間には一人子供があった。それが今高名な劇作家の山本有三氏の夫人となっている。

本田博士は高潔さを重んじ、不純なものはすべて忌み嫌った。彼の人生はすべて、雪のように白く清潔だった。その心、行動、言葉、すべてが清潔だった。この親友がいなくなって、私は寂しくなった。[12]

これまで本田の生涯を辿ってきた者にはこの山県の言葉は抵抗なく腑に落ちるであろう。本田がユーモアの本質を人格の光として捉えていたことを想起したい。本田は人格と人格のぶつかり合いを通じて人と接したがゆえに、相手の心の琴線に直接触れることができたのである。それがノ卿に、そしてプリンス・オブ・ウェールズに感銘を与えた。その人格は山県が言うように、優しく、誠実で、高潔で、愛情に豊かであった。従って本田の周りには「彼を愛し、信頼し、できることなら何でも喜んでする類の親友や好感を抱く友人」達、つまり本田増次郎応援団が自然にでき上がった。本田の啓発業務の相手だったはずのバイアスすら知り合って八年、見事に応援団の一人になっていた。

バイアスの手紙がロンドンから片山宛てに届いてからおよそ一六年後の一九四一（昭和一六）年一二月八日、日本陸軍は英国領マレー半島コタバル（Kota Bharu）に上陸、一方海軍は米国オアフ島のパール・ハーバー（Pearl Harbor）を海空から攻撃し、停泊中の米国太平洋艦隊をほぼ壊滅させた。そして翌々日の一〇日にはマレー沖海戦で英国東洋艦隊を撃破、米国領のグアム島等を占領し日本軍は破竹の勢いで南方に支配領域を拡大していった。年が明けても日本の快進撃は止まるところを知らなかった。

その渦中の年明け二月、ある小冊子がニューヨークのAlfred A. Knopfとカナダ、トロントのThe Ryerson Pressから刊行された[13]。それは*The Japanese Enemy: His Power and His Vulnerability*(『敵国日本――その強さと脆さ』)である。著者はバイアス。日米開戦後まだ二ヶ月経つか経たない時点で、また日本が連戦連勝を続ける渦中にあって、彼はこの書で日本の敗北を断言したのである。日本の敗北、それは第一章中の「一二月九日(ニューヨークにて)」と題された一文に記されている。

開戦の日に続く夜がくる。日本海軍は自分たちが軍艦、軍用機、そして開闢以来の大戦争に必要な補給物資を温存していることに満足している。しかし、すべての条件を考慮に入れれば、この戦争が結局は日本の敗北に終わる運命にあるのは、万に一つも疑いをいれない……[14]。

なぜそう言い切れるのか。バイアスは言う。

日本がその特殊な戦法によって戦争の第一ラウンドを勝ったということは認めよう。しかし、本当の戦いはこの後に続いてくる。究極的には、軍事力、資源、頭脳の使い方で優位に立っている方が、戦況を左右する[15]。

歴史を知る我々はバイアスの言う通り日本が悲惨な敗戦に見舞われたことを知っている。最後は国の総合力が勝敗を決めたのだと。バイアスは新兵器原子爆弾の登場は想定していない。しかし当時の情勢下で、かかる国力というキーワードをもって明確に日本の敗北を予言できたのは、やはり長年日本に身を置き日本の社会構造、政治力学、経済力等を知り尽くしていたからであろう。

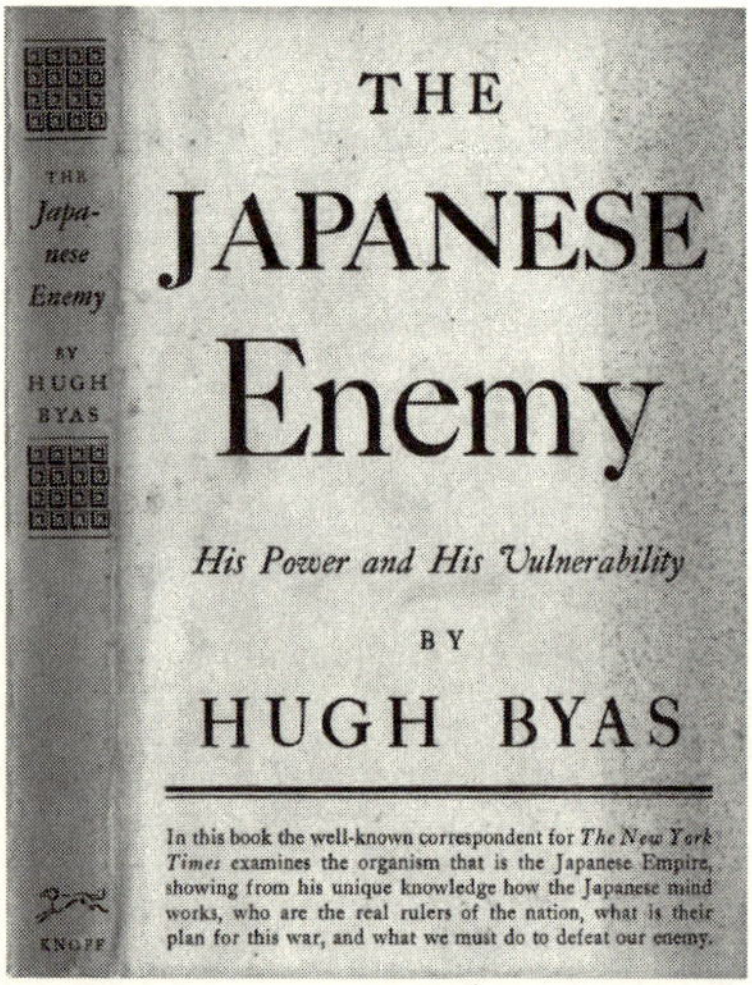

バイアス *The Japanese Enemy*
初版（1942年）表紙

バイアスは当時の日本の政治社会情勢を「政治的に日本は個人から成り立つ国家ではなく、比喩をもって表現すれば、巣箱の防衛のために集団で活動し、騒ぎ立て、戦う、ひと箱のミツバチだ」[16]と喝破する。「貴賤を問わずすべての日本人がそうであるように、巣箱のミツバチのような日本人は個人の意思よりも強い巣箱の精神に従う」[17]と。政策を決定するのは天皇、内閣、及び陸海軍であり、その中でも軍部が圧倒的な力を持っている。それゆえ、一旦軍部が事を起こせば後は国家総動員体制の下一丸となって防衛に邁進するのが日本人であると。

これを逆説的にいえば、将来、日本の敗戦という形で決着を見た時、大騒ぎしていたミツバチは一斉に羽を休めることを意味する。なぜなら軍部が事を起こしたがためそれにつられて巣箱全体のミツバチが騒いでいるだけなのだから。そして「この国を不要な戦争に次々に引き込んでいったのは陸海軍の欲望であって、国民の側にその必要があったわけではないことは、後世になれば明らかになるであろう」[18]と指摘する。その結果、国民の中に元々あった良識が芽吹き新たな再生の道が開けるはずだと。

さらにその発刊の翌年三月、バイアスは *The Yale Review*（『イェール・レビュー』）に寄稿した“The Japanese Problem”（「日本問題」）と題した論考で、日本の敗戦後を見据えた議論を展開する。

ある期間日本に住んだことのある人なら、リベラルな「態度」が日本に存在することを否定する者はあるまい。たとえば外務省といった官庁、とくに、先の大戦後のリベラルな十年間の東京帝国大学といった大学、いくつかの新聞社、日本では少数派のクリスチャン、つまり、大雑把な言葉でいえば、インテリゲンチャの中に、リベラルな「態度」を見つけることができる。[19]

バイアスはこのインテリゲンチャに日本の将来を託すべきだと主張する。「戦争が過去のものとなり、太平洋に新しい秩序を築く際の問題で、正義を伴った平和体制の基礎を築く努力の中で、もしいるとすれば、どういう日本人に協力を要請できるのか[20]」と問うた時、それは少数ではあるが、間違いなく存在するリベラルな人々であると。

戦後のGHQの対日占領政策は、軍部やそれを支えた財閥等の解体を通して概ねその線に沿ってなされたことは我々の知るところである。

このリベラルな「態度」を持つ日本人の筆頭にバイアスが自ら「地の塩」と呼んだ相手、亡き親友の本田増次郎を思い描いていたと考えるのは筆者だけであろうか。

むすび

郷里で学者「十傑」に選ばれる

本田増次郎が一九二四（大正一三）年五月に『ジャパン・アドバタイザー』に寄稿した「大磯スケッチ」について は第3章でその一部に触れたが、連載全三回の第二回目の記事には、"Reflections On the General Election Day"（「総選挙の日に思う」）の副題が付けられている。それはこの記事を書いた五月一〇日（掲載日は一五日）がちょうど第一五回衆議院議員総選挙の日だったからである。

今日は、自然に我が故郷である〔久米〕郡、美作に心が向かう。岡山地方は私の畏友である鶴見祐輔、すなわち後藤新平子爵の娘婿が中道派として選挙に出馬している。
もし健康が許すなら、最低一〇日間位は岡山に行って応援演説をしたところだ。それが一五歳になるまで自分が過ごし育った地域の後輩達への最高の恩返しになるだろうから。(1)

こう書いて、本田は岡山県第七区（真庭郡、久米郡）から衆議院議員選挙に立候補した鶴見にエールを送った。鶴見は生まれは群馬県だったが、父は元岡山藩士であり、自身も岡山県立岡山中学(現、朝日高等学校)の卒業生であった。

本田の死後三年が過ぎた一九二九(昭和四)年二月一八日、『山陽新報』(現、『山陽新聞』)は「岡山県十傑投票結果発表/人物を網羅する実に一千余名/投票の延数一千数百万票を算う/選ばれた栄ある先覚偉人」と題した記事を掲載した。これは前年一一月一〇日に行われた昭和天皇の御大典を記念して同紙が企画・実施したもので、読者の投票によって、勤王家、政治家、宗教家、芸術家等の分野別に、岡山県の日本歴史上の十傑を選び出すものであった。その学者の項の第六位に本田の名がある。

七四八、〇四二票　吉備　真備〔六九五?~七七五/備中出身。奈良時代の学者・政治家〕
一九〇、六七二　坂田　警軒〔一八三九~一八九九/備中出身。明治の漢学者・政治家〕
六七、九〇〇　犬養　松窓〔一八一六~一八九三/備中出身。江戸・明治の儒学者〕
三五、〇六一　緒方　洪庵〔一八一〇~一八六三/備中出身。江戸期の医師・蘭学者〕
二七、七〇六　三島　中洲〔一八三一~一九一九/備中出身。明治・大正の漢学者〕
二一、五五九　本田増次郎

古代から昭和初頭に至る日本の全歴史を対象とした投票で、分野の区分や精度に疑問も残るが、この結果を見る限り岡山県での大正から昭和初めにかけての本田の知名度は侮り難い。本田の応援演説があれば、あるいは鶴見は総選挙に勝利していたかも知れない。いずれにしても鶴見は落選する。しかし、この落選は日本の広報外交にとってはむしろ幸運と言えた。

この年の五月には、かの排日移民法が米国の上下院を通過し七月から実施に移されることが決まっていた。

これにより日本人の移民は全面禁止となる。当時の日米間の最大の懸案は中国問題だったが、この排日移民法の根底には人種によって扱いを変える人種差別思想が横たわっていた。名誉を傷つけられたとして日本の世論が沸騰したことは言うまでもない。良識ある米国人の中にはこの排他的法律を疑問視する向きもあった。

そういった背景の下でマサチューセッツ州ウィリアムズタウン（Williamstown）の政治学協会（The Institute of Politics）から講演の依頼が日本にもたらされる。鉄道省を辞め選挙に出たものの落選した鶴見に白羽の矢が立った。

こうして八月、ウィリアムズ大学（Williams College）で鶴見が行った排日移民法をメイン・テーマにした講演は話題を呼び、『ニューヨーク・タイムズ』(2)をはじめとする各紙がこれを取り上げた。その結果、鶴見の下に多数の講演依頼が舞い込み、鶴見は滞在を延長、米国のみならずカナダ、ハワイにまで講演の範囲を広げる。そして、翌年六月から七月にかけて開催された太平洋問題調査会（Institute of Pacific Relations）が主催する第一回太平洋会議にも出席したため、帰国はさらにずれ込む。本田が一一月二五日に亡くなった時、鶴見の姿はいまだ故国に向かう船上にあった。

本田の広報外交は日本の生活や文化を紹介する巡回講演で始まった。背景には東洋の一小国が大国ロシアに勝ったという驚きの中、日本のことを知りたいとの欲求が米国人の中にあったことが功を奏した。鶴見の場合は排日移民法を日本人がどう捉えているか知りたがった米国人の欲求が講演成功の一因となった。本田も米国滞在の後半はクラーク大学（Clark University）で行われた政治学の大会で複数回講演を行っている。二人は時代背景こそ違え、現地の人々が求めるテーマを携え時節を得て巡回講演を行ったこと、また大学というアカデミックな場も使って発言したことで共通している。

鶴見はその後も数次にわたり米国に赴いて講演活動を行うことになるが、次第に頭本元貞等とともに太平洋問題調査会の活動に力を割いていく。この調査会の日本支部は半官半民と言うべきもので、財界と外務省がほぼ半々で経費を負担した。[3] 本田が参画した東洋通報社の広報業務も運営の実態は一〇〇%外務省であったが、その経費の負担関係で捉えるなら、やはり半官半民[4]であった。本田が米国で手を染めた広報外交は、本田の帰国と相前後してニューヨークの東西通信社（The East and West Bureau）を拠点とする家永豊吉と、サンフランシスコの太平洋通信社（The Pcific Press Bureau）を拠点とする河上清がその役割を担ったが、その戦列に本田より一九歳若い鶴見が加わったのである。

全人格を賭した広報外交

ここまで「広報外交」を詳細に定義せず使用してきた。筆者は「一国の政府が諸外国の国民に対し情報を提供し理解を促し影響を与えることによって、自国の国益を図ること」と考えている。近年「国民外交」と称して民間交流まで外交という言葉を用いる向きもあるが、外交は本来国と国が行うものであり民間同士の交際に外交の語は馴染まない。広報外交の主体はあくまで政府であり、広報外交の対象は他国民である。

そう考えると、渡米後本田が行った草の根の巡回講演だけは、かかる定義で言う広報外交と呼んでよいのか一抹の不安が残る。本田が外務省の嘱託で活動資金も外務省から出ていたのであれば疑念の余地はないが、それらの確証が得られていないからである。しかし一方で、本田がニューヨーク総領事の斡旋で講義を持ち、日本代表として各種の国際会議に出席した事実があり、休職や留学は名目にすぎず、その実態は外務省の仕事を行う文部省の官吏だったことを併せ考えると、この巡回講演も実質的に日本政府の一員として日本の文化や歴史を米国民に提示し、米国民の理解を促し、日本の国益に資する活動だったと見なせるであろう。すなわち巡回講演も広報外交であったと。もちろん、東洋通報社での出版活動等は外務省嘱託として行った業務であるし、帰国後の「陰の外交官」の仕事も外務省から手当や交際費を得て行っているので、これらが広報外交であることに疑問の余地はない。

本田の広報外交の第一の特徴は、その手法が多岐にわたった点である。米国、英国を巡って行った日本文化や歴史をテーマにした講演活動は、教会、クラブ、学校でも行われ、一般市民、労働者といった市井の人々が対象であった。いわば草の根の広報活動といえる。また大学や公的機関でも行っており講義の形式もとった。さらにニューヨークに拠点を置いての英字広報誌の発行、外交論文の執筆、他誌への寄稿、社交までこなしており、まさに筆と舌を駆使しての広報外交であった。

本田が一九一一（明治四四）年六月二八日に、コネチカット州ハートフォードにあるトリニティ・カレッジ（Trinity College）から文学博士の名誉学位を授与されたのは、これらの活動を同大学が評価したからであった。授与された理由を、本田は「筆舌を以て国際間の融和を図り人道に貢献するものあるを認むとの推薦に基けるなり[5]」としているが、それは巡回講演を「舌」、東洋通報社での英字誌『オリエンタル・レビュー』の発行を「筆」と解しての言葉である。

第二の特徴としては、それが日本国内でも行われた点にある。広報外交は外国人を相手に外国で行うのが通例である。しかし本田は日本国内の英字新聞や英字雑誌に外交論文や日本文化の紹介記事を執筆し、同時に在住する外国人や来日する外国人を対象に相対で広報外交を行った。特にこの個人をターゲットにした直接的な広報外交は本田独特のもので、日本の広報外交史に特異な足跡を残したといえるだろう。

本田帰国後の米国における広報外交を引き継いだ家永や河上の手法は、家永は講演活動が中心であり、河上は著作の出版や論文の執筆が主であった。また、鶴見は講演、国際会議への出席、雑誌への寄稿等本田と酷似した手法を用いて広報外交を展開したが、本田が鶴見と異なるのは本田自身が自らを「陰の外交官」と呼んだ国内における相対の広報外交である。一九一三（大正二）年に帰国して以降、グリーン英国大使やノ卿等に対し、個人対個人で広報外交を展開したことを我々は見てきた。この本田が見せた一匹狼的広報外交は、本田でなければこなせない芸当ではなかったか。

一人の人間がそのパーソナリティーを用い、人格対人格がぶつかり合う中で行うより直接的な広報外交、これが「陰の外交官」本田による広報外交の本質であった。それは人格の人本田にして初めてなし得た功績と言えよう。山県の言う「君の永眠は国家にとり大なる損失である」は、余人をもって代え難い本田のこの功績を示唆していると思われる。本田の広報外交は歴史に埋もれたが、それは紛れもなく日本広報外交史の一時代を担うものであった。

注

第21章

（1）Smimasa《ママ》 Idditi《ママ》, *My New York Life*, The Hokuseido Press, 1942, p. 77.

（2）Ibid., p. 14.

（3）本田「世界一の騒がしき都」『新公論』第二五巻第六号（一九一〇年六月）、一（二二一）頁。

（4）この一文を本田が書いたのは一九一八年である。従って、この一九一二年暮れから翌年三月にかけての英国訪問が「最後の英国訪問」だと本田は考えたのである。実際にはその後本田は一九一九年にパリ講和会議に際しロンドンを含む欧州に赴いており、この訪問が最後の英国訪問にはならなかった。

（5）本田「故山尾子爵とMr. Anderson」『英語青年』第三八巻第一〇号（一九一八年二月一五日）、三〇四頁。

（6）現、駅弁の「祭ずし」で有名な三好野本店。東京人事興信所編『吾輩何処泊？』日韓旅館要録編纂所、一九一〇年、五〇頁によれば、左記の通り。

開業明治二十五年 和風二階建六棟 客室二十五室（次の間付）宿料（二食一泊）一等三円二等二円三等一円八十銭

昼食は宿料の半額以内 其余は随意

岡山駅より一丁北東へ入

*A三好野花壇 長電話一一三番 館主　森宗治

料理及旅館兼営 応接室及庭園設備 客は中流以上の人士

「吾国三大公園の一なる後楽園は館より約十丁余、園内の規機宏大にし風景の幽佳なると、当館の設備完全にして待遇の懇切なると両々相俟て当市の二大名物なりとす」

（7）本田杢蔵「諸事拾集記臆書」。

（8）一九一三年四月一日付『東京朝日新聞』に「仮寓 大磯長生館 本田増次郎」との一行広告が掲載されている。

（9）「加藤男の行程」『東京朝日新聞』一九一三年四月一三日。

加藤高明男は十六日出発の筈なりしも、一便船延期し二十六日出発神戸より乗船の筈なり。同行者は本田増次郎氏一人にて、一行は先ず揚子江を遡り武昌長沙を訪問し夫《そ》れより津浦《しんぽ》鉄道にて北京に直行し、袁総統以下当路の大官と会談し、往復約一ヶ月半の予定を以て五月下旬帰朝する筈なりと。

なお、この本田と加藤の視察旅行が実現したのは、本田がロンドンに滞在中、小村の後任として加藤がロンドンに着任(一九〇九年二月)しており、これが契機になったと思われる。また、本田は加藤一行と行ったとしており、引用文中の「同行者は本田増次郎氏一人」は誤報であろう。

(10) Honda, "Story," Vol. 2-No. 22 (February 24, 1917), p. 684.
(11) 伊藤正徳編輯『加藤高明(上巻)』(加藤伯伝記編纂委員会、一九二九年)、七三三-五頁。
(12)「片々録」『英語青年』第二九巻第七号(一九一三年七月一日)、二二三頁。
(13) 本田杢蔵「諸事拾集記臆書」。
(14) 同右。
(15)「片々録」『英語青年』第五四巻第一一号(一九二六年三月一日)、三六八(三二)頁。

第22章
(1) 花園兼定「ヘラルド時代の本田増次郎氏」『英語青年』第五四巻第一〇号(一九二六年二月一五日)、三一九(一九)頁。
(2) 小石川区雑司ヶ谷町一〇八(現、文京区目白台)にあったSPGの聖ヒルダ伝道団による女子学生寮。主として日本女子大学校の生徒を受け入れた。舎監は本田とも親しかったエリノア・フィリップス(Elinor Gladys Philipps)。
(3) 本田こま「叔父を憶いて」『英語青年』第五四巻第一〇号(一九二六年二月一五日)、三一六(一六)頁。
(4) 不完全な形としたのは、日本政府がロイターから独立した通信社の創設を目指したにもかかわらず、結局はロイターの日本出張所的立場に甘んじざるを得なかったからである。当時の国際通信の世界市場は、英国のロイター(Reuters)、フランスのアヴァス(Havas)、ドイツのヴォルフ(Wolffs)の三大通信社により分割・支配されている現実があり、後発の通信社はその存立する地域を支配する通信社、すなわち極東の場合はロイターと提携しない限り、商売が成り立たず、対外的発信の面で本来の力を発揮するには至らなかったのである。
(5) 長谷川進一『The Japan Timesものがたり——文久元年(一八六一)から現代まで』(ジャパン・タイムズ、一九六六年)、五八頁。
(6) 山本華子「父の思い出」『英語青年』第五四巻第九号(一九二六年二月一日)、二八〇(一六)頁。
(7) 前掲、花園「ヘラルド時代の本田増次郎氏」『英語青年』。
(8) Honda, "Theory and Practice of "Kiri-Hitoha"," *The Herald of Asia*, Vol. 3-No. 2 (April 7, 1917), p. 46.

（9）Ibid.
（10）Honda, "The Stage Art of Japan: An Account of its Origines, Conventions and Customs," *The Japan Advertiser*, June 18, 1920.
（11）Honda, "Story," Vol. 2-No. 9 (November 25, 1916), p. 268.
（12）Ibid.
（13）Ibid.
（14）Honda, 10) op. cit.
（15）Ibid.

第23章

（1）一九二〇年六月一日付外務省情報部稟議書、本田増次郎氏補助の件「宣伝関係雑件／嘱託及補助金支給宣伝者其他宣伝費支出関係／本邦人の部」第二巻（外務省外交資料館）アジア歴史資料センター、Ref. B03040723800（REEL No. 1-0190, 画像番号0042-3）。
（2）本田の手当は「手当月額金参百円」とあるので年間では三六〇〇円となる。これは当時（一九二〇年）の国会議員の歳費三〇〇〇円を凌駕する。
（3）一九二〇年六月四日付外務省稟議書、本田増次郎氏補助の件「宣伝関係雑件／嘱託及補助金支給宣伝者其他宣伝費支出関係／本邦人の部」第二巻（外務省外交資料館）アジア歴史資料センター、Ref. B03040723800（REEL No. 1-0190, 画像番号0045）。
（4）『ヘラルド・オブ・エイシア』で外交問題を扱った記事は次の通り。
"Yuan v. Takezoe at Seoul (Part I~V)"（「ソウルでの袁と竹添（Ⅰ～Ⅴ）」）
"A Germano-Japanese War Episode"（「独日戦争のエピソード」）
『ヘラルド・オブ・エイシア』の日本文化紹介の記事は次の通り。
"Sword Connoiseurship"（「刀の鑑定法」）
"Soseki Natsume's Aphorisms"（「夏目漱石のアフォリズム」）
"The Marionette Theatre Bunraku"（「文楽の人形劇場」）
"Wild Musashino"（「未開の武蔵野」）
"The 'Nanga' or Literary School of Painting: Recent Tendencies"（「南画――最近の傾向」）

"A Hiroshige Exhibit"(「安藤広重展」)
『ジャパン・アドバタイザー』で外交問題を扱った記事は次の通り。
"China's Future: A Discussion of Japanese-Chinese-American Relations"(「中国の将来――日本、中国及び米国関係を論じる」)
"Peace of The Pacific: A Japanese Alliance With Australia?"(「太平洋の平和――日本の豪州との同盟?」)
"Dr. Nitobe Abroad: Some Comments on His London Remarks"(「新渡戸博士の洋行――ロンドンでの発言に関する若干のコメント」)
"Australia Must Prepare: Prof. Murdoch's Lecture on Pacific Problems"(「豪州が準備すべきこと――太平洋問題に関するマードック教授の講演」)
"Many Dreams in One Bed: Who Will Lie Down With the League of Nations?"(「同床異夢――誰が国際連盟で微睡むのか?」)
"Italy and Japan: A Friendly Comparison of the Two Countries"(「イタリアと日本――好ましい二国の類似性」)
『ジャパン・アドバタイザー』の日本文化の紹介記事は次の通り。
"A Maeterlinck of Japan: The Poet of the Sparrows"(「日本のメーテルリンク――雀の詩人」)
"Fiction and the Drama in Japanese Magazines"(「日本の雑誌における小説とドラマ」)
"The Stage Art of Japan: An Account of Its Origins, Conventions and Customs"(「日本の舞台芸術――その起源、しきたり及び慣習を巡って」)
"Meiji Tenno: Ideals and Memories of the Great Emperor"(「明治天皇――大帝の理想と追憶」)
"Some of Japan's Modern Artists: The Ancient Art of Wood Sculpturing in Japan, Revived"(「日本の現代芸術家達――日本の木彫古代芸術の復活」)
"The Nippon Spirit: The Spiritual Oneness of Man and the Universe"(「日本精神――人間と宇宙の精神的合一」)
(5)「片々録」『英語青年』第三七巻第五号(一九一七年六月一日)、一五八頁。
(6)「片々録」『英語青年』第四三巻第一〇号(一九二〇年八月一五日)、三一八頁。
(7)「片々録」『英語青年』第四三巻第一一号(一九二〇年九月一日)、三五〇頁。
(8)本田「日英同盟廃棄論とノースクリフ卿(上)」『国民新聞』一九二一年一一月二七日。
本田「日英同盟廃棄論とノースクリフ卿(下)」『国民新聞』一九二一年一一月二八日。

本田「Ten Days With Lord Northcliffe」『英語青年』第四六巻第六号（一九二一年一二月一五日）、一七八－九頁。
Honda, "Lord Northcliffe in Japan, Korea and China," *America-Japan*, Vol. 1-No. 14, November 1921, pp. 195-8.
また、「新聞雑誌操縦関係雑纂／倫敦「タイムス」」（外務省外交資料館）アジア歴史資料センター、Ref. B03040629600には、ノースクリフ卿との同道に際して、本田が外務省に宛てた書簡が三通（REEL No. 1-0151, 画像番号0166-74）ある。

（9）本田「The Prince I have seen」『英語青年』第四七巻第四号（一九二二年五月一五日）、一一三頁。

（10）本田「Marooned in Moscow」『英語青年』第四七巻第一〇号（一九二二年八月一五日）、三一五頁。
本田「北緯50°-50.10°間の露領行（上）」『英語青年』第四七巻第一一号（一九二二年九月一日）、三四八－九頁。

なお、表題にある「北緯50°-50.10°間」は誤りで、正しくは「北緯50°-53.10°間」と思われる。本文に「三度十分の海外旅行」と書かれており、五〇・〇〇度から五三・一〇度を意味する表記でないと整合性がとれない。（下）についても同様である。

本田「北緯50°-50.10°間の露領行（下）」『英語青年』第四七巻第一二号（一九二二年九月一五日）、三七六頁。

本田「モスコーに島流しになった夫人」『女性日本人』第三巻第一二号（一九二二年一二月）、四五－九頁。

（11）大臣官房文書課『宮内省省報』第一三八号、一九二二年三月の「叙任及辞令」欄に同年二月一四日付で「大臣官房の事務を嘱託す 従五位 本田増次郎」とある。

（12）外務省は英国皇太子に対しても一般的な啓発業務の手法を用いた。外務省外交資料館所蔵「英国皇儲来朝一件」第一巻によれば、日本文化や歴史を紹介するため、『桃太郎』『舌切り雀』『猿蟹合戦』などのお伽噺の英訳本二〇冊を含む英文の著作が、牧野伸顕宮内大臣よりの献上品としてシンガポール停泊中の旗艦レナウン号まで届けられた。この手続きは外務省官房人事課が窓口となって行った。

（13）対華二一ヵ条要求と本田が加藤に同行した中国旅行との関係については、飯森明子「加藤高明の対外認識と外交指導」『人間科学論及』第四号、一九九六年二月、八三－四頁が詳しい。

（14）Honda, "The Reasons for Japan's Demands Upon China," *The Journal of Race Development*, Vol. 6-No. 1 (July, 1915), p. 1.

（15）対華二一ヵ条要求の要約
第一号　山東省に関する四ヵ条（ドイツ権益の継承等）
第二号　南満州と東部内蒙古に関する七ヵ条（租借期限延長、使用期限延長等）
第三号　漢冶萍公司《かんやひょうこんす》に関する二ヵ条（同社の日中合弁化）
第四号　中国沿岸・島嶼不割譲に関する一ヵ条（他国への譲渡、貸与の禁止）

第五号　懸案解決に関する七ヵ条（日本人顧問採用、警察の共同運営、日本製兵器の使用等）

（16）アジア・モンロー主義は、この対華二一ヵ条要求の頃日本国内で盛んに論じられた。言うまでもなく、米国のモンロー主義に倣ってアジアでは日本が排他的な覇権を確立し、自立した帝国を構築するとの謂いである。その後東亜新秩序や大東亜共栄圏の主張に繋がってゆく。

（17）Honda, op. cit.

（18）Ibid., p. 3.

（19）Ibid.

（20）Ibid.

（21）Ibid., p. 4.

（22）Ibid., pp. 7-8.

（23）Ibid., p. 5.

（24）Inazo Nitobe, "Japan as a Colonizing Power: Her Record of Expansion: The Case of Korea,"（「植民地立国としての日本／その拡張の記録／朝鮮の場合」）*The Japan Advertiser* (January 31, 1920).

（25）一九一七年四月、日米友好を目的に創設された民間交流団体。初代会長は金子堅太郎。

（26）フランクリン・ルーズベルトが進めた南北アメリカに関する外交政策。善隣外交、善隣友好政策等とも呼ばれる。政治経済の一体化を友好的に図ることを目指したが、近隣の中米やカリブ海諸国の場合、米軍を撤退させた後も傀儡政権を通じて米国の影響力を保持する方策が取られた。

（27）日米協会編『もう一つの日米交流史——日米協会資料で読む二〇世紀』（中央公論新社、二〇一二年）、四三六頁。原文は英文。同書一〇二頁に邦訳があるが、誤訳が多見されるため拙訳によった。

第24章

（1）「花に来て花に——故国へ帰る英大使」『時事新報』一九一九年四月四日。

（2）本田「離任せるグリーン大使」『時事新報』一九一九年四月六日。

（3）Honda, "Sir. Conyngham Greene and Japan," *The Herald of Asia*, Vol. 7-No. 3 (April 12, 1919), pp. 61-2.

（4）前掲、本田「離任せるグリーン大使」『時事新報』には「氏は丁抹《デンマーク》公使より栄転して最後の奉公を心安き同盟国にて為さんと予期せしに」とある。

（5）同右によれば、「袁世凱を通じての参戦勧誘が日本人の感情を傷つけた」とあり、英国政府が袁世凱を介して日本に対し参戦の勧誘をしたとしている。また『東京朝日新聞』一九一四年八月八日付北京特電の記事「報償を辞せず」は、「袁は此際日本が支那通商保全戦争区域局限の大義を採り断然として起って英国と手を携え東洋を戦乱の渦中より救済せんことを切望し支那は之に対し相当の報償を辞せずとの意を仄めかせりと」としているので、恐らくこの袁の発言の裏に英国の工作があったのであろう。

（6）日清協約は一九〇九年九月四日、日本と清国との間で結ばれた条約。間島問題と鉄道利権を中心とする満州五案件について取り決めがなされた。大使が言う「それ〔日英同盟〕を日清『協約』と日米友好のためのいわば緩衝材にしたい」の意味するところは今一つ明確ではないが、この日清協約における満州に関する合意と石井・ランシング協定における満州に関する日本の特殊権益容認と門戸開放の合意を、言い換えれば中国に関する日清と日米の合意を日英同盟が支えて三国の友好を確保することを示唆したのだと思われる。

（7）日本による人種差別撤廃の提案は、国際連盟規約への挿入はむろん、議事録への記載さえ英国の反対で否決となった。この否決に至るまでの前後のやりとりを指すと思われる。

（8）「日本に憧《あこが》れて＝新瑞西公使神戸に着す」『時事新報』夕刊、一九一九年四月四日。

（9）同右。

（10）加藤高明も日本の新聞記者について、「滞英偶感（一五）上品なる新聞紙（四）」『時事新報』一九一二年三月一日の「無作法なる記者」の小見出しを付けた記事の中で同様の批判を展開している。

（11）いずれも駒子の手元に残されていた。

（12）一〇月四日の連絡箋に「明日、火曜日午後一時」とあるので、四日は月曜日である。一方、大使が着任したのは一九一三年三月、帰国したのは一九一九年四月であるから、この間に限定して一〇月四日が月曜日である年を調べると、一九一五年をおいて他にない。

（13）本田「松村みね子様へ」『英語青年』第三八巻第七号（一九一八年一月一日）、二〇五頁。

（14）同右。

（15）前掲、本田「離任せるグリーン大使」『時事新報』。

（16）「英国大使急遽帰京」『東京朝日新聞』一九一四年八月四日。

（17）外務省編纂『日本外交文書』一九一四年第三冊、九六頁によれば四日午前九時三〇分。

（18）筆者は大使帰京後日本が第一次世界大戦に参戦するまでの二〇日間、『東京朝日新聞』及び『読売新聞』が英国大使の動きをいかに報じたかをチェックしたが、これを見ると、新聞記者達が大使館に張り付いて大使の動きを監視していたことがわかる。もっとも大使が何も語らなかったため、記事は大使が何時に大使館を出て外務省に向かったといった、通り一遍のものとならざるを得なかった。

（19）前掲、本田「離任せるグリーン大使」『時事新報』。

第25章

（1）京浜間には一九一五年から電車が走っており、一九二三年時点での大森駅の一日平均乗車人員は一四千人、列車の本数は「大正十五年三月末現在は上野桜木町間十二分間隔、朝夕通勤時は蒲田上野間四分乃至六分間隔にして、当駅発着上下回数は総数二百九十八回」（角田長蔵編『入新井町誌』一九二七年、一四九頁）であった。なお、平均乗車人員は同書一五一頁のデータにより筆者が算出した。

（2）一九二二年七月頃の駒子宛て本田書簡。

（3）永野賢『山本有三正伝（上巻）』（未來社、一九八七年）、二七六頁。

（4）山本華子「父の思い出」『英語青年』第五四巻第九号（一九二六年二月一日）、二八〇（一六）頁。

（5）一九二一年一〇月一〇日付駒子宛て本田葉書に「東京朝日の小説を書いて居る吉屋信子さんが隣家へ越して来た！」とある。吉屋は一九一九年『大阪朝日新聞』の懸賞小説「地の果まで」が一等に当選し文壇デビューを果たした。本田の隣家へ引っ越して来た時は、その年の七月から東京及び大阪朝日新聞に「海の極みまで」を連載していた。

（6）前掲、永野『山本有三正伝（上巻）』、二三四頁。

（7）同右。

（8）山本有三の年齢は三一歳と表記しており、これは満年齢である。同じ満年齢であれば華子は二一歳となる。

（9）戸主を本田竹四郎とする戸籍簿の「はな」（「な」は変体仮名）の欄に「東京市下谷区練塀町四拾参番地戸主井岡真査子祖母亡ふで私生子父本田増治郎認知届出大正八年四月九日受附入籍」とある。

（10）筆者が確認している本田の仏国訪問は、一九〇九年七月の英国から米国に戻る直前のパリ訪問と、一九一一年七月から九月にかけてのベルン出張の際のパリ訪問の二回である。従ってパリ講和会議に際しての仏国訪問は三度目に当たる。本田の言う四度目が正しいとすれば、一九一三年一月にロンドンから日本へ帰国する直前に、仏国に立ち寄った可能性が考えられる。

（11）本田「講和期欧行日誌」『英語青年』第四一巻第四号（一九一九年五月一五日）、一一八頁。

（12）前掲、永野『山本有三正伝（上巻）』三一六頁〔注〕（1）に、「政府派遣の正式の随員ではなく、原敬が機密費を出して陰の仕事をさせるための通訳であった。表向きは西園寺の私設秘書という振れ込みだった。外務省の役人は正式の英語しか話せないが、増次郎は下々の世界にも通用する英語が達者だったので、その点で好都合だったのである」とある。
（13）本田「巴里より第一信（其二）」『英語青年』第四二巻第六号（一九一九年一二月一五日）、一八一頁。
（14）グリーンの対日観は日本の対華二一ヵ条提示を機に根本的に変化した。一九一七年八月の段階で、日英同盟は長期的観点からは破棄すべきである旨を表明している（Peter Lowe, "Sir William Conyngham Greene: Admbassador to Japan, 1912-19," in Hugh Cortazzi, ed., *British Envoys in Japan: 1859-1972*, Global Oriental, 2004, p. 111）。
（15）注（9）と同じ箇所に、「東京市本郷区駒込神明町参百弐拾弐番地山本勇造と婚姻届出大正九年六月拾壱日本郷区長見山正賀受附同月拾七日送付除籍」とある。

第26章

（1）一九二〇年一〇月二日付松岡洋右起案外務省マル秘稟議書「宣伝関係雑件／嘱託及補助金支給宣伝者其他宣伝費支出関係／本邦人の部」第二巻（外務省外交資料館）アジア歴史資料センター、Ref. B03040723800（REEL No. 1-0190, 画像番号0052）によれば、目的は「奈良の正倉院及綾部の大本教本部並日向の新らしき村に関する取調べ」であり、旅程は二週間、「鉄道運賃其他として金二百五十円」が支給された。
（2）本田「神代より廿世紀へ（第五信）」『読売新聞』一九二〇年一一月二一日。
（3）同右。
（4）本田増次郎「綾部一昼夜の印象（一）」『読売新聞』一九二〇年一二月五日。
（5）同右。
（6）本田「綾部一昼夜の印象（二）」『読売新聞』一九二〇年一二月六日。
（7）同右。
（8）同右。
（9）同右。
（10）同右。
（11）同右。

(12)同右。
(13)本田「神代より廿世紀へ(第二信)」『読売新聞』一九二〇年一一月一八日。
(14)同右。
(15)同右。
(16)同右。
(17)同右。
(18)同右。
(19)本田「神代より廿世紀へ(第三信)」『読売新聞』一九二〇年一一月一九日。
(20)同右。
(21)同右。
(22)大津山国夫編、武者小路実篤『新しき村の創造』(冨山房、一九七七年)、i頁。
(23)阿部軍治『白樺派とトルストイ』(彩流社、二〇〇八年)、一四七頁。

第27章

(1)ロンドンのシティー西端に位置する新聞社や出版社の多い通り。
(2)一九二一年七月六日付内田康哉外務大臣宛林権助英国大使電信「新聞雑誌操縦関係雑纂/倫敦「タイムス」(外務省外交資料館)アジア歴史資料センター、Ref. B3040629500(REEL No. 1-0151, 画像番号0091)。
(3)一九二一年七月一五日付内田康哉外務大臣宛林権助英国大使電信「新聞雑誌操縦関係雑纂/倫敦「タイムス」(外務省外交資料館)アジア歴史資料センター、Ref. B03040629500(REEL No. 1-0151, 画像番号0092)。
(4)グリーン英国大使の後任。在任期間は一九一九年から一九二五年。任期中に日英同盟の更改がならず、日英関係の難しい舵取りを迫られた。親日家で大使解任後も日本に留まり日本仏教の研究に打ち込んだ。健康を害しての帰国途上、マラッカ海峡で亡くなった。研究成果は死後四年を経て、*Japanese Buddhism* と題して出版された。
(5)一九二九年七月三一日付内田康哉外務大臣宛幣原喜重郎米国大使「新聞雑誌操縦関係雑纂/倫敦「タイムス」」(外務省外交資料館)アジア歴史資料センター、Ref. B03040629500(REEL No. 1-0151, 画像番号0093-4)。
(6)一九二一年八月一日付内田康哉外大臣宛林権助米国大使「新聞雑誌操縦関係雑纂/倫敦「タイムス」」(外務省外交資料館)アジア歴史資料センター、Ref. B03040-629500(REEL No. 1-0151, 画像番号0095-6)。

（7）一九二一年七月二四日付天羽英二宛ハミルトン書簡「新聞雑誌操縦関係雑纂／倫敦「タイムス」」（外務省外交資料館）アジア歴史資料センター、Ref. B03040629500（REEL No. 1-0151, 画像番号0119-21）。

（8）一九二一年七月二四日付「マンチエスター、ガーデイアン」外交記者「ハミルトン」来信要訳「新聞雑誌操縦関係雑纂／倫敦「タイムス」」（外務省外交資料館）アジア歴史資料センター、Ref. B03040629500（REEL No. 1-0151, 画像番号0128-9）。

（9）一九二一年一〇月二九日付在英〔在米在欧各〕大使宛外務大臣内田康哉特電「新聞雑誌操縦関係雑纂／倫敦「タイムス」」（外務省外交資料館）アジア歴史資料センター、Ref. B03040629600（REEL No. 1-0151, 画像番号0163-4）。

（10）一九二一年一〇月二四日付広田弘毅宛本田増次郎書簡「新聞雑誌操縦関係雑纂／倫敦「タイムス」」（外務省外交資料館）アジア歴史資料センター、Ref. B03040629600（REEL No. 1-0151, 画像番号0166-9）。

第28章

（1）Honda, "Lord Northcliffe in Japan, Korea and China," *America-Japan* (November, 1921) , p. 195.

（2）第一次世界大戦時の海運業で巨万の富を築いた船成金。本田と同じ岡山県久米郡の出身で同郡倭文東村《しとりひがしむら》の山本学校は山本唯三郎の寄付二〇万円を元手に設立された。

（3）Honda, op. cit., pp. 195-6.

（4）本田「Ten Days With Lord Northcliffe」『英語青年』第四六巻第六号（一九二二年一二月一五日）、一七九頁。

（5）同右。

（6）「昨夜の新聞王　村山本社長と交款＝ホテルに記者団招待」『東京朝日新聞』一九二一年一一月三日。

（7）同右。

（8）杉村広太郎「豹の半斑」『新聞の話――新聞紙の内外』楚人冠全集第八巻、日本評論社、一九三七年、二二八頁によれば、杉村は横浜より乗車している。

（9）Honda, op. cit., p. 196.

（10）一九二一年一一月五日付伊集院彦吉宛本田増次郎書簡「新聞雑誌操縦関係雑纂／倫敦「タイムス」」（外務省外交資料館）アジア歴史資料センター、Ref. B03040629600（REEL No. 1-0151, 画像番号0172）。

（11）Honda, op. cit., pp. 196-7.

（12）一九二一年一一月五日付伊集院彦吉宛本田増次郎書簡「新聞雑誌操縦関係雑纂／倫敦「タイムス」」（外務省外交資料

館）アジア歴史資料センター、Ref. B03040629600（REEL No. 1-0151, 画像番号0173）。
(13) 同右。
(14) 一九二一年一一月七日付伊集院彦吉宛本田増次郎書簡「新聞雑誌操縦関係雑纂／倫敦「タイムス」」（外務省外交資料館）アジア歴史資料センター、Ref. B03040629600（REEL No. 1-0151, 画像番号0174）。
(15) 前掲、本田「Ten Days With Lord Northcliffe」『英語青年』、一七九頁。
(16) 一九二一年一一月七日付在英林〔権助〕大使宛内田〔康哉〕大臣「新聞雑誌操縦関係雑纂／倫敦「タイムス」」（外務省外交資料館）アジア歴史資料センター、Ref. B03040629600（REEL No. 1-0151, 画像番号0176）。
(17)「ノ卿の日本称賛／厚遇と礼節兼備の美国」『東京朝日新聞』一九二二年一月一五日。なお、原文は"Contrasts In Japan," *The Times*, January 11, 1922.
(18) 前掲、本田「Ten Days With Lord Northcliffe」『英語青年』。

第29章
(1) 一九二二年一月三一日付の駒子宛て書簡で、本田が「多三日《まさに》前より牧野〔伸顕〕宮内大臣よりの委托にて同省の英文書記官など時々為し候事と相成候」と書いていることからわかる。なお、正式な発令は同年二月一四日（『宮内省省報』同年三月、三七九頁）となった。
(2) 一九一一年プリンス・オブ・ウェールズ（皇太子）となる。日本を訪れたのはこの皇太子時代に当たる。女性遍歴が多かったことでも知られ、フレッド・アステア等の芸能人との付き合いもあった。一九三六年、ジョージ五世の死去に伴い王位を継承しエドワード八世となるが、離婚歴のある米国人女性ウォリスと結婚するため、在位一年に満たず退位した。一九三七年ウィンザー公となり、以降はパリを拠点に生活し、同地で生涯を終えた。
(3) プリンス・オブ・ウェールズの妹。一九二二（大正一一）年二月二八日、ラッセルズ子爵と結婚。
(4) 本田「The Prince I have seen」『英語青年』第四七巻第四号（一九二二年五月一五日）、一二三頁。
(5) 池田竹二編『英皇太子殿下御来朝記念写真帖』（平和記念東京博覧会写真帖発行所、一九二二年）、二七－八頁。
(6) 同右、二八頁。
(7) 前掲、本田「The Prince I have seen」『英語青年』。
(8) 同右、一二三頁に「私は四月二十七日の朝京都へ着いて、五月九日、鹿児島御出発までお供することとなった」とある。

(9) 勝浦吉雄「本田増次郎とマーク・トウェイン（下）」『英学史研究』第九号（一九七六年）、一二〇頁。

(10) 本田こま「叔父を憶いて」『英語青年』第五四巻第一〇号（一九二六年二月一五日）、三一六（一六）頁。

(11) 山県五十雄「A Tribute to Late Dr. Honda」『英語青年』第五四巻第九号（一九二六年二月一日）、二八三（一九）頁。

(12) 喜安璡太郎も、本田の米国における講演に関して「本田増次郎氏は此頃 Boston にいられるそうで、先達ては同処の動物虐待防止会で一場の演説を試み、氏の友人中には折角鼠落しで捕へた鼠を殺しえないで、始末に困る人や蚤をとると椽先《えんさき》から遁《のが》してやる人のある事を話して会衆の大喝采をうけたそうである」（「片々録」『英語青年』第一四巻第八号、一九〇五年一二月一一日、一二六頁）と伝えている。

(13) 今井信之「本田氏の humour」『英語青年』第五四巻第一〇号（一九二六年二月一五日）、三一八（一八）頁。

(14) 「片々録」『英語青年』第三四巻第一二号（一九一六年三月一五日）、三八二頁。

(15) 本田「余の知れるマーク・トウエン」『英語青年』第二三巻第五号（一九一〇年六月一日）、一一六頁。

(16) 本田の愛したユーモアの系譜については、拙稿「本田増次郎のユーモア観――『英学新報』『英文新誌』『英語青年』の寄稿文から」『英学史研究』第四六号、二〇一三年、一－一七頁を参照されたい。

(17) 前掲、本田「余の知れるマーク・トウエン」『英語青年』。

(18) 連載が一六回で、取り上げたスピーチが一四本と一致しないのは、内二つの記事（「Mark Twain "About London"」と「田園医としての Mark Twain」）が、いずれも二号にわたっているためである。

(19) 本田「Mark Twain の文学観」『英語青年』第五三巻第一号（一九二五年四月一日）、六（六）頁。

(20) 同右。

(21) 勝浦吉雄「本田増次郎とマーク・トウェイン（上）」『現代英米研究』№6（一九七一年）、一二頁。

(22) 本田「田園医としての Mark Twain（下）」『英語青年』第五二巻第六号（一九二四年一二月一五日）、一七二頁。

(23) 本田「"Woman-An Opinion" by Mark Twain」『英語青年』第五一巻第四号（一九二四年五月一五日）、一一〇頁。

(24) 本田「Mark Twain's First Birthday」『英語青年』第五一巻第五号（一九二四年六月一日）、一四一頁。

(25) 本田「Mark Twain "About London"（続き）」『英語青年』第五一巻第七号（一九二四年七月一日）、二〇二頁。

(26) 本田「Mark Twain on "The Babies."」『英語青年』第五一巻第一号（一九二四年四月一日）、七頁。

(27) 前掲、本田「田園医としての Mark Twain（下）」『英語青年』一七二頁。

(28) 前掲、本田「The Prince I have seen」『英語青年』。

(29) 一九〇九年二月一〇日のロンドンの日本協会での講演 "Kōmō Zatsuwa," or "The Red-Hair Miscellany."（「紅毛雑話」）で本田は、わざわざ英国人を原住民呼ばわりした部分を取り上げ、英国人聴衆の喝采を受けている。それは「アンゲリヤ〔英国〕は大西洋に浮かぶ大きな島で五〇度から六〇度に広がっている。その原住民は勇猛かつ知的で、海戦の技に長け、諸芸にも熟達している」(Transactions and Proceedings of the japan Society, London Volume VIII, 1907, 1908, 1909, p. 234) とのくだりであるが、この部分が英国人に受けることを本田はわかっていて話したのである。英国人気質を知り尽くした本田ならではの対応であろう。

(30) 前掲、本田「The Prince I have seen」『英語青年』。
(31) 同右。
(32) William Samuel Lilly, *Four English Humourists of the Nineteenth Century* (John Murray, 1895), p. 6.
(33) 前掲、池田編『英皇太子殿下御来朝記念写真帖』、五三－四頁。

第30章

(1) 一九二二年六月二一日付駒子宛て本田書状に「七八九の三ヶ月大磯の「大和久」の奥の一軒上下四間をかりて内野倉さんの子供に避暑させ自分も時々涼みに行くつもりだ。(中略)昨年の夏から海水浴場が一般に不景気で困ったから此夏は家を貸して主婦と下女と十四五の貰い娘とが表の家で賄方でもするつもりだ」とある。
(2) 軽井沢夏期大学(当初は「軽井沢通俗夏季大学」と呼ばれた)は東京女子大学初代学長の新渡戸稲造と内務大臣の後藤新平が中心となり、一九一八年に創設した社会教育の講座。この年は七月二五日から八月七日の二週間開催された。
(3) 本田は一九〇三年六月二五日から一一月一五日にかけ、『英文新誌』誌上に、"Hero-Worship by Thomas Carlyle"(『トーマス・カーライルの英雄崇拝論』)と題して一〇回連載。同誌には他にも『英雄崇拝論』の紹介記事、文体論、日本人との関係を論じた記事を寄稿している。また、一九〇四年一二月には『カーライル英雄論詳解』を内外出版協会より出版した。
(4) 女子英学塾のアナ・ハーツホン(Anna Cope Hartshorne)選のラスキン著作集に本田は解説と注を加え、一九〇三年一月、英文新誌社より *Thoughts on Ethics Selected from the Writings of John Ruskin*(『ラスキン倫理思想』)を出版している。
(5) 本田は一九〇三年一二月一日から翌年六月一五日にかけ、ベーコンの *The Essays*(『随想集』)から、"Of Studies"(「学問について」)"Of Friendship"(「友情について」)"Of Parents and Children"(「両親と子供について」)"Of Marriage and Single Life"(「結婚と独身生活について」)"Of Love"(「恋愛について」)"Of Envy"(「嫉妬について」)を取り上げ、注釈を加え『英文新誌』に八回掲載している。

（6）本田は一九〇四年七月一五日から一〇月一日にかけ、ラムの *The Essays of Elia*（『エリア随筆集』）から"A Bachelor's Complaint of the Behavior of Married People"（「既婚者の態度についての独身者の苦情」）一編を取り上げ、注解を付し『英文新誌』に五回連載している。
（7）本田は一九〇四年一〇月一五日から翌年四月一五日まで、エマソンの *Essays: First Series*（『随筆　シリーズⅠ』）から"Friendship"（友情）を取り上げ、『英文新誌』に九回連載している。
（8）Honda, "A Japanese Translation of J. M. Synge,"（「J・M・シングの邦訳」）*The Herald of Asia* (August 25, 1917), p. 687.
（9）J.M. シング、松村みね子訳『シング戯曲全集』（新潮社、一九二三年）、四〇四頁。
（10）本田「Synge's "Riders to the Sea"」（「シングの『海に行く騎者』」）『英語青年』第四九巻第一一号（一九二三年九月一日）、三三二頁。
（11）中山道の宿駅の一つ軽井沢本陣の跡地（現、チャーチストリート軽井沢の地）にあった全室ベッド付の洋風ホテル。当時軽井沢で最大規模を誇り、軽井沢社交界の中心となっていたが、積極経営が祟り一九三八年に廃業した（桐山秀樹、吉村祐美『軽井沢という聖地』NTT出版、二〇一二年、七一－三頁）。
（12）本田こま「伯父を憶いて」『英語青年』第五四巻第一〇号（一九二六年二月一五日）、三一六（一六）頁。
（13）同右。
（14）この著作『英文大震始末』（仮題）は未刊に終わった。
一九二四年三月一〇日付外務省小村欣一情報部次長宛本田増次郎書簡「宣伝関係雑件嘱託及補助金支給宣伝者其他宣伝費支出関係／邦人の部」第二巻（外務省外交資料館）アジア歴史資料センター、Ref. B03040723800（REEL No. 1-0190, 画像番号0072）で、本田は「日々月々遺憾事のみ続出。災後半生を経ても天下に公表するを憚るようの事情は依然として除かれず。曲筆は素より国家国民と筆者自身を辱しむるのみにして真実暴露は恥辱の上塗りに過ぎず、出版も寄稿も出来得べきにあらず。小生一身に遺憾を荷うて病気の為を以て計画中止と御報告申上るの外なし」と、苦しい胸の内を吐露している。「天下に公表するを憚るようの事情」とは恐らく朝鮮人虐殺や甘粕大尉による大杉栄等の殺害のこと指していると思われる。

同書簡の中で、本田は『英文大震始末』の骨子を次の三点にまとめている。
一、変に処して表われたる邦人の美質
二、外邦援助同情の深厚に感激して一層復旧の事業にいそしみたる事
三、天災によって学び得たる精神的物質的の教訓

確かに、これらの日本人の美徳を謳い上げながら、一方で大震災の渦中で起こった殺戮の不祥事を書き記すといった芸当などできるはずもなく、また、現実に起こった不祥事には目を瞑って、美しい日本人だけを描くことも、ジャーナリストの良心が許さなかったのであろう。

(15) 本田は厨川白村との関係を次のように語っている。
　厨川博士と私とを結びつける ties は幾筋もあった。年数の隔りはあっても共に熊本の高校に英語を教え、共に上田敏博士と深い関係を結んだ。厨川夫人の令兄が大森に住んで居られ、帝劇や大森駅頭で屢々談話を交えた事もあった。共に『英語青年』に寄稿したのも久しい間の事で、最近には今年の軽井沢夏期大学で相継いで、五日づつ英文学を講ずることとなったのである(本田「初対面に続く永別」『英語青年』第五〇巻第二号、一九二三年一〇月二九日、三八頁)。

(16) 本田「初対面に続く永別」『英語青年』第五〇巻第二号(一九二三年一〇月二九日)、三八頁。

(17) 本田が駒子に宛てた一九二三年一〇月二九日付の葉書に「昨日ホテルへ移入」とある。

(18) 「帝国ホテルの建築上やその他の特徴的な点」について本田は一切語っていないので推測するしかないが、キャンティレバーの構造、日本の寺社建築の影響、建物全体に施された孔雀や幾何学の文様、あるいはライト様式の家具類のことであろうか。

第31章

(1) 村岡花子「電話」『母心随想』(時代社、一九四〇年)、三〇三-四頁。

(2) この本田の宮内省辞職の話は慰留されたと思われる。一年七ヶ月後の一九二五年八月四日付の駒子宛華子書簡に「思いがけずに宮内省から半期の分七百五拾円頂き病める父にとり大変に有難う御座いました」とある。また、人事情報が掲載されている『宮内省省報』にも本田解職の記録は見当たらない。

(3) 「社会的雰囲気は正に世界的革命の渦中にある」は、ソビエト社会主義共和国連邦の成立、中国国民党の革命運動、トルコのムスタファ=ケマル及びインドのガンジー等の独立運動を念頭に置いての記述であろう。

(4) 総ページ数三〇七の英文の鎌倉案内記。扉には、ラフカディオ・ハーンの『日本の面影』(*Glimpses of Unfamiliar Japan*)の第四章「江の島詣」(A Pilgrimage to Enoshima)からの一節が掲げられている。写真を交えながら名所旧跡を順次紹介しているが、陸奥イソは『吾妻鏡』『新編鎌倉誌』『相模風土記』等も読んでおり、鎌倉の歴史や日蓮にも言及している。夫の陸奥広吉は「妻の著書は幾度も幾度もその地を踏んで見たままを正直に記述してある」(「陸奥伯爵夫人の「鎌倉」」『時事新報』、一九一八年九月六日）と評した。
（5）本田「英米風俗の研究（第一回）」『英語青年』第二四巻第一号（一九一〇年一〇月一日）、一一頁。
（6）判明している京都、奈良訪問（①以外は来日外国人に同道したケース）
①一九二一年五月　国文学者関根正直博士と京都。
②一九二一年一一月　タイムズ社主ノースクリフ卿と京都、奈良。
③一九二二年四月　プリンス・オブ・ウェールズと京都。
④一九二二年七月　米国新聞記者ハリソンと京都。
⑤一九二三年一〇月　医学者伍蓮徳博士（Dr. Wu Lien-Teh）と奈良。
（7）本田「English-speaking に名誉づけた神田男」『英語青年』第五〇巻第一二号（一九二四年三月一五日）、三五七頁。
（8）「片々録」『英語青年』第五一巻第二号、一九二四年四月一五日に、「本田増次郎氏は関西に退隠するとの噂もあったが遠方隠棲は医師がまだ不安というので当分大磯に静養する事として、三月廿二日大磯北本町大和久方に移った」とある。
（9）出版も手掛けていた大磯町茶屋町の書店。代表者三宅藤兵衛。
（10）本田は奈良ホテルについて、「鉄道院経営のホテルの中では、奈良の Nara Hotel が建築と云い場所といい、尤も巧に日本美を発揮して居るので、京阪から week-end holiday に出かける邦人も少なくない」（本田雷砧［増次郎］「日本内の英語旅行」『英語青年』第三七巻第八号、一九一七年七月一五日、二四九頁）と評している。
（11）本田こま「叔父を憶いて」『英語青年』第五四巻一〇号、一九二六年二月一五日、三一六（一六）頁で「十三年夏には山陰旅行につきそい天の橋立、城崎、松江、浜田、宮島などに十日の旅を致しました、割合に元気で宿痾の神経痛も大分よいようでした」と記している。駒子はこの時、当時三歳だった娘の陽も連れて行った（母駒子から聞かされたとして、陽より聴取）。
（12）古都奈良や古寺を愛する学者、文化人、学生等が泊まったことで有名な旅館。名物女将田村キヨノの人柄がファンを生んだとされる。
（13）この社宅は星野行則の斡旋で借りたと思われる。
（14）本田が乗船したのは新造船の二代目。
（15）山県ホテル（麻布）は、一九二〇年から一九二六年にかけ麻布にあった二階建の洋風ホテル。永井荷風がレストラン代わりに使っていたことで知られる。現在同地には、高層マンションの麻布市兵衛町《いちべいちょう》ホームズが建っている。

(16) 金谷ホテル(日光)は、一八七三年に金谷善一郎が自宅の一部を使用し、金谷・カッテージイン(外国人向け宿泊施設)を創業したことに始まる。一八九三年、現在地の日光市上鉢石町に二階建て三〇室のホテルを新築、金谷ホテルと名称を変え、以降、拡大発展を遂げ現在に至っている。
(17) 大森ホテルは、東京市外大森新井宿暗闇坂上(現、山王公園)にあった洋風ホテル。東京高等師範学校の同僚だった平田禿木は大森ホテルを、「門には OMORI HOTEL : PENSION と、金文字の羅馬字で看板が出てい、(中略)それから広い坂を下りると、直ぐ停車場〔大森駅〕前の道〔池上通り〕へ出た」と記している(「本田さんの訃に接して」『英語青年』第五四巻第九号、一九二六年二月一日、二八四〔二〇〕頁)。
(18) 喜安「故本田氏英文草案」『英語青年』第五四巻第一〇号(一九二六年二月一五日)、三一五(一五)頁。
(19) 同右。
(20) "MASUJIRO HONDA, ESSAYIST, IS DEAD," *The Japan Advertiser* (November 26, 1925).
(21) 本田「語学雑俎」『英語青年』第五四巻第一〇号(一九二六年二月一五日)、三二〇(二〇)頁。
(22) 本田「英語研究法(第一回)——英語研究の利益興味」『英学新報』第一巻第一四号(一九〇二年六月一日)、四頁。
(23) 「本田増次郎君演説(同窓会席上)」『嘉納塾同窓会雑誌』第三六号(一九一七年)、九頁。
(24) 同右、一〇頁。
(25) 同右。
(26) 同右、一一頁。

第32章
(1) 喜安「本田氏の英文日誌の一部」『英語青年』第五四巻第九号(一九二六年二月一日)、二八〇(一六)頁。
(2) 第12章で触れた府下多摩郡武蔵野村吉祥寺野田南の山本家の自邸を指す。
(3) 駒子の離婚については、本田自身が、「婦人の職業と社会上の地位」『婦女界』婦人職業案内号、第二三巻第五号、一九二一年五月、一八-二〇頁で、「日本女子大学の英文科を卒業した一人」と名を伏せて事の次第に触れている。離婚の原因は、結婚後も林某に愛人があった上、剃刀を振り回す等の、ドメスティック・バイオレンスがあったからだという。
(4) このことは陽子が母駒子より度々聞かされていた(筆者が陽子より聴取)。
(5) 富田常次郎「旧友本田増次郎君の追憶」『大正十五年度会報』第三九号(嘉納塾同窓会事務所、一九二六年)、二二頁。

(6) 同右、二二一-三頁。
(7) 岡倉由三郎「本田増次郎氏の事ども」『英語青年』第五四巻第一〇号（一九二六年二月一五日）、三一七（一七）頁。
(8) 同右。
(9) 前掲、富田「旧友本田増次郎君の追憶」『大正十五年度会報』、二五頁。
(10) 東京市小石川区長益田貫一名による一九二五年一一月二五日付「死亡埋葬認許証」の裏面に次の記載があり判明した。
大正拾四年拾壱月廿六日午後十時執行 落合火葬場管理人高橋麟三　管理人印

第33章

(1)『ジャパン・タイムズ・アンド・メール』は現在の『ジャパン・タイムズ』である。同紙は札幌農学校時代より英文報国を志していた頭本元貞が、伊藤博文のバックアップと山田季治の協力を得て、一八九七年に創刊した日本人による初めての英字新聞である。一九一八年『ジャパン・メール』（*The Japan Mail*）を合併したため、この名称となっていた。なお、当初の名称に復帰するのは一九五六年である。
(2) 死因は肺結核の悪化による全身衰弱だったと思われるが、発表は慢性腎臓炎とされた。「死亡埋葬認許証」の病名欄も「慢性腎臓炎」となっている。
(3) これは第18章で詳しく触れた。当初から英字誌の発行が決まっていたのではない。本田は国際広報の仕事をするため、滞在中のロンドンからニューヨークに赴任している。また、雑誌が実際に発行されたのは赴任後一年以上が経過してからである。
(4)『スペクテイター』（*The Spectator*）に本田の寄稿は見当たらない。
(5) *The North American Review*, No. DCLX〔660〕November, 1910に、Honda, "Diplomacy de Luxe" の寄稿が確認できる。
(6) 山県五十雄「感想録」『英語青年』第五四巻第八号（一九二六年一月一五日）、二五〇（二二）頁。
(7) 喜安璡太郎「本田氏を悼む」『英語青年』第五五巻第四号（一九二六年五月一五日）、一三〇（二二）頁。
(8) 一九二二年五月一五日付の『英語青年』第四七巻第四号、一二六頁は、にこやかに笑うバイアス夫妻と本田の並んだ写真を載せ、バイアスの帰国を次のように報じている。
バイアス氏の帰国　過去八年 Japan Advertiser の主筆として活動した Hugh Byas 氏は任を辞して、四月二十九日横浜解纜の The Empress of Russia 丸〔に〕て帰英の途に就いた。氏は蘇国《ママ》〔格〕蘭の人、帰国してから日本に関する著作に従事するそうである。

(9) Peter B. Oblas, *Hugh Byas, a British Editor Who Became a Leading Expart on Japan Between the First and Second World Wars: A Biographical History of a Newspaper Joaurnalist* (Edwin Mellen Press, 2009), p. 1207.

(10) 「マタイによる福音書」『新約聖書』五・一三「あなたがたは地の塩である。だが、塩に塩気がなくなれば、その塩は何によって塩味が付けられよう。もはや、何の役にも立たず、外に投げ捨てられ、人々に踏みつけられるだけである」(新共同訳)。

(11) スコットランドの言い伝えによれば、元日の最初に家に入って来る黒髪の人が幸運を呼ぶとされる。引用文で「元旦の初客」と訳したが、原文は our "first-foot," である。スコットランド生まれのバイアスは、この言葉に特別な意味を込めていたと思われる。

(12) Isoh Yamagata, "Japan Loses Great Scholar and Charming True Nipponese in Sad Death of Mausjiro [sic] Honda," *The Japan Times & Mail*, November 27, 1925. なお、Mausjiro はスペルミスである。

(13) 同年四月には、ロンドンの Hodder & Stoughton Limited からも出版された。

(14) Hugh Byas, *The Japanese Enemy: His Power and His Vulnerability* (Alfred A. Knopf, February 16, 1942), p. 12. 内田秀夫・増田修代訳。

(15) Ibid., p. 15. 内田秀夫・増田修代訳。

(16) Ibid., pp. vii-viii. 内田秀夫・増田修代訳。

(17) Ibid., p. 46. 内田秀夫・増田修代訳。

(18) Ibid., p. 69. 内田秀夫・増田修代訳。

(19) Hugh Byas, "The Japanese Problem," *The Yale Review*, Vol. 32-No. 3 (March, 1943), p. 458. 内田秀夫・増田修代訳。

(20) Ibid.

むすび

(1) Honda, "Oiso Sketches: On the General Election Day," *The Japan Advertiser* (May 15, 1924).

(2) 『ニューヨーク・タイムズ』はこの政治学協会の講演に関して計四回の社説を組んでいる。一九二四年八月一五日の "Better Understanding in Japan"(「日本におけるより良き理解」)、二二日の "An Economic Vision"(「経済的見通し」)、二八日の "International Idealism"(「国際的理想主義」)、九月一日の "Through Japanese Eyes"(「日本人の目を通して」)である。そのうち八月一五日と九月一日の記事が鶴見の発言を取り上げている。

（3）太平洋関係調査会（太平洋問題調査会日本支部）の一九二五年五月一九日から八月三一日（同会の発足から第一回太平洋会議終了までをカバー）の収入総額は四四、八〇九円九三銭。この内二二、〇〇〇円が外務省（表記上は「無名氏」）の補助金であった（『渋沢栄一伝記資料』第三七巻、一九六一年、四八七頁）。

（4）第18章で取り上げた本田による東洋通報社の半期報（一九一一年四月一日〜九月三〇日）の会計報告によれば、外務省からの収入（含む日米情報会の拠出金）が七、六四四ドル五〇セント、一方、日米情報会規約に基づく同会（会員二〇名）の当該期間の拠出金は一〇、〇〇〇円である。これを当時（一九一一年六月）の平均為替レート一〇〇円＝四九・五ドルで換算すれば四、九五〇ドルとなる。従って、負担割合は約六割が日米情報会、約四割が外務省である。

（5）一九一一年一〇月一日付外務大臣内田康哉宛て在紐育東洋通報社主幹代理本田増次郎半期報「紐育に東洋通報社設置一件」第二巻（外務省外交資料館）アジア歴史資料センター、Ref. B03040689400（REEL No. 1-0175, 画像番号0178-9）。

あとがき

本田増次郎という一英学者の生涯をやっと書き終えることができた。なぜ自分は本田の生き方にかくも魅せられ、二〇年近くの歳月を費やして伝記を書くまでに至ったのか。最後に本田増次郎について調べはじめた経緯を記しておこう。本文で少しふれたが、本田が私の母方の曽祖父竹四郎の弟に当たることがかかわっている。

一九九九（平成一一）年の夏、岡山商科大学の中村浩路教授が本田の出生地打穴里を調査に訪れたとの情報が現地の親戚から母満津江を介して筆者の耳に伝わってきた。氏はある日、講演の準備で『英語青年』を調べていた。そして偶然本田増次郎の追悼記事を目にする。かかる岡山出身の人物の名を氏は聞いたことがなかった。それを読み、本田の業績、その生き方に興味を抱いたことが郷里への調査訪問に繋がったのである。

中村教授から提供を受けた『英語青年』の追悼記事のコピーを読むと本田の評価はことのほか高く、追悼号という性格を考慮しても本田が当時一流の英学者だったことは明らかであった。

本田について本田家では「昔、博士の伯父さんがいた」「宮内省に勤めていた時、喀血して亡くなった」「一人娘の華子さんが山本有三に嫁いだ」等の伝聞がある程度で、確かなことは何一つわからない状態であった。筆者にしても、以前はそんな話を聞いても生返事をするだけで興味も湧かなかったが、これを機に探求心に火がついた。

最初に手掛けたのは本田の足跡を辿ることであった。熊本では五高記念館、リデル・ライト両女史記念館、大阪では筆ケ崎、都内では西新橋、内幸町、林町、大森、飯倉、湯島等を巡った。郷里の打穴里や津山では親族の全面的な協力を得て残された資料や写真が調査できた。それらの過程で多くの発見があり、また新たな謎が生まれた。そしてその謎を解きたいとの思いが筆者をますます本田研究へと駆り立てた。

この間、実に多くの機関や個人の方々のお世話になった。調査の中心は国立国会図書館、母校の早稲田大学図書館、都立中央図書館だったが、津田塾大学津田梅子資料室、筑波大学附属図書館、成田山仏教図書館、慶応義塾図書館、東京大学附属図書館、大田区立馬込図書館、同池上図書館、同大田図書館、都立多摩図書館、千代田区立日比谷図書文化館、三康図書館、岡山大学附属図書館、富山大学附属図書館、神戸大学附属図書館、金沢大学附属図書館、栃木県立図書館、東京女子大学図書館、立教大学図書館、日本女子大学図書館、日本聖公会管区事務所、リデル・ライト両女史記念館、駐日英国大使館、日本近代文学館、教文館等で都度ご担当の方々のお手を煩わせた。

個人では、池田雅之、諫山禎一郎、石川香織、伊勢田哲治、伊藤紀子、伊藤泰子、井上観真、モモコ・ウィリアムズ、宇治紀子、鵜川馨、大島一悌、小原孝、勝浦吉雄、加原耕作、川島聖史、国宗直子、河本克彦・敬子、塩崎智、鈴木一、関田かをる、瀬戸鞠子、瀬戸直彦、瀬戸正彦、玉置栄二、高木大祐、高畑美代子、丹沢栄一、中村浩路、中村不二夫、永野朋子、名取多嘉雄、奈良岡聰智、西口忠、西忠温、庭野吉弘、樋口欣一、藤本桂史、本田穣・安子、本田寿夫、本田澄枝・光男・初子、本田貢一郎、増井由紀美、松下菊人、松村耕輔、三沢和子、本橋端奈子、矢島陽、山本登志夫、山本尚幸の諸氏にお世話になった。

なお、資料収集に際しては中村浩路氏作成の「本田著作一覧」を携行し図書館の調査に臨んだ。丹沢栄一氏は貴重な時間を割いて『オリエンタル・レビュー』を初めとする多くの資料の収集に貴重な時間を割いてくださった。また、同氏からは英文の和訳に関し懇切な指導を賜った。かつて勝浦吉雄氏が華子から聴取した本田の謎の言葉「陰の外交官」の意味を解明することができたのは、西口忠氏の示唆によってアジア歴史資料センターの資料を調査した結果であった。また、宇治紀子氏から提供を受けた駒子宛ての本田の書簡類は本田の晩年を辿る上で極めて有用であった。再度ここに四氏のお名前を挙げて感謝の意を表したい。

また、二〇年近くにわたって続けてきた本田研究を、できることなら本田と縁のある出版社でと考えていた著者の思いを汲み取り、出版を引き受けてくださった教文館の渡部満社長と出版部の倉澤智子氏および編集の森本直樹氏に謝意を表します。

最後に、郷里からの情報を一早く伝え家系図の作成に奔走し新たな事実が判明する度に目を細めて喜んでくれた亡き母満津江と、筆者の研究の進捗状況全体に気を配り本稿にも目を通してくれた父勝海に、「まあ、もの好きね。本当によくやるわねえ」と、ちょっと冷めた目で筆者を見守ってくれた亡き妻由美子と、彼女の死で生きる気力をなくしかけていた筆者に希望の光を灯してくれた長男一家（亮、清美、彩《あや》ちゃん、楓《かえで》ちゃん）に本書を捧げます。

本書の締めくくりとして『英語青年』に掲載された本田の辞世の句を掲げておきます。

本田先生の御辞世をお目にかけましょう。

本田辞世の句

西東　さすらう吾を　かえりみし
なつかしの友よ　すこやかにませ

ぬば玉の　闇やぶりつつ　吾魂は
　光もとめて　天かけりゆく
青丹よし　奈良にしあれば　なかなかに
　たのしかりけり　身はやみぬとも
（内野倉富美子「本田先生の辞世」『英語青年』第五四巻第一〇号、一九二六年二月一五日、三一八［一八］頁）

長谷川勝政

二〇一九年一月

生家裏手にある墓地の一角。左より母八重子（やえ）・
父黙蔵（杢蔵）翁・本田（2007年9月21日筆者撮影）

《著者紹介》

長谷川勝政（はせがわ・かつまさ）

1948年岡山市生まれ。早稲田大学第一政治経済学部卒。三井住友銀行に勤務、大手町建物を経て2013年退職。

所属：日本英学史学会、日本聖公会史談会、築地居留地研究会。

著作に「本田増次郎自叙伝「ある日本人コスモポリタンの物語（“The Story of a Japanese Cosmopolite” As told by himself）」の紹介」『桃山学院年史紀要』（桃山学院、2004、2005、2006年）、『本田増次郎ものがたり』（共著、岡山県美咲町教育委員会、2014年）、「広報外交の先達 ── 英学者本田増次郎」『やなはらの文化』（柵原文化協会、2016年）等。

英学者《えいがくしゃ》 本田増次郎《ほんだますじろう》の生涯《しょうがい》

── 信仰《しんこう》・博愛《はくあい》と広報外交《こうほうがいこう》

2019年２月25日　初版発行

著　者　長谷川勝政
発行者　渡部　満
発行所　株式会社　教 文 館
〒104-0061　東京都中央区銀座 4-5-1
電話 03(3561)5549　FAX 03(5250)5107
URL http://www.kyobunkwan.co.jp/publishing/
印刷所　モリモト印刷株式会社

配給元　日キ販　〒162-0814　東京都新宿区新小川町 9-1
電話 03(3260)5670　FAX 03(3260)5637

ISBN 978-4-7642-9983-2　Printed in Japan

主要人名索引

あ行

か行

さ行

た行

な行

は行

ま行

や行

ら行

わ行

本田増次郎略年譜

年	年齢	事　歴	参考事項
1866 （慶応2）	0	1月15日（旧暦：慶応元年11月29日） 岡山県久米郡美咲町打穴里791で、本田杢蔵・やえの三男として生まれる（戸籍上は増治郎）	（本年のみ月数字は旧暦） 6月　第2次長州征討 7月　徳川慶喜、家督を相続 12月　慶喜、第15代将軍に就任
1873 （明治6）	7	5月　国宗谷を一揆が襲う（美作血税一揆）	1月　太陽暦実施。徴兵令布告 2月　高札の撤去
1874 （明治7）	8	10月　共立小学校入学（卒業1880年）	11月　『読売新聞』創刊
1879 （明治12）	13	共立小学校生徒のまま助教となる	1月　『朝日新聞』創刊
1881 （明治14）	15	共立小学校助教諭となる 6月　吉岡寛斎（福渡）の薬局生となる	10月　明治14年の政変で大隈重信下野。国会開設の勅諭
1882 （明治15）	16	9月　松岡勇記（港区西新橋）の薬局生となる	嘉納治五郎、弘文館・講道館設立
1883 （明治16）	17	3月　『読売新聞』に「余感」を投稿 10月　弘文館・講道館に入門（弘文館卒業1889年） 12月　大倉政八と養子縁組	9月　大日本教育会設立 11月　鹿鳴館開館
1886 （明治19）	20	4月　弘文館で英語、心理学、理財学等を教授 9月　はじめて帰省。帰東後、東京物理学校（夜学）入学（卒業1888年）	3月　東京大学、帝国大学に改称 4月　東京師範学校、高等師範学校に改称
1888 （明治21）	22	7月　嘉納塾幼年舎監督となる	
1889 （明治22）	23	9月　嘉納治五郎欧州視察中の嘉納塾運営の一切を西郷四郎、岩波静弥と共に任せられる 婦人宣教師より英会話を習い始める 11月　腸チフスに罹患し杏雲堂医院に入院 12月　興津の一碧楼水口屋で静養	1月　開成女学館設立 2月　大日本帝国憲法発布 7月　東海道線全線開通（新橋～神戸）

1890 （明治23）	24	9月　日本聖公会東京聖三一教会堂で受洗 10月　日記を付けはじめる（生涯）	10月　教育勅語発布 11月　第1回帝国議会開催
1891 （明治24）	25	4月　ヘアー主教秘書兼通訳となる 9月　第五高等中学校英語科教授となる（退職1893年） 10月　肺尖カタルを患う	10月　濃尾地震 ロンドン日本協会設立
1892 （明治25）	26	夏　帰省。ハンセン病患者の救護施設、御殿場の神山復生病院を視察 12月　大倉姓より本田姓に復籍	2月　大本教開教
1893 （明治26）	27	4月　高等英学校（大阪）副校長兼舎監となる（退職1896年）	
1896 （明治29）	30	3月　帰省後上京（～4月） 4月　『大日本教育会雑誌』編集長となる（退職1897年） 6月　高等師範学校附属尋常中学校英語科講師となる 7月　痔の手術 8月　清国留学生教育に従事（～1899年） 訳書『こがねと乳香』出版	4月　第1回オリンピック開催
1897 （明治30）	31	4月　高等師範学校教授となる（解職1900年） 9月　井岡ふで（入籍せず）との間に華子生まれる 12月　高等師範学校幹事となる	3月　『ジャパン・タイムズ』創刊
1899 （明治32）	33	10月　「弗蠟館」（寄宿舎兼伝道所）を開設	7月　外国人居留地廃止 8月　文部省訓令第12号発令
1900 （明治33）	34	1月　立教女学校校長となる（退職1902年） 4月　東京外国語学校教授となる（退職1905年）。東京外国語学校幹事となる	5月　第1回万国平和会議開催 6月　北清事変
1901 （明治34）	35	4月　高等師範学校教授兼務となる（退職1907年） 5月　東京外国語学校別科教務主任幹事となる 『潔行』、訳書『こどもかたぎ かたみのボタン』を出版	4月　日本女子大学校設立

1902 (明治35)	36	4月　『英学新報』(後、『英文新誌』)に寄稿開始(～1907年)。女子英学塾英語科講師となる(退職1905年) 6月　動物虐待防止会で「欧米に於ける対動物思想の変遷」と題して講演 訳書『処世要訓』、共訳書『教授法講義』、共著『家庭の模範』を出版	1月　日英同盟協約調印 3月　高等師範学校、東京高等師範学校に改称 9月　東京専門学校、早稲田大学に改称 10月　動物虐待防止会創設
1903 (明治36)	37	8月　井岡ふで死去 注解書 *Thoughts on Ethics Selected from the Writings of John Ruskin*(『ラスキン倫理思想』)、『犬の世界』、訳書『驪語《くろうまものがたり》』(『黒馬物語』)を出版	6月　日比谷公園開園
1904 (明治37)	38	2月　早稲田大学高等師範部講師となる(退職1905年) 山県悌三郎邸に住み込み、『あわれみ』の編集に参画 注解書『カーライル英雄論詳解』を出版	2月　日露戦争勃発 3月　広瀬武夫戦死 5月　湯浅竹次郎戦死
1905 (明治38)	39	7月　帰省後、東京高等師範学校を休職し渡米(サイベリア丸) 8月　ニューポートの教会で渡米後初の英語講演をする。ディープヘブン・キャンプで静養(～9月) 訳書『泰西女訓』、注釈書『英文詳解』を出版	5月　日本海海戦 8月　日露講和会議開催。第2回日英同盟協約締結 9月　ポーツマス条約調印。日比谷焼き討ち事件
1906 (明治39)	40	3月　フィラデルフィア監獄視察 5月　アトランティック・シティで『肉弾』の英訳に従事(～10月)。途中、モホンク湖の第12回万国仲裁会議に出席(5～6月) ニューヨーク市教育委員会の公開講座を担当する	4月　桜井忠温『肉弾』発刊 10月　サンフランシスコ市学務局、日本人学童隔離を命令
1907 (明治40)	41	1月 コロンビア大学で「日本人の風俗及び生活(近世、上古、中古)」と題し講演 3月　2年間の政府給費海外留学生発令 5月　モホンク湖の第13回万国仲裁会議に出席 *Human Bullets* を米英で同時に出版	5月　ニューヨーク日本協会設立

1908 (明治41)	42	5月　渡英（～ 6月。コルシカ丸） 7月　第17回万国平和協会大会に出席 9月　第1回万国徳育会議に出席	11月　高平・ルート協定調印
1909 (明治42)	43	2月　ロンドン日本協会で論文「紅毛雑話」を発表 3月　イートン校を視察 7月　パリ視察後帰米（モーリタニア号） 8月　東洋通報社（ニューヨーク）で広報外交に従事（～ 1912年） 9月　クラーク大学の「中国及び極東」に関する大会に出席	9～11月　渡米実業団 10月　伊藤博文、暗殺される 11月　ノックス米国務長官、満州の鉄道中立化を提唱
1910 (明治43)	44	6月　『英語青年』に寄稿開始（～ 1926年） 10月　ワシントン第8回万国監獄会議・万国連合人道大会に出席 11月　『オリエンタル・エコノミック・レビュー』創刊（副編集長） 『イートン学校及び其校風』を出版。「デラックスな外交」を『ノース・アメリカン・レビュー』に寄稿	8月　日韓併合条約調印
1911 (明治44)	45	2月　『オリエンタル・エコノミック・レビュー』、『オリエンタル・レビュー』に誌名変更（編集長） 6月　トリニティ・カレッジより名誉文学博士号を授与される 7月　カーネギー万国平和財団の経済部及び歴史部主催会議のため、スイスのベルンに出張（～ 9月） 11月　クラーク大学「日本及び日米関係」に関する大会に出席	7月　第3回日英同盟協約調印 10月　辛亥革命
1912 (明治45・大正元)	46	5月　ワイルドウッド・サナトリウムに入院（～ 11月） 11月　クラーク大学「中国」に関する大会に出席 12月　ロンドンに出張し、第1次バルカン戦争停戦会議に出席。『オリエンタル・レビュー』廃刊 「日本外交の発展」を『ジャーナル・オブ・レース・ディベロップメント』に寄稿	1月　中華民国の成立 4月　タイタニック号沈没 7月　明治天皇崩御 10月　第1次バルカン戦争勃発
1913 (大正2)	47	1月　ロンドンより直接帰国（～ 3月。北野丸）	3月　グリーン英国大使着任

1913 (大正 2)	47	4月　加藤高明と中国、満州、朝鮮を視察旅行（～ 6月）	
1914 (大正 3)	48	『ジャパン・タイムズ』へ参画（退社 1915年） 11月　父、本田杢蔵死去	7月　第1次世界大戦勃発 8月　日本、ドイツに宣戦布告
1915 (大正 4)	49	9月　小石川区林町で一家を構える（姪の本田駒子、家政婦） 「日本の対中要求理由」を『ジャーナル・オブ・レース・ディベロップメント』に寄稿	1月　対華21ヵ条の要求 5月　中国、対華21ヵ条の要求を受諾
1916 (大正 5)	50	3月　『ジャパン・タイムズ学生号』に「英米雑俎」を（～翌年)、『ヘラルド・オブ・エイシア』に「ある日本人コスモポリタンの物語」を連載（～翌年） 4月　駒子に代わり華子が同居 11月　『英語青年』に風刺雑誌『パンチ』の紹介記事を連載（～翌年）	6月　袁世凱没 10月　黄興没
1917 (大正 6)	51	3月　『ジャパン・タイムズ学生号』に「キッチュナー元帥評伝」を連載（～8月） 5月　米誌『マクルアーズ・マガジン』主筆マクルアーと国内旅行 6月　帰省 9月　『ジャパン・タイムズ学生号』に「語学覚え帳」を連載（～翌年）	4月　米国、ドイツに宣戦布告。日米協会設立 11月　石井・ランシング協定締結
1918 (大正 7)	52	8月　塩原・修善寺で静養（～ 9月） 10月　『英語青年』に英語の語源に関する記事を連載（～ 1926 年） 東京市外大森へ転居	8月　シベリア出兵。米騒動 11月　ドイツ、休戦協定に調印。新しき村創設
1919 (大正 8)	53	3月　華子、山本有三と結婚 4月　パリ講和会議に際し米国経由渡欧（コリア丸・トゥレーヌ号） 10月　米国経由帰国（サボワ丸・鹿島丸）	1月　パリ講和会議開催（～ 6月） 5月　北京で排日デモ 6月　ベルサイユ講話条約調印
1920 (大正 9)	54	1月　『ジャパン・アドバタイザー』に寄稿開始（～ 1925年） 8月　軽井沢で静養後、米国議員団を奉天に出迎え、中国・朝鮮を旅行	1月　国際連盟発足 4月　エリオット英国大使着任

1920 (大正9)	54	10月　東京外国語学校へ講師として出講(～1922年) 11月　奈良(帝室博物館)・綾部(大本教)・日向(新しき村)の取材旅行	11月　カリフォルニア州排日土地法成立
1921 (大正10)	55	3月　『マンチェスター・ガーディアン』記者ハミルトンと国内旅行 10月　初孫、山本有一生まれる 11月　英国の新聞王ノースクリフ卿一行と共に京都、奈良を経て、朝鮮、中国を旅行。 「癩は天刑病ではない」を『読売新聞』に寄稿	11月　原敬首相、暗殺される。ワシントン会議開催(～翌年) 12月　四カ国条約調印。日英同盟廃棄
1922年 (大正11)	56	2月　宮内省嘱託となる 4月　英国皇太子(後、エドワード8世)来日に際し国内巡遊に同行(～5月) 6月　文部省英語教員講習会で「戦後の世界における英語の地位」を講義 7月　米国雑誌婦人記者ハリソンと関西旅行の後、北樺太経由尼港まで同行(～8月) 11月　内野倉邸で喀血	1月　大隈重信没 3月　平和記念東京博覧会開催(～7月) 4月　バイアス帰英
1923 (大正12)	57	7月　軽井沢夏期大学でJ. M. シングを講義(～8月) 9月　震災地視察後、帰省(最後) 10月　大森を引き払い帝国ホテルに投宿 12月　内野倉明邸で加療(越年)	9月　関東大震災
1924 (大正13)	58	3月　大磯の別荘で静養(～5月) 4月　『英語青年』にマーク・トウェインに関する一連の紹介記事を連載(～翌年) 夏　山陰、瀬戸内旅行 9月　正倉院へ通い宝物を調査(～11月) 11月　別府で静養(越年)	5月　米国排日移民法成立 6月　第1次加藤高明内閣成立
1925 (大正14)	59	1月　『ジャパン・アドバタイザー』に「打ち砕かれた夢」(～3月)を連載 3月　別府で発熱し重篤となるが回復 5月　神戸を経て帰京 8月　大森ホテルに投宿 11月　郷里に近い津山での隠棲直前の25日、内野倉医院で病没。聖アンデレ教会で埋葬式(出生地に埋葬)	3月　孫文没。治安維持法・普通選挙法成立 7月　JOAKラジオの本放送開始。加藤内閣総辞職 8月　第2次加藤内閣成立

主要参考文献

1、一次史料

（1）私文書

本田増次郎書簡・写真、本田杢蔵「諸事拾集記臆書」【本田安子所蔵】

本田増次郎写真・戸籍関係資料【本田光男所蔵】

本田増次郎・山本華子書簡【長谷川勝政所蔵】

（2）公文書

本田増次郎・清国留学生・東洋通報社・ノースクリフ卿・英国皇太子・ハリソン女史関係資料【外務省外交史料館所蔵】

本田増次郎人事関係資料【国立公文書館所蔵】

『官報』『法令全書』『日本外交文書』『宮内省省報』

（3）新聞・雑誌

『読売新聞』『東京朝日新聞』『時事新報』『国民新聞』『東京日日新聞』『大阪毎日新聞』『万朝報』

The Japan Advertiser, The Japan Times & Mail, The Japan Weekly Mail, The Herald of Asia, The New York Times, The Times.

『英語青年』『ジャパン・タイムズ学生号』『英学新報』『英文新誌』『中外英字新聞』『英語世界』『中学新誌』『基督教週報』『福音新報』『日曜叢誌』『開拓者』『同志教育』『教育公論』『実験教授指針』『児童研究』『教育公報』『日本及日本人』『実業之日本』『あわれみ』『六合雑誌』『中央公論』『弘道』『太陽』『雄弁』『新公論』『外交時報』『嘉納塾同窓会誌』『国士』『有効乃活動』『柔道』『龍南会雑誌』『浜田会誌』『新女界』『女性日本人』『女学雑誌』『婦女界』『女学世界』

The Asian Review, The Japan Year Book, The Oriental Economic Review, The Oriental Review, The Spirit of Missions, The North American Review, The Journal of Race Development, The Journal of International Relations.

（4）その他（自伝、伝記、回顧録、研究対象と同時代の単行書等）

有田数士「わが国における科学的管理法翻訳者の事歴 ── 星野行則について」『岩国短期大学紀要』第38号、2010年。

朝日新聞経済記者共編『財界楽屋新人と旧人』日本評論社、1924年。

朝河貫一『日本之禍機』実業之日本社、1909年。

朝河貫一書簡編集委員会編『朝河貫一書簡集』朝河貫一書簡集刊行会、1991年。

馬場恒吾『自伝点描』東西文明社、1952年。

バイアス、ヒュー著、内山秀夫他訳『敵国日本 ── 太平洋戦争時、アメリカは日本をどう見たか？』（刀水歴史全書）刀水書房、2001年。

Byas, Hugh, *The Japanese Enemy: His Power and His Vulnerability*, Alfred A Knopf, 1942.

Boyd, Julia, *Hannah Riddell: An Englishwoman in Japan*, Charles E. Tuttle Company, 1996.

五高創立七十周年記念会理事長高森良人編『五高七十年史 —— 龍南への郷愁』五高同窓会、1957年。

長谷川勝政「本田増次郎自叙伝「ある日本人コスモポリタンの物語」（"The Story of a Japanese Cosmopolite"As told by himself）の紹介（1）～（3）」『桃山学院年史紀要』第23号～第25号、2004年～2006年。

堀内謙介「第一次世界大戦 —— ヴェルサイユ媾和会議の回想」『キング』1951年1月。

Idditti, Smimasa, *My New York Life*, The Hokuseido Press, 1942.

池田竹二編『英皇太子殿下御来朝記念写真帖』平和記念東京博覧会写真帖発行所、1922年。

石上欽二編『尼野源二郎』尼野源二郎紀念志刊行会、1921年。

伊藤正徳編『加藤高明』上巻、加藤伯伝記編纂委員会、1929年。

角田長蔵編『入新井町誌』入新井町誌編纂部、1927年。

亀井俊介『内村鑑三 —— 明治精神の道標』（中公新書）中央公論社、1977年。

嘉納治五郎『嘉納治五郎著作集』第3巻（人生篇）、五月書房、1992年。

嘉納先生伝記編纂会編『嘉納治五郎』講道館、1964年。

加藤高明『滞英偶感』（中公文庫）中央公論新社、2015年。

喜安璡太郎『湖畔通信・鵠沼通信』研究社出版、1972年。

古森義久『嵐に書く —— 日米の半世紀を生きたジャーナリストの記録』毎日新聞社、1987年。

久米郡教育会編『久米郡誌』久米郡教育会、1923年。

松村正義『金子堅太郎 —— 槍を立てて登城する人物になる』（ミネルヴァ日本評伝選）ミネルヴァ書房、2014年。

桃山学院百年史編纂委員会編『桃山学院百年史』桃山学院、1987年。

Montgomery, H. B., *The Empire of the East*, Methuen & Co., 1908.

桜井欧村『欧洲見物』丁未出版社、1909年。

Moritzen, Julius, *The Peace Movement of America*, G. P. Putnam's Sons, 1912.

村岡恵理『アンのゆりかご —— 村岡花子の生涯』（新潮文庫）新潮社、2011年。

永野賢『山本有三正伝』上巻、未來社、1987年。

永野賢編『山本有三』（新潮日本文学アルバム）新潮社、1986年。

中村浩路「今よみがえる英語と人生の達人 —— 本田増次郎（1）～（6）」『岡山商大論叢』第36巻第1号～第3号、第37巻第1号～第3号、2000年5月～2002年2月。

新渡戸稲造全集編集委員会編『新渡戸稲造全集』第15巻、教文館、1970年。

法本義弘編『佐伯好郎遺稿並伝』佐伯好郎伝記刊行会、1970年。

野瀬秀敏他編『日本聖公会東京教区』日本聖公会東京教区復興委員会、1954年。

岡本隆司『袁世凱 ―― 現代中国の出発』（岩波新書［新赤版］）岩波書店、2015年。

オーシロ、ジョージ『名誉 努力 義務 新渡戸稲造 ―― 国際主義の開拓者』中央大学出版部、1992年。

立教学院百年史委員会編『立教学院百年史』立教学院、1974年。

立教女学院九十年史資料集編纂委員会編『立教女学院九十年史資料集』立教女学院、1967年。

飛松甚吾編『ミス ハンナリデル』熊本回春病院事務所、1934年。

東京文理科大学編『創立六十年』東京文理科大学、1931年。

東京外国語大学史編纂委員会編『東京外国語大学史 ―― 独立百周年（建学百二十六年）記念』東京外国語大学、1999年。

東京慈恵会医科大学創立八十五年記念事業委員会編『高木兼寛伝』東京慈恵会医科大学創立八十五年記念事業委員会、1965年。

津田塾大学『津田塾六十年史』津田塾大学、1960年。

上品和馬『広報外交の先駆者 ―― 鶴見祐輔 1885-1973』藤原書店、2011年。

早稲田大学大学史資料センター編『大隈重信関係文書』9、みすず書房、2013年。

山県悌三郎『児孫の為めに余の生涯を語る ―― 山県悌三郎自伝』弘隆社、1987年。

矢崎健一『チャニング・ムーア・ウィリアムズ』聖公会出版、1988年。

横山健堂『嘉納先生伝』講道館、1941年。

２、二次文献

赤尾憲一『アメリカ文学におけるユーモア ―― マーク・トウェインを中心に』研究社出版、1982年。

青木保他編『戦争と軍隊』近代日本文化論10、岩波書店、1999年。

有馬学『「国際化」の中の帝国日本 一九〇五～一九二四』日本の近代4、中央公論社、1999年。

有山輝雄『情報覇権と帝国日本』Ⅰ（海底ケーブルと通信社の誕生）・Ⅱ（通信技術の拡大と宣伝戦）、吉川弘文館、2013年。

千葉功『旧外交の形成 ―― 日本外交 一九〇〇～一九一九』勁草書房、2008年。

近森高明「動物愛護の〈起源〉―― 明治三〇年代における苦痛への配慮と動物愛護運動」『京都社会学年報』第8号、2000年。

Cortazzi, Hugh, ed., *British Envoys in Japan,1859-1972*, Japan Society, 2004.

出口栄二『大本教事件 ―― 奪われた信教の自由』三一書房、1970年。

ディーンデレン、アン・ヴァン他編著、塩崎香織訳『誰がネロとパトラッシュを殺すのか

── 日本人が知らないフランダースの犬』岩波書店、2015年。

同志社大学人文科学研究所編『日本プロテスタント諸教派史の研究』教文館、1997年。

エピソード稲門の群像編集委員会編『エピソード 稲門の群像125話』早稲田大学出版部、1992年。

江口圭一『二つの大戦』(大系日本の歴史・小学館ライブラリー) 小学館、1993年。

遠藤陶『ライト館の幻影 ── 孤高の建築家遠藤新の生涯 英国ホテル』広済堂出版、1997年。

藤井学他『岡山県の歴史』(新版県史シリーズ) 山川出版社、2000年。

藤森照信『日本の近代建築』上 (幕末・明治篇)、岩波書店、1993年。

藤森照信『明治の東京計画』(同時代ライブラリー) 岩波書店、1990年。

福田真人『結核の文化史 ── 近代日本における病のイメージ』名古屋大学出版会、1995年。

福原麟太郎監修、桜庭信之他編『ある英文教室の一〇〇年 ── 東京高等師範学校・東京文理科大学・東京教育大学』大修館書店、1978年。

外務省百年史編纂委員会編『外務省の百年』上巻・下巻、原書房、1969年。

外務省編『小村外交史』(明治百年史叢書) 原書房、1966年。

ゴールドバーガー、ポール著、渡辺武信訳『摩天楼 ── アメリカの夢の尖塔』鹿島出版会、1988年。

Grant, Ellsworth S., *Church Homes, Inc.: Pioneer in Retirement Villages 1957-1987,* Church Homes, Inc., 1987.

浜田市教育委員会原裕司編『岸静江とその時代 ── 激動の幕末と浜田藩』浜田市教育委員会、1997年。

原武史『大正天皇』(朝日選書) 朝日新聞社、2000年。

原豊「築地居留地と明治学院」『近代文化の原点 築地居留地』Vol.4、2011年。

長谷川勝政「アーサー・ヘルプス『怱忙余録』の中の一篇 “Secrecy” の翻訳を巡って ── 本田増次郎訳と夏目漱石訳」『英学史研究』第50号、2017年。

長谷川勝政「本田増次郎のユーモア観 ──『英学新報』『英文新誌』『英語青年』の寄稿文から」『英学史研究』第46号、2013年。

長谷川勝政「本田増次郎とキリスト教児童文学 ── 訳書『黒馬物語 一名驪語』の持つ意味」『英学史研究』第45号、2012年。

長谷川勝政「本田増次郎訳 *Human Bullets*(『肉弾』) を英米人は如何に読んだか？」『英学史研究』第44号、2011年。

長谷川勝政「本田増次郎と清国留学生教育 ──『グアン・メソッド』と『筆談』による日本語教育」『英学史研究』第43号、2010年。

長谷川勝政「東洋通報社に於ける本田増次郎――政府対外広報誌の嚆矢『東洋評論』（*The Oriental Review*）の発刊から廃刊まで」『英学史研究』第42号、2009年。

長谷川勝政「高等英学校の変革を支えた理念――英国聖公会宣教協会書記宛本田増次郎書簡の紹介をとおして」『桃山学院年史紀要』第27号、2008年。

秦郁彦『病気の日本近代史――幕末から平成まで』文芸春秋、2011年。

平間洋一編著『日露戦争を世界はどう報じたか』芙蓉書房出版、2010年。

堀一郎編『日本の宗教』大明堂、1985年。

細谷博他監修、木畑洋一他編『日英交流史 1600-2000』政治外交Ⅰ、2000年。

家永豊吉著、太田雅夫編著・監訳『家永豊吉と明治憲政史論』新泉社、1996年。

飯野正子他編『津田梅子を支えた人々』津田塾大学、2000年。

飯塚一陽『柔道を創った男たち――嘉納治五郎と講道館の青春』文藝春秋、1990年。

井尻常吉編『歴代顕官録』（明治百年史叢書）原書房、1967年。

猪飼隆明『ハンナ・リデルと回春病院』熊本出版文化会館、2005年。

井上寿一『第一次世界大戦と日本』（講談社現代新書）講談社、2014年。

井上勝生『開国と幕末変革』日本の歴史第18巻、講談社、2002年。

諫山禎一郎「東京聖パウロ教会と信徒たち」『近代文化の原点 築地居留地』Vol.4、2011年。

伊勢田哲治「明治期動物愛護運動の動機づけはいかなるものであったか――関係者の背景分析を通して」『社会と倫理』（20）、2006年。

伊藤之雄『政党政治と天皇』日本の歴史第22巻、講談社、2002年。

岩淵辰雄『三代言論人集』第8巻、時事通信社、1963年。

人文社第一編集部編『明治の東京――江戸から東京へ 古地図で見る黎明期の東京』（古地図ライブラリー）人文社、1996年。

亀井俊介編『近代日本の翻訳文化』（叢書比較文学比較文化）中央公論社、1994年。

片桐庸夫『民間交流のパイオニア――渋沢栄一の国民外交』藤原書店、2013年。

加藤陽子『戦争の日本近現代史――東大式レッスン！ 征韓論から太平洋戦争まで』（講談社現代新書）講談社、2002年。

勝浦吉雄「本田増次郎とマーク・トウェイン（下）」『英学史研究』第9号、1976年。

勝浦吉雄「本田増治郎とマーク・トウェイン（上）」『現代英米研究』第6号、1971年。

川北稔編『イギリス史』山川出版社、1998年。

川戸道昭他編『児童文学翻訳作品総覧――明治大正昭和平成の135年翻訳目録』第1巻（イギリス編一）、大空社、2005年。

キーン、ドナルド著、角地幸男訳『明治天皇　上・下』新潮社、2001年。

紀平英作『アメリカ史』（新版世界各国史）山川出版社、1999年。

金学俊著、金容権訳『西洋人の見た朝鮮――李朝末期の政治・社会・風俗』山川出版社、

2014年。

木村吾郎『日本のホテル産業一〇〇年史』明石書店、2006年。

桐山秀樹他『軽井沢という聖地』NTT 出版、2012年。

木坂順一郎『太平洋戦争』（昭和の歴史・小学館ライブラリー）小学館、1989年。

小檜山ルイ『アメリカ婦人宣教師 ―― 来日の背景とその影響』東京大学出版会、1992年。

国立天文台編『理科年表』丸善、2006年。

近藤富枝『馬込文学地図』（中公文庫）中央公論新社、1984年。

今和次郎編『新版 大東京案内 上・下』（ちくま学芸文庫）筑摩書房、2001年。

コールハース、レム著、鈴木圭介訳『錯乱のニューヨーク』筑摩書房、1995年。

久保田淳他編『概説日本文学史』（有斐閣選書）有斐閣、1979年。

マール社編集部編、鈴木智子訳『一〇〇年前のニューヨーク』（一〇〇年前シリーズ）マール社、1996年。

前田速夫『「新しき村」の百年 ――〈愚者の園〉の真実』（新潮新書）新潮社、2017年。

丸山学『小泉八雲新考』（講談社学術文庫）講談社、1996年。

増井由紀美「朝河貫一 ―― 自覚ある『国際人』 ―― 明治末から大正にかけてイェール大学に見る日本人研究者事情」『敬愛大学国際研究』第18号、2006年12月。

松田武雄「明治期東京における地域通俗教育の変遷と諸相」『九州大学大学院教育学研究紀要』第4号（通巻第47集）、2001年。

松本健一『開国・維新 一八五三〜一八七一』日本の近代1、中央公論社、1998年。

松村正義『新版 国際交流史 ―― 近現代日本の広報文化外交と民間交流』地人館、2002年。

松村正義「ワシントン会議と日本の広報外交」『外務省調査月報』No.1、2002年6月。

松村正義「失敗の広報外交 ―― 大正期日本の移民排斥をめぐる対米『啓発運動』」『帝京国際文化紀要』第3号、1990年。

松村正義「黄禍論と日露戦争」『国際政治』（日本外交の思想）71号、1982年8月。

松村正義「日露戦争と日本の広報外交 ―― 米欧における金子堅太郎と末松謙澄」『軍事史学』第16巻第3号（通巻63号）、1980年12月。

松村正義「日露戦争における金子堅太郎」『国際法外交雑誌』第77巻第3号、1978年11月。

松村正義「外務省情報部の創設と伊集院初代部長」『国際法外交雑誌』第70巻第2号、1971年7月。

ミアーズ、ヘレン著、伊藤延司訳『抄訳版 アメリカの鏡・日本』（角川 one テーマ21）角川書店、2005年。

御厨貴『明治国家の完成 一八九〇〜一九〇五』日本の近代3、中央公論社、2001年。

三井久著、竹中正夫編『近代日本の青年群像 ―― 熊本バンド物語』日本 YMCA 同盟出版部、1980年。

文部省編『学制百年史』記述編・資料編、帝国地方行政学会、1972年。

永野朋子『いいものを少し —— 父山本有三の事ども』永野朋子、1998年。

長山靖生『日露戦争 —— もうひとつの「物語」』（新潮新書）新潮社、2004年。

中川芳太郎『英文学風物誌』研究社、1933年。

滑川道夫他編『作品による日本児童文学史』第1巻（明治・大正期）、牧書店、1968年。

奈良岡聰智『対華二十一ヵ条要求とは何だったのか』名古屋大学出版会、2015年。

名取多嘉雄『明治期、英国人宣教師による千葉宣教を追う』文芸社、2015年。

NHK 取材班編『理念なき外交「パリ講和会議」』（角川文庫）角川書店、1995年。

日米協会編『もう一つの日米交流史 —— 日米協会資料で読む20世紀』中央公論新社、2012年。

日本キリスト教歴史大事典編集委員会編『日本キリスト教歴史大事典』教文館、1988年。

日本の英学100年編集部編『日本の英学一〇〇年』明治編、大正編、別巻、研究社出版、1968年～1969年。

日本聖書協会『聖書 GOOD NEWS BIBLE 和英対照』、2009年。

Nish,Ian, ed., *Japanese Envoys in Britain, 1862-1964: A Century of Diplomatic Exchange*, Japan Society, 2007.

ニッシュ、イアン著、宮本盛太郎監訳『日本の外交政策1869-1942 —— 霞が関から三宅坂へ』ミネルヴァ書房、1994年。

庭野吉弘『日本英学史叙説 —— 英語の受容から教育へ』研究社、2008年。

野口孝一『銀座物語 —— 煉瓦街を探訪する』（中公新書）中央公論社、1997年。

野々目晃三「明治中・後期および大正初期におけるキリスト教学校の情況 —— 桃山学院の場合を中心として」『桃山学院年史紀要』桃山学院、1981年。

ニュート、ケヴィン著、大木順子訳『フランク・ロイド・ライトと日本文化』鹿島出版会、1997年。

ナイ、ジョセフ・S他著、田中明彦他訳『国際紛争 —— 理論と歴史』有斐閣、2017年。

ナイ、ジョセフ・S著、山岡洋一他訳『スマート・パワー —— 21世紀を支配する新しい力』日本経済新聞出版社、2011年。

老松信一「嘉納治五郎と中国人留学生教育」『講道館柔道科学研究会紀要』第Ⅴ輯、1978年。

岡本隆司『袁世凱 —— 現代中国の出発』（岩波新書）岩波書店、2015年。

沖野岩三郎『明治キリスト教児童文学史』久山社、1995年。

大橋栄三『マーク・トウェイン』（研究社英米文学評伝叢書）研究社、1936年。

大野延胤「E. P. Hughes in Japan（1901-1902）」『学習院大学文学部研究年報』第36輯、1990年。

大里浩秋他編『中国人日本留学史研究の現段階』お茶の水書房、2002年。

大谷正「日露戦争後の対米宣伝とその目的――ニューヨークに設立された東洋通報社とその活動について」『東北アジアの法と政治』（社会科学研究叢書）専修大学出版局、2005年。

大谷正「国際通信社設立の前史――清国新聞電報通信とニューヨークの東洋通報社について」『メディア史研究』VOL.16、2004年4月。

大谷正『近代日本の対外宣伝』研文出版、1994年。

『らくかるマップル東京23区』昭文社、2015年。

『らくかるマップル大阪』昭文社、2016年。

ランドル、ピーター・E著、倉俣・トーマス・旭他訳『ポーツマス会議の人々――小さな町から見た講和会議』原書房、2002年。

Reischauer, Edwin O., *Japan Society 1907-1982: 75 Years of Partnership across the Pacific*, New York, The Japan Society,1982.

崔文衡著、朴菖熙訳『日露戦争の世界史』藤原書店、2004年。

サイデンステッカー、エドワード著、安西徹雄訳『東京下町山の手』筑摩書房、1992年。

斎藤襄治『日米文化のはざまに生きて――斎藤襄治論稿集』海文堂出版、2004年。

酒井順一郎『清国人日本留学生の言語文化接触――相互誤解の日中教育文化交流』ひつじ書房、2010年。

酒井順一郎「一八九六年中国人日本留学生派遣・受け入れ経緯とその留学生教育」『日本研究』第31集、2005年10月。

坂本多加雄『明治国家の建設 一八七一～一八九〇』日本の近代2、中央公論社、1999年。

桜井良樹『加藤高明――主義主張を枉ぐるな』（ミネルヴァ日本評伝選）ミネルヴァ書房、2013年。

実藤恵秀『増補版 中国人日本留学史』くろしお出版、1970年。

猿谷要『ニューヨーク』（世界の都市の物語）文藝春秋、1992年。

佐々木研究所編『（財）佐々木研究所付属杏雲堂病院百年史』佐々木研究所、1983年。

佐々木隆『明治人の力量』日本の歴史第21巻、講談社、2002年。

佐藤宗子「終末の意味――『フランダースの犬』の再話にみる」『千葉大学教育学部研究紀要』第47巻（Ⅱ：人文・社会学編）、1999年。

志賀一親著、内田守編『ユーカリの実るを待ちて――リデルとライトの生涯』リデル・ライト記念老人ホーム、1976年。

清水真砂子他編『英米児童文学年表・翻訳年表』研究社出版、1972年。

清水正雄「築地居留地居住者一覧表」『近代文化の原点 築地居留地』Vol.4、2011年。

清水美和『「驕る日本」と闘った男――日露講和条約の舞台裏と朝河貫一』講談社、2005

年。

下川耿史家庭総合研究会編『明治・大正家庭史年表 1868〜1925』河出書房新社、2000年。

篠田鉱造『明治百話　上・下』(岩波文庫) 岩波書店、1996年。

篠原初枝『国際連盟』(中公新書) 中央公論新社、2010年。

塩崎智『日露戦争 もう一つの戦い ── アメリカ世論を動かした五人の英語名人』(祥伝社新書) 祥伝社、2006年。

白井堯子「E. G. フィリップスと日本女子大学校 ── 残された書簡を中心に」『成瀬記念館 2001・2002』No.17、2002年。

白山映子「『英文報国』ジャーナリスト ── 山県五十雄」『メディア史研究』Vol.34、2013年9月。

白山映子「頭本元貞と太平洋問題調査会」『近代日本研究』第25巻、2008年。

菅原涼子「立教女学院のなりたち」『近代文化の原点 築地居留地』Vol. 1、2000年。

鈴木淳『維新の構想と展開』日本の歴史第20巻、講談社、2002年。

高橋勝浩「日露戦争後における日本の対米世論工作 ── ニューヨーク東洋通報社をめぐって」『国史学』第188号、2006年3月。

高橋裕子『津田梅子の社会史』玉川大学出版部、2002年。

高三啓輔『サナトリウム残影 ── 結核の百年と日本人』日本評論社、2004年。

高梨健吉『日本英学史考』東京法令出版、1996年。

武内孝夫『帝国ホテル物語』現代書館、1997年。

田辺陽子編著、西口忠著『英国聖公会宣教協会の日本伝道と函館アイヌ学校 ── 英国人女性エディス・ベアリング＝グールドが見た明治日本』春風社、2018年。

谷川正己『ライトと日本』(SD 選書) 鹿島出版会、1977年。

譚璐美『帝都東京を中国革命で歩く』白水社、2016年。

丹沢栄一「本田増次郎と小泉八雲 ──『オリエンタル・レヴィユー』誌上での八雲への献辞」『工学院大学共通課程研究論叢』第40-2号、2003年2月。

寺沢龍『明治の女子留学生 ── 最初に海を渡った五人の少女』(平凡社新書) 平凡社、2009年。

トビ、ロナルド『「鎖国」という外交』(全集日本の歴史) 小学館、2008年。

東京都編『築地居留地』都市紀要4、東京都、1957年。

冨田博之他編『日本のキリスト教児童文学』国土社、1995年。

外村民彦『キリスト教を知る事典』教文館、1996年。

富山太佳夫『笑う大英帝国 ── 文化としてのユーモア』(岩波新書) 岩波書店、2006年。

内田魯庵著、山口昌男他編『魯庵の明治』(講談社文芸文庫) 講談社、1997年。

梅渓昇『お雇い外国人 ── 明治日本の脇役たち』(講談社学術文庫) 講談社、2007年。

渡辺惣樹『日米衝突の萌芽 1898〜1918』草思社、2013年。

山本武利他編『メディアのなかの「帝国」』岩波講座「帝国」日本の学知、第4巻、岩波書店、2006年。

山室建徳『軍神 —— 近代日本が生んだ「英雄」たちの軌跡』（中公新書）中央公論新社、2007年。